Friedrich Schiller

Die Geschichte des

Dreißigjährigen Krieges

Friedrich Schiller: Die Geschichte des Dreißigjährigen Krieges

Erstdruck 1792.

Neuausgabe
Herausgegeben von Karl-Maria Guth
Berlin 2016

Dieses Buch folgt in Rechtschreibung und Zeichensetzung obiger
Textgrundlage.

Umschlaggestaltung von Thomas Schultz-Overhage unter Verwendung des
Bildes: Sebastian Vrancx, Marodierende Soldaten, 1647

Gesetzt aus der Minion Pro, 11 pt

Verlag: Henricus - Edition Deutsche Klassik GmbH
Mörchinger Str. 33, 14169 Berlin, info@henricus-verlag.de
Druck: Libri Plureos GmbH, Friedensallee 273, 22763 Hamburg

ISBN 978-3-8430-8975-3

Bibliografische Information der Deutschen Nationalbibliothek

Die Deutsche Nationalbibliothek verzeichnet diese Publikation in der
Deutschen Nationalbibliografie; detaillierte bibliografische Daten sind im
Internet über www.dnb.de abrufbar.

Erster Teil

Erstes Buch

Seit dem Anfang des Religionskriegs in Deutschland bis zum Münsterischen Frieden ist in der politischen Welt Europens kaum etwas Großes und Merkwürdiges geschehen, woran die Reformation nicht den vornehmsten Antheil gehabt hätte. Alle Weltbegebenheiten, welche sich in diesem Zeitraum ereignen, schließen sich an die Glaubensverbesserung an, wo sie nicht ursprünglich daraus herflossen, und jeder noch so große und noch so kleine Staat hat mehr oder weniger, mittelbarer oder unmittelbarer, den Einfluß derselben empfunden.

Beinahe der ganze Gebrauch, den das spanische Haus von seinen ungeheuren politischen Kräften machte, war gegen die neuen Meinungen oder ihre Bekenner gerichtet. Durch die Reformation wurde der Bürgerkrieg entzündet, welcher Frankreich unter vier stürmischen Regierungen in seinen Grundfesten erschütterte, ausländische Waffen in das Herz dieses Königreichs zog und es ein halbes Jahrhundert lang zu einem Schauplatz der traurigsten Zerrüttung machte. Die Reformation machte den Niederländern das spanische Joch unerträglich und weckte bei diesem Volke das Verlangen und den Muth, dieses Joch zu zerbrechen, so wie sie ihm größtenteils auch die Kräfte dazugab. Alles Böse, welches Philipp der Zweite gegen die Königin Elisabeth von England beschloß, war Rache, die er dafür nahm, daß sie seine protestantischen Unterthanen gegen ihn in Schutz genommen und sich an die Spitze einer Religionspartei gestellt hatte, die er zu vertilgen strebte. Die Trennung in der Kirche hatte in Deutschland eine fortdauernde politische Trennung zur Folge, welche dieses Land zwar länger als ein Jahrhundert der Verwirrung dahingab, aber auch zugleich gegen politische Unterdrückung einen bleibenden Damm aufthürmte. Die Reformation war es großenteils, was die nordischen Mächte, Dänemark und Schweden zuerst in das Staatssystem von Europa zog, weil sich der protestantische Staatenbund durch ihren Beitritt verstärkte, und weil dieser Bund ihnen selbst unentbehrlich ward. Staaten, die vorher kaum für einander vorhanden gewesen, fingen an, durch die Reformation einen wichtigen Berührungspunkt zu erhalten und sich in einer neuen politischen Sympathie an einander zu schließen. So wie Bürger gegen

Bürger, Herrscher gegen ihre Unterthanen durch die Reformation in andre Verhältnisse kamen, rückten durch sie auch ganze Staaten in neue Stellengen gegen einander. Und so mußte es durch einen seltsamen Gang der Dinge die Kirchentrennung sein, was die Staaten unter sich zu einer engern Vereinigung führte. Schrecklich zwar und verderblich war die erste Wirkung, durch welche diese allgemeine politische Sympathie sich verkündigte – ein dreißigjähriger verheerender Krieg, der von dem Innern des Böhmerlandes bis an die Mündung der Schelde, von den Ufern des Po bis an die Küsten der Ostsee Länder entvölkerte, Ernten zertrat, Städte und Dörfer in die Asche legte; ein Krieg, in welchem viele Tausend Streiter ihren Untergang fanden, der den aufglimmenden Funken der Cultur in Deutschland auf ein halbes Jahrhundert verlöschte und die kaum auflebenden bessern Sitten der alten barbarischen Wildheit zurückgab. Aber Europa ging ununterdrückt und frei aus diesem fürchterlichen Krieg, in welchem es sich zum erstenmal als eine znsammenhängende Staatengesellschaft erkannt hatte; und diese Theilnehmung der Staaten an einander, welche sich in diesem Krieg eigentlich erst bildete, wäre allein schon Gewinn genug, den Weltbürger mit seinen Schrecken zu versöhnen. Die Hand des Fleißes hat unvermerkt alle verderbliche Spuren dieses Kriegs wieder ausgelöscht; aber die wohlthätigen Folgen, von denen er begleitet war, sind geblieben. Eben diese allgemeine Staatensympathie, welche den Stoß in Böhmen dem halben Europa mittheilte, bewacht jetzt den Frieden, der diesem Krieg ein Ende machte. So wie die Flamme der Verwüstung aus dem Innern Böhmens, Mährens und Österreichs einen Weg fand, Deutschland, Frankreich, das halbe Europa zu entzünden, so wird die Fackel der Cultur von diesen Staaten aus einen Weg sich öffnen, jene Länder zu erleuchten.

Die Religion wirkte dieses alles. Durch sie allein wurde möglich, was geschah, aber es fehlte viel, daß es für sie und ihrentwegen unternommen worden wäre. Hätte nicht der Privatvortheil, nicht das Staatsinteresse sich schnell damit vereinigt, nie würde die Stimme der Theologen und des Volks so bereitwillige Fürsten, nie die neue Lehre so zahlreiche, so tapfere, so beharrliche Verfechter gefunden haben. Ein großer Antheil an der Kirchenrevolution gebührt unstreitig der siegenden Gewalt der Wahrheit, oder dessen, was mit Wahrheit verwechselt wurde. Die Mißbräuche in der alten Kirche, das Abgeschmackte mancher ihrer Lehren, das Übertriebene in ihren Forderungen mußte nothwendig ein Gemüth empören, das von der Ahnung eines bessern Lichts schon gewonnen war, mußte es geneigt machen, die verbesserte Religion zu umfassen.

Der Reiz der Unabhängigkeit, die reiche Beute der geistlichen Stifter mußte die Regenten nach einer Religionsveränderung lüstern machen und das Gewicht der innern Überzeugung nicht wenig bei ihnen verstärken; aber die Staatsräson allein konnte sie dazu drängen. Hätte nicht Karl der Fünfte im Übermuth seines Glücks an die Reichsfreiheit der deutschen Stände gegriffen, schwerlich hätte sich ein protestantischer Bund für die Glaubensfreiheit bewaffnet. Ohne die Herrschbegierde der Guisen hätten die Calvinisten in Frankreich nie einen Condé oder Coligny an ihrer Spitze gesehen; ohne die Auflage des zehenten und zwanzigsten Pfennigs hätte der Stuhl zu Rom nie die vereinigten Niederlande verloren. Die Regenten kämpften zu ihrer Selbstverteidigung oder Vergrößerung; der Religionsenthusiasmus warb ihnen die Armeen und öffnete ihnen die Schätze ihres Volks. Der große Haufe, wo ihn nicht Hoffnung der Beute unter ihre Fahnen lockte, glaubte für die Wahrheit sein Blut zu vergießen, indem er es zum Vortheil seines Fürsten verspritzte.

Und Wohlthat genug für die Völker, daß diesmal der Vortheil der Fürsten Hand in Hand mit dem ihrigen ging! Diesem Zufall allein haben sie ihre Befreiung vom Papstthum zu danken. Glück genug für die Fürsten, daß der Unterthan für seine eigene Sache stritt, indem er für die ihrige kämpfte! In dem Zeitalter, wovon jetzt die Rede ist, regierte in Europa kein Fürst so absolut, um über den guten Willen seiner Unterthanen hinweggesetzt zu sein, wenn er seine politischen Entwürfe verfolgte. Aber wie schwer hielt es, diesen guten Willen der Nation für seine poetischen Entwürfe zu gewinnen und in Handlung zu setzen! Die nachdrücklichsten Beweggründe, welche von der Staatsräson entlehnt sind, lassen den Unterthan kalt, der sie selten einsieht, und den sie noch seltener interessieren. In diesem Fall bleibt einem staatsklugen Regenten nichts übrig, als das Interesse des Cabinets an irgend ein anderes Interesse, das dem Volke näher liegt, anzuknüpfen, wenn etwa ein solches schon vorhanden ist, oder, wenn es nicht ist, es zu erschaffen.

Dies war der Fall, worin sich ein großer Theil derjenigen Regenten befand, die für die Reformation handelnd aufgetreten sind. Durch eine sonderbare Verkettung der Dinge mußte es sich fügen, daß die Kirchentrennung mit zwei politischen Umständen zusammentraf, ohne welche sie vermutlich eine ganz andere Entwicklung gehabt haben würde. Diese waren: die auf einmal hervorspringende Übermacht des Hauses Österreich, welche die Freiheit Europens bedrohte, und der thätige Eifer dieses Hauses für die alte Religion. Das Erste weckte die Regenten, das Zweite bewaffnete ihnen die Nationen.

Die Aufhebung einer fremden Gerichtsbarkeit in ihren Staaten, die höchste Gewalt in geistlichen Dingen, der gehemmte Abfluß des Geldes nach Rom, die reiche Beute der geistlichen Stifter waren Vortheile, die für jeden Souverän auf gleiche Art verführerisch sein mußten; warum, könnte man fragen, wirkten sie nicht eben so gut auf die Prinzen des Hauses Österreich? Was hinderte dieses Haus, und insbesondere die deutsche Linie desselben, den dringenden Anforderungen so vieler seiner Unterthanen Gehör zu geben und sich nach dem Beispiel Andrer auf Unkosten einer wehrlosen Geistlichkeit zu verbessern? Es ist schwer zu glauben, daß die Überzeugung von der Unfehlbarkeit der römischen Kirche an der frommen Standhaftigkeit dieses Hauses einen größern Antheil gehabt haben sollte, als die Überzeugung vom Gegentheil an dem Abfalle der protestantischen Fürsten. Mehrere Gründe vereinigten sich, die österreichischen Prinzen zu Stützen des Papstthums zu machen. Spanien und Italien, aus welchen Ländern die österreichische Macht einen großen Theil ihrer Stärke zog, waren dem Stuhle zu Rom mit blinder Anhänglichkeit ergeben, welche die Spanier insbesondere schon zu den Zeiten der gothischen Herrschaft ausgezeichnet hat. Die geringste Annäherung an die verabscheuten Lehren Luthers und Calvins mußte dem Beherrscher von Spanien die Herzen seiner Unterthanen unwiederbringlich entreißen; der Abfall von dem Papstthum konnte ihm dieses Königreich kosten. Ein spanischer König mußte ein rechtgläubiger Prinz sein, oder er mußte von diesem Throne steigen. Den nämlichen Zwang legten ihm seine italienischen Staaten auf, die er fast noch mehr schonen mußte, als seine Spanier, weil sie das auswärtige Joch am ungeduldigsten trugen und es am leichtesten abschütteln konnten. Dazu kam, daß ihm diese Staaten Frankreich zum Mitbewerber und den Papst zum Nachbar gaben; Gründe genug, die ihn hinderten, sich für eine Partei zu erklären, welche das Ansehen des Papstes zernichtete – die ihn aufforderten, sich letztern durch den thätigsten Eifer für die alte Religion zu verpflichten.

Diese allgemeinen Gründe, welche bei jedem spanischen Monarchen von gleichem Gewichte sein mußten, wurden bei jedem insbesondere noch durch besondere Gründe unterstützt. Karl der Fünfte hatte in Italien einen gefährlichen Nebenbuhler an dem König von Frankreich, dem dieses Land sich in eben dem Augenblick in die Arme warf, wo Karl sich ketzerischer

Grundsätze verdächtig machte. Gerade an denjenigen Entwürfen, welche Karl mit der meisten Hitze verfolgte, würde das Mißtrauen der Katholischen und der Streit mit der Kirche ihm durchaus hinderlich gewesen sein. Als Karl der Fünfte in den Fall kam, zwischen beiden Religionsparteien zu wählen, hatte sich die neue Religion noch nicht bei ihm in Achtung setzen können, und überdem war zu einer gütlichen Vergleichung beider Kirchen damals noch die wahrscheinlichste Hoffnung vorhanden. Bei seinem Sohn und Nachfolger Philipp dem Zweiten vereinigte sich eine mönchische Erziehung mit einem despotischen finstern Charakter, einen unversöhnlichen Haß aller Neuerungen in Glaubenssachen bei diesem Fürsten zu unterhalten, den der Umstand, daß seine schlimmsten politischen Gegner auch zugleich Feinde seiner Religion waren, nicht wohl vermindern konnte. Da seine europäischen Länder, durch so viele fremde Staaten zerstreut, dem Einfluß fremder Meinungen überall offen lagen, so konnte er dem Fortgange der Reformation in andern Ländern nicht gleichgültig zusehen, und sein eigener näherer Staatsvortheil forderte ihn auf, sich der alten Kirche überhaupt anzunehmen, um die Quellen der ketzerischen Ansteckung zu verstopfen. Der natürlichste Gang der Dinge stellte also diesen Fürsten an die Spitze des katholischen Glaubens und des Bundes, den die Papisten gegen die Neuerer schlossen. Was unter Karls des Fünften und Philipps des Zweiten langen und thatenvollen Regierungen beobachtet wurde, blieb für die folgenden Gesetz; und je mehr sich der Riß in der Kirche erweiterte, desto fester mußte Spanien an dem Katholicismus halten.

Freier schien die deutsche Linie des Hauses Österreich gewesen zu sein; aber wenn bei dieser auch mehrere von jenen Hindernissen wegfielen, so wurde sie durch andere Verhältnisse in Fesseln gehalten. Der Besitz der Kaiserkrone, die auf einem protestantischen Haupte ganz undenkbar war (denn wie konnte ein Apostat der römischen Kirche die römische Kaiserkrone tragen?) knüpfte die Nachfolger Ferdinands des Ersten an den päpstlichen Stuhl; Ferdinand selbst war diesem Stuhl aus Gründen des Gewissens und aufrichtig ergeben. Überdem waren die deutsch-österreichischen Prinzen nicht mächtig genug, der spanischen Unterstützung zu entbehren, die aber durch eine Begünstigung der neuen Religion durchaus verscherzt war. Auch forderte ihre Kaiserwürde sie auf, das deutsche Reichssystem zu beschützen, wodurch sie selbst sich als Kaiser behaupteten, und welches der protestantische Reichstheil zu stürzen strebte. Rechnet man dazu die Kälte der Protestanten gegen die Bedrängnisse der Kaiser und gegen die gemeinschaftlichen Gefahren des Reichs, ihre gewaltsamen Eingriffe in das Zeitliche der Kirche und ihre Feindseligkeiten, wo sie sich als die Stärkeren fühlten; so begreift man, wie so viele zusammenwirkende Gründe die Kaiser auf der Seite des Papstthums erhalten, wie sich ihr eigner Vortheil mit dem Vortheile der katholischen Religion aufs genauste vermengen mußte. Da vielleicht das ganze Schicksal dieser Religion von dem Entschlusse abhing, den das Haus Österreich ergriff, so mußte man die österreichischen Prinzen durch ganz Europa als die Säulen des Papstthums betrachten. Der Haß der Protestanten gegen letzteres kehrte sich darum auch einstimmig gegen Österreich und vermengte nach und nach den Beschützer mit der Sache, die er beschützte.

Aber eben dieses Hans Österreich, der unversöhnliche Gegner der Reformation, setzte zugleich durch seine ehrgeizigen Entwürfe, die von einer überlegenen Macht unterstützt waren, die politische Freiheit der europäischen Steten, und besonders der deutschen Stände, in nicht geringe Gefahr. Dieser Umstand mußte letztere aus ihrer Sicherheit aufschrecken und auf ihre Selbstverteidigung aufmerksam machen. Ihre gewöhnlichen Hilfsmittel würden nimmermehr hingereicht haben, einer so drohenden Macht zu widerstehen. Außerordentliche Anstrengungen mußten sie von ihren Unterthanen verlangen und, da auch diese bei weitem nicht hinreichten, von ihren Nachbarn Kräfte entlehnen und durch Bündnisse unter einander eine Macht aufzuwägen suchen, gegen welche sie einzeln nicht bestanden.

Aber die großen politischen Aufforderungen, welche die Regenten hatten, sich den Fortschritten Österreichs zu widersetzen, hatten ihre Unterthanen nicht. Nur gegenwärtige Vortheile oder gegenwärtige Übel sind es, welche das Volk in Handlung setzen; und diese darf eine gute Staatskunst nicht abwarten. Wie schlimm also für diese Fürsten, wenn nicht zum Glücke ein anderes wirksames Motiv sich ihnen dargeboten hätte, das die Nation in Leidenschaft setzte und einen Enthusiasmus in ihr entflammte, der gegen die politische Gefahr gerichtet werden konnte, weil er in dem nämlichen Gegenstande mit derselben zusammentraf! Dieses Motiv war der erklärte Haß gegen eine Religion, welche das Haus Österreich beschützte, die schwärmerische Anhänglichkeit an eine Lehre, welche dieses Haus mit Feuer und Schwert zu vertilgen strebte. Diese Anhänglichkeit war feurig, jener Haß war unüberwindlich; der Religionsfanatismus fürchtet das Entfernte; Schwärmerei berechnet nie, was sie aufopfert. Was die entschiedenste Gefahr des Staats nicht über seine Bürger vermocht hätte, bewirkte die religiöse Begeisterung. Für den Staat, für das Interesse des Fürsten würden sich wenig freiwillige Arme bewaffnet haben; für die Religion griff der Kaufmann, der Künstler, der Landbauer freudig zum Gewehr. Für den Staat oder den Fürsten würde man sich auch der kleinsten außerordentlichen Abgabe zu entziehen gesucht haben; an die Religion setzte man Gut und Blut, alle seine zeitlichen Hoffnungen. Dreifach stärkere Summen strömen jetzt in den Schatz des Fürsten; dreifach stärkere Heere rücken in das Feld; und in der heftigen Bewegung, worein die nahe Religionsgefahr alle Gemüther versetzte, fühlte der Unterthan die Schwere der Lasten nicht, die Anstrengungen nicht, von denen er in einer ruhigeren Gemüthslage erschöpft würde niedergesunken sein. Die Furcht vor der spanischen Inquisition, vor Bartholomäusnächten eröffnet dem Prinzen von Oranien, dem Admiral Coligny, der brittischen Königin Elisabeth, den protestantischen Fürsten Deutschlands Hilfsquellen bei ihren Völkern, die noch jetzt unbegreiflich sind.

Mit noch so großen eignen Anstrengungen aber würde man gegen eine Macht wenig ausgerichtet haben, die auch dem mächtigsten Fürsten, wenn er einzeln stand. überlegen war. In den Zeiten einer noch wenig ausgebildeten Politik konnten aber nur zufällige Umstände entfernte Staaten zu einer wechselseitigen Hilfsleistung vermögen. Die Verschiedenheit der Verfassung, der Gesetze, der Sprache, der Sitten, des Nationalcharakters, welche die Nationen und Länder in eben so viele verschiedene Ganze absonderte und eine fortdauernde Scheidewand zwischen sie stellte, machte den einen Staat unempfindlich gegen die Bedrängnisse des andern, wo ihn nicht gar die Nationaleifersucht zu einer feindseligen Schadenfreude reizte. Die Reformation stürzte diese Scheidewand. Ein lebhafteres, näher liegendes Interesse als der Nationalvortheil oder die Vaterlandsliebe, und welches von bürgerlichen Verhältnissen durchaus unabhängig war, fing an, die einzelnen Bürger und ganze Staaten zu beseelen. Dieses Interesse konnte mehrere und selbst die entlegensten Staaten mit einander verbinden, und bei Unterthanen des nämlichen Staats konnte dieses Band wegfallen. Der französische Calvinist hatte also mit dem reformierten Genfer, Engländer, Deutschen oder Holländer einen Berührungspunkt, den er mit seinem eigenen katholischen Mitbürger nicht hatte. Er hörte also in einem sehr wichtigen Punkte auf, Bürger eines einzelnen Staats zu sein, seine Aufmerksamkeit und Theilnahme auf diesen einzelnen Staat einzuschränken. Sein Kreis erweitert sich; er fängt an, aus dem Schicksale fremder Länder, die seines Glaubens sind, sich sein eigenes zu weissagen und ihre Sache zu der seinigen zu machen. Nun erst dürfen die Regenten es wagen, auswärtige Angelegenheiten vor die Versammlung ihrer Landstände zu bringen, nun erst hoffen, ein williges Ohr und schnelle Hilfe zu finden. Diese auswärtigen Angelegenheiten sind jetzt zu einheimischen geworden, und gerne reicht man dem Glaubensverwandten eine hilfreiche Hand, die man dem bloßen Nachbar, und noch mehr dem fernen Ausländer verweigert hätte. Jetzt verläßt der Pfälzer seine Heimath, um für seinen französischen Glaubensbruder gegen den gemeinschaftlichen Religionsfeind zu fechten. Der französische Unterthan zieht das Schwert gegen ein Vaterland, das ihn mißhandelt, und geht hin, für Hollands Freiheit zu bluten. Jetzt sieht man Schweizer gegen Schweizer, Deutsche gegen Deutsche im Streit gerüstet, um an den Ufern der Loire und der Seine die Thronfolge in Frankreich zu entscheiden. Der Däne geht über die Eider, der Schwede über den Belt, um die Ketten zu zerbrechen, die für Deutschland geschmiedet sind.

Es ist sehr schwer zu sagen, was mit der Reformation, was mit der Freiheit des deutschen Reichs wohl geworden sein würde, wenn das gefürchtete Haus Österreich nicht Partei gegen sie genommen hätte. So viel aber scheint erwiesen, daß sich die österreichischen Prinzen auf ihrem Wege zur Universalmonarchie durch nichts mehr gehindert haben, als durch den hartnäckigen Krieg, den sie gegen die neuen Meinungen führten. In keinem andere Falle, als unter diesem, war es den schwächern Fürsten möglich, die außerordentlichen Anstrengungen von ihren Ständen zu erzwingen, wodurch sie der österreichischen Macht widerstanden; in keinem andern Falle den Staaten möglich, sich gegen einen gemeinschaftlichen Feind zu vereinigen.

Höher war die österreichische Macht nie gestanden, als nach dem Siege Karls des Fünften bei Mühlberg, nachdem er die Deutschen überwunden hatte. Mit dem Schmalkaldischen Bunde lag die deutsche Freiheit, wie es schien, auf ewig darnieder; aber sie lebte wieder auf in Moritz von Sachsen, ihrem gefährlichsten Feinde. Alle Früchte des Mühlbergischen Sieges gehen auf dem Congreß zu Passau und dem Reichstag zu Augsburg verloren, und alle Anstalten zur weltlichen und geistlichen Unterdrückung endigen in einem nachgebenden Frieden.

Deutschland zerriß auf diesem Reichstage zu Augsburg in zwei Religionen und in zwei politische Parteien; jetzt erst zerriß es, weil die Trennung jetzt erst gesetzlich war. Bis hieher waren die Protestanten als Rebellen angesehen worden; jetzt beschloß man, sie als Brüder zu behandeln, nicht als ob man sie dafür anerkannt hätte, sondern weil man dazu genöthigt war. Die Augsburgische Confession durfte sich von jetzt an neben den katholischen Glauben stellen, doch nur als eine geduldete Nachbarin, mit einstweiligen schwesterlichen Rechten. Jedem weltlichen Reichsstande war das Recht zugestanden, die Religion, zu der er sich bekannte, auf seinem Grund und Boden zur herrschenden und einzigen zu machen und die entgegengesetzte der freien Ausübung zu berauben; jedem Unterthan vergönnt, das Land zu verlassen, wo seine Religion unterdrückt war. Jetzt zum erstenmal erfreute sich also die Lehre Luthers einer positiven Sanktion, und wenn sie auch in Bayern oder in Österreich im Staube lag, so konnte sie sich damit trösten, daß sie in Sachsen und in Thüringen thronte. Den Regenten war es aber nun doch allein überlassen, welche Religion in ihren Landen gelten und welche darnieder liegen sollte; für den Unterthan, der auf dem Reichstage keinen Repräsentanten hatte, war in diesem Frieden gar wenig gesorgt. Bloß allein in geistlichen Ländern, in welchen die katholische Religion unwiderruflich die herrschende blieb, wurde den protestantischen Unterthanen (welche es damals schon waren) die freie Religionsübung ausgewirkt; aber auch diese nur durch eine persönliche Versicherung des römischen Königs Ferdinand, der diesen Frieden zu Staude brachte – eine Versicherung, die, von dem katholischen Reichstheile widersprochen und mit diesem Widerspruch in das Friedensinstrument eingetragen, keine Gesetzeskraft erhielt.

Wären es übrigens nur Meinungen gewesen, was die Gemüther trennte – wie gleichgültig hätte man dieser Trennung zugesehen! Aber an diesen Meinungen hingen Reichthümer, Würden und Rechte; ein Umstand, der die Scheidung unendlich erschwerte. Von zwei Brüdern, die das väterliche Vermögen bis hieher gemeinschaftlich genossen, verließ jetzt einer das väterliche Hans, und die Notwendigkeit trat ein, mit dem daheimbleibenden Bruder abzutheilen. Der Vater hatte für den Fall der Trennung nichts bestimmt, weil ihm von dieser Trennung nichts ahnen konnte. Aus den wohlthätigen Stiftungen der Voreltern war der Reichthum der Kirche innerhalb eines Jahrtausends zusammengeflossen, und diese Voreltern gehörten dem Weggehenden eben so gut an, als Dem, der zurückblieb. Haftete nun das Erbrecht bloß an dem väterlichen Hause, oder haftete es an dem Blute? Die Stiftungen waren an die katholische Kirche geschehen, weil damals noch keine andere vorhanden war; an den erstgebornen Bruder, weil er damals noch der einzige Sohn war. Galt nun in der Kirche ein Recht der Erstgeburt, wie in adeligen Geschlechtern? Galt die Begünstigung des einen Theils, wenn ihm der andere noch nicht gegenüberstehen konnte? Konnten die Lutheraner von dem Genuß dieser Güter ausgeschlossen sein, an denen doch ihre Vorfahren mitstiften halfen, bloß allein deßwegen ausgeschlossen sein, weil zu den Zeiten der Stiftung noch kein Unterschied zwischen Lutheranern und Katholischen stattfand? Beide Religionsparteien haben über diese Streitsache mit scheinbaren Gründen gegen einander gerechtet und rechten noch immer; aber es dürfte dem einen Theile so schwer fallen, als dem andern, sein Recht zu erweisen. Das Recht hat nur Entscheidungen für denkbare Fälle, und vielleicht gehören geistliche Stiftungen nicht unter diese; zum wenigsten dann nicht, wenn man die Forderungen ihrer Stifter auch auf dogmatische Sätze erstreckt – wie ist es denkbar, eine ewige Schenkung an eine wandelbare Meinung zu machen?

Wenn das Recht nicht entscheiden kann, so thut es die Stärke, und so geschah es hier. Der eine Theil behielt, was ihm nicht mehr zu nehmen war; der andere verteidigte, was er noch hatte. Alle vor dem Frieden weltlich gemachten Bisthümer und Abteien verblieben den Protestanten; aber die Papisten verwahrten sich in einem eigenen Vorbehalt, daß künftig keine mehr weltlich gemacht würden. Jeder Besitzer eines geistlichen Stiftes, das dem Reich unmittelbar unterworfen war, Kurfürst, Bischof oder Abt, hat seine Beneficien und Würden verwirkt, sobald er zur protestantischen Kirche abfällt. Sogleich muß er seine Besitzungen räumen, und das Kapitel schreitet zu einer neuen Wahl, gleich als wäre seine Stelle durch einen Todesfall erledigt worden. An diesem heiligen Anker des geistlichen Vorbehalts, der die ganze zeitliche Existenz eines geistlichen Fürsten von seinem Glaubensbekenntniß abhängig machte, ist noch bis heute die katholische Kirche in Deutschland befestigt – und was würde aus ihr werden, wenn dieser Anker zerrisse? Der geistliche Vorbehalt erlitt einen hartnäckigen Widerspruch von Seiten der protestantischen Stände, und obgleich sie ihn zuletzt noch in das Friedensinstrument mit aufnahmen, so geschah es mit dem ausdrücklichen Beisatz, daß beide Parteien sich über diesen Punkt nicht verglichen hätten. Konnte er für den protestantischen Theil mehr verbindlich sein, als jene Versicherung Ferdinands zum Vortheil der protestantischen Unterthanen in geistlichen Stiftern es für die katholischen war? Zwei Streitpunkte blieben also in dem Frieden zurück, und an diesen entzündete sich auch der Krieg.

So war es mit der Religionsfreiheit und mit den geistlichen Gütern; mit den Rechten und Würden war es nicht anders. Auf eine einzige Kirche war das deutsche Reichssystem berechnet, weil nur eine da war, als es sich

bildete. Die Kirche hat sich getrennt, der Reichstag sich in zwei Religionsparteien geschieden – und doch soll das ganze Reichssystem ausschließend
einer einzigen folgen? Alle bisherigen Kaiser waren Söhne der römischen
Kirche gewesen, weil die römische Kirche in Deutschland bis jetzt ohne
Nebenbuhlerin war. War es aber das Verhältniß mit Rom, was den Kaiser
der Deutschen aufmachte, oder war es nicht vielmehr Deutschland, welches
sich in seinem Kaiser repräsentierte? Zu dem ganzen Deutschland gehört
aber auch der protestantische Theil – und wie repräsentiert sich nun dieser
in einer ununterbrochenen Reihe katholischer Kaiser? – In dem höchsten
Reichsgerichte richten die deutschen Stände sich selbst, weil sie selbst die
Richter dazu stellen; daß sie sich selbst richteten, daß eine gleiche Gerechtigkeit allen zu Statten käme, war der Sinn seiner Stiftung – kann dieser
Sinn erfüllt werden, wenn nicht beide Religionen darin sitzen? Daß zur
Zeit der Stiftung in Deutschland noch ein einziger Glaube herrschte, war
Zufall, – daß kein Stand den andern auf rechtlichem Wege unterdrücken
sollte, war der wesentliche Zweck dieser Stiftung. Dieser Zweck aber ist
verfehlt, wenn ein Religionstheil im ausschließenden Besitz ist, den andern
zu richten – darf nun ein Zweck aufgeopfert werden, wenn sich ein Zufall
verändert? – Endlich und mit Mühe erfochten die Protestanten ihrer Religion einen Sitz im Kammergerichte, aber noch immer keine ganz gleiche
Stimmenzahl. – Zur Kaiserkrone hat noch kein protestantisches Haupt
sich erhoben.

Was man auch von der Gleichheit sagen mag, welche der Religionsfriede
zu Augsburg zwischen beiden deutschen Kirchen einführte, so ging die
katholische doch unwidersprechlich als Siegerin davon. Alles, was die lutherische erhielt, war – Duldung; alles, was die katholische hingab, opferte
sie der Noth, und nicht der Gerechtigkeit. Immer war es noch kein Friede
zwischen zwei gleichgeachteten Mächten, bloß ein Vertrag zwischen dem
Herrn und einem unüberwundenen Rebellen! Aus diesem Princip scheinen
alle Proceduren der katholischen Kirche gegen die protestantische herge-
flossen zu sein und noch herzufließen. Immer noch war es ein Verbrechen,
zur protestantischen Kirche abzufallen, weil es mit einem so schweren
Verluste geahndet wurde, als der geistliche Vorbehalt über abtrünnige
geistliche Fürsten verhängt. Auch in den folgenden Zeiten setzte sich die
katholische Kirche lieber aus, alles durch Gewalt zu verlieren, als einen
kleinen Vortheil freiwillig und rechtlich aufzugeben; denn einen Raub
zurückzunehmen, war noch Hoffnung, und immer war es nur ein zufälliger
Verlust; aber ein aufgegebener Anspruch, ein den Protestanten zugestan-

denes Recht erschütterte die Grundpfeiler der katholischen Kirche. Bei dem Religionsfrieden selbst setzte man diesen Grundsatz nicht aus den Augen. Was man in diesem Frieden den Evangelischen preisgab, war nicht unbedingt aufgegeben. Alles, hieß es ausdrücklich, sollte nur bis auf die nächste allgemeine Kirchenversammlung gelten, welche sich beschäftigen würde, beide Kirchen wieder zu vereinigen. Dann erst, wenn dieser letzte Versuch mißlänge, sollte der Religionsfriede eine absolute Gültigkeit haben. So wenig Hoffnung zu dieser Wiedervereinigung da war, so wenig es vielleicht den Katholischen selbst damit Ernst war, so viel hatte man dessen ungeachtet schon gewonnen, daß man den Frieden durch diese Bedingung beschränkte.

Dieser Religionsfriede also, der die Flamme des Bürgerkriegs auf ewige Zeiten ersticken sollte, war im Grunde nur eine temporäre Auskunft, ein Werk der Noth und der Gewalt, nicht vom Gesetz der Gerechtigkeit dictiert, nicht die Frucht berichtigter Ideen über Religion und Religionsfreiheit. Einen Religionsfrieden von der letzten Art konnten die Katholischen nicht geben, und wenn man aufrichtig sein will. einen solchen vertrugen die Evangelischen noch nicht. Weit entfernt, gegen die Katholischen eine uneingeschränkte Billigkeit zu beweisen, unterdrückten sie, wo es in ihrer Macht stand, die Calvinisten, welche freilich eben so wenig eine Duldung in jenem bessern Sinne verdienten, da sie eben so weit entfernt waren, sie selbst auszuüben. Zu einem Religionsfrieden von dieser Natur waren jene Zeiten noch nicht reif und die Köpfe noch zu trübe. Wie konnte ein Theil von dem andern fordern, was er selbst zu leisten unvermögend war? Was eine jede Religionspartei in dem Augsburger Frieden rettete oder gewann, verdankte sie der Gewalt, dem zufälligen Machtverhältniß, in welchem beide bei Gründung des Friedens zu einander gestanden. Was durch Gewalt gewonnen wurde, mußte behauptet werden durch Gewalt; jenes Machtverhältniß mußte also auch fürs künftige fortdauern, oder der Friede verlor seine Kraft. Mit dem Schwerte in der Hand wurden die Grenzen zwischen beiden Kirchen gezeichnet; mit dem Schwerte mußten sie bewacht werden – oder wehe der früher entwaffneten Partei! Eine zweifelhafte schreckenvolle Aussicht für Deutschlands Ruhe, die aus dem Frieden selbst schon hervordrohte!

In dem Reiche erfolgte jetzt eine augenblickliche Stille, und ein flüchtiges Band der Eintracht schien die getrennten Glieder wieder in einen Reichskörper zu verknüpfen, daß auch das Gefühl für die gemeinschaftliche Wohlfahrt auf eine Zeitlang zurückkam. Aber die Trennung hatte das innerste Wesen getroffen, und die erste Harmonie wieder herzustellen, war vorbei. So genau der Friede die Rechtsgrenzen beider Theile bestimmt zu haben schien, so ungleichen Auslegungen blieb er nichtsdestoweniger unterworfen. Mitten in ihrem hitzigsten Kampfe hatte er den streitenden Parteien Stillstand auferlegt, er hatte den Feuerbrand zugedeckt, nicht gelöscht, und unbefriedigte Ansprüche blieben auf beiden Seiten zurück. Die Katholischen glaubten zu viel verloren, die Evangelischen zu wenig errungen zu haben; beide halfen sich damit, den Frieden, den sie jetzt noch nicht zu verletzen wagten, nach ihren Absichten zu erklären.

Dasselbe mächtige Motiv, welches so manche protestantische Fürsten so geneigt gemacht hatte, Luthers Lehre zu umfassen, die Besitznehmung von den geistlichen Stiftern, war nach geschlossenem Frieden nicht weniger wirksam als vorher, und was von mittelbaren Stiftern noch nicht in ihren Händen war, mußte bald in dieselben wandern. Ganz Niederdeutschland war in kurzer Zeit weltlich gemacht; und wenn es mit Oberdeutschland anders war, so lag es an dem lebhaftesten Widerstande der Katholischen, die hier das Übergewicht hatten. Jede Partei drückte oder unterdrückte, wo sie die mächtigere war, die Anhänger der andern; die geistlichen Fürsten besonders, als die wehrlosesten Glieder des Reicht, wurden unaufhörlich durch die Vergrößerungsbegierde ihrer unkatholischen Nachbarn geängstigt. Wer zu ohnmächtig war, Gewalt durch Gewalt abzuwenden, flüchtete sich unter die Flügel der Justiz, und die Spolienklagen gegen protestantische Stände häuften sich auf dem Reichsgerichte an, welches bereitwillig genug war, den angeklagten Theil mit Sentenzen zu verfolgen, aber zu wenig unterstützt, um sie geltend zu machen. Der Friede, welcher den Ständen des Reichs die vollkommene Religionsfreiheit einräumte, hatte doch einigermaßen auch für den Unterthan gesorgt, indem er ihm das Recht ausbedug, das Land, in welchem seine Religion unterdrückt war, unangefochten zu verlassen. Aber vor den Gewalttätigkeiten, womit der Landesherr einen gehaßten Unterthan drücken, vor den namenlosen Drangsalen, wodurch er dem Auswandernden den Abzug erschweren, vor den künstlich gelegten Schlingen, worein die Arglist, mit der Stärke verbunden, die Gemüther verstricken kann, konnte der todte Buchstabe dieses Friedas ihn nicht schützen. Der katholische Unterthan protestantischer Herren klagte laut über Verletzung des Religionsfriedens – der evangelische noch lauter über die Bedrückungen, welche ihm von seiner katholischen Obrigkeit widerfuhren. Die Erbitterung und Streitsucht der Theologen vergiftete jeden Vorfall, der an sich unbedeutend war, und setzte die Gemüther in Flammen; glücklich genug, wenn sich diese theologische Wuth an dem gemeinschaftlichen Religionsfeind erschöpft hätte, ohne gegen die eignen Religionsverwandten ihr Gift auszuspritzen.

Die Einigkeit der Protestanten unter sich selbst würde doch endlich hingereicht haben, beide streitende Parteien in einer gleichen Schwankung zu erhalten und dadurch den Frieden zu verlängern; aber, um die Verwirrung vollkommen zu machen, verschwand diese Eintracht bald. Die Lehre, welche Zwingli in Zürich und Calvin in Genf verbreitet hatten, fing bald auch in Deutschland an, festen Boden zu gewinnen und die Protestanten unter sich selbst zu entzweien, daß sie einander kaum mehr an etwas anderm als dem gemeinschaftlichen Hasse gegen das Papstthum erkannten. Die Protestanten in diesem Zeitraume glichen denjenigen nicht mehr, welche fünfzig Jahre vorher ihr Bekenntniß zu Augsburg übergeben hatten, und die Ursache dieser Veränderung ist – in eben diesem Augsburgischen Bekenntniß zu suchen. Dieses Bekenntniß setzte dem protestantischen Glauben eine positive Grenze, ehe noch der erwachte Forschungsgeist sich diese Grenze gefallen ließ, und die Protestanten verscherzten unwissend einen Theil des Gewinns, den ihnen der Abfall von dem Papstthum versicherte. Gleiche Beschwerden gegen die römische Hierarchie und gegen die Mißbräuche in dieser Kirche, eine gleiche Mißbilligung der katholischen Lehrbegriffe würden hinreichend gewesen sein, den Vereinigungspunkt für die protestantische Kirche abzugeben; aber sie suchten diesen Vereinigungspunkt in einem neuen positiven Glaubenssystem, setzten in dieses das Unterscheidungszeichen, den Vorzug, das Wesen ihrer Kirche und bezogen auf dieses den Vertrag, den sie mit den Katholischen schlossen. Bloß als Anhänger der Confession gingen sie den Religionsfrieden ein; die Confessionsverwandten allein hatten Theil an der Wohlthat dieses Friedens. Wie also auch der Erfolg sein mochte, so stand es gleich schlimm um die Confessionsverwandten. Dem Geist der Forschung war eine bleibende Schranke gesetzt, wenn den Vorschriften der Confession ein blinder Gehorsam geleistet wurde; der Vereinigungspunkt aber war verloren, wenn man sich über die festgesetzte Formel entzweite. Zum Unglück ereignete sich Beides, und die schlimmen Folgen von Beidem stellten sich ein. Eine Partei hielt standhaft fest an dem ersten Bekenntniß; und wenn sich die Calvinisten davon entfernten, so geschah es nur, um sich auf ähnliche Art in einen neuen Lehrbegriff einzuschließen.

Keinen scheinbarern Vorwand hätten die Protestanten ihrem gemeinschaftlichen Feinde geben können, als diese Uneinigkeit unter sich selbst, kein erfreuenderes Schauspiel, als die Erbitterung, womit sie einander wechselseitig verfolgten. Wer konnte es nun den Katholischen zum Verbrechen machen, wenn sie die Dreistigkeit lächerlich fanden, mit welcher die Glaubensverbesserer sich angemaßt hatten, das einzig wahre Religionssystem zu verkündigen? wenn sie von Protestanten selbst die Waffen gegen Protestanten entlehnten? wenn sie sich bei diesem Widerspruche der Meinungen an die Autorität ihres Glaubens festhielten, für welchen zum Theil doch ein ehrwürdiges Alterthum und eine noch ehrwürdigere Stimmenmehrheit sprach? Aber die Protestanten kamen bei dieser Trennung auf eine noch ernsthaftere Art ins Gedränge. Auf die Confessionsverwandten allein war der Religionsfriede gestellt, und die Katholischen drangen nun auf Erklärung, wen diese für ihren Glaubensgenossen erkannt wissen wollten. Die Evangelischen konnten die Reformierten in ihren Bund nicht einschließen, ohne ihr Gewissen zu beschweren; sie konnten sie nicht davon ausschließen, ohne einen nützlichen Freund in einen gefährlichen Feind zu verwandeln. So zeigte diese unselige Trennung den Machinationen der Jesuiten einen Weg, Mißtrauen zwischen beide Parteien zu pflanzen und die Eintracht ihrer Maßregeln zu zerstören. Durch die doppelte Furcht vor den Katholiken und vor ihren eigenen protestantischen Gegnern gebunden, versäumten die Protestanten den nimmer wiederkehrenden Moment, ihrer Kirche ein durchaus gleiches Recht mit der römischen zu erfechten. Und allen diesen Verlegenheiten wären sie entgangen, der Abfall der Reformierten wäre für die gemeine Sache ganz unschädlich gewesen, wenn man den Vereinigungspunkt allein in der Entfernung von dem Papstthum, nicht in Augsburgischen Confessionen, nicht in Concordienwerken gesucht hätte.

So sehr man aber auch in allem Andern getheilt war, so begriff man doch einstimmig, daß eine Sicherheit, die man bloß der Machtgleichheit zu danken gehabt hatte, auch nur durch diese Machtgleichheit allein erhalten werden könne. Die fortwährenden Reformationen der einen Partei, die Gegenbemühungen der andern unterhielten die Wachsamkeit auf beiden Seiten, und der Inhalt des Religionsfriedens war die Losung eines ewigen Streits. Jeder Schritt, den der andere Theil that, mußte zu Kränkung dieses Friedens abzielen; jeder, den man sich selbst erlaubte, geschah zur Aufrechthaltung dieses Friedens. Nicht alle Bewegungen der katholischen hatten eine angreifende Absicht, wie ihnen von der Gegenpartei Schuld gegeben wird; Vieles, was sie thaten, machte ihnen die Selbstvertheidigung zur Pflicht. Die Protestanten hatten auf eine nicht zweideutige Art gezeigt, wozu die Katholischen sich zu versehen hätten, wenn sie das Unglück haben sollten, der unterliegende Theil zu sein. Die Lüsternheit der Protestanten nach den geistlichen Gütern ließ sie keine Schonung, ihr Haß keine Großmuth, keine Duldung erwarten.

Aber auch den Protestanten war es zu verzeihen, wenn sie zu der Redlichkeit der Papisten wenig Vertrauen zeigten. Durch die treulose und barbarische Behandlungsart, welche man sich in Spanien, Frankreich und den Niederlanden gegen ihre Glaubensgenossen erlaubte, durch die schändliche Ausflucht katholischer Fürsten, sich von den heiligsten Eiden durch den Papst lossprechen zu lassen, durch den abscheulichen Grundsatz, daß gegen Ketzer kein Treu und Glaube zu beobachten sei, hatte die katholische Kirche in den Augen aller Redlichen ihre Ehre verloren. Keine Versicherung, kein noch so fürchterlicher Eid konnte aus dem Munde eines Papisten den Protestanten beruhigen. Wie hätte der Religionsfriede es gekonnt, den die Jesuiten durch ganz Deutschland nur als ein Interim, als eine einstweilige Convenienz abschilderten, der in Rom selbst feierlich verworfen ward!

Die allgemeine Kirchenversammlung, auf welche in diesem Frieden hingewiesen worden, war unterdessen in der Stadt Trident vor sich gegangen; aber, wie man nicht anders erwartet hatte, ohne die streitenden Religionen vereinigt, ohne auch nur einen Schritt zu dieser Vereinigung gethan zu haben, ohne von den Protestanten auch nur beschickt worden zu sein. Feierlich waren diese nunmehr von der Kirche verdammt, für deren Repräsentanten sich das Concilium ausgab. – Konnte ihnen ein profaner und noch dazu durch die Waffen erzwungener Vertrag vor dem Bann der Kirche eine hinlängliche Sicherheit geben – ein Vertrag, der sich auf eine Bedingung stützte, welche der Schluß des Conciliums aufzuheben schien? An einem Scheine des Rechts fehlte es also nicht mehr, wenn sich die Katholischen sonst mächtig genug fühlten, den Religionsfrieden zu verletzen – von jetzt an schützte die Protestanten nichts mehr, als der Respekt vor ihrer Macht.

Mehreres kam dazu, das Mißtrauen zu vermehren. Spanien, an welche Macht das katholische Deutschland sich lehnte, lag damals mit den Niederländern in einem heftigen Kriege, der den Kern der spanischen Macht an die Grenzen Deutschlands gezogen hatte. Wie schnell standen diese Truppen im Reiche, wenn ein entscheidender Streich sie hier notwendig machte! Deutschland war damals eine Vorratskammer des Kriegs für fast alle europäische Mächte. Der Religionskrieg hatte Soldaten darin angehäuft, die der Friede außer Brod setzte. So vielen von einander unabhängigen Fürsten war es leicht, Kriegsheere zusammenzubringen, welche sie alsdann, sei's aus Gewinnsucht oder aus Parteigeist, an fremde Mächte verliehen. Mit deutschen Truppen bekriegte Philipp der Zweite die Niederlande, und mit deutschen Truppen vertheidigten sie sich. Eine jede solche Truppenwerbung in Deutschland schreckte immer eine von beiden Religionsparteien auf; sie konnte zu ihrer Unterdrückung abzielen. Ein herumwandernder Gesandte, ein außerordentlicher päpstlicher Legat, eine Zusammenkunft von Fürsten, jede ungewöhnliche Erscheinung mußte dem einen oder dem andern Theile Verderben bereiten. So stand Deutschland gegen ein halbes Jahrhundert, die Hand an dem Schwert; jedes rankende Blatt erschreckte.

Ferdinand der Erste, König von Ungarn, und sein vortrefflicher Sohn, Maximilian der Zweite, hielten in dieser bedenklichen Epoche die Zügel des Reichs. Mit einem Herzen voll Aufrichtigkeit, mit einer wirklich heroischen Geduld hatte Ferdinand den Religionsfrieden zu Augsburg vermittelt und an den undankbaren Versuch, beide Kirchen auf dem Concilium zu Trident zu vereinigen, eine vergebliche Mühe verschwendet. Von seinem Neffen, dem spanischen Philipp, im Stich gelassen, zugleich in Siebenbürgen und Ungarn von den siegreichen Waffen der Türken bedrängt, wie hätte sich dieser Kaiser sollen in den Sinn kommen lassen, den Religionsfrieden zu verletzen und sein eigenes mühevolles Werk zu vernichten? Der große Aufwand des immer sich erneuernden Türkenkriegs konnte von den sparsamen Beiträgen seiner erschöpften Erblande nicht bestritten werden; er brauchte also den Beistand des Reichs, und der Religionsfriede allein hielt das getheilte Reich noch in einem Körper zusammen. Das ökonomische Bedürfniß machte ihm die Protestanten nicht weniger nöthig, als die Katholischen, und legte ihm also auf, beide Theile mit gleicher Gerechtigkeit zu behandeln, welches bei so sehr widerstreitenden Forderungen ein wahres Riesenwerk war. Auch fehlte viel, daß der Erfolg seinen Wünschen entsprochen hätte: seine Nachgiebigkeit gegen die Protestanten hatte bloß dazu gedient, seinen Enkeln den Krieg aufzuheben, der sein sterbendes Auge verschonte. Nicht viel glücklicher war sein Sohn Maximilian, den vielleicht nur der Zwang der Umstände hinderte, dem vielleicht nur ein längeres Leben fehlte, um die neue Religion auf den Kaiserthron zu erheben. Den Vater hatte die Notwendigkeit Schonung gegen die Protestanten gelehrt; die Notwendigkeit und die Billigkeit dictirten sie seinem Sohne. Der Enkel büßte es theuer, daß er weder die Billigkeit hörte, noch der Notwendigkeit gehorchte.

Sechs Söhne hinterließ Maximilian, aber nur der älteste von diesen, Erzherzog Rudolph, erbte seine Staaten und bestieg den kaiserlichen Thron; die übrigen Brüder wurden mit schwachen Apanagen abgefunden. Wenige Nebenländer gehörten einer Seitenlinie an, welche Karl von Steyermark, ihr Oheim, fortführte; doch wurden auch diese schon unter Ferdinand dem Zweiten, seinem Sohne, mit der übrigen Erbschaft vereinigt. Diese Länder also ausgenommen versammelte sich nunmehr die ganze ansehnliche Macht des Hauses Österreich in einer einzigen Hand, aber zum Unglück in einer schwachen.

Rudolph der Zweite war nicht ohne Tugenden, die ihm die Liebe der Menschen hätten erwerben müssen, wenn ihm das Loos eines Privatmannes gefallen wäre. Sein Charakter war mild, er liebte den Frieden, und den Wissenschaften – besonders der Astronomie, Naturlehre, Chemie und dem Studium der Antiquitäten – ergab er sich mit einem leidenschaftlichen Hange, der ihn aber zu einer Zeit, wo die bedenkliche Lage der Dinge die angestrengteste Aufmerksamkeit heischte und seine erschöpften Finanzen die höchste Sparsamkeit nöthig machten, von Regierungsgeschäften zurückzog und zu einer höchst schädlichen Verschwendung reizte. Sein Geschmack an der Sternkunst verirrte sich in astrologische Träumereien, denen sich ein melancholisches und furchtsames Gemüth, wie das seinige war, so leicht überliefert. Dieses und eine in Spanien zugebrachte Jugend öffnete sein Ohr den schlimmen Ratschlägen der Jesuiten und den Eingebungen des spanischen Hofs, die ihn zuletzt unumschränkt beherrschten. Von Liebhabereien angezogen, die seines großen Postens so wenig würdig waren, und von lächerlichen Wahrsagungen geschreckt, verschwand er nach spanischer Sitte vor seinen Unterthanen, um sich unter seinen Gemmen und Antiken, in seinem Laboratorium, in seinem Marstalle zu verbergen, während daß die gefährlichste Zwietracht alle Bande des deutschen Staatskörpers auflöste und die Flamme der Empörung schon anfing, an die Stufen seines Thrones zu schlagen. Der Zugang zu ihm war Jedem ohne Ausnahme versperrt; unausgefertigt lagen die dringendsten Geschäfte; die Aussicht auf die reiche spanische Erbschaft verschwand, weil er unschlüssig blieb, der Infantin Isabella seine Hand zu geben; dem Reiche drohte die fürchterlichste Anarchie, weil er, obgleich selbst ohne Erben, nicht dahin zu bringen war, einen römischen König erwählen zu lassen. Die österreichischen Landstände sagten ihm den Gehorsam auf, Ungarn und Siebenbürgen entrissen sich seiner Hoheit, und Böhmen säumte nicht lange, diesem Beispiel zu folgen. Die Nachkommenschaft des so gefürchteten Karls des Fünften schwebte in Gefahr, einen Theil ihrer Besitzungen an die Türken, den andern an die Protestanten zu verlieren und unter einem furchtbaren Fürstenbund, den ein großer Monarch in Europa gegen sie zusammenzog, ohne Rettung zu erliegen. In dem Innern Deutschlands geschah, was von jeher geschehen war, wenn es dem Thron an einem Kaiser, oder dem Kaiser an einem Kaisersinne fehlte. Gekränkt oder im Stich gelassen von dem Reichsoberhaupt, helfen die Stände sich selbst, und Bündnisse müssen ihnen die fehlende Autorität des Kaisers ersetzen. Deutschland theilt sich in zwei Unionen, die einander gewaffnet gegenüberstehen; Rudolph, ein verachteter Gegner der einen und ein ohnmächtiger Beschützer der andern, steht müßig und überflüssig zwischen beiden, gleich unfähig, die erste zu zerstreuen und über die andere zu herrschen. Was hätte auch das deutsche Reich von einem Fürsten erwarten sollen, der nicht einmal vermögend war, seine eigenen Erbländer gegen einen innerlichen Feind zu behaupten? Den gänzlichen Ruin des österreichischen Geschlechts aufzuhalten, tritt sein eigenes Haus gegen ihn zusammen, und eine mächtige Faktion wirft sich seinem Bruder in die Arme. Aus allen seinen Erbstaaten vertrieben, bleibt ihm nichts mehr zu verlieren, als der Kaiserthron, und der Tod reißt ihn noch eben zeitig genug weg, um ihm diese letzte Schande zu ersparen.

Deutschlands schlimmer Genius war es, der ihm gerade in dieser bedenklichen Epoche, wo nur eine geschmeidige Klugheit und ein mächtiger Arm den Frieden des Reichs retten konnte, einen Rudolph zum Kaiser gab. In einem ruhigern Zeitpunkt hätte der deutsche Staatskörper sich selbst geholfen, und in einer mystischen Dunkelheit hätte Rudolph, wie so viele Andre seines Ranges, seine Blößen versteckt. Das dringende Bedürfniß der Tugenden, die ihm fehlten, riß seine Unfähigkeit ans Licht. Deutschlands Lage forderte einen Kaiser, der durch eigne Hilfsmittel seinen Entscheidungen Gewicht geben konnte, und die Erbstaaten Rudolphs, so ansehnlich sie auch waren, befanden sich in einer Lage, die den Regenten in die äußerste Verlegenheit setzte.

Die österreichischen Prinzen waren zwar katholische Fürsten, und noch dazu Stützen des Papstthums; aber es fehlte viel, daß ihre Länder katholische Länder gewesen wären. Auch in diese Gegenden waren die neuen Meinungen eingedrungen, und begünstigt von Ferdinands Bedrängnissen und Maximilians Güte, hatten sie sich mit schnellem Glück in denselben verbreitet. Die österreichischen Länder zeigten im Kleinen, was Deutschland im Großen war. Der größere Theil des Herren- und Ritterstandes war evangelisch, und in den Städten hatten die Protestanten bei weitem das Übergewicht errungen. Nachdem es ihnen geglückt war, Einige aus ihrem Mittel in die Landschaft zu bringen, so wurde unvermerkt eine landschaftliche Stelle nach der andern, ein Collegium nach dem andern mit Protestanten besetzt und die Katholiken daraus verdrängt. Gegen den zahlreichen Herren- und Ritterstand und die Abgeordneten der Städte war die Stimme weniger Prälaten zu schwach, welche das ungezogene Gespötte und die kränkende Verachtung der Übrigen noch vollends von dem Landtage verscheuchte. So war unvermerkt der ganze österreichische Landtag protestantisch, und die Reformation that von jetzt an die schnellsten Schritte zu einer öffentlichen Existenz. Von den Landständen war der Regent abhängig weil sie es waren, die ihm die Steuern abschlagen und bewilligen konnten. Sie benutzten die Geldbedürfnisse, in denen sich Ferdinand und sein Sohn befanden, eine Religionsfreiheit nach der andern von diesen Fürsten zu erpressen. Dem Herren- und Ritterstand gestattete endlich Maximilian die freie Ausübung ihrer Religion, doch nur auf ihren eigenen Territorien und Schlössern. Der unbescheidene Schwärmereifer der evangelischen Prediger überschritt dieses von der Weisheit gesteckte Ziel. Dem ausdrücklichen Verbot zuwider ließen sich mehrere derselben in den Landstädten und selbst zu Wien öffentlich hören, und das Volk drängte sich schaarenweise zu diesem neuen Evangelium, dessen beste Würze Anzüglichkeiten und Schimpfreden ausmachten. So wurde dem Fanatismus eine immerwährende Nahrung gegeben und der Haß beider einander so nahestehenden Kirchen durch den Stachel ihres unreinen Eifers vergiftet.

Unter den Erbstaaten des Hauses Österreich war Ungarn nebst Siebenbürgen die unsicherste und am schwersten zu behauptende Besitzung. Die Unmöglichkeit, diese beiden Länder gegen die nahe und überlegene Macht der Türken zu behaupten, hatte schon Ferdinanden zu dem unrühmlichen Schritte vermocht, der Pforte durch einen jährlichen Tribut die oberste Hoheit über Siebenbürgen einzugestehen – ein schädliches Bekenntniß der Ohnmacht und eine noch gefährlichere Anreizung für den unruhigen Adel, wenn er Ursache zu haben glaubte, sich über seinen Herrn zu beschweren. Die Ungarn hatten sich dem Hause Österreich nicht unbedingt unterworfen. Sie behaupteten die Wahlfreiheit ihrer Krone und forderten trotzig alle ständischen Rechte, welche von dieser Wahlfreiheit unzertrennlich sind. Die nahe Nachbarschaft des türkischen Reichs und die Leichtigkeit, ungestraft ihren Herrn zu wechseln, bestärkte die Magnaten noch mehr in diesem Trotze; unzufrieden mit der österreichischen Regierung, warfen sie sich den Osmanen in die Arme; unbefriedigt von diesen, kehrten sie unter deutsche Hoheit zurück. Der öftere und rasche Übergang von einer Herrschaft zur andern hatte sich auch ihrer Denkungsart mitgetheilt; ungewiß, wie ihr Land zwischen deutscher und ottomanischer Hoheit schwebte, schwankte auch ihr Sinn zwischen Abfall und Unterwerfung. Je unglücklicher beide Länder sich fühlten, zu Provinzen einer auswärtigen Monarchie herabgesetzt zu sein, desto unüberwindlicher war ihr Bestreben, einem Herrn aus ihrer Mitte zu gehorchen; und so wurde es einem unternehmenden Edelmann nicht schwer, ihre Huldigung zu erhalten. Voll Bereitwilligkeit reichte der nächste türkische Bassa einem Rebellen gegen Österreich Scepter und Krone; eben so bereitwillig bestätigte man in Österreich einem andern den Besitz der Provinzen, die er der Pforte entrissen hatte, zufrieden, auch nur einen Schatten von Hoheit gerettet und eine Vormauer gegen die Türken dadurch gewonnen zu haben. Mehrere solcher Magnaten, Bathori, Boschkai, Ragoczi, Bethlen, standen auf diese Art nach einander in Siebenbürgen und Ungarn als zinsbare Könige auf, welche sich durch keine andere Staatskunst erhielten, als diese: sich an den Feind anzuschließen, um ihrem Herrn desto furchtbarer zu sein.

Ferdinand, Maximilian und Rudolph, alle Drei Beherrscher von Siebenbürgen und Ungarn, erschöpften das Mark ihrer übrigen Länder, um diese beiden gegen die Überschwemmungen der Türken und gegen innere Rebellionen zu behaupten. Verheerende Kriege wechselten auf diesem Boden mit kurzen Waffenstillständen ab, die nicht viel besser waren. Verwüstet lag weit und breit das Land, und der mißhandelte Unterthan führte gleich große Beschwerden über seinen Feind und seinen Beschützer. Auch in diese Länder war die Reformation eingedrungen, wo sie unter dem Schutze der ständischen Freiheit, unter der Decke des Tumults, merkliche Fortschritte machte. Auch diese tastete man jetzt unvorsichtig an, und der politische Faktionsgeist wurde gefährlicher durch religiöse Schwärmerei. Der siebenbürgische und ungarische Adel erhebt, von einem kühnen Rebellen Boschkai angeführt, die Fahne der Empörung. Die Aufrührer in Ungarn sind im Begriff, mit den mißvergnügten Protestanten in Österreich, Mähren und Böhmen gemeine Sache zu machen und alle diese Länder in einer furchtbaren Rebellion fortzureißen. Dann war der Untergang des Hauses Österreich gewiß, der Untergang des Papstthums in diesen Ländern unvermeidlich.

Längst schon hatten die Erzherzoge von Österreich, des Kaisers Brüder, dem Verderben ihres Hauses mit stillem Unwillen zugesehen; dieser letzte Vorfall bestimmte ihren Entschluß. Erzherzog Matthias, Maximilians zweiter Sohn, Statthalter in Ungarn und Rudolphs vermuthlicher Erbe, trat hervor, Habsburgs sinkendem Hause sich zur Stütze anzubieten. In jugendlichen Jahren und von einer falschen Ruhmbegierde übereilt, hatte dieser Prinz, dem Interesse seines Hauses zuwider, den Einladungen einiger niederländischen Rebellen Gehör gegeben, welche ihn in ihr Vaterland riefen, um die Freiheiten der Nation gegen seinen eigenen Anverwandten, Philipp den Zweiten, zu vertheidigen. Matthias, der in der Stimme einer einzelnen Faktion die Stimme des ganzen niederländischen Volks zu vernehmen glaubte, erschien auf diesen Ruf in den Niederlanden. Aber der Erfolg entsprach ebenso wenig den Wünschen der Brabanter, als seinen eigenen Erwartungen, und ruhmlos zog er sich aus einer unweisen Unternehmung. Desto ehrenvoller war seine zweite Erscheinung in der politischen Welt.

Nachdem seine wiederholtesten Aufforderungen an den Kaiser ohne Wirkung geblieben, berief er die Erzherzoge, seine Brüder und Vettern, nach Preßburg und pflog Rath mit ihnen über des Hauses wachsende Gefahr. Einstimmig übertragen die Brüder ihm, als dem Ältesten, die Verteidigung ihres Erbtheils, das ein blödsinniger Bruder verwahrloste. Alle ihre Gewalt und Rechte legen sie in die Hand dieses Ältesten und bekleiden ihn mit souveräner Vollmacht, über das gemeine Beste nach Einsicht zu verfügen. Alsobald eröffnet Matthias Unterhandlungen mit der Pforte und mit den ungarischen Rebellen, und seiner Geschicklichkeit gelingt es, den Überrest Ungarns durch einen Frieden mit den Türken und durch einen Vertrag mit den Rebellen Österreichs Ansprüche auf die verlornen Provinzen zu retten. Aber Rudolph, ebenso eifersüchtig auf seine landesherrliche Gewalt, als nachlässig, sie zu behaupten, hält mit der Bestätigung dieses Friedens zurück, den er als einen strafbaren Eingriff in seine Hoheit betrachtet. Er beschuldigt den Erzherzog eines Verständnisses mit dem Feinde und verräterischer Absichten auf die ungarische Krone.

Die Geschäftigkeit des Matthias war nichts weniger als frei von eigennützigen Entwürfen gewesen; aber das Betragen des Kaisers beschleunigte die Ausführung dieser Entwürfe. Der Zuneigung der Ungarn, denen er kürzlich den Frieden geschenkt hatte, durch Dankbarkeit, durch seine Unterhändler der Ergebenheit des Adels versichert und in Österreich selbst eines zahlreichen Anhangs gewiß, wagt er es nun, mit seinen Absichten lauter hervorzutreten und, die Waffen in der Hand, mit dem Kaiser zu rechten. Die Protestanten in Österreich und Mähren, lange schon zum Aufstand bereit und jetzt von dem Erzherzog durch die versprochene Religionsfreiheit gewonnen, nehmen laut und öffentlich seine Partei, und ihre längst gedrohte Verbindung mit den rebellischen Ungarn kommt wirklich zu Stande. Eine furchtbare Verschwörung hat sich auf einmal gegen den Kaiser gebildet. Zu spät entschließt er sich, den begangenen Fehler zu verbessern; umsonst versucht er, diesen verderblichen Bund aufzulösen. Schon hat alles die Waffen in der Hand; Ungarn, Österreich und Mähren haben dem Matthias gehuldigt, welcher schon auf dem Wege nach Böhmen ist, um dort den Kaiser in seiner Burg aufzusuchen und die Nerven seiner Macht zu zerschneiden.

Das Königreich Böhmen war für Österreich eine nicht viel ruhigere Besitzung als Ungarn, nur mit dem Unterschied, daß hier mehr politische Ursachen, dort mehr die Religion die Zwietracht unterhielten. In Böhmen war ein Jahrhundert vor Luthern das erste Feuer der Religionskriege aus-gebrochen, in Böhmen entzündete sich ein Jahrhundert nach Luthern die Flamme des dreißigjährigen Kriegs. Die Sekte, welcher Johann Huß die Entstehung gegeben, lebte seitdem noch fort in Böhmen, einig mit der römischen Kirche in Ceremonie und Lehre, den einzigen Artikel des Abendmahls ausgenommen, welches der Hussite in beiden Gestalten genoß. Dieses Vorrecht hatte die Baselische Kirchenversammlung in einem eigenen Vertrage (den böhmischen Compactaten) Hussens Anhängern zugestanden, und wiewohl es nachher von den Päpsten widersprochen wurde, so fuhren sie dennoch fort, es unter dem Schutz der Gesetze zu genießen. Da der Gebrauch des Kelchs das einzige erhebliche Unterscheidungszeichen dieser Sekte ausmachte, so bezeichnete man sie mit dem Namen der Utraquisten (der in beiderlei Gestalt Communicierenden), und sie gefielen sich in diesem Namen, weil er sie an ihr so theures Vorrecht erinnerte. Aber in diesem Namen verbarg sich auch die weit strengere Sekte der böhmischen und mährischen Brüder, welche in weit bedeutendern Punkten von der herrschenden Kirche abwichen und mit den deutschen Protestanten sehr viel Ähnliches hatten. Bei beiden machten die deutschen sowohl als die schweizerischen Religionsneuerungen ein schnelles Glück, und der Name der Utraquisten, womit sie ihre veränderten Grundsätze noch immer zu bedecken wußten, schützte sie vor der Verfolgung.

Im Grunde war es nichts mehr als der Name, was sie mit jenen Utraquisten gemein hatten; dem Wesen nach waren sie ganz Protestanten. Voll Zuversicht auf ihren mächtigen Anhang und auf des Kaisers Toleranz, wagten sie sich unter Maximilians Regierung mit ihren wahren Gesinnungen an das Licht. Sie setzten nach dem Beispiel der Deutschen eine eigene Confession auf, in welcher sowohl Lutheraner als Reformierte ihre Meinungen erkannten, und wollten alle Privilegien der ehemaligen utraquistischen Kirche auf diese neue Confession übertragen haben. Dieses Gesuch fand Widerspruch bei ihren katholischen Mitständen, und sie mußten sich mit einem bloßen Wort der Versicherung aus dem Munde des Kaisers begnügen.

So lange Maximilian lebte, genossen sie einer vollkommenen Duldung auch in ihrer neuen Gestalt; unter seinem Nachfolger änderte sich die Scene. Ein kaiserliches Edikt erschien, welches den sogenannten böhmischen Brüdern die Religionsfreiheit absprach. Die böhmischen Brüder unterschieden sich in nichts von den übrigen Utraquisten; das Urtheil ihrer Verdammung mußte daher alle böhmischen Confessionsverwandten auf gleiche Art treffen. Alle setzten sich deßwegen dem kaiserlichen Mandat auf dem Landtag entgegen, aber ohne es umstoßen zu können. Der Kaiser und die katholischen Stände stützten sich auf die Compactaten und auf das böhmische Landrecht, worin sich freilich zum Vortheil einer Religion noch nichts fand, die damals die Stimme der Nation noch nicht für sich hatte. Aber wie viel hatte sich seitdem verändert! Was damals bloß eine unbedeutende Sekte war, war jetzt herrschende Kirche geworden – und war es nun etwas anders, als Chikane, die Grenzen einer neu aufgekommenen Religion durch alte Verträge bestimmen zu wollen? Die böhmischen Protestanten beriefen sich auf die mündliche Versicherung Maximilians und auf die Religionsfreiheit der Deutschen, denen sie in keinem Stücke nachgesetzt sein wollten. Umsonst, sie wurden abgewiesen.

So standen die Sachen in Böhmen, als Matthias, bereits Herr von Ungarn, Österreich und Mähren, bei Kollin erschien, auch die böhmischen Landstände gegen den Kaiser zu empören. Des Letztern Verlegenheit stieg aufs höchste. Von allen seinen übrigen Erbstaaten verlassen, setzte er seine letzte Hoffnung auf die böhmischen Stände, von denen vorauszusehen war, daß sie seiner Noth zu Durchsetzung ihrer Forderungen mißbrauchen würden. Nach langen Jahren erschien er zu Prag wieder öffentlich auf dem Landtag, und um auch dem Volke zu zeigen, daß er wirklich noch lebe, mußten alle Fensterläden auf dem Hofgang geöffnet werden, den er passierte; Beweis genug, wie weit es mit ihm gekommen war. Was er befürchtet hatte, geschah. Die Stände, welche ihre Wichtigkeit fühlten, wollten sich nicht eher zu einem Schritte verstehen, bis man ihnen über ihre ständischen Privilegien und die Religionsfreiheit vollkommene Sicherheit geleistet hätte. Es war vergeblich, sich jetzt noch hinter die alten Ausflüchte zu verkriechen; des Kaisers Schicksal war in ihrer Gewalt, und er mußte sich in die Notwendigkeit fügen. Doch geschah dieses nur in Betreff ihrer übrigen Forderungen; die Religionsangelegenheiten behielt er sich vor auf dem nächsten Landtage zu berichtigen.

Nun ergriffen die Böhmen die Waffen zu seiner Vertheidigung, und ein blutiger Bürgerkrieg sollte sich nun zwischen beiden Brüdern entzünden. Aber Rudolph, der nichts so sehr fürchtete, als in dieser sklavischen Abhängigkeit von den Ständen zu bleiben, erwartete diesen nicht, sondern eilte, sich mit dem Erzherzog, seinem Bruder, auf einem friedlichen Wege abzufinden. In einer förmlichen Entsagungsakte überließ er demselben, was ihm nicht mehr zu nehmen war, Österreich und das Königreich Ungarn, und erkannte ihn als seinen Nachfolger auf dem böhmischen Throne.

Theuer genug hatte sich der Kaiser aus diesem Bedrängniß gezogen, um sich unmittelbar darauf in einem neuen zu verwickeln. Die Religionsangelegenheiten der Böhmen waren auf den nächsten Landtag verwiesen worden; dieser Landtag erschien 1609. Sie forderten dieselbe freie Religionsübung, wie unter dem vorigen Kaiser, ein eigenes Consistorium, die Einräumung der Prager Akademie und die Erlaubniß, Defensoren oder Freiheitsbeschützer aus ihrem Mittel aufzustellen. Es blieb bei der ersten Antwort; denn der katholische Theil hatte alle Entschließungen des furchtsamen Kaisers gefesselt. So oft und in so drohender Sprache auch die Stände ihre Vorstellungen erneuerten, Rudolph beharrte auf der ersten Erklärung, nichts über die alten Verträge zu bewilligen. Der Landtag ging unverrichteter Dinge auseinander, und die Stände, aufgebracht über den Kaiser, verabredeten unter sich eine eigenmächtige Zusammenkunft zu Prag, um sich selbst zu helfen.

In großer Anzahl erschienen sie zu Prag. Des kaiserlichen Verbots ungeachtet, gingen die Beratschlagungen vor sich, und fast unter den Augen des Kaisers. Die Nachgiebigkeit, die er anfing zu zeigen, bewies ihnen nur, wie sehr sie gefürchtet waren, und vermehrte ihren Trotz; in der Hauptsache blieb er unbeweglich. Sie erfüllten ihre Drohungen und faßten ernstlich den Entschluß, die freie Ausübung ihrer Religion an allen Orten von selbst anzustellen und den Kaiser so lange in seinen Bedürfnissen zu verlassen, bis er diese Verfügung bestätigt hätte. Sie gingen weiter und gaben sich selbst die Defensoren, die der Kaiser ihnen verweigerte. Zehen aus jedem der drei Stände wurden ernannt; man beschloß, auf das schleunigste eine militärische Macht zu errichten, wobei der Hauptbeförderer dieses Aufstands, der Graf von Thurn, als Generalwachtmeister angestellt wurde. Dieser Ernst brachte endlich den Kaiser zum Nachgeben, wozu jetzt sogar die Spanier ihm riethen. Aus Furcht, daß die aufs Äußerste gebrachten Stände sich endlich gar dem Könige von Ungarn in die Arme werfen möchten, unterzeichnete er den merkwürdigen Majestätsbrief der Böhmen, durch welchen sie unter den Nachfolgern dieses Kaisers ihren Aufruhr gerechtfertigt haben.

Die böhmische Confession, welche die Stände dem Kaiser Maximilian vorgelegt hatten, erhielt in diesem Majestätsbrief vollkommen gleiche Rechte mit der katholischen Kirche. Den Utraquisten, wie die böhmischen Protestanten noch immer fortfuhren sich zu nennen, wird die Prager Universität und ein eigenes Consistorium zugestanden, welches von dem erzbischöflichen Stuhle zu Prag durchaus unabhängig ist. Alle Kirchen, die sie zur Zeit der Ausstellung dieses Briefes in Städten, Dörfern und Märkten bereits inne haben, sollen ihnen bleiben, und wenn sie über diese Zahl noch neue erbauen lassen wollten, so soll dieses dem Herren- und Ritterstande und allen Städten unverboten sein. Diese letzte Stelle im Majestätsbriefe ist es, über welche sich nachher der unglückliche Streit entspann, der Europa in Flammen setzte.

Der Majestätsbrief machte das protestantische Böhmen zu einer Art von Republik. Die Stände hatten die Macht kennen lernen, die sie durch Standhaftigkeit, Eintracht und Harmonie in ihren Maßregeln gewannen. Dem Kaiser blieb nicht viel mehr, als ein Schatten seiner landesherrlichen Gewalt; in der Person der sogenannten Freiheitsbeschützer wurde dem Geist des Aufruhrs eine gefährliche Aufmunterung gegeben. Böhmens Beispiel und Glück war ein verführerischer Wink für die übrigen Erbstaaten Österreichs, und alle schickten sich an, ähnliche Privilegien auf einem ähnlichen Wege zu erpressen. Der Geist der Freiheit durchlief eine Provinz nach der andern; und da es vorzüglich die Uneinigkeit zwischen den österreichischen Prinzen war, was die Protestanten so glücklich zu benutzen gewußt hatten, so eilte man, den Kaiser mit dem König von Ungarn zu versöhnen.

Aber diese Versöhnung konnte nimmermehr aufrichtig sein. Die Beleidigung war zu schwer, um vergeben zu werden, und Rudolph fuhr fort, einen unauslöschlichen Haß gegen Matthias in seinem Herzen zu nähren. Mit Schmerz und Unwillen verweilte er bei dem Gedanken, daß endlich auch das böhmische Szepter in eine so verhaßte Hand kommen sollte; und die Aussicht war nicht viel tröstlicher für ihn, wenn Matthias ohne Erben abginge. Alsdann war Ferdinand, Erzherzog von Grätz, das Haupt der Familie, den er eben so wenig liebte. Diesen sowohl als den Matthias von der böhmischen Thronfolge auszuschließen, verfiel er auf den Entwurf, Ferdinands Bruder, dem Erzherzog Leopold, Bischof von Passau, der ihm unter allen seinen Agnaten der liebste und der verdienteste um seine Person war, diese Erbschaft zuzuwenden. Die Begriffe der Böhmen von der Wahlfreiheit ihres Königreichs und ihre Neigung zu Leopolds Person schienen diesen Entwurf zu begünstigen, bei welchem Rudolph mehr seine Parteilichkeit und Rachgier als das Beste seines Hauses zu Rath gezogen hatte. Aber um dieses Projekt durchzusetzen, bedurfte es einer militärischen Macht, welche Rudolph auch wirklich im Bisthum Passau zusammenzog. Die Bestimmung dieses Corps wußte Niemand; aber ein unversehener Einfall, den es, aus Abgang des Soldes und ohne Wissen des Kaisers, in Böhmen that, und die Ausschweifungen, die es da verübte, brachte dieses ganze Königreich in Aufruhr gegen den Kaiser. Umsonst versicherte dieser die böhmischen Stände seiner Unschuld – sie glaubten ihm nicht; umsonst versuchte er den eigenmächtigen Gewaltthätigkeiten seiner Soldaten Einhalt zu thun – sie hörten ihn nicht. In der Voraussetzung, daß es auf Vernichtung des Majestätsbriefes abgesehen sei, bewaffneten die Freiheitsbeschützer das ganze protestantische Böhmen, und Matthias wurde ins Land gerufen. Nach Verjagung seiner Passauischen Truppen blieb der Kaiser, entblößt von aller Hilfe, zu Prag, wo man ihn, gleich einem Gefangenen, in seinem eigenen Schlosse bewachte und alle seine Räthe von ihm entfernte. Matthias war unterdessen unter allgemeinem Frohlocken in Prag eingezogen, wo Rudolph kurz nachher kleinmüthig genug war, ihn als König von Böhmen anzuerkennen. So hart strafte diesen Kaiser das Schicksal, daß er seinem Feinde noch lebend einen Thron überlassen mußte, den er ihm nach seinem Tode nicht gegönnt hatte. Seine Demüthigung zu vollenden, nöthigte man ihn, seine Unterthanen in Böhmen, Schlesien und der Lausitz durch eine eigenhändige Entsagungsakte aller ihrer Pflichten zu entlassen; und er that dieses mit zerrissener Seele. Alles, auch die er sich am meisten verpflichtet zu haben glaubte, hatte ihn verlassen. Als die Unterzeichnung geschehen war, warf er den Hut zur Erde und zerbiß die Feder, die ihm einen so schimpflichen Dienst geleistet hatte.

Indem Rudolph eines seiner Erbländer nach dem andern verlor, wurde die Kaiserwürde nicht viel besser von ihm behauptet. Jede der Religionsparteien, unter welche Deutschland vertheilt war, fuhr in ihrem Bestreben fort, sich auf Unkosten der andern zu verbessern, oder gegen ihre Angriffe zu verwahren. Je schwächer die Hand war, welche das Scepter des Reichs hielt, und je mehr sich Protestanten und Katholiken sich selbst überlassen fühlten, desto mehr mußte ihre Aufmerksamkeit auf einander gespannt werden, desto mehr das gegenseitige Mißtrauen wachsen. Es war genug, daß der Kaiser durch Jesuiten regiert und durch spanische Ratschläge geleitet wurde, um den Protestanten Ursache zur Furcht und einen Vorwand zu Feindseligkeiten zu geben. Der unbesonnene Eifer der Jesuiten. welche in Schriften und auf der Kanzel die Gültigkeit des Religionsfriedens zweifelhaft machten, schürte ihr Mißtrauen immer mehr und ließ sie in jedem gleichgültigen Schritt der Katholischen gefährliche Zwecke vermuthen. Alles, was in den kaiserlichen Erblanden zu Einschränkung der evangelischen Religion unternommen wurde, machte die Aufmerksamkeit des ganzen protestantischen Deutschlands rege; und eben dieser mächtige Rückhalt, den die evangelischen Untertanen Österreichs an ihren Religionsverwandten im übrigen Deutschland fanden oder zu finden erwarteten, hatte einen großen Antheil an ihrem Trotz und an dem schnellen Glück des Matthias. Man glaubte in dem Reiche, daß man den längern Genuß des Religionsfriedens nur den Verlegenheiten zu danken hätte, worein den Kaiser die innerlichen Unruhen in seinen Ländern versetzten; und eben darum eilte man nicht, ihn aus diesen Verlegenheiten zu reißen.

Fast alle Angelegenheiten des Reichstags blieben entweder aus Saumseligkeit des Kaisers oder durch die Schuld der protestantischen Reichsstände liegen, welche es sich zum Gesetze gemacht hatten, nicht eher zu den gemeinschaftlichen Bedürfnissen des Reichs etwas beizutragen, bis ihre Beschwerden gehoben wären. Diese Beschwerden wurden vorzüglich über das schlechte Regiment des Kaisers, über Kränkung des Religionsfriedens und über die neuen Anmaßungen des Reichshofraths geführt, welcher unter dieser Regierung angefangen hatte, zum Nachtheil des Kammergerichts seine Gerichtsbarkeit zu erweitern. Sonst hatten die Kaiser in unwichtigen Fällen für sich allein, in wichtigen mit Zuziehung der Fürsten, alle Rechtshändel zwischen den Ständen, die das Faustrecht nicht ohne sie ausmachte, in höchster Instanz entschieden oder durch kaiserliche Richter, die ihrem Hoflager folgten, entscheiden lassen. Dieses oberrichterliche Amt hatten sie am Ende des fünfzehnten Jahrhunderts einem regelmäßigen, fortdauernden und stehenden Tribunal, dem Kammergericht zu Speier, übertragen, zu welchem die Stände des Reichs, um nicht durch die Willkür des Kaisers unterdrückt zu werden, sich vorbehielten, die Beisitzer zu stellen, auch die Aussprüche des Gerichts durch periodische Revisionen zu untersuchen. Durch den Religionsfrieden war dieses Recht der Stände, das Präsentations- und Visitationsrecht genannt, auch auf die Lutherischen ausgedehnt worden, so daß nunmehr auch protestantische Richter in protestantischen Rechtshändeln sprachen und ein scheinbares Gleichgewicht beider Religionen in diesem höchsten Reichsgericht statt fand.

Aber die Feinde der Reformation und der ständischen Freiheit, wachsam auf jeden Umstand, der ihre Zwecke begünstigte, fanden bald einen Ausweg, den Nutzen dieser Einrichtung zu zerstören. Nach und nach kam es auf, daß ein Privatgerichtshof des Kaisers, der Reichshofrath in Wien – anfänglich zu nichts Anderm bestimmt, als dem Kaiser in Ausübung seiner unbezweifelten persönlichen Kaiserrechte mit Rath an die Hand zu gehen – ein Tribunal, dessen Mitglieder, von dem Kaiser allein willkürlich aufgestellt und von ihm allein besoldet, den Vorteil ihres Herrn zu ihrem höchsten Gesetze und das Beste der katholischen Religion, zu welcher sie sich bekannten, zu ihrer einzigen Richtschnur machen mußten – die höchste Justiz über die Reichsstände ausübte. Vor den Reichshofrath wurden nunmehr viele Rechtshändel zwischen Ständen ungleicher Religion gezogen, über welche zu sprechen nur dem Kammergericht gebührte und vor Entstehung desselben dem Fürstenrathe gebührt hatte. Kein Wunder, wenn die Aussprüche dieses Gerichtshof ihren Ursprung verriethen, wenn von katholischen Richtern und von Creaturen des Kaisers dem Interesse der katholischen Religion und des Kaisers die Gerechtigkeit aufgeopfert wurde. Obgleich alle Reichsstände Deutschlands Ursache zu haben schienen, einem so gefährlichen Mißbrauche in Zeiten zu begegnen, so stellten sich doch bloß allein die Protestanten, welche er am empfindlichsten drückte, und unter diesen nicht einmal alle, als Vertheidiger der deutschen Freiheit auf, die ein so willkürliches Institut an ihrer heiligsten Stelle, an der Gerechtigkeitspflege, verletzte. In der That würde Deutschland gar wenig Ursache gehabt haben, sich zu Abschaffung des Faustrechts und Einsetzung des Kammergerichts Glück zu wünschen, wenn neben dem letztern noch eine willkürliche kaiserliche Gerichtsbarkeit stattfinden durfte. Die deutschen Reichsstände würden sich gegen jene Zeiten der Barbarei gar wenig verbessert haben, wenn das Kammergericht, wo sie zugleich mit dem Kaiser zu Gerichte saßen, für welches sie doch das ehemalige Fürstenrecht aufgegeben hatten, aufhören sollte, eine notwendige Instanz zu sein. Aber in den Köpfen dieses Zeitalters wurden oft die seltsamsten Widersprüche vereinigt. Dem Namen Kaiser, einem Vermächtnisse des despotischen Roms, klebte damals noch ein Begriff von Machtvollkommenheit an, der gegen das übrige Staatsrecht der Deutschen den lächerlichsten Abstich machte, aber nichts destoweniger von den Juristen in Schutz genommen, von den Beförderern des Despotismus verbreitet und von den Schwachen geglaubt wurde.

An diese allgemeinen Beschwerden schloß sich nach und nach eine Reihe von besondern Vorfällen an, welche die Besorglichkeit der Protestanten zuletzt bis zu dem höchsten Mißtrauen spannten. Während der spanischen Religionsverfolgungen in den Niederlanden hatten sich einige protestantische Familien in die katholische Reichsstadt Aachen geflüchtet, wo sie sich bleibend niederließen und unvermerkt ihren Anhang vermehrten. Nachdem es ihnen durch List gelungen war, einige ihres Glaubens in den Stadtrath zu bringen, so forderten sie eine eigene Kirche und einen öffentlichen Gottesdienst, welchen sie sich, da sie eine abschlägige Antwort erhielten, nebst dem ganzen Stadtregiment auf einem gewaltsamen Wege verschafften. Eine so ansehnliche Stadt in protestantischen Händen zu sehen, war ein zu harter Schlag für den Kaiser und die ganze katholische Partei. Nachdem alle kaiserlichen Ermahnungen und Befehle zur Wiederherstellung des vorigen Zustandes fruchtlos geblieben, erklärte ein Schluß des Reichshofraths die Stadt in die Reichsacht, welche aber erst unter der folgenden Regierung vollzogen wurde.

Von größerer Bedeutung waren zwei andere Versuche der Protestanten, ihr Gebiet und ihre Macht zu erweitern. Kurfürst Gebhard zu Köln, geborner Truchseß von Waldburg, empfand für die junge Gräfin Agnes von Mannsfeld, Kanonissin zu Gerresheim, eine heftige Liebe, die nicht unerwidert blieb. Da die Augen von ganz Deutschland auf dieses Verständniß gerichtet waren, so forderten die Brüder der Gräfin, zwei eifrige Calvinisten, Genugtuung für die beleidigte Ehre ihres Hauses, die, so lange der Kurfürst ein katholischer Bischof blieb, durch keine Heirath gerettet werden konnte. Sie drohten dem Kurfürsten, in seinem und ihrer Schwester Blut diese Schande zu tilgen, wenn er nicht sogleich allem Umgang mit der Gräfin entsagte oder ihre Ehre vor dem Altar wiederherstellte. Der Kurfürst, gleichgültig gegen alle Folgen dieses Schrittes, hörte nichts, als die Stimme der Liebe. Sei es, daß er der reformierten Religion überhaupt schon geneigt war, oder daß die Reize seiner Geliebten allein dieses Wunder wirkten – er schwur den katholischen Glauben ab und führte die schöne Agnes zum Altare.

Der Fall war von der höchsten Bedenklichkeit. Nach dem Buchstaben des geistlichen Vorbehalts hatte der Kurfürst durch diese Apostasie alle Rechte an sein Erzstift verloren, und wenn es den Katholiken bei irgend einer Gelegenheit wichtig war, den geistlichen Vorbehalt durchzusetzen, so war es bei Kurfürstentümern wichtig. Auf der andern Seite war die Scheidung von der höchsten Gewalt ein so harter Schritt, und um so härter für einen so zärtlichen Gemahl, der den Werth seines Herzens und seiner Hand durch das Geschenk eines Fürstentums so gern zu erhöhen gewünscht hätte. Der geistliche Vorbehalt war ohnehin ein bestrittener Artikel des Augsburger Friedens, und dem ganzen protestantischen Deutschland schien es von äußerster Wichtigkeit zu sein, dem katholischen Theile diese vierte Kur zu entreißen. Das Beispiel selbst war schon in mehrern geistlichen Stiftern Niederdeutschlands gegeben und glücklich durchgesetzt worden. Mehrere Domcapitularen aus Köln waren bereits Protestanten und auf des Kurfürsten Seite; in der Stadt selbst war ihm ein zahlreicher protestantischer Anhang gewiß. Alle diese Gründe, denen das Zureden seiner Freunde und Verwandten und die Versprechungen vieler deutschen Höfe noch mehr Stärke gaben, brachten den Kurfürsten zu dem Entschluß, auch bei veränderter Religion sein Erzstift beizubehalten.

Aber bald genug zeigte sich, daß er einen Kampf unternommen hatte, den er nicht endigen konnte. Schon die Freigebung des protestantischen Gottesdienstes in den Kölnischen Landen hatte bei den katholischen Landständen und Domcapitularen den heftigsten Widerspruch gefunden. Die Dazwischenkunft des Kaisers und ein Bannstrahl aus Rom, der ihn als einen Apostaten verfluchte und aller seiner sowohl geistlichen als weltlichen Würden entsetzte, bewaffnete gegen ihn seine Landstände und sein Capitel. Der Kurfürst sammelte eine militärische Macht; die Capitularen thaten ein Gleiches. Um sich schnell eines mächtigen Arms zu versichern, eilten sie zu einer neuen Kurfürstenwahl, welche für den Bischof von Lüttich, einen bayerischen Prinzen, entschieden wurde.

Ein bürgerlicher Krieg fing jetzt an, der, bei dem großen Antheil, den beide Religionsparteien in Deutschland an diesem Vorfalle nothwendig nehmen mußten, leicht in eine allgemeine Auflösung des Reichsfriedens endigen konnte. Am meisten empörte es die Protestanten, daß der Papst sich hatte herausnehmen dürfen, aus angemaßter apostolischer Gewalt einen Reichsfürsten seiner Reichswürden zu entkleiden. Noch in den goldnen Zeiten ihrer geistlichen Herrschaft war den Päpsten dieses Recht widersprochen worden; wie viel mehr in einem Jahrhundert, wo ihr Ansehen bei einem Theile gänzlich gestürzt war und bei dem andern auf sehr schwachen Pfeilern ruhte! Alle protestantischen Höfe Deutschlands nahmen sich dieser Sache nachdrücklich bei dem Kaiser an; Heinrich der Vierte von Frankreich, damals noch König von Navarra, ließ keinen Weg der Unterhandlung unversucht, den deutschen Fürsten die Handhabung ihrer Rechte kräftig zu empfehlen. Der Fall war entscheidend für Deutschlands Freiheit. Vier protestantische Stimmen gegen drei katholische im Kurfürstenrathe mußten das Übergewicht der Macht auf protestantische Seite neigen und dem österreichischen Hause den Weg zum Kaiserthron auf ewig versperren.

Aber Kurfürst Gebhard hatte die reformierte und nicht die lutherische Religion ergriffen; dieser einzige Umstand machte sein Unglück. Die Erbitterung dieser beiden Kirchen gegen einander ließ es nicht zu, daß die evangelischen Reichsstände den Kurfürsten als den Ihrigen ansahen und als einen solchen mit Nachdruck unterstützten. Alle hatten ihm zwar Muth zugesprochen und Hilfe zugesagt; aber nur ein apanagierter Prinz des pfälzischen Hauses, Pfalzgraf Johann Casimir, ein calvinischer Eiferer, hielt ihm Wort. Dieser eilte, des kaiserlichen Verbots ungeachtet, mit seinem kleinen Heer ins Kölnische, doch ohne etwas Erhebliches auszurichten, weil ihn der Kurfürst, selbst von dem Notwendigsten entblößt, ganz und gar ohne Hilfe ließ. Desto schnellere Fortschritte machte der neupostulierte Kurfürst, den seine bayerischen Verwandten und die Spanier von den Niederlanden aus aufs kräftigste unterstützten. Die Gebhardischen Truppen, von ihrem Herrn ohne Sold gelassen, lieferten dem Feind einen Platz nach dem andern aus; andere wurden zur Übergabe gezwungen. Gebhard hielt sich noch etwas länger in seinen westphälischen Landen, bis er auch hier der Übermacht zu weichen gezwungen war. Nachdem er in Holland und England mehrere vergebliche Versuche zu seiner Wiederherstellung gethan, zog er sich in das Stift Straßburg zurück, um dort als Domdechant zu sterben; das erste Opfer des geistlichen Vorbehalts, oder vielmehr der schlechten Harmonie unter den deutschen Protestanten.

An diese kölnische Streitigkeit knüpfte sich kurz nachher eine neue in Straßburg an. Mehrere protestantische Domcapitularen aus Köln, die der päpstliche Bannstrahl zugleich mit dem Kurfürsten getroffen hatte, hatten sich in dieses Bisthum geflüchtet, wo sie gleichfalls Präbenden besaßen. Da die katholischen Capitularen in dem Straßburger Stifte Bedenken trugen, ihnen als Geächteten den Genuß ihrer Präbenden zu gestatten, so setzten sie sich eigenmächtig und gewaltsam in Besitz, und ein mächtiger protestantischer Anhang unter den Bürgern von Straßburg verschaffte ihnen bald die Oberhand in dem Stifte. Die katholischen Domherren entwichen nach Elsaß-Zabern, wo sie unter dem Schutz ihres Bischofs ihr Capitel als das einzig rechtmäßige fortführten und die in Straßburg Zurückgebliebenen für unecht erklärten. Unterdessen hatten sich diese Letztern durch Aufnahme mehrerer protestantischer Mitglieder von hohem Range verstärkt, daß sie sich nach dem Absterben des Bischofs herausnehmen konnten, in der Person des Prinzen Johann Georg von Brandenburg einen neuen protestantischen Bischof zu postulieren. Die katholischen Domherren, weit entfernt, diese Wahl zu genehmigen, postulierten den Bischof von Metz, einen Prinzen von Lothringen, zu dieser Würde, der seine Erhebung sogleich durch Feindseligkeiten gegen das Gebiet von Straßburg verkündigte.

Da die Stadt Straßburg für das protestantische Capitel und den Prinzen von Brandenburg zu den Waffen griff, die Gegenpartei aber mit Hilfe lothringischer Truppen die Stiftsgüter an sich zu reißen suchte, so kam es zu einem langwierigen Kriege, der, nach dem Geiste jener Zeiten, von einer barbarischen Verheerung begleitet war. Umsonst trat der Kaiser mit seiner höchsten Autorität dazwischen, den Streit zu entscheiden: die Stiftsgüter blieben noch lange Zeit zwischen beiden Parteien getheilt, bis endlich der protestantische Prinz für ein mäßiges Äquivalent an Geld seinen Ansprüchen entsagte und also auch hier die katholische Kirche siegreich davon ging.

Noch bedenklicher war für das ganze protestantische Deutschland, was sich, bald nach Schlichtung des vorigen Streits, mit Donauwörth, einer schwäbischen Reichsstadt, ereignete. In dieser sonst katholischen Stadt war unter Ferdinands und seines Sohnes Regierung die protestantische Religionspartei auf dem gewöhnlichen Wege so sehr die herrschende geworden, daß sich die katholischen Einwohner mit einer Nebenkirche im Kloster des heiligen Kreuzes begnügen und dem Ärgerniß der Protestanten ihre meisten gottesdienstlichen Gebräuche entziehen mußten. Endlich wagte es ein fanatischer Abt dieses Klosters, der Volksstimme zu trotzen und eine öffentliche Procession mit Vortragung des Kreuzes und fliegenden Fahnen anzustellen; aber man zwang ihn bald, von diesem Vorhaben abzustehen. Als dieser nämliche Abt, durch eine günstige kaiserliche Erklärung ermuntert, ein Jahr darauf diese Procession wiederholte, schritt man zu offenbarer Gewalt. Der fanatische Pöbel sperrte den zurückkommenden Klosterbrüdern das Thor, schlug ihre Fahnen zu Boden und begleitete sie unter Schreien und Schimpfen nach Hause. Eine kaiserliche Citation war die Folge dieser Gewalttätigkeit; und als das aufgebrachte Volk sogar Miene machte, sich an den kaiserlichen Commissarien zu vergreifen, als alle Versuche einer gütlichen Beilegung von dem fanatischen Haufen rückgängig gemacht wurden, so erfolgte endlich die förmliche Reichsacht gegen die Stadt, welche zu vollstrecken dem Herzog Maximilian von Bayern übertragen wurde. Kleinmuth ergriff die sonst so trotzige Bürgerschaft bei Annäherung des bayerischen Heeres, und ohne Widerstand streckte sie die Waffen. Die gänzliche Abschaffung der protestantischen Religion in ihren Mauern war die Strafe ihres Vergehens. Die Stadt verlor ihre Privilegien und wurde aus einer schwäbischen Reichsstadt in eine bayerische Landstadt verwandelt.

Zwei Umstände begleiteten diesen Vorgang, welche die höchste Aufmerksamkeit der Protestanten erregen mußten, wenn auch das Interesse der Religion weniger wirksam bei ihnen gewesen wäre. Der Reichshofrath, ein willkürliches und durchaus katholisches Tribunal, dessen Gerichtsbarkeit ohnehin so heftig von ihnen bestritten wurde, hatte das Urtheil gefällt, und dem Herzog von Bayern, dem Chef eines fremden Kreises, hatte man die Vollstreckung desselben übertragen. So constitutionswidrige Schritte kündigten ihnen von katholischer Seite gewaltthätige Maßregeln an, welche sich leicht auf geheime Verabredungen und einen gefährlichen Plan stützen und mit der gänzlichen Unterdrückung ihrer Religionsfreiheit endigen konnten.

In einem Zustande, wo das Recht der Stärke gebietet und auf der Macht allein alle Sicherheit beruht, wird immer der schwächste Theil der geschäftigste sein, sich in Vertheidigungsstand zu setzen Dieses war jetzt der Fall auch in Deutschland. Wenn von den Katholiken wirklich etwas Schlimmes gegen die Protestanten beschlossen war, so mußte, der vernünftigsten Berechnung nach, der erste Streich vielmehr in das südliche als in das nördliche Deutschland schlagen, weil die niederdeutschen Protestanten in einer langen unterbrochenen Länderstrecke mit einander zusammenhingen und sich also sehr leicht unterstützen konnten, die oberdeutschen aber, von den übrigen abgetrennt und um und um von katholischen Staaten umlagert, jedem Einfall bloßgestellt waren. Wenn ferner, wie zu vermuthen war, die Katholiken die innern Trennungen der Protestanten benutzen und ihren Angriff gegen eine einzelne Religionspartei richten würden, so waren die Calvinisten, als die Schwächern und welche ohnehin vom Religionsfrieden abgeschlossen waren, augenscheinlich in einer nähern Gefahr, und auf sie mußte der erste Streich niederfallen.

Beides traf in den kurpfälzischen Landen zusammen, welche an dem Herzog von Bayern einen sehr bedenklichen Nachbar hatten, wegen ihres Rückfalls zum Calvinismus aber von dem Religionsfrieden keinen Schutz und von den evangelischen Ständen wenig Beistand hoffen konnten. Kein deutsches Land hat in so kurzer Zeit so schnelle Religionswechsel erfahren, als die Pfalz in damaligen Zeiten. In dem kurzen Zeitraum von sechzig Jahren sah man dieses Land, ein unglückliches Spielwerk seiner Beherrscher, zweimal zu Luthers Glaubenslehre schwören und diese Lehre zweimal für den Calvinismus verlassen. Kurfürst Friedrich der Dritte war der Augsburgischen Confession zuerst ungetreu geworden, welche sein erstgeborner Sohn und Nachfolger, Ludwig, schnell und gewaltsam wieder zur herrschenden machte. Im ganzen Lande wurden die Calvinisten ihrer Kirchen beraubt, ihre Prediger und selbst die Schullehrer ihrer Religion aus den Grenzen verwiesen, und auch noch in seinem Testamente verfolgte sie der eifrig evangelische Fürst, indem er nur streng orthodoxe Lutheraner zu Vormündern seines minderjährigen Prinzen ernannte. Aber dieses gesetzwidrige Testament vernichtete Pfalzgraf Johann Casimir, sein Bruder, und nahm nach den Vorschriften der goldnen Bulle Besitz von der Vormundschaft und der ganzen Verwaltung des Landes. Dem neunjährigen Kurfürsten (Friedrich dem Vierten) gab man Calvinische Lehrer, denen aufgetragen war, den lutherischen Ketzerglauben, selbst, wenn es sein müßte, mit Schlägen, aus der Seele ihres Zöglings herauszutreiben. Wenn man so mit dem Herrn verfuhr, so läßt sich leicht auf die Behandlung des Unterthans schließen.

Unter diesem Friedrich dem Vierten war es, wo sich der pfälzische Hof ganz besonders geschäftig zeigte, die protestantischen Stände Deutschlands zu einträchtigen Maßregeln gegen das Haus Österreich zu vermögen und wo möglich einen allgemeinen Zusammentritt derselben zu Stande zu bringen. Neben dem, daß dieser Hof durch französische Ratschläge geleitet wurde, von denen immer der Haß gegen Österreich die Seele war, zwang ihn die Sorge für seine eigne Sicherheit, sich gegen einen nahen und überlegenen Feind des so zweifelhaften Schutzes der Evangelischen bei Zeiten zu versichern. Große Schwierigkeiten setzten sich dieser Vereinigung entgegen; weil die Abneigung der Evangelischen gegen die Reformierten kaum geringer war, als ihr gemeinschaftlicher Abscheu vor den Papisten. Man versuchte also zuerst, die Religionen zu vereinigen, um dadurch die politische Verbindung zu erleichtern; aber alle diese Versuche schlugen fehl und endigten gewöhnlich damit, daß sich jeder Theil nur desto mehr in seiner Meinung befestigte. Nichts blieb also übrig, als die Furcht und das Mißtrauen der Evangelischen zu vermehren und dadurch die Nothwendigkeit einer solchen Vereinigung herbei zu führen. Man vergrößerte die Macht der katholischen; man übertrieb die Gefahr; zufällige Ereignisse wurden einem überdachten Plane zugeschrieben, unschuldige Vorfälle durch gehässige Auslegungen entstellt und dem ganzen Betragen der Katholischen eine Übereinstimmung und Planmäßigkeit geliehen, wovon sie wahrscheinlich weit entfernt gewesen sind.

Der Reichstag zu Regensburg, auf welchem die Protestanten sich Hoffnung gemacht hatten die Erneuerung des Religionsfriedens durchzusetzen, hatte sich fruchtlos zerschlagen, und zu ihren bisherigen Beschwerden war noch die neuerliche Unterdrückung von Donauwörth hinzugekommen. Unglaublich schnell kam die so lange gesuchte Vereinigung zu Stande. Zu Anhausen in Franken traten (1608) der Kurfürst Friedrich der Vierte von der Pfalz, der Pfalzgraf von Neuburg, zwei Markgrafen von Brandenburg, der Markgraf von Baden und der Herzog Johann Friedrich von Wirtenberg – also Lutheraner mit Calvinisten – für sich und ihre Erben in ein enges Bündniß, die evangelische Union genannt, zusammen. Der Inhalt derselben war, daß die unierten Fürsten, in Angelegenheiten der Religion und ihrer ständischen Rechte, einander wechselsweise gegen jeden Beleidiger mit Rath und That unterstützen und alle für einen Mann stehen sollten; daß einem jeden mit Krieg überzogenen Mitgliede der Union von den übrigen sogleich mit einer kriegerischen Macht sollte beigesprungen, jedem im Nothfall für seine Truppen die Ländereien, die Städte und Schlösser der mitunierten Stände geöffnet, was erobert würde aber, nach Verhältniß des Beitrags, den ein jedes dazu gegeben, unter sämmtliche Glieder vertheilt werden sollte. Die Direction des ganzen Bundes wurde in Friedenszeiten Kurpfalz überlassen, doch mit eingeschränkter Gewalt, zu Bestreitung der Unkosten Vorschüsse gefordert und ein Fond niedergelegt. Die Religionsverschiedenheit (zwischen Lutheranern und Calvinisten) sollte auf den Bund keinen Einfluß haben, das Ganze auf zehn Jahre gelten. Jedes Mitglied der Union hatte sich zugleich anheischig machen müssen, neue Mitglieder anzuwerben. Kurbrandenburg ließ sich bereitwillig finden; Kursachsen mißbilligte den Bund. Hessen konnte keine freie Entschließung fassen; die Herzoge von Braunschweig und Lüneburg hatten gleichfalls Bedenklichkeiten. Aber die drei Reichsstädte Straßburg, Nürnberg und Ulm waren keine unwichtige Eroberung für den Bund, weil man ihres Geldes sehr bedürftig war und ihr Beispiel von mehrern andern Reichsstädten nachgeahmt werden konnte.

Die unierten Stände, einzeln muthlos und wenig gefürchtet, führten nach geschlossener Vereinigung eine kühnere Sprache. Sie brachten durch den Fürsten Christian von Anhalt ihre gemeinschaftlichen Beschwerden und Forderungen vor den Kaiser, unter denen die Wiederherstellung Donauwörths, die Aufhebung der kaiserlichen Hofprocesse und die Reformen seines eignen Regiments und seiner Rathgeber den obersten Platz einnahmen. Zu diesen Vorstellungen hatten sie gerade die Zeit gewählt, wo der Kaiser von den Unruhen in seinen Erbländern kaum zu Athem kommen konnte; wo er Österreich und Ungarn kürzlich an Matthias verloren und seine böhmische Krone bloß durch Bewilligung des Majestätsbriefs gerettet hatte; wo endlich durch die jülichische Succession schon von fern ein neues Kriegsfeuer zubereitet wurde. Kein Wunder, daß dieser langsame Fürst sich jetzt weniger als je in seinen Entschließungen übereilte, und die Union früher zu dem Schwerte griff, als der Kaiser sich besonnen hatte.

Die Katholiken bewachten mit Blicken voll Argwohn die Union; die Union hütete eben so mißtrauisch die Katholiken und den Kaiser; der Kaiser beide; und auf allen Seiten waren Furcht und Erbitterung aufs höchste gestiegen. Und gerade in diesem bedenklichen Zeitpunkt mußte sich durch den Tod des Herzogs Johann Wilhelm von Jülich eine höchst streitige Erbfolge in den jülich-clevischen Landen eröffnen.

Acht Competenten meldeten sich zu dieser Erbschaft, deren Unzertrennlichkeit durch solenne Verträge festgesetzt worden war; und der Kaiser, der Lust bezeigte, sie als ein erledigtes Reichslehen einzuziehen, konnte für den neunten gelten. Vier von diesen, der Kurfürst von Brandenburg, der Pfalzgraf von Neuburg, der Pfalzgraf von Zweibrücken und der Markgraf von Burgau, ein österreichischer Prinz, forderten es als ein Weiberlehen, im Namen von vier Prinzessinnen, Schwestern des verstorbenen Herzogs. Zwei andere, der Kurfürst von Sachsen, albertinischer, und die Herzoge von Sachsen, ernestinischer Linie, beriefen sich auf eine frühere Anwartschaft, welche ihnen Kaiser Friedrich der Dritte auf diese Erbschaft ertheilt und Maximilian der Erste beiden sächsischen Häusern bestätigt hatte. Auf die Ansprüche einiger auswärtiger Prinzen wurde wenig geachtet. Das nächste Recht war vielleicht auf der Seite Brandenburgs und Neuburgs, und es schien beide Theile ziemlich gleich zu begünstigen. Beide Höfe ließen auch sogleich nach Eröffnung der Erbschaft Besitz ergreifen; den Anfang machte Brandenburg, und Neuburg folgte. Beide fingen ihren Streit mit der Feder an und würden ihn wahrscheinlich mit dem Degen geendigt haben; aber die Dazwischenkunft des Kaisers, der diesen Rechtshandel vor seinen Thron ziehen, einstweilen aber die streitigen Länder in Sequester nehmen wollte, brachte beide streitende Parteien zu einem schnellen Vergleich, um die gemeinschaftliche Gefahr abzuwenden. Man kam überein, das Herzogthum in Gemeinschaft zu regieren. Umsonst, daß der Kaiser die Landstände auffordern ließ, ihren neuen Herren die Huldigung zu verweigern – umsonst, daß er seinen eignen Anverwandten, den Erzherzog Leopold, Bischof von Passau und Straßburg, ins Jülichische schickte, um dort durch seine persönliche Gegenwart der kaiserlichen Partei aufzuhelfen. Das ganze Land, außer Jülich, hatte sich den protestantischen Prinzen unterworfen, und die kaiserliche Partei wurde in dieser Hauptstadt belagert.

Die jülichische Streitigkeit war dem ganzen deutschen Reiche wichtig und erregte sogar die Aufmerksamkeit mehrerer europäischer Höfe. Es war nicht sowohl die Frage, wer das jülichische Herzogtum besitzen und wer es nicht besitzen sollte? – die Frage war, welche von beiden Parteien in Deutschland, die katholische oder die protestantische, sich um eine so ansehnliche Besitzung vergrößern, für welche von beiden Religionen dieser Landstrich gewonnen oder verloren werden sollte? Die Frage war, ob Österreich abermals in seinen Anmaßungen durchdringen und seine Ländersucht mit einem neuen Raube vergnügen, oder ob Deutschlands Freiheit und das Gleichgewicht seiner Macht gegen die Anmaßungen Österreichs behauptet werden sollte? Der jülichische Erbfolgestreit war also eine Angelegenheit für alle Mächte, welche Freiheit begünstigten und Österreich anfeindeten. Die evangelische Union, Holland, England und vorzüglich Heinrich der Vierte von Frankreich wurden darein gezogen

Dieser Monarch, der die schönste Hälfte seines Lebens an das Haus Österreich und Spanien verloren, der nur mit ausdauernder Heldenkraft endlich alle Berge erstiegen, welche dieses Haus zwischen ihn und den französischen Thron gewälzt hatte, war bis hieher kein müßiger Zuschauer der Unruhen in Deutschland gewesen. Eben dieser Kampf der Stände mit dem Kaiser schenkte und sicherte seinem Frankreich den Frieden. Die

Protestanten und Türken waren die zwei heilsamen Gewichte, welche die österreichische Macht in Osten und Westen darniederzogen, aber in ihrer ganzen Schreckbarkeit stand sie wieder auf, sobald man ihr vergönnte, diesen Zwang abzuwerfen. Heinrich der Vierte hatte ein halbes Menschenalter lang das ununterbrochene Schauspiel von österreichischer Herrschbegierde und österreichischem Länderdurst vor Augen, den weder Widerwärtigkeit, noch selbst Geistesarmuth, die doch sonst alle Leidenschaften mäßigt, in einer Brust löschen konnten, worin nur ein Tropfen von dem Blute Ferdinands des Arragoniers floß. Die österreichische Ländersucht hatte schon seit einem Jahrhundert Europa aus einem glücklichen Frieden gerissen und in dem Innern seiner vornehmsten Staaten eine gewaltsame Veränderung bewirkt. Sie hatte die Äcker von Pflügern, die Werkstätten von Künstlern entblößt, um die Länder mit ungeheuern, nie gesehenen Heeresmassen, kaufmännische Meere mit feindseligen Flotten zu bedecken. Sie hatte den europäischen Fürsten die Notwendigkeit auferlegt, den Fleiß ihrer Unterthanen mit nie erhörten Schatzungen zu beschweren und die beste Kraft ihrer Staaten, für die Glückseligkeit ihrer Bewohner verloren, in einer nothgedrungenen Verteidigung zu erschöpfen. Für Europa war kein Friede, für seine Staaten kein Gedeihen, kein Plan von Dauer für der Völker Glück, so lange es diesem gefährlichen Geschlecht überlassen blieb, nach Gefallen die Ruhe dieses Welttheils zu stören.

Betrachtungen dieser Art umwölkten Heinrichs Gemüth am Abend eines glorreich geführten Lebens. Was hatte es ihm nicht gekostet, das trübe Chaos zu ordnen, worin der Tumult eines langwierigen Bürgerkriegs, von eben diesem Österreich angefacht und unterhalten, Frankreich gestürzt hatte! Jeder große Mensch will für die Ewigkeit gearbeitet haben, und wer bürgte diesem König für die Dauer des Wohlstandes, worin er Frankreich verließ, so lange Österreich und Spanien eine einzige Macht blieben, die jetzt zwar entkräftet darniederlag, aber nur ein einziges glückliches Ohngefähr brauchte, um sich schnell wieder in Einen Körper zusammenzuziehen und in ihrer ganzen Furchtbarkeit wieder aufzuleben? Wollte er seinem Nachfolger einen fest gegründeten Thron, seinem Volk einen dauerhaften Frieden zurücklassen, so mußte diese gefährliche Macht auf immer entwaffnet werden. Aus dieser Quelle floß der unversöhnliche Haß, welchen Heinrich der Vierte dem Hause Österreich geschworen – unauslöschlich, glühend und gerecht, wie Hannibals Feindschaft gegen Romulus' Volk, aber durch einen edleren Ursprung geadelt.

Alle Mächte Europens hatten diese große Aufforderung mit Heinrich gemein; aber nicht alle diese lichtvolle Politik, nicht alle den uneigennützigen Muth, nach einer solchen Aufforderung sich in Handlung zu setzen. Jeden ohne Unterschied reizt der nahe Gewinn, aber nur große Seelen wird das entfernte Gute bewegen. So lange die Weisheit bei ihrem Vorhaben auf Weisheit rechnet oder sich auf ihre eignen Kräfte verläßt, entwirft sie keine anderen als chimärische Plane, und die Weisheit läuft Gefahr, sich zum Gelächter der Welt zu machen – aber ein glücklicher Erfolg ist ihr gewiß, und sie kann auf Beifall und Bewunderung zählen, sobald sie in ihren geistreichen Planen eine Rolle für Barbarei, Habsucht und Aberglauben hat und die Umstände ihr vergönnen, eigennützige Leidenschaften zu Vollstreckern ihrer schönen Zwecke zu machen.

In dem erstern Falle hätte Heinrichs bekanntes Projekt, das österreichische Haus aus allen seinen Besitzungen zu verjagen und unter die europäischen Mächte seinen Raub zu vertheilen, den Namen einer Chimäre wirklich verdient, womit man immer so freigebig gegen dasselbe gewesen ist; aber verdiente es ihn auch in dem andern? Dem vortrefflichen König war es wohl nie eingefallen, bei den Vollstreckern seines Projekts auf einen Beweggrund zu zählen, welcher demjenigen ähnlich gewesen wäre, der ihn selbst und seinen Sully bei dieser Unternehmung beseelte. Alle Staaten, deren Mitwirkung dabei nöthig war, wurden durch die stärksten Motive, die eine politische Macht nur immer in Handlung setzen können, zu der Rolle vermocht, die sie dabei zu übernehmen hatten. Von den Protestanten im Österreichischen verlangte man nichts, als was ohnehin das Ziel ihres Bestrebens schien, die Abwerfung des österreichischen Joches; von den Niederländern nichts, als einen ähnlichen Abfall von dem spanischen. Dem Papst und allen Republiken Italiens war keine Angelegenheit wichtiger, als die spanische Tyrannei auf immer von ihrer Halbinsel zu verjagen; für England konnte nichts wünschenswürdiger sein, als eine Revolution, welche es von seinem abgesagtesten Feinde befreite. Jede Macht gewann bei dieser Theilung des österreichischen Raubes entweder Land oder Freiheit, neues Eigenthum oder Sicherheit für das alte; und weil Alle gewannen, so blieb das Gleichgewicht unverletzt. Frankreich konnte großmüthig jeden Antheil an der Beute verschmähen, weil es durch Österreichs Untergang sich selbst wenigstens zweifach gewann und am mächtigsten war, wenn es nicht mächtiger wurde. Endlich um den Preis, daß sie Europa von ihrer Gegenwart befreiten, gab man den Nachkömmlingen von Habsburg die Freiheit, in allen übrigen entdeckten und noch zu entdeckenden Welten sich auszubreiten. Ravaillacs Messerstiche retteten Österreich, um die Ruhe von Europa noch um einige Jahrhunderte zu verspäten.

Die Augen auf einen solchen Entwurf geheftet, mußte Heinrich die evangelische Union in Deutschland und den Erbfolgestreit wegen Jülich nothwendig als die wichtigsten Ereignisse mit schnellem, thätigem Antheil ergreifen. Seine Unterhändler waren an allen protestantischen Höfen Deutschlands geschäftig, und das Wenige, was sie von dem großen politischen Geheimniß ihres Monarchen preisgaben oder ahnen ließen, war hinlänglich, Gemüther zu gewinnen, die ein so feuriger Haß gegen Österreich beseelte und die Vergrößerungsbegierde so mächtig beherrschte. Heinrichs staatskluge Bemühungen zogen die Union noch enger zusammen, und der mächtige Beistand, wozu er sich anheischig machte, erhob den Muth der Verbundenen zur festesten Zuversicht. Eine zahlreiche französische Armee, von dem König in Person angeführt, sollte den Truppen der Union am Rheine begegnen und zuerst die Eroberung der jülich-clevischen Lande vollenden helfen; alsdann in Vereinigung mit den Deutschen nach Italien rücken (wo Savoyen, Venedig und der Papst schon einen mächtigen Beistand bereit hielten), um dort alle spanischen Throne umzustürzen. Diese siegreiche Armee sollte dann, von der Lombardei aus, in das habsburgische Erbtheil eindringen und dort, von einem allgemeinen Aufstand der Protestanten begünstigt, in allen seinen deutschen Landen, in Böhmen, Ungarn und Siebenbürgen, das österreichische Scepter zerbrechen. Die Brabanter und Holländer, durch französischen Beistand gestärkt, hätten sich unterdessen ihrer spanischen Tyrannen gleichfalls entledigt, und dieser fürchterlich über seine Ufer getretene Strom, der noch kürzlich gedroht hatte, Europens Freiheit unter seinen trüben Strudeln zu begraben, rollte dann still und vergessen hinter den pyrenäischen Bergen.

Die Franzosen rühmten sich sonst der Geschwindigkeit; diesmal wurden sie von den Deutschen übertroffen. Eine Armee der Union war im Elsaß, ehe noch Heinrich sich dort zeigte, und ein österreichisches Heer, welches der Bischof von Straßburg und Passau in dieser Gegend zusammengezogen hatte, um es ins Jülichische zu führen, wurde zerstreut. Heinrich der Vierte hatte seinen Plan als Staatsmann und König entworfen, aber er hatte ihn Räubern zur Ausführung übergeben. Seiner Meinung nach sollte keinem katholischen Reichsstände Ursache gegeben werden, diese Rüstung auf sich zu deuten und die Sache Österreichs zu der seinigen zu machen; die Religion sollte ganz und gar nicht in diese Angelegenheit gemischt werden. Aber wie sollten die deutschen Fürsten über Heinrichs Entwürfen ihre eigenen Zwecke vergessen? Von Vergrößerungsbegierde, von Religionshaß gingen sie ja aus – sollten sie nicht für ihre herrschende Leidenschaft unterwegs so viel mitnehmen, als sie konnten? Wie Raubadler legten sie sich über die Länder der geistlichen Fürsten und erwählten sich, kostete es auch einen noch so großen Umweg, diese fetten Triften zu ihren Lagerplätzen. Als wäre es in Feindeslande, schrieben sie Brandschatzungen darinnen aus, bezogen eigenmächtig die Landesgefälle und nahmen, was gutwillig nicht gegeben wurde, mit Gewalt. Um ja die Katholiken über die wahren Triebfedern ihrer Ausrüstung nicht in Zweifel zu lassen, ließen sie laut und deutlich genug hören, was für ein Schicksal den geistlichen Stiftern von ihnen bereitet sei. So wenig hatten sich Heinrich der Vierte und die deutschen Prinzen in diesem Operationsplane verstanden; so sehr hatte der vortreffliche König in seinen Werkzeugen sich geirrt. Es bleibt eine ewige Wahrheit, daß eine Gewalttätigkeit, wenn die Weisheit sie gebietet, nie dem Gewalttätigen darf aufgetragen werden, daß nur Demjenigen anvertraut werden darf, die Ordnung zu verletzen, dem sie heilig ist.

Das Betragen der Union, welches selbst für mehrere evangelische Stände empörend war, und die Furcht einer noch schlimmern Begegnung bewirkte bei den Katholiken etwas mehr, als eine müßige Entrüstung. Das tief gefallene Ansehen des Kaisers konnte ihnen gegen einen solchen Feind keinen Schutz gewähren. Ihr Bund war, was die Unierten so gefürchtet und trotzig machte; einen Bund mußte man ihnen wieder entgegenstellen.

Der Bischof von Würzburg entwarf den Plan zu dieser katholischen Union, die durch den Namen der Ligue von der evangelischen unterschieden wurde. Die Punkte, worüber man übereinkam, waren ungefähr dieselben, welche die Union zum Grund legte, Bischöfe ihre mehresten Glieder; an die Spitze des Bundes stellte sich der Herzog Maximilian von Bayern, aber als das einzige weltliche Bundesglied von Bedeutung, mit einer ungleich größern Gewalt, als die Unierten ihrem Vorsteher eingeräumt hatten. Außer diesem Umstande, daß der einzige Herzog von Bayern Herr der ganzen liguistischen Kriegsmacht war, wodurch die Operationen der Ligue eine Schnelligkeit und einen Nachdruck bekommen mußten, die bei der Union nicht so leicht möglich waren, hatte die Ligue noch den Vortheil, daß die Geldbeiträge von den reichen Prälaten weit richtiger einflossen, als bei der Union von den armen evangelischen Ständen. Ohne dem Kaiser, als einem katholischen Reichsstand, einen Antheil an ihrem Bund anzubieten, ohne ihm, als Kaiser, davon Rechenschaft zu geben, stand die Ligue auf einmal überraschend und drohend da, mit hinlänglicher Kraft ausgerüstet, um endlich die Union zu begraben und unter drei Kaisern fortzudauern. Die Ligue stritt zwar für Österreich, weil sie gegen protestantische Fürsten gerichtet war; aber Österreich selbst mußte bald vor ihr zittern.

Unterdessen waren die Waffen der Unierten im Jülichischen und im Elsaß ziemlich glücklich gewesen; Jülich war eng eingeschlossen und das ganze Bisthum Straßburg in ihrer Gewalt. Jetzt aber war es mit ihren glänzenden Verrichtungen auch am Ende. Kein französisches Heer erschien am Rhein; denn, der es anführen sollte, der überhaupt die ganze Unternehmung beseelen sollte – Heinrich der Vierte war nicht mehr. Ihr Geld ging auf die Neige; neues zuzuschießen weigerten sich ihre Landstände, und die mitunierten Reichsstädte hatten es sehr übel aufgenommen, daß man immer nur ihr Geld, und nie ihren Rath verlangt hatte. Besonders brachte es sie auf, daß sie sich wegen der jülichischen Streitsache in Unkosten gesetzt haben sollten, die doch ausdrücklich von den Angelegenheiten der Union war ausgeschlossen worden; daß sich die unierten Fürsten aus der gemeinen Kasse große Pensionen zulegten; und vor allen Dingen, daß ihnen über die Anwendung der Gelder keine Rechnung von den Fürsten abgelegt wurde.

Die Union neigte sich also zu ihrem Falle, eben als die Ligue mit neuen und frischen Kräften sich ihr entgegenstellte. Länger im Felde zu bleiben, erlaubte den Unierten der einreißende Geldmangel nicht; und doch war es gefährlich, im Angesicht eines streitfertigen Feindes die Waffen wegzulegen. Um sich von Einer Seite wenigstens sicher zu stellen, verglich man sich schnell mit dem ältern Feinde, dem Erzherzog Leopold, und beide Theile kamen überein, ihre Truppen aus dem Elsaß zu führen, die Gefangenen loszugeben und das Geschehene in Vergessenheit zu begraben. In ein solches Nichts zerrann diese vielversprechende Rüstung.

Eben die gebieterische Sprache, womit sich die Union, im Vertrauen auf ihre Kräfte, dem katholischen Deutschland angekündigt hatte, wurde jetzt von der Ligue gegen die Union und ihre Truppen geführt. Man zeigte ihnen die Fußtapfen ihres Zugs und brandmarkte sie rund heraus mit den härtesten Namen, die sie verdienten. Die Stifter von Würzburg, Bamberg, Straßburg, Mainz, Trier, Köln und viele andre hatten ihre verwüstende Gegenwart empfunden. Allen diesen sollte der zugefügte Schaden vergütet, der Paß zu Wasser und zu Lande (denn auch der rheinischen Schifffahrt hatten sie sich bemächtigt) wieder freigegeben, alles in seinen vorigen Stand gestellt werden. Vor allem aber verlangte man von den Unionsverwandten eine runde und feste Erklärung, wessen man sich zu ihrem Bunde zu versehen habe? Die Reihe war jetzt an den Unierten, der Stärke nachzugeben. Auf einen so wohl gerüsteten Feind waren sie nicht gefaßt; aber sie selbst hatten den Katholischen das Geheimniß ihrer Stärke verrathen. Zwar beleidigte es ihren Stolz, um den Frieden zu betteln; aber sie durften sich glücklich preisen, ihn zu erhalten. Der eine Theil versprach Ersatz, der andere Vergebung. Man legte die Waffen nieder. Das Kriegsgewitter verzog sich noch einmal, und eine augenblickliche Stille erfolgte. Der Aufstand in Böhmen brach jetzt aus, der dem Kaiser das letzte seiner Erbländer kostete; aber weder die Union noch die Ligue mischten sich in diesen böhmischen Streit.

Endlich starb der Kaiser (1612), eben so wenig vermißt im Sarge, als wahrgenommen auf dem Throne. Lange, nachdem das Elend der folgenden Regierungen das Elend der seinigen vergessen gemacht hatte, zog sich eine Glorie um sein Andenken, und eine so schreckliche Nacht legte sich jetzt über Deutschland, daß man einen solchen Kaiser mit blutigen Thränen sich zurückwünschte.

Nie hatte man von Rudolph erhalten können, seinen Nachfolger im Reiche wählen zu lassen, und alles erwartete daher mit bangen Sorgen die nahe Erledigung des Kaiserthrons; doch über alle Hoffnung schnell und ruhig bestieg ihn Matthias. Die Katholiken gaben ihm ihre Stimmen, weil sie von der frischen Thätigkeit dieses Fürsten das Beste hofften; die Protestanten gaben ihm die ihrigen, weil sie alles von seiner Hinfälligkeit hofften. Es ist nicht schwer, diesen Widerspruch zu vereinigen. Jene verließen sich auf das, was er gezeigt hatte, diese urtheilten nach dem, was erzeigte.

Der Augenblick einer neuen Thronbesetzung ist immer ein wichtiger Ziehungstag für die Hoffnung, der erste Reichstag eines Königs in Wahlreichen gewöhnlich seine härteste Prüfung. Jede alte Beschwerde kommt da zur Sprache, und neue werden aufgesucht, um sie der gehofften Reform mit theilhaftig zu machen; eine ganz neue Schöpfung soll mit dem neuen König beginnen. Die großen Dienste, welche ihre Glaubensbrüder in Österreich dem Matthias bei seinem Aufruhr geleistet, lebten bei den protestantischen Reichsständen noch in frischer Erinnerung, und besonders schien die Art, wie sich jene für diese Dienste bezahlt gemacht hatten, auch ihnen jetzt zum Muster zu dienen.

Durch Begünstigung der protestantischen Stände in Österreich und Mähren hatte Matthias den Weg zu seines Bruders Thronen gesucht und auch wirklich gefunden; aber, von seinen ehrgeizigen Entwürfen hingerissen, hatte er nicht bedacht, daß auch den Ständen dadurch der Weg war geöffnet worden, ihrem Herrn Gesetze vorzuschreiben. Diese Entdeckung riß ihn frühzeitig aus der Trunkenheit seinem Glücks. Kaum zeigte er sich triumphierend nach dem böhmischen Zuge seinen österreichischen Unterthanen wieder, so wartete schon ein gehorsamstes Anbringen auf ihn, welches hinreichend war, ihm seinen ganzen Triumph zu verleiden. Man forderte, ehe zur Huldigung geschritten würde, eine uneingeschränkte Religionsfreiheit in Städten und Märkten, eine vollkommene Gleichheit aller Rechte zwischen Katholiken und Protestanten und einen völlig gleichen Zutritt der letztern zu allen Bedienungen. An mehreren Orten nahm man sich diese Freiheit von selbst und stellte, voll Zuversicht auf die veränderte Regierung, den evangelischen Gottesdienst eigenmächtig wieder her, wo ihn der Kaiser aufgehoben hatte. Matthias hatte zwar nicht verschmäht, die Beschwerden der Protestanten gegen den Kaiser zu benutzen; aber es konnte ihm nie eingefallen sein, sie zu heben. Durch einen festen und entschlossenen Ton hoffte er diese Anmaßungen gleich am Anfange niederzuschlagen. Er sprach von seinen erblichen Ansprüchen auf das Land und wollte von keinen Bedingungen vor der Huldigung hören. Eine solche unbedingte Huldigung hatten ihre Nachbarn, die Stände von Steyermark, dem Erzherzog Ferdinand geleistet; aber sie hatten bald Ursache gehabt, es zu bereuen. Von diesem Beispiel gewarnt, beharrten die österreichischen Stände auf ihrer Weigerung; ja, um nicht gewaltsam zur Huldigung gezwungen zu werden, verließen sie sogar die Hauptstadt, boten ihre katholischen Mitstände zu einer ähnlichen Widersetzung auf und fingen an, Truppen zu werben. Sie thaten Schritte, ihr altes Bündniß mit den Ungarn zu erneuern; sie zogen die protestantischen Reichsfürsten in ihr Interesse und schickten sich in vollem Ernste an, ihr Gesuch mit den Waffen durchzusetzen.

Matthias hatte keinen Anstand genommen, die weit höheren Forderungen der Ungarn zu bewilligen. Aber Ungarn war ein Wahlreich, und die republikanische Verfassung dieses Landes rechtfertigte die Forderungen der Stände vor ihm selbst, und seine Nachgiebigkeit gegen die Stände vor der ganzen katholischen Welt. In Österreich hingegen hatten seine Vorgänger weit größere Souveränetätsrechte ausgeübt, die er, ohne sich vor dem ganzen katholischen Europa zu beschimpfen, ohne den Unwillen Spaniens und Roms, ohne die Verachtung seiner eigenen katholischen Unterthanen auf sich zu laden, nicht an die Stände verlieren konnte. Seine streng katholischen Räthe, unter denen der Bischof von Wien, Melchior Clesel, ihn am meisten beherrschte, munterten ihn auf, eher alle Kirchen gewaltsam von den Protestanten sich entreißen zu lassen, als ihnen eine einzige rechtlich einzuräumen.

Aber unglücklicher Weise betraf ihn diese Verlegenheit in einer Zeit, wo Kaiser Rudolph noch lebte und ein Zuschauer dieses Auftritts war – wo dieser also leicht versucht werden konnte, sich der nämlichen Waffen gegen seinen Bruder zu bedienen, womit dieser über ihn gesiegt hatte – eines Verständnisses nämlich mit seinen aufrührerischen Unterthanen. Diesem Streiche zu entgehen, nahm Matthias den Antrag der mährischen Landstände bereitwillig an, welche sich zwischen den österreichischen und ihm zu Mittlern anboten. Ein Ausschuß von beiden versammelte sich in Wien, wo von den österreichischen Deputirten eine Sprache gehört wurde, die selbst im Londner Parlament überrascht haben würde. »Die Protestanten«, hieß es am Schlusse, »wollten nicht schlechter geachtet sein, als die Handvoll Katholiken in ihrem Vaterlande. Durch seinen protestantischen Adel habe Matthias den Kaiser zum Nachgeben gezwungen; wo man achtzig Papisten fände, würde man dreihundert evangelische Baronen zählen. Das Beispiel Rudolphs solle dem Matthias eine Warnung sein. Er möge sich hüten, daß er das Irdische nicht verliere, um Eroberungen für den Himmel zu machen.« Da die mährischen Stände, anstatt ihr Mittleramt zum Vortheil des Kaisers zu erfüllen, endlich selbst zur Partei ihrer österreichischen Glaubensbrüder übertraten, da die Union in Deutschland sich aufs nachdrücklichste für diese ins Mittel schlug und die Furcht vor Repressalien des Kaisers den Matthias in die Enge trieb, so ließ er sich endlich die gewünschte Erklärung zum Vortheil der Evangelischen entreißen.

Dieses Betragen der österreichischen Landstände gegen ihren Erzherzog nahmen sich nun die protestantischen Reichsstände in Deutschland zum Muster gegen ihren Kaiser, und sie versprachen sich denselben glücklichen Erfolg. Auf seinem ersten Reichstage zu Regensburg (1613), wo die dringendsten Angelegenheiten auf Entscheidung warteten, wo ein Krieg gegen die Türken und gegen den Fürsten Bethlen Gabor von Siebenbürgen, der sich unterdessen mit türkischem Beistand zum Herrn dieses Landes aufgeworfen hatte und sogar Ungarn bedrohte, einen allgemeinen Geldbeitrag nothwendig machte, überraschten sie ihn mit einer ganz neuen Forderung. Die katholischen Stimmen waren noch immer die zahlreichern im Fürstenrath; und weil alles nach der Stimmenmehrheit entschieden wurde, so pflegten die evangelischen, auch wenn sie noch so sehr unter sich einig waren, gewöhnlich in keine Betrachtung zu kommen. Dieses Vortheils der Stimmenmehrheit sollten sich nun die Katholischen begeben, und keiner einzelnen Religionspartei sollte es künftig erlaubt sein, die Stimmen der andern durch ihre unwandelbare Mehrheit nach sich zu ziehen. Und in Wahrheit, wenn die evangelische Religion auf dem Reichstage repräsentiert werden sollte, so schien es sich von selbst zu verstehen, daß ihr durch die Verfassung des Reichstags selbst nicht die Möglichkeit abgeschnitten würde, von diesem Rechte Gebrauch zu machen. Beschwerden über die angemaßte Gerichtsbarkeit des Reichshofraths und über Unterdrückung der Protestanten begleiteten diese Forderung, und die Bevollmächtigten der Stände hatten Befehl, so lange von allen gemeinschaftlichen Beratschlagungen wegzubleiben, bis eine günstige Antwort auf diesen vorläufigen Punkt erfolgte.

Diese gefährliche Trennung zerriß den Reichstag und drohte auf immer alle Einheit der Beratschlagungen zu zerstören. So aufrichtig der Kaiser gewünscht hatte, nach dem Beispiele Maximilians, seines Vaters, zwischen beiden Religionen eine staatskluge Mitte zu halten, so ließ ihm das jetzige Betragen der Protestanten nur eine bedenkliche Wahl zwischen beiden. Zu seinen dringenden Bedürfnissen war ihm ein allgemeiner Beitrag der Reichsstände unentbehrlich; und doch konnte er sich die eine Partei nicht verpflichten, ohne die Hilfe der andern zu verscherzen. Da er in seinen eigenen Erblanden so wenig befestigt war, so mußte er schon vor dem entfernten Gedanken zittern, mit den Protestanten in einen öffentlichen Krieg zu gerathen. Aber die Augen der ganzen katholischen Welt, die auf seine jetzige Entschließung geheftet waren, die Vorstellungen der katholischen Stände, des römischen und spanischen Hofes, erlaubten ihm eben so wenig, die Protestanten zum Nachtheil der katholischen Religion zu begünstigen. Eine so mißliche Situation mußte einen größeren Geist, als Matthias war, niederschlagen, und schwerlich hätte er sich mit eigener Klugheit daraus gezogen. Der Vortheil der Katholiken war aber aufs engste mit dem Ansehen des Kaisers verflochten; und ließen sie dieses sinken, so hatten besonders die geistlichen Fürsten gegen die Eingriffe der Protestanten keine Schutzwehre mehr.

Jetzt also, wie sie den Kaiser unschlüssig wanken sahen, glaubten sie, daß die höchste Zeit vorhanden sei, seinen sinkenden Muth zu stärken. Sie ließen ihn einen Blick in das Geheimniß der Ligue thun und zeigten ihm die ganze Verfassung derselben, ihre Hilfsmittel und Kräfte. So wenig tröstlich diese Entdeckung für den Kaiser sein mochte, so ließ ihn doch die Aussicht auf einen so mächtigen Schutz etwas mehr Muth gegen die

Evangelischen fassen. Ihre Forderungen wurden abgewiesen, und der Reichstag endigte sich ohne Entscheidung. Aber Matthias wurde das Opfer dieses Streits. Die Protestanten verweigerten ihm ihre Geldhilfe und ließen es ihn entgelten, daß die Katholischen unbeweglich geblieben waren.

Die Türken selbst zeigten sich indessen geneigt, den Waffenstillstand zu verlängern, und den Fürsten Bethlen Gabor ließ man im ruhigen Besitz von Siebenbürgen. Vor auswärtiger Gefahr war das Reich jetzt gedeckt, und auch im Innern desselben herrschte, bei allen noch so gefährlichen Spaltungen, dennoch Friede. Dem jülichischen Erbfolgestreit hatte ein sehr unerwarteter Zufall eine überraschende Wendung gegeben. Noch immer wurde dieses Herzogthum von dem Kurhause Brandenburg und dem Pfalzgrafen von Neuburg in Gemeinschaft besessen; eine Heirath zwischen dem Prinzen von Neuburg und einer brandenburgischen Prinzessin sollte das Interesse beider Häuser unzertrennlich verknüpfen. Diesen ganzen Plan zerstörte eine – Ohrfeige, welche der Kurfürst von Brandenburg das Unglück hatte seinem Eidam im Weinrausch zu geben. Von jetzt an war das gute Vernehmen zwischen beiden Häusern dahin. Der Prinz von Neuburg trat zu dem Papstthum über. Eine Prinzessin von Bayern belohnte ihn für diese Apostasie, und der mächtige Schutz Bayerns und Spaniens war die natürliche Folge von Beidem. Um dem Pfalzgrafen zum ausschließenden Besitz der jülichischen Lande zu verhelfen, wurden die spanischen Waffen von den Niederlanden aus in das Herzogthum gezogen. Um sich dieser Gäste zu entladen, rief der Kurfürst von Brandenburg die Holländer in das Land, denen er durch Annahme der reformierten Religion zu gefallen suchte. Beide, die spanischen und holländischen Truppen, erschienen; aber, wie es schien, bloß um für sich selbst zu erobern.

Der nahe niederländische Krieg schien sich nun auf deutschen Boden spielen zu wollen, und welch ein unerschöpflicher Zunder lag hier für ihn bereit! Mit Schrecken sah das protestantische Deutschland die Spanier an dem Unterrhein festen Fuß gewinnen – mit noch größerem das katholische die Holländer über die Reichsgrenzen hereinbrechen. Im Westen sollte sich die Mine entzünden, welche längst schon das ganze Deutschland unterhöhlte – nach den westlichen Gegenden waren Furcht und Erwartung hingeneigt – und aus Osten kam der Schlag, der sie in Flammen setzte.

Die Ruhe, welche der Majestätsbrief Rudolphs des Zweiten Böhmen gegeben hatte, dauerte auch unter Matthias' Regierung noch eine Zeit lang fort, bis in der Person Ferdinands von Grätz ein neuer Thronfolger in diesem Königreich ernannt wurde.

Dieser Prinz, den man in der Folge unter dem Namen Kaiser Ferdinand der Zweite näher kennen lernen wird, hatte sich durch gewaltsame Ausrottung der protestantischen Religion in seinen Erbländern als einen unerbittlichen Eiferer für das Papstthum angekündigt und wurde deßwegen von dem katholischen Theile der böhmischen Nation als die künftige Stütze dieser Kirche betrachtet. Die hinfällige Gesundheit des Kaisers rückte diesen Zeitpunkt nahe herbei, und im Vertrauen auf einen so mächtigen Beschützer fingen die böhmischen Papisten an, den Protestanten mit weniger Schonung zu begegnen. Die evangelischen Unterthanen katholischer Gutsherren besonders erfuhren die härteste Behandlung. Zugleich begingen mehrere von den Katholiken die Unvorsichtigkeit, etwas laut von ihren Hoffnungen zu reden und durch hingeworfene Drohworte bei den Protestanten ein schlimmes Mißtrauen gegen ihren künftigen Herrn zu erwecken. Aber nie würde dieses Mißtrauen in Thätlichkeiten ausgebrochen sein, wenn man nur im Allgemeinen geblieben wäre, und nicht durch besondere Angriffe auf einzelne Glieder dem Murren des Volks unternehmende Anführer gegeben hätte.

Heinrich Matthias, Graf von Thurn, kein geborner Böhme, aber Besitzer einiger Güter in diesem Königreiche, hatte sich durch Eifer für die protestantische Religion und durch eine schwärmerische Anhänglichkeit an sein neues Vaterland des ganzen Vertrauens der Utraquisten bemächtigt, welches ihm den Weg zu den wichtigsten Posten bahnte. Seinen Degen hatte er gegen die Türken mit vielem Ruhme geführt; durch ein einschmeichelndes Betragen gewann er sich die Herzen der Menge. Ein heißer, ungestümer Kopf, der die Verwirrung liebte, weil seine Talente darin glänzten, unbesonnen und tolldreist genug, Dinge zu unternehmen, die eine kalte Klugheit und ein ruhigeres Blut nicht wagt; ungewissenhaft genug, wenn es die Befriedigung seiner Leidenschaften galt, mit dem Schicksale von Tausenden zu spielen, und eben fein genug, eine Nation, wie damals die böhmische war, an seinem Gängelbande zu führen. Schon an den Unruhen unter Rudolphs Regierung hatte er den thätigsten Antheil genommen, und der Majestätsbrief, den die Stände von diesem Kaiser erpreßten, war vorzüglich sein Verdienst. Der Hof hatte ihm, als Burggrafen von Karlstein, die böhmische Krone und die Freiheitsbriefe des Königreichs zur Bewahrung anvertraut; aber etwas weit Wichtigeres – sich selbst – hatte ihm die Nation mit der Stelle eines Defensors oder Glaubensbeschützers übergeben. Die Aristokraten, welche den Kaiser beherrschten, entrissen ihm unklug die Aufsicht über das Todte, um ihm den Einfluß auf das Lebendige zu lassen. Sie nahmen ihm die Burggrafenstelle, die ihn von der Hofgunst abhängig machte, um ihm die Augen über die Wichtigkeit der andern zu öffnen, die ihm übrig blieb, und kränkten seine Eitelkeit, die doch seinen Ehrgeiz unschädlich machte. Von dieser Zeit an beherrschte ihn die Begierde nach Rache, und die Gelegenheit fehlte nicht lange, sie zu befriedigen.

Im Majestätsbriefe, welchen die Böhmen von Rudolph dem Zweiten erpreßt hatten, war eben so, wie in dem Religionsfrieden der Deutschen, ein Hauptartikel unausgemacht geblieben. Alle Rechte, welche der letztere den Protestanten bewilligte, kamen nur den Ständen, nicht den Unterthanen zu gute: bloß für die Unterthanen geistlicher Länder hatte man eine schwankende Gewissensfreiheit ausbedungen. Auch der böhmische Majestätsbrief sprach nur von den Ständen und von den königlichen Städten, deren Magistrate sich gleiche Rechte mit den Ständen zu erringen gewußt hatten. Diesen allein wurde die Freiheit eingeräumt, Kirchen und Schulen zu errichten und ihren protestantischen Gottesdienst öffentlich auszuüben; in allen übrigen Städten blieb es dem Landstande überlassen, dem sie angehörten, welche Religionsfreiheit er den Unterthanen vergönnen wollte. Dieses Rechts hatten sich die Deutschen Reichsstände in seinem ganzen Umfange bedient, und zwar die weltlichen ohne Widerspruch, die geistlichen, denen eine Erklärung Kaiser Ferdinands dasselbe streitig machte, hatten nicht ohne Grund die Verbindlichkeit dieser Erklärung bestritten. Was im Religionsfrieden ein bestrittener Punkt war, war ein unbestimmter im Majestätsbriefe; dort war die Auslegung nicht zweifelhaft, aber es war zweifelhaft, ob man zu gehorchen hätte; hier war die Deutung den Ständen überlassen. Die Unterthanen geistlicher Landstände in Böhmen glaubten daher, eben das Recht zu besitzen, das die Ferdinandische Erklärung den Unterthanen deutscher Bischöfe einräumte; sie achteten sich den Unterthanen in den königlichen Städten gleich, weil sie die geistlichen Güter unter die Krongüter zählten. In der kleinen Stadt Klostergrab, die dem Erzbischof zu Prag, und in Braunau, welches dem Abt dieses Klosters abgehörte, wurden von den protestantischen Unterthanen eigenmächtig Kirchen aufgeführt und, ungeachtet des Widerspruchs ihrer Gutsherren und selbst der Mißbilligung des Kaisers, der Bau derselben vollendet.

Unterdessen hatte sich die Wachsamkeit der Defensoren in etwas gemindert, und der Hof glaubte, einen ernstlichen Schritt wagen zu können. Auf Befehl des Kaisers wurde die Kirche zu Klostergrab niedergerissen, die zu Braunau gewaltsam gesperrt und die unruhigsten Köpfe unter den

Bürgern ins Gefängniß geworfen. Eine allgemeine Bewegung unter den Protestanten war die Folge dieses Schrittes; man schrie über Verletzung des Majestätsbriefs, und der Graf von Thurn, von Rachgier beseelt und durch sein Defensoramt noch mehr aufgefordert, zeigte sich besonders geschäftig, die Gemüther zu erhitzen. Aus allen Kreisen des Königreichs wurden auf seinen Antrieb Deputierte nach Prag gerufen, um dieser gemeinschaftlichen Gefahr wegen die nöthigen Maßregeln zu nehmen. Man kam überein, eine Supplik an den Kaiser aufzusetzen und auf Loslassung der Gefangenen zu dringen. Die Antwort des Kaisers, schon darum von den Ständen sehr übel aufgenommen, weil sie nicht an sie selbst, sondern an seine Statthalter gerichtet war, verwies ihnen ihr Betragen als gesetzwidrig und rebellisch, rechtfertigte den Vorgang in Klostergrab und Braunau durch einen kaiserlichen Befehl und enthielt einige Stellen, welche drohend gedeutet werden konnten.

Der Graf von Thurn unterließ nicht, den schlimmen Eindruck zu vermehren, den dieses kaiserliche Schreiben unter den versammelten Ständen machte. Er zeigte ihnen die Gefahr, worin alle Theilnehmer an dieser Bittschrift schwebten, und wußte sie durch Erbitterung und Furcht zu gewaltsamen Entschließungen hinzureißen. Sie unmittelbar gegen den Kaiser zu empören, wäre jetzt noch ein zu gewagter Schritt gewesen. Nur von Stufe zu Stufe führte er sie an dieses unvermeidliche Ziel. Er fand daher für gut, ihren Unwillen zuerst auf die Räthe des Kaisers abzuleiten, und verbreitete zu dem Ende die Meinung, daß das kaiserliche Schreiben in der Statthalterei zu Prag aufgesetzt und nur zu Wien unterschrieben worden sei. Unter den kaiserlichen Statthaltern waren der Kammerpräsident Slawata und der an Thurns Statt zum Burggrafen von Karlstein erwählte Freiherr von Martinitz das Ziel des allgemeinen Hasses. Beide hatten den protestantischen Ständen schon ehedem ihre feindseligen Gesinnungen dadurch ziemlich laut an den Tag gelegt. daß sie allein sich geweigert hatten, der Sitzung beizuwohnen, in welcher der Majestätsbrief in das böhmische Landrecht eingetragen ward. Schon damals drohte man ihnen, sie für jede künftige Verletzung des Majestätsbriefes verantwortlich zu machen, und was von dieser Zeit an den Protestanten Schlimmes widerfuhr, wurde, und zwar nicht ohne Grund, auf ihre Rechnung geschrieben. Unter allen katholischen Gutsbesitzern waren diese beiden gegen ihre protestantischen Unterthanen am härtesten verfahren. Man beschuldigte sie, daß sie diese mit Hunden in die Messe hetzen ließen und durch Versagung der Taufe, der Heirathen und Begräbnisse zum Papstthum zu zwingen suchten. Gegen zwei so verhaßte Häupter war der Zorn der Nation leicht entflammt, und man bestimmte sie dem allgemeinen Unwillen zum Opfer.

Am 23sten Mai 1618 erschienen die Deputierten bewaffnet und in zahlreicher Begleitung auf dem königlichen Schloß und drangen mit Ungestüm in den Saal, wo die Statthalter Sternberg, Martinitz, Lobkowitz und Slawata versammelt waren. Mit drohendem Tone verlangten sie eine Erklärung von jedem Einzelnen, ob er an dem kaiserlichen Schreiben einen Antheil gehabt und seine Stimme dazu gegeben? Mit Mäßigung empfing sie Sternberg; Martinitz und Slawata antworteten trotzig. Dieses bestimmte ihr Geschick. Sternberg und Lobkowitz, weniger gehaßt und mehr gefürchtet, wurden beim Arme aus dem Zimmer geführt, und nun ergriff man Slawata und Martinitz, schleppte sie an ein Fenster und stürzte sie achtzig Fuß tief in den Schloßgraben hinunter. Den Sekretär Fabricius, eine Kreatur von Beiden, schickte man ihnen nach. Über eine so seltsame Art zu exequieren verwunderte sich die ganze gesittete Welt, wie billig; die Böhmen entschuldigten sie als einen landüblichen Gebrauch und fanden an dem ganzen Vorfalle nichts wunderbar, als daß man von einem so hohen Sprunge so gesund wieder aufstehen konnte. Ein Misthaufen, auf den die kaiserliche Statthalterschaft zu liegen kam, hatte sie vor Beschädigung gerettet.

Es war nicht zu erwarten, daß man sich durch diese rasche Execution in der Gnade des Kaisers sehr verbessert haben würde; aber ebendahin hatte der Graf von Thurn die Stände gewollt. Hatten sich diese, aus Furcht einer noch ungewissen Gefahr, eine solche Gewalttätigkeit erlaubt, so mußte jetzt die gewisse Erwartung der Strafe und das dringender gewordene Bedürfniß der Sicherheit sie noch tiefer hineinreißen. Durch diese brutale Handlung der Selbsthilfe war der Unentschlossenheit und Reue jeder Rückweg versperrt, und ein einzelnes Verbrechen schien nur durch eine Kette von Gewalttaten ausgesöhnt werden zu können. Da die That selbst nicht ungeschehen zu machen war, so mußte man die strafende Macht entwaffnen. Dreißig Direktoren wurden ernannt, den Aufstand gesetzmäßig fortzuführen. Man bemächtigte sich aller Regierungsgeschäfte und aller königlichen Gefälle, nahm alle königlichen Beamten und Soldaten in Pflichten und ließ ein Aufgebot an die ganze böhmische Nation ergehen, sich der gemeinschaftlichen Sache anzunehmen. Die Jesuiten, welche der allgemeine Haß als die Urheber aller bisherigen Unterdrückungen anklagte, wurden aus dem ganzen Königreiche verbannt, und die Stände fanden für nöthig, sich dieses harten Schlusses wegen in einem eigenen Manifest zu verantworten. Alle diese Schritte geschahen zur Aufrechthaltung der königlichen Macht und der Gesetze – die Sprache aller Rebellen, bis sich das Glück für sie entschieden hat.

Die Bewegungen, welche die Zeitung des böhmischen Aufstandes am kaiserlichen Hofe verursachte, waren bei weitem nicht so lebhaft, als eine solche Aufforderung es verdient hätte. Kaiser Matthias war der entschlossene Geist nicht mehr, der ehedem seinen König und Herrn mitten im Schooße seines Volks aufsuchen und von drei Thronen herunterstürzen konnte. Der zuversichtliche Muth, der ihn bei einer Usurpation beseelt hatte, verließ ihn bei einer rechtmäßigen Verteidigung. Die böhmischen Rebellen hatten sich zuerst bewaffnet, und die Natur der Dinge brachte es mit sich, daß er folgte. Aber er konnte nicht hoffen, den Krieg in Böhmen einzuschließen. In allen Ländern seiner Herrschaft hingen die Protestanten durch eine gefährliche Sympathie zusammen – die gemeinschaftliche Religionsgefahr konnte alle mit einander schnell zu einer furchtbaren Republik verknüpfen. Was hatte er einem solchen Feinde entgegen zu setzen, wenn der protestantische Theil seiner Unterthanen sich von ihm trennte? Und erschöpften sich nicht beide Theile in einem so verderblichen Bürgerkriege? Was war nicht alles auf dem Spiele, wenn er unterlag, und wen anders als seine eigenen Unterthanen hatte er zu Grunde gerichtet, wenn er siegte?

Überlegungen dieser Art stimmten den Kaiser und seine Räthe zur Nachgiebigkeit und zu Gedanken des Friedens; aber eben in dieser Nachgiebigkeit wollten Andre die Ursache des Übels gefunden haben. Erzherzog Ferdinand von Grätz wünschte dem Kaiser vielmehr zu einer Begebenheit Glück, die jede Gewaltthat gegen die böhmischen Protestanten vor ganz Europa rechtfertigen würde. »Der Ungehorsam«, hieß es, »die Gesetzlosigkeit und der Aufruhr seien immer Hand in Hand mit dem Protestantismus gegangen. Alle Freiheiten, welche von ihm selbst und dem vorigen Kaiser den Ständen bewilligt worden, hätten keine andere Wirkung gehabt, als ihre Forderungen zu vermehren. Gegen die landesherrliche Gewalt seien alle Schritte der Ketzer gerichtet; stufenweise seien sie von Trotz zu Trotz bis zu diesem letzten Angriff hinauf gestiegen; in kurzem würden sie auch an die noch einzig übrige Person des Kaisers greifen. In den Waffen allein sei Hilfe gegen einen solchen Feind – Ruhe und Unterwerfung nur über den Trümmern ihrer gefährlichen Privilegien – nur in dem völligen Untergange dieser Sekte Sicherheit für den katholischen Glauben. Ungewiß zwar sei der Ausgang des Krieges, aber gewiß das Verderben bei Unterlassung desselben. Die eingezogenen Güter der Rebellen würden die Unkosten reichlich erstatten und der Schrecken der Hinrichtungen die übrigen Landstände künftig einen schnellern Gehorsam lehren.« – War es den böhmischen Protestanten zu verdenken, wenn sie sich gegen die Wirkungen solcher Grundsätze in Zeiten verwahrten? – Und auch nur gegen den Thronfolger des Kaisers, nicht gegen ihn selbst, der nichts gethan hatte, die Besorgnisse der Protestanten zu rechtfertigen, war der böhmische Aufstand gerichtet. Jenem den Weg zu dem böhmischen Throne zu verschließen, ergriff man die Waffen schon unter Matthias, aber so lange dieser Kaiser lebte, wollte man sich in den Schranken einer scheinbaren Unterwürfigkeit halten.

Aber die Böhmen hatten zu den Waffen gegriffen, und unbewaffnet durfte ihnen der Kaiser nicht einmal den Frieden anbieten. Spanien schoß Geld zur Rüstung her und versprach Truppen von Italien und den Niederlanden aus zu schicken. Zum Generalissimus ernannte man den Grafen von Boucquoi, einen Niederländer, weil keinem Eingebornen zu trauen war, und Graf Dampierre, ein anderer Ausländer, commandierte unter seinen Befehlen. Ehe sich diese Armee in Bewegung setzte, versuchte der Kaiser den Weg der Güte durch ein vorausgeschicktes Manifest. In diesem erklärte er den Böhmen: »daß der Majestätsbrief ihm heilig sei, daß er nie etwas gegen ihre Religion oder ihre Privilegien beschlossen, daß selbst seine jetzige Rüstung ihm durch die ihrige sei abgedrungen worden. Sobald die Nation die Waffen von sich lege, würde auch er sein Heer verabschieden.« Aber dieser gnädige Brief verfehlte seine Wirkung – weil die Häupter des Aufruhrs für rathsam fanden, den guten Willen des Kaisers dem Volke zu verbergen. Anstatt desselben verbreiteten sie auf den Kanzeln und in fliegenden Blättern die giftigsten Gerüchte und ließen das hintergangene Volk vor Bartholomäusnächten zittern, die nirgends als in ihrem Kopfe existierten. Ganz Böhmen, mit Ausnahme dreier Städte, Budweiß, Krummau und Pilsen, nahm Theil an dem Aufruhr. Diese drei Städte, größtenteils katholisch, hatten allein den Muth, bei diesem allgemeinen Abfall dem Kaiser getreu zu bleiben, der ihnen Hilfe versprach. Aber dem Grafen von Thurn konnte es nicht entgehen, wie gefährlich es wäre, drei Plätze von solcher Wichtigkeit in feindlichen Händen zu lassen, die den kaiserlichen Waffen zu jeder Zeit den Eingang in das Königreich offen hielten. Mit schneller Entschlossenheit erschien er vor Budweiß und Krummau und hoffte beide Plätze durch Schrecken zu überwältigen.

Krummau ergab sich ihm, aber von Budweiß wurden alle seine Angriffe standhaft zurückgeschlagen.

Und nun fing auch der Kaiser an, etwas mehr Ernst und Thätigkeit zu zeigen. Boucquoi und Dampierre fielen mit zwei Heeren ins böhmische Gebiet und fingen an, es feindselig zu behandeln. Aber die kaiserlichen Generale fanden den Weg nach Prag schwerer, als sie erwartet hatten. Jeder Paß, jeder nur irgend haltbare Ort mußte mit dem Degen geöffnet werden, und der Widerstand mehrte sich mit jedem neuen Schritte, den sie machten, weil die Ausschweifungen ihrer Truppen, meistens Ungarn und Wallonen, den Freund zum Abfall und den Feind zur Verzweiflung brachten. Aber auch noch dann, als seine Truppen schon in Böhmen vordrangen, fuhr der Kaiser fort, den Ständen den Frieden zu zeigen und zu einem gütlichen Vergleich die Hände zu bieten. Neue Ansichten, die sich ihnen aufthaten, erhoben den Muth der Rebellen. Die Stände von Mähren ergriffen ihre Partei, und aus Deutschland erschien ihnen in der Person des Grafen von Mannsfeld ein eben so unverhoffter als tapferer Beschützer.

Die Häupter der evangelischen Union hatten den bisherigen Bewegungen in Böhmen schweigend, aber nicht müßig zugesehen. Beide kämpften für dieselbe Sache, gegen denselben Feind. In dem Schicksale der Böhmen ließen sie ihre Bundsverwandten ihr eigenes Schicksal lesen, und die Sache dieses Volks wurde von ihnen als die heiligste Angelegenheit des deutschen Bundes abgeschildert. Diesem Grundsatz getreu, stärkten sie den Muth der Rebellen durch Beistandsversprechungen, und ein glücklicher Zufall setzte sie in Stand, dieselben unverhofft in Erfüllung zu bringen.

Graf Peter Ernst von Mannsfeld, der Sohn eines verdienstvollen österreichischen Dieners, Ernst von Mannsfeld, der die spanische Armee in den Niederlanden eine Zeit lang mit vielem Ruhme befehligt hatte, wurde das Werkzeug, das österreichische Haus in Deutschland zu demüthigen. Er selbst hatte dem Dienste dieses Hauses seine ersten Feldzüge gewidmet und unter den Fahnen Erzherzog Leopolds in Jülich und im Elsaß gegen die protestantische Religion und die deutsche Freiheit gefochten. Aber unvermerkt für die Grundsätze dieser Religion gewonnen, verließ er einen Chef, dessen Eigennutz ihm die geforderte Entschädigung für den in seinem Dienste gemachten Aufwand versagte, und widmete der evangelischen Union seinen Eifer und einen siegreichen Degen. Es fügte sich eben, daß der Herzog von Savoyen, ein Alliierter der Union, in einem Kriege gegen Spanien ihren Beistand verlangte. Sie überließ ihm ihre neue Eroberung, und Mannsfeld bekam den Auftrag, ein Heer von viertausend Mann, zum Gebrauch und auf Kosten des Herzogs, in Deutschland bereit zu halten. Dieses Heer stand eben marschfertig da, als das Kriegsfeuer in Böhmen aufloderte, und der Herzog, der gerade jetzt keiner Verstärkung bedurfte, überließ es der Union zu freiem Gebrauche. Nichts konnte dieser willkommener sein, als ihren Bundesgenossen in Böhmen auf fremde Kosten zu dienen. Sogleich erhielt Graf Mannsfeld Befehl, diese viertausend Mann in das Königreich zu führen, und eine vorgegebene böhmische Bestallung mußte den Augen der Welt die wahren Urheber seiner Rüstung verbergen.

Dieser Mannsfeld zeigte sich jetzt in Böhmen und faßte durch Einnahme der festen und kaiserlich gesinnten Stadt Pilsen in diesem Königreiche festen Fuß. Der Muth der Rebellen wurde noch durch einen andern Succurs aufgerichtet, den die schlesischen Stände ihnen zu Hilfe schickten. Zwischen diesen und den kaiserlichen Truppen kam es nun zu wenig entscheidenden, aber desto verheerendern Gefechten, welche einem ernstlichern Kriege zum Vorspiele dienten. Um die Lebhaftigkeit seiner Kriegsoperationen zu schwächen, unterhandelte man mit dem Kaiser und ließ sich sogar die angebotene sächsische Vermittlung gefallen. Aber ehe der Ausgang beweisen konnte, wie wenig aufrichtig man verfuhr, raffte der Tod den Kaiser von der Scene.

Was hatte Matthias nun gethan, um die Erwartungen der Welt zu rechtfertigen, die er durch den Sturz seines Vorgängers herausgefordert hatte? War es der Mühe werth, den Thron Rudolphs durch ein Verbrechen zu besteigen, um ihn so schlecht zu besitzen und mit so wenig Ruhm zu verlassen? So lange Matthias König war, büßte er für die Unklugheit, durch die er es geworden. Einige Jahre früher sie zu tragen, hatte er die ganze Freiheit seiner Krone verscherzt. Was ihm die vergrößerte Macht der Stände an Selbstthätigkeit noch übrig ließ, hielten seine eignen Agnaten unter einem schimpflichen Zwange. Krank und kinderlos, sah er die Aufmerksamkeit der Welt einem stolzen Erben entgegeneilen, der ungeduldig dem Schicksal vorgriff und in des Greisen absterbender Regierung schon die seinige eröffnete.

Mit Matthias war die regierende Linie des deutschen Hauses Österreich so gut als erloschen; denn von allen Söhnen Maximilians lebte nur noch der einzige kinderlose und schwächliche Erzherzog Albrecht in den Niederlanden, der aber seine nähern Rechte auf diese Erbschaft an die Grätzische Linie abgetreten hatte. Auch das spanische Haus hatte sich in einem geheimen Reverse aller seiner Ansprüche auf die österreichischen Besitzungen zum Vortheil des Erzherzogs Ferdinand von Steyermark begeben, in welchem nunmehr der Habsburgische Stamm in Deutschland frische Zweige treiben und die ehemalige Größe Österreichs wieder aufleben sollte.

Ferdinand hatte den jüngsten Bruder Kaiser Maximilians des Zweiten, Erzherzog Karl von Krain, Kärnthen und Steyermark, zum Vater, zur Mutter eine Prinzessin von Bayern. Da er den ersten schon im zwölften Jahre verlor, so übergab ihn die Erzherzogin der Aufsicht ihres Bruders, des Herzogs Wilhelm von Bayern, unter dessen Augen er auf der Akademie zu Ingolstadt durch Jesuiten erzogen und unterrichtet wurde. Was für Grundsätze er aus dem Umgang eines Fürsten schöpfen mußte, der sich Andachts wegen der Regierung entschlagen, ist nicht schwer zu begreifen. Man zeigte ihm auf der einen Seite die Nachsicht der Maximilianischen Prinzen gegen die Anhänger der neuen Lehre und die Verwirrung in ihren Landen; auf der andern den Segen Bayerns und den unerbittlichen Religionseifer seiner Beherrscher; zwischen diesen beiden Mustern ließ man ihn wählen.

In dieser Schule zu einem mannhaften Streiter für Gott, zu einem rüstigen Werkzeuge der Kirche zubereitet, verließ er Bayern nach einem fünfjährigen Aufenthalte, um die Regierung seiner Erbländer zu übernehmen. Die Stände von Krain, Kärnthen und Steyermark, welche vor Ablegung ihres Huldigungseides die Bestätigung ihrer Religionsfreiheit forderten, erhielten zur Antwort, daß die Religionsfreiheit mit der Huldigung nichts zu thun habe. Der Eid wurde ohne Bedingung gefordert und auch wirklich geleistet. Mehrere Jahre gingen hin, ehe die Unternehmung, wozu in Ingolstadt der Entwurf gemacht worden, zur Ausführung reif schien. Ehe Ferdinand mit derselben ans Licht trat, holte er erst selbst in Person zu Loretto die Gnade der Jungfrau Maria und zu den Füßen Clemens' des Achten in Rom den apostolischen Segen.

Es galt aber auch nichts Geringeres, als den Protestantismus aus einem Distrikte zu vertreiben, wo er die überlegene Anzahl auf seiner Seite hatte und durch eine förmliche Duldungsakte, welche Ferdinands Vater dem Herren- und Ritterstande dieser Länder bewilligt hatte, gesetzmäßig geworden war. Eine so feierlich ausgestellte Bewilligung konnte ohne Gefahr nicht zurückgenommen werden; aber den frommen Zögling der Jesuiten schreckte keine Schwierigkeit zurück. Das Beispiel der übrigen, sowohl katholischen als protestantischen Reichsstände, welche das Reformationsrecht in ihren Ländern ohne Widerspruch ausgeübt, und die Mißbräuche, welche die steyerischen Stände von ihrer Religionsfreiheit gemacht hatten, mußten dieser Gewalttätigkeit zur Rechtfertigung dienen. Unter dem Schutze eines ungereimten positiven Gesetzes glaubte man ohne Scheu das Gesetz der Vernunft und Billigkeit verhöhnen zu dürfen. Bei dieser ungerechten Unternehmung zeigte Ferdinand übrigens einen bewundernswürdigen Muth, eine lobenswerthe Standhaftigkeit. Ohne Geräusch und, man darf hinzusetzen, ohne Grausamkeit, unterdrückte er den protestantischen Gottesdienst in einer Stadt nach der andern, und in wenigen Jahren war dieses gefahrvolle Werk zum Erstaunen des ganzen Deutschlands vollendet.

Aber indem die Katholischen den Helden und Ritter ihrer Kirche in ihm bewunderten, fingen die Protestanten an, sich gegen ihn, als ihren gefährlichsten Feind, zu rüsten. Nichtsdestoweniger fand das Gesuch des Matthias, ihm die Nachfolge zuzuwenden, in den Wahlstaaten Österreichs keinen oder nur einen sehr geringen Widerspruch, und selbst die Böhmen krönten ihn, unter sehr annehmlichen Bedingungen, zu ihrem künftigen König. Später erst, nachdem sie den schlimmen Einfluß seiner Rathschläge auf die Regierung des Kaisers erfahren hatten, wachten ihre Besorgnisse auf; und verschiedene handschriftliche Aufsätze von ihm, die ein böser Wille in ihre Hände spielte und die seine Gesinnungen nur zu deutlich verriethen, trieben ihre Furcht aufs Höchste. Besonders entrüstete sie ein geheimer Familienvertrag mit Spanien, worin Ferdinand dieser Krone, nach Abgang männlicher Erben, das Königreich Böhmen verschrieben hatte, ohne die Nation erst zu hören, ohne die Wahlfreiheit ihrer Krone zu achten. Die vielen Feinde, welche sich dieser Prinz durch seine Reformation in Steyermark unter den Protestanten überhaupt gemacht hatte, thaten ihm bei den Böhmen die schlimmsten Dienste; und besonders zeigten sich einige dahin geflüchtete steyermärkische Emigranten, welche ein racherfülltes Herz in ihr neues Vaterland mitbrachten, geschäftig, das Feuer der Empörung zu nähren. In so widriger Stimmung fand König Ferdinand die böhmische Nation, als Kaiser Matthias ihm Platz machte.

Ein so schlimmes Verhältniß zwischen der Nation und dem Thronkandidaten würde auch bei der ruhigsten Thronfolge Stürme erweckt haben – wie vielmehr aber jetzt im vollen Feuer des Aufruhrs, jetzt, da die Nation ihre Majestät zurückgenommen hatte und in den Zustand des natürlichen Rechts zurückgetreten war; jetzt, da sie die Waffen in Händen hatte, da durch das Gefühl ihrer Einigkeit ein begeisterndes Selbstvertrauen in ihr erwacht, ihr Muth durch die glücklichsten Erfolge, durch fremde Beistandsversprechungen und schwindlige Hoffnungen zur festesten Zuversicht erhoben war. Uneingedenk des an Ferdinand bereits übertragenen Rechts, erklärten die Stände ihren Thron für erledigt, ihre Wahl für völlig ungebunden. Zu einer friedlichen Unterwerfung war kein Anschein vorhanden, und wollte sich Ferdinand im Besitz der böhmischen Krone sehen, so hatte er die Wahl, sie entweder mit allem dem zu erkaufen, was eine Krone wünschenswert macht, oder mit dem Schwert in der Hand zu erobern.

Aber mit welchen Hilfsmitteln sie erobern? Auf welches seiner Länder er seine Augen kehrte, stand alles in hellen Flammen. Schlesien war in den böhmischen Aufstand zugleich mit hineingerissen; Mähren war im Begriff, diesem Beispiel zu folgen. In Ober- und Unterösterreich regte sich, wie unter Rudolph, der Geist der Freiheit, und kein Landstand wollte huldigen. Ungarn bedrohte der Fürst Bethlen Gabor von Siebenbürgen mit einem Überfall: eine geheimnißvolle Rüstung der Türken erschreckte alle östlich gelegenen Provinzen; damit das Bedrängniß vollkommen würde, so mußten auch, von dem allgemeinen Beispiel geweckt, die Protestanten in seinen väterlichen Erbstaaten ihr Haupt erheben. In diesen Ländern war die Zahl der Protestanten überwiegend, in den meisten hatten sie die Einkünfte im Besitz, mit denen Ferdinand seinen Krieg führen sollte. Die Neutralen fingen an zu wanken, die Getreuen zu verzagen, nur die Schlimmgesinnten hatten Muth; die eine Hälfte von Deutschland winkte den Rebellen Ermunterung, die andere erwartete müßig den Anschlag; spanische Hilfe stand noch in fernen Landen. Der Augenblick, der ihm alles brachte, drohte, ihm alles zu entreißen.

Was er auch jetzt, von dem harten Gesetz der Noth unterjocht, den böhmischen Rebellen anbietet – alle seine Vorschläge zum Frieden werden mit Übermuth verschmäht. An der Spitze eines Heeres zeigt sich der Graf von Thurn schon in Mähren, diese einzige noch wankende Provinz zur Entscheidung zu bringen. Die Erscheinung der Freunde gibt den mährischen Protestanten das Signal der Empörung. Brünn wird erobert, das übrige Land folgt freiwillig nach; in der ganzen Provinz ändert man Religion und Regierung. Wachsend in seinem Lande, stürzt der Rebellenstrom in Oberösterreich, wo eine gleichgesinnt Partei ihn mit freudigem Beifall empfängt. »Kein Unterschied der Religion soll mehr sein, gleiche Rechte für alle christlichen Kirchen. – Man habe gehört, daß fremdes Volk in dem Lande geworben werde, die Böhmen zu unterdrücken. Dieses suche man auf, und bis nach Jerusalem werde man den Feind der Freiheit verfolgen.« – Kein Arm wird gerührt, den Erzherzog zu verteidigen; endlich lagern sich die Rebellen vor Wien, ihren Herrn zu belagern.

Seine Kinder hatte Ferdinand von Grätz, wo sie ihm nicht mehr sicher waren, nach Tirol geflüchtet; er selbst erwartete in seiner Kaiserstadt den Aufruhr. Eine Handvoll Soldaten war alles, was er dem wüthenden Schwarme entgegenstellen konnte. Diesen Wenigen fehlte der gute Wille, weil es an Sold und selbst an Brod fehlte. Auf eine lange Belagerung war Wien nicht bereitet. Die Partei der Protestanten, jeden Augenblick bereit, sich an die Böhmen anzuschließen, war in der Stadt die überwiegende; die auf dem Lande zogen schon Truppen gegen ihn zusammen. Schon sah der protestantische Pöbel den Erzherzog in einem Mönchskloster eingesperrt, seine Staaten getheilt, seine Kinder protestantisch erzogen. Heimlichen Feinden anvertraut und von öffentlichen umgeben, sah er jeden Augenblick den Abgrund sich öffnen, der alle seine Hoffnungen, der ihn selbst verschlingen sollte. Die böhmischen Kugeln flogen in die kaiserliche Burg, wo sechzehn österreichische Baronen sich in sein Zimmer drängten, mit Vorwürfen in ihn stürmten und zu einer Conföderation mit den Böhmen seine Einwilligung zu ertrotzen strebten. Einer von diesen ergriff ihn bei den Knöpfen seines Wamms. »Ferdinand!« schnaubte er ihn an, »wirst du unterschreiben?«

Wem hätte man es nicht verziehen, in dieser schrecklichen Lage gewankt zu haben? – Ferdinand dachte nach, wie er römischer Kaiser werden wollte. Nichts schien ihm übrig zu sein, als schnelle Flucht oder Nachgiebigkeit; zu jener riethen Männer – zu dieser katholische Priester. Verließ er die Stadt, so fiel sie in Feindes Hände; mit Wien war Österreich, mit Österreich der Kaiserthron verloren. Ferdinand verließ seine Hauptstadt nicht und wollte eben so wenig von Bedingungen hören.

Der Erzherzog war noch im Wortwechsel mit den deputierten Baronen, als auf einmal Trompetenschall den Burgplatz erfüllte. Unter den Anwesenden wechseln Furcht und Erstaunen – ein erschreckendes Gerücht durchläuft die Burg – ein Deputierter nach dem andern verschwindet. Viele von Adel und der Bürgerschaft hörte man eilfertig in das Thurnische Lager fliehen. Diese schnelle Veränderung wirkte ein Regiment Dampierrischer Kürassiere, welches in diesem wichtigen Augenblick in die Stadt einrückte, den Erzherzog zu verteidigen. Bald folgte auch Fußvolk nach; viele katholische Bürger, durch diese Erscheinung mit neuem Muth belebt, und die Studierenden selbst ergriffen die Waffen. Eine Nachricht, die so eben aus Böhmen einlief, vollendete seine Errettung. Der niederländische

General Boucquoi hatte den Grafen Mannsfeld bei Budweiß aufs Haupt geschlagen und war im Anzuge gegen Prag. Eilfertig brachen die Böhmen ihre Gezelte ab, um ihre Hauptstadt zu entsetzen.

Und jetzt waren auch die Pässe wieder frei, die der Feind besetzt gehalten, um Ferdinanden den Weg nach Frankfurt zur Kaiserwahl zu verlegen. Wenn es dem Könige von Ungarn für seinen ganzen Plan wichtig war, den deutschen Thron zu besteigen, so war es jetzt um so wichtiger, da seine Ernennung zum Kaiser das unverdächtigste und entscheidendste Zeugniß für die Würdigkeit seiner Person und die Gerechtigkeit seiner Sache ablegte und ihm zugleich zu einem Beistande des Reichs Hoffnung machte. Aber dieselbe Kabale, welche ihn in seinen Erbstaaten verfolgte, arbeitete ihm auch bei seiner Bewerbung um die Kaiserwürde entgegen. Kein österreichischer Prinz sollte den deutschen Thron mehr besteigen, am wenigsten aber Ferdinand, der entschlossene Verfolger ihrer Religion, der Sklave Spaniens und der Jesuiten. Dieses zu verhindern, hatte man noch bei Lebzeiten des Matthias dem Herzog von Bayern. und nach der Weigerung desselben dem Herzog von Savoyen die deutsche Krone angetragen. Da man mit dem Letztern über die Bedingungen nicht so leicht einig werden konnte, so suchte man wenigstens die Wahl aufzuhalten, bis ein entscheidender Streich in Böhmen oder Österreich alle Hoffnungen Ferdinands zu Grunde gerichtet und ihn zu dieser Würde unfähig gemacht hätte. Die Unierten ließen nichts unversucht, Kursachsen, welches an das österreichische Interesse gefesselt war, gegen Ferdinand einzunehmen und diesem Hofe die Gefahr vorzustellen, womit die Grundsätze dieses Fürsten und seine spanischen Verbindungen die protestantische Religion und die Reichsverfassung bedrohten. Durch Erhebung Ferdinands auf den Kaiserthron, stellten sie weiter vor, würde sich Deutschland in die Privatangelegenheiten dieses Prinzen verflochten sehen und die Waffen der Böhmen gegen sich reizen. Aber aller Gegenbemühungen ungeachtet wurde der Wahltag ausgeschrieben, Ferdinand als rechtmäßiger König von Böhmen dazu berufen und seine Kurstimme, mit vergeblichem Widerspruch der böhmischen Stände, für gültig erkannt. Die drei geistlichen Kurstimmen waren sein, auch die sächsische war ihm günstig, die brandenburgische nicht entgegen, und die entschiedenste Mehrheit erklärte ihn 1619 zum Kaiser. So sah er die zweifelhafteste von allen seinen Kronen zuerst auf seinem Haupte, um wenige Tage nachher diejenige zu verlieren, welche er schon unter seine gewissen Besitzungen zählte. Während daß man ihn in Frankfurt zum Kaiser machte, stürzte man ihn in Prag von dem böhmischen Throne.

Fast alle seine deutschen Erbländer hatten sich unterdessen in einer allgemeinen furchtbaren Conföderation mit den Böhmen vereinigt, deren Trotz jetzt alle Schranken durchbrach. Am 17. August 1619 erklärten sie den Kaiser auf einer Reichsversammlung für einen Feind der böhmischen Religion und Freiheit, der durch seine verderblichen Rathschläge den verstorbenen König gegen sie aufgewiegelt, zu ihrer Unterdrückung Truppen geliehen, Ausländern das Königreich zum Raube gegeben und es zuletzt gar, mit Verspottung ihrer Volksmajestät, in einem heimlichen Vertrag an die Spanier verschrieben hatte, aller Ansprüche auf ihre Krone verlustig und schritten ohne Aufschub zu einer neuen Wahl. Da Protestanten diesen Ausspruch thaten, so konnte die Wahl nicht wohl auf einen katholischen Prinzen fallen, obgleich zum Scheine für Bayern und Savoyen einige Stimmen gehört wurden. Aber der bittere Religionshaß, welcher die Evangelischen und Reformierten unter einander selbst entzweite, machte eine Zeit lang auch die Wahl eines protestantischen Königs schwer, bis endlich die Feinheit und Thätigkeit der Calvinisten über die überlegene Anzahl der Lutheraner den Sieg davon trug.

Unter allen Prinzen, welche zu dieser Würde in Vorschlag kamen, hatte sich Kurfürst Friedrich der Fünfte von der Pfalz die gegründetsten Ansprüche auf das Vertrauen und die Dankbarkeit der Böhmen erworben, und unter allen war keiner, bei welchem das Privatinteresse einzelner Stände und die Zuneigung des Volks durch so viele Staatsvortheile gerechtfertigt zu werden schienen. Friedrich der Fünfte war von einem freien und aufgeweckten Geist, vieler Herzensgüte, einer königlichen Freigebigkeit. Er war das Haupt der Reformierten in Deutschland, der Anführer der Union, deren Kräfte ihm zu Gebote standen, ein naher Anverwandter des Herzogs von Bayern, ein Eidam des Königs von Großbritannien, der ihn mächtig unterstützen konnte. Alle diese Vorzüge wurden von der calvinistischen Partei mit dem besten Erfolge geltend gemacht, und die Reichsversammlung zu Prag erwählte Friedrich den Fünften unter Gebet und Freudenthränen zum König.

Alles, was auf dem Prager Reichstag geschah, war ein zu vorbereitetes Werk, und Friedrich selbst war bei der ganzen Verhandlung zu thätig gewesen, als daß er von dem Antrage der Böhmen hätte überrascht werden sollen. Dennoch erschreckte ihn der gegenwärtige Glanz dieser Krone, und die zweifache Größe des Verbrechens und des Glücks brachte seinen

Kleinmuth zum Zittern. Nach der gewöhnlichen Art schwacher Seelen wollte er sich erst durch fremdes Urtheil zu seinem Vorhaben stärken; aber es hatte keine Gewalt über ihn, wenn es gegen seine Leidenschaft ausfiel. Sachsen und Bayern, wo er Rath verlangt hatte, alle seine Mitkurfürsten, alle, welche diese Unternehmung mit seinen Fähigkeiten und Kräften abwogen, warnten ihn vor dem Abgrund, in den er sich stürze. Selbst König Jakob von England wollte seinem Eidam lieber eine Krone entrissen sehen, als die geheiligte Majestät der Könige durch ein so schlimmes Beispiel verletzen helfen. Aber was vermochte die Stimme der Klugheit gegen den verführerischen Glanz einer Königskrone? Im Augenblick ihrer höchsten Kraftäußerung. wo sie den geheiligten Zweig eines zweihundertjährigen Regentengeschlechts von sich stößt, wirft sich ihm eine freie Nation in die Arme; auf seinen Muth vertrauend, wählt sie ihn zu ihrem Führer auf der gefährlichen Bahn des Ruhms und der Freiheit; von ihm, ihrem gebornen Beschützer, erwartet eine unterdrückte Religion Schutz und Schirm gegen ihren Verfolger – soll er kleinmüthig seine Furcht bekennen, soll er feigherzig Religion und Freiheit verrathen? Eben diese Nation zeigt ihm die Überlegenheit ihrer Kräfte und die Ohnmacht ihres Feindes – zwei Drittheile der österreichischen Macht gegen Österreich bewaffnet und einen streitbaren Bundesgenossen von Siebenbürgen aus bereit, den schwachen Überrest dieser Macht noch durch einen feindlichen Angriff zu theilen. Jene Anforderungen sollten seinen Ehrgeiz nicht wecken? diese Hoffnungen seinen Muth nicht entzünden?

Wenige Augenblicke gelassenen Nachdenkens würden hingereicht haben, ihm die Größe des Wagestücks und den geringen Werth des Preises zu zeigen – aber die Aufmunterung sprach zu seinen Sinnen, und die Warnung nur zu seiner Vernunft. Es war sein Unglück, daß die zunächst ihn umgebenden und hörbarsten Stimmen die Partei seiner Leidenschaft nahmen. Diese Machtvergrößerung ihres Herrn öffnete dem Ehrgeiz und der Gewinnsucht aller seiner pfälzischen Diener ein unermeßliches Feld der Befriedigung. Dieser Triumph seiner Kirche mußte jeden calvinischen Schwärmer erhitzen. Konnte ein so schwacher Kopf den Vorspiegelungen seiner Räthe widerstehen, die seine Hilfsmittel und Kräfte eben so unmäßig übertrieben, als sie die Macht des Feindes heruntersetzten? den Aufforderungen seiner Hofprediger, die ihm die Eingebungen ihres fanatischen Eifers als den Willen des Himmels verkündigten? Astrologische Träumereien erfüllten seinen Kopf mit chimärischen Hoffnungen; selbst durch den unwiderstehlichen Mund der Liebe bestürmte ihn die Verführung.

»Konntest du dich vermessen«, sagte die Kurfürstin zu ihm, »die Hand einer Königstochter anzunehmen, und dir bangt vor einer Krone, die man freiwillig dir entgegenbringt? Ich will lieber Brod essen an deiner königlichen Tafel, als an deinem kurfürstlichen Tische schwelgen.«

Friedrich nahm die böhmische Krone. Mit beispiellosem Pomp geschah zu Prag die königliche Krönung; die Nation stellte alle ihre Reichthümer aus, ihr eignes Werk zu ehren. Schlesien und Mähren, Nebenländer Böhmens, folgten dem Beispiele des Hauptstaats und huldigten. Die Reformation thronte in allen Kirchen des Königreichs, das Frohlocken war ohne Grenzen, die Freude an dem neuen König ging bis zur Anbetung. Dänemark und Schweden, Holland und Venedig, mehrere deutsche Staaten erkannten ihn als rechtmäßigen König; und Friedrich schickte sich nun an, seinen neuen Thron zu behaupten.

Auf den Fürsten Bethlen Gabor von Siebenbürgen war seine größte Hoffnung gerichtet. Dieser furchtbare Feind Österreichs und der katholischen Kirche, nicht zufrieden mit seinem Fürstenthum, das er seinem rechtmäßigen Herrn, Gabriel Bathori, mit Hilfe der Türken entrissen hatte, ergriff mit Begierde diese Gelegenheit, sich auf Unkosten der österreichischen Prinzen zu vergrößern, die sich geweigert hatten, ihn als Herrn von Siebenbürgen anzuerkennen. Ein Angriff auf Ungarn und Österreich war mit den böhmischen Rebellen verabredet, und vor der Hauptstadt sollten beide Heere zusammenstoßen. Unterdessen verbarg Bethlen Gabor unter der Maske der Freundschaft den wahren Zweck seiner Kriegsrüstung und versprach voller Arglist dem Kaiser, durch eine verstellte Hilfleistung die Böhmen in die Schlinge zu locken und ihre Anführer ihm lebendig zu überliefern. Auf einmal aber stand er als Feind in Ober-Ungarn; der Schrecken ging vor ihm her, hinter ihm die Verwüstung; alles unterwarf sich; zu Preßburg empfing er die ungarische Krone. Des Kaisers Bruder, Statthalter in Wien, zitterte für diese Hauptstadt. Eilfertig rief er den General Boucquoi zu Hilfe; der Abzug der Kaiserlichen zog die böhmische Armee zum zweitenmal vor Wien. Durch zwölftausend Siebenbürgen verstärkt und bald darauf mit dem siegreichen Heere Bethlen Gabors vereinigt, drohte sie aufs neue, diese Hauptstadt zu überwältigen. Alles um Wien ward verwüstet, die Donau gesperrt, alle Zufuhr abgeschnitten, die Schrecken des Hungers stellten sich ein. Ferdinand, den diese dringende Gefahr eiligst in seine Hauptstadt zurückgeführt hatte, sah sich zum zweitenmal am Rand des Verderbens. Mangel und rauhe Witterung zogen endlich die Böhmen nach Hause; ein Verlust in Ungarn rief Bethlen Gabor zurück; zum zweitenmal hatte das Glück den Kaiser gerettet.

In wenigen Wochen änderte sich nun alles, und durch seine staatskluge Thätigkeit verbesserte Ferdinand seine Sache in eben dem Maße, als Friedrich die seinige durch Saumseligkeit und schlechte Maßregeln herunterbrachte. Die Stände von Nieder-Österreich wurden durch Bestätigung ihrer Privilegien zur Huldigung gebracht und die Wenigen, welche ausblieben, der beleidigten Majestät und des Hochverrats schuldig erklärt. So faßte der Kaiser in einem seiner Erblande wieder festen Fuß, und zugleich wurde alles in Bewegung gesetzt, sich auswärtiger Hilfe zu versichern. Schon bei der Kaiserwahl zu Frankfurt war es ihm durch mündliche Vorstellungen gelungen, die geistlichen Kurfürsten und zu München den Herzog Maximilian von Bayern für seine Sache zu gewinnen. Auf dem Antheil, den die Union und Ligue an dem böhmischen Kriege nahmen, beruhte der ganze Ausschlag dieses Krieges, das Schicksal Friedrichs und des Kaisers. Dem ganzen protestantischen Deutschland schien es wichtig zu sein, den König von Böhmen zu unterstützen; den Kaiser nicht unterliegen zu lassen, schien das Interesse der katholischen Religion zu erheischen. Siegten die Protestanten in Böhmen, so hatten alle katholischen Prinzen in Deutschland für ihre Besitzungen zu zittern; unterlagen sie, so konnte der Kaiser dem protestantische Deutschland Gesetze vorschreiben. Ferdinand setzte also die Ligue, Friedrich die Union in Bewegung. Das Band der Verwandtschaft und persönliche Anhänglichkeit an den Kaiser, seinen Schwager, mit dem er in Ingolstadt aufgewachsen war, Eifer für die katholische Religion, die in der augenscheinlichsten Gefahr zu schweben schien, die Eingebungen der Jesuiten, verbunden mit den verdächtigen Bewegungen der Union, bewogen den Herzog von Bayern und alle Fürsten der Ligue, die Sache Ferdinands zu der ihrigen zu machen.

Nach einem mit dem Letztern geschlossenen Vertrage, welcher ihm den Ersatz aller Kriegsunkosten und aller zu erleidenden Verluste versicherte, übernahm Maximilian mit uneingeschränkter Gewalt das Commando der liguistischen Truppen, welche dem Kaiser gegen die böhmischen Rebellen zu Hilfe eilen sollten. Die Häupter der Union, anstatt diese gefährliche Vereinigung der Ligue mit dem Kaiser zu hintertreiben, wendeten vielmehr alles an, sie zu beschleunigen. Konnten sie die katholische Ligue zu einem erklärten Anteil an dem böhmischen Kriege vermögen, so hatten sie sich von allen Mitgliedern und Alliierten der Union das Nämliche zu versprechen. Ohne einen öffentlichen Schritt der Katholischen gegen die Union war keine Machtvereinigung unter den Protestanten zu hoffen. Sie erwählten also den bedenklichen Zeitpunkt der böhmischen Unruhen, eine Abstellung aller bisherigen Beschwerden und eine vollkommene Religionsversicherung von den Katholischen zu fordern. Diese Forderung, welche in einem drohenden Tone abgefaßt war, richteten sie an den Herzog von Bayern, als das Haupt der Katholischen, und drangen auf eine schnelle unbedingte Erklärung. Maximilian mochte sich nun für oder wider sie entscheiden, so war ihre Absicht erreicht: seine Nachgiebigkeit beraubte die katholische Partei ihres mächtigsten Beschützers; seine Widersetzung bewaffnete die ganze protestantische Partei und machte den Krieg unvermeidlich, durch welchen sie zu gewinnen hofften. Maximilian, durch so viele andere Beweggründe ohnehin auf die entgegengesetzte Seite gezogen, nahm die Aufforderung der Union als eine förmliche Kriegserklärung auf, und die Rüstung wurde beschleunigt. Während daß Bayern und die Ligue sich für den Kaiser bewaffneten, wurde auch mit dem spanischen Hofe wegen Subsidien unterhandelt. Alle Schwierigkeiten, welche die schläfrige Politik des Ministeriums diesem Gesuch entgegensetzte, überwand der kaiserliche Gesandte in Madrid, Graf von Khevenhüller, glücklich. Außer einem Geldvorschuß von einer Million Gulden, welche man diesem Hofe nach und nach zu entlocken wußte, ward noch zugleich ein Angriff auf die untere Pfalz, von den spanischen Niederlanden aus, beschlossen.

Indem man alle katholischen Mächte in das Bündniß zu ziehen suchte, arbeitete man zu gleicher Zeit dem Gegenbündniß der protestantischen auf das nachdrücklichste entgegen. Es kam darauf an, dem Kurfürsten von Sachsen und mehreren evangelischen Ständen die Besorgnisse zu benehmen, welche die Union ausgestreut hatte, daß die Rüstung der Ligue darauf abgesehen sei, ihnen die säcularisierten Stifter wieder zu entreißen. Eine schriftliche Versicherung des Gegentheils beruhigte den Kurfürsten von Sachsen, den die Privateifersucht gegen Pfalz, die Eingebungen seines Hofpredigers, der von Österreich erkauft war, und der Verdruß, von den Böhmen bei der Königswahl übergangen worden zu sein, ohnehin schon auf Österreichs Seite neigten. Nimmer konnte es der lutherische Fanatismus dem reformierten vergeben, daß so viele edle Länder, wie man sich ausdrückte, dem Calvinismus in den Rachen fliegen und der römische Antichrist nur dem helvetischen Platz machen sollte.

Indem Ferdinand alles that, seine mißlichen Umstände zu verbessern, unterließ Friedrich nichts, seine gute Sache zu verschlimmern. Durch ein anstößiges enges Bündniß mit dem Fürsten von Siebenbürgen, dem offenbaren Alliierten der Pforte, ärgerte er die schwachen Gemüther, und das allgemeine Gerücht klagte ihn an, daß er auf Unkosten der Christenheit seine eigene Vergrößerung suche, daß er die Türken gegen Deutschland bewaffnet habe. Sein unbesonnener Eifer für die reformierte Religion brachte die Lutheraner in Böhmen, sein Angriff auf die Bilder die Papisten dieses Königreichs gegen ihn auf. Neue drückende Auflagen entzogen ihm die Liebe des Volks. Die fehlgeschlagene Erwartung der böhmischen Großen erkaltete ihren Eifer, das Ausbleiben fremden Beistandes stimmte ihre Zuversicht herab. Anstatt sich mit unermüdetem Eifer der Reichsverwaltung zu widmen, verschwendete Friedrich seine Zeit in Ergötzlichkeiten; anstatt durch eine weise Sparsamkeit seinen Schatz zu vergrößern, zerstreute er in unnützem theatralischem Prunk und übel angewandter Freigebigkeit die Einkünfte seiner Länder. Mit sorglosem Leichtsinn bespiegelte er sich in seiner neuen Würde, und über dem unzeitigen Bestreben, seiner Krone froh zu werden, vergaß er die dringendere Sorge, sie auf seinem Haupte zu befestigen.

So sehr man sich in ihm geirrt hatte, so unglücklich hatte sich Friedrich selbst in seinen Erwartungen von auswärtigem Beistand verrechnet. Die meisten Mitglieder der Union trennten die böhmischen Angelegenheiten von dem Zweck ihres Bundes; andere ihm ergebene Reichsstände fesselte blinde Furcht vor dem Kaiser. Kursachsen und Hessen-Darmstadt hatte Ferdinand für sich gewonnen; Niederösterreich, von wo aus man eine nachdrückliche Diversion erwartete, hatte dem Kaiser gehuldigt, Bethlen Gabor einen Waffenstillstand mit ihm geschlossen. Dänemark wußte der Wiener Hof durch Gesandtschaften einzuschläfern, Schweden durch einen Krieg mit Polen zu beschäftigen. Die Republik Holland hatte Mühe, sich der spanischen Waffen zu erwehren; Venedig und Savoyen blieben unthätig; König Jakob von England wurde von der spanischen Arglist betrogen. Ein Freund nach dem andern zog sich zurück, eine Hoffnung nach der andern verschwand. – So hatte sich alles in wenigen Monaten verändert!

Indessen versammelten die Häupter der Union eine Kriegsmacht; der Kaiser und die Ligue thaten ein Gleiches. Die Macht der letztern stand unter Maximilians Fahnen bei Donauwörth versammelt; die Macht der Unierten bei Ulm, unter dem Markgrafen von Ansbach. Der entscheidende Augenblick schien endlich herbeigekommen zu sein, der diese lange Zwistigkeit durch einen Hauptstreich endigen und das Verhältniß beider Kirchen in Deutschland unwiderruflich bestimmen sollte. Ängstlich war auf beiden Seiten die Erwartung gespannt. Wie sehr aber erstaunte man, als auf einmal die Botschaft des Friedens kam und beide Armeen ohne Schwertschlag auseinander gingen!

Frankreichs Dazwischenkunft hatte diesen Frieden bewirkt, welchen beide Theile mit gleicher Bereitwilligkeit umfaßten. Das französische Ministerium, durch keinen Heinrich den Großen mehr geleitet, dessen Staatsmaxime vielleicht auch auf die damalige Lage des Königreichs nicht mehr anzuwenden war, fürchtete jetzt das Wachsthum des österreichischen Hauses viel weniger, als die Machtvergrößerung der Calvinisten, wenn sich das pfälzische Haus auf dem böhmischen Throne behaupten sollte. Mit seinen eignen Calvinisten eben damals in einen gefährlichen Streit verwickelt, hatte es keine dringendere Angelegenheit, als die protestantische Faktion in Böhmen so schnell als möglich unterdrückt zu sehen, ehe die Faktion der Hugenotten in Frankreich sich ein gefährliches Muster daran nähme. Um also dem Kaiser gegen die Böhmen geschwind freie Hände zu machen, stellte es sich zwischen der Union und Ligue als Mittelsperson dar und verglich jenen unerwarteten Frieden, dessen wichtigster Artikel war, »daß die Union sich jedes Antheils an den böhmischen Händeln begeben und den Beistand, welchen sie Friedrich dem Fünften leisten würde, nicht über die pfälzischen Länder desselben erstrecken sollte.« Maximilians Entschlossenheit und die Furcht, zwischen den liguistischen Truppen und einem neuen kaiserlichen Heere, welches aus den Niederlanden im Anmarsch war, ins Gedränge zu gerathen, bewog die Union zu diesem schimpflichen Frieden.

Die ganze Macht Bayerns und der Ligue stand jetzt dem Kaiser gegen die Böhmen zu Gebote, welche der Ulmische Vergleich ihrem Schicksal überließ. Schneller, als das Gerücht den Vorgang zu Ulm dort verbreiten konnte, erschien Maximilian in Oberösterreich, wo die bestürzten Stände, auf keinen Feind gefaßt, die Gnade des Kaisers mit einer schnellen und unbedingten Huldigung erkauften. In Niederösterreich zog der Herzog die niederländischen Truppen des Grafen von Boucquoi an sich, und diese kaiserlich bayerische Armee, nach ihrer Vereinigung zu fünfzigtausend Mann angewachsen, drang ohne Zeitverlust in das böhmische Gebiet. Alle böhmischen Geschwader, welche in Niederösterreich und Mähren zerstreut waren, trieb sie fliehend vor sich her, alle Städte, welche es wagten, Widerstand zu thun, wurden mit stürmender Hand erobert; andere, durch das Gerücht ihrer Züchtigung erschreckt, öffneten freiwillig ihre Thore; nichts hinderte den reißenden Lauf Maximilians. Weichend zog sich die böhmische Armee, welche der tapfere Fürst Christian von Anhalt kommandierte, in die Nachbarschaft von Prag, wo ihr Maximilian an den Mauern dieser Hauptstadt ein Treffen lieferte.

Die schlechte Verfassung, in welcher er die Armee der Rebellen zu überraschen hoffte, rechtfertigte diese Schnelligkeit des Herzogs und versicherte ihm den Sieg. Nicht dreißigtausend Mann hatte Friedrich beisammen; achttausend hatte der Fürst von Anhalt ihm zugeführt, zehntausend Ungarn ließ Bethlen Gabor zu seinen Fahnen stoßen. Ein Einfall des Kurfürsten von Sachsen in die Lausitz hatte ihm alle Hilfe abgeschnitten, welche er von diesem Land und von Schlesien her erwartete, die Beruhigung Österreichs alle, welche er sich von dorther versprach. Bethlen Gabor, sein wichtigster Bundesgenosse, verhielt sich ruhig; die Union hatte ihn an den Kaiser verraten. Nichts blieb ihm übrig, als seine Böhmen, und diesen fehlte es an gutem Willen, Eintracht und Muth. Die böhmischen Magnaten sahen sich mit Verdruß gegen deutsche Generale zurückgesetzt, Graf Mannsfeld blieb, von dem böhmischen Hauptlager getrennt, in Pilsen zurück, um nicht unter Anhalt und Hohenlohe zu dienen. Dem Soldaten, welchem auch das Notwendigste fehlte, entfiel aller freudige Muth, und die schlechte Mannszucht unter dem Heere gab dem Landmann Ursache zu den bittersten Klagen. Umsonst zeigte sich Friedrich in dem Lager, den Muth der Soldaten durch seine Gegenwart, die Nacheiferung des Adels durch sein Beispiel zu ermuntern.

Auf dem weißen Berge, unweit Prag, fingen die Böhmen an, sich zu verschanzen, als von der vereinigten kaiserlich-bayerischen Armee (am 8. November 1620) der Angriff geschah. Am Anfange des Treffens wurden einige Vortheile von der Reiterei des Prinzen von Anhalt erfochten; aber die Übermacht des Feindes vernichtete sie bald. Unwiderstehlich drangen die Bayern und Wallonen vor, und die ungarische Reiterei war die erste, welche den Rücken wandte. Das böhmische Fußvolk folgte bald ihrem Beispiel, und in der allgemeinen Flucht wurden endlich auch die Deutschen mit fortgerissen. Zehn Kanonen, welche die ganze Artillerie Friedrichs ausmachten, fielen in Feindes Hände. Viertausend Böhmen blieben auf der Flucht und im Treffen, kaum etliche Hundert von den Kaiserlichen und Liguisten. In weniger als einer Stunde war dieser entscheidende Sieg erfochten.

Friedrich saß zu Prag bei der Mittagstafel, als seine Armee an den Mauern sich für ihn niederschießen ließ. Vermutlich hatte er an diesem Tage noch keinen Angriff erwartet, weil er eben heute ein Gastmahl bestellte. Ein Eilbote zog ihn endlich vom Tische, und von dem Wall herab zeigte sich ihm die ganze schreckliche Scene. Um einen überlegten Entschluß zu fassen, erbat er sich einen Stillstand von vier und zwanzig Stunden; achte waren alles, was der Herzog ihm bewilligte. Friedrich benutzte sie, sich mit seiner Gemahlin und den Vornehmsten der Armee des Nachts aus der Hauptstadt zu flüchten. Diese Flucht geschah mit solcher Eilfertigkeit, daß der Fürst von Anhalt seine geheimsten Papiere und Friedrich seine Krone zurückließ. »Ich weiß nun, wer ich bin«, sagte dieser unglückliche Fürst zu Denen, welche ihm Trost zusprachen. »Es gibt Tugenden, welche nur das Unglück uns lehren kann, und nur in der Widerwärtigkeit erfahren wir Fürsten, wer wir sind.«

Prag war noch nicht ohne Rettung verloren, als Friedrichs Kleinmuth es aufgab. Mannsfelds fliegendes Commando stand noch in Pilsen und hatte die Schlacht nicht gesehen. Bethlen Gabor konnte jeden Augenblick sich feindselig erklären und die Macht des Kaisers nach der ungarischen Grenze abrufen. Die geschlagenen Böhmen konnten sich erholen, Krankheiten, Hunger und rauhe Witterung den Feind aufreiben – alle diese Hoffnungen verschwanden vor der gegenwärtigen Furcht. Friedrich fürchtete den Unbestand der Böhmen, welche leicht der Versuchung unterliegen konnten, mit Auslieferung seiner Person die Verzeihung des Kaisers zu erkaufen.

Thurn und die in gleicher Verdammniß mit ihm waren, fanden es eben so wenig rathsam, in den Mauern von Prag ihr Schicksal zu erwarten. Sie entwichen nach Mähren, um bald darauf ihre Rettung in Siebenbürgen zu suchen. Friedrich entfloh nach Breslau, wo er aber nur kurze Zeit verweilte, um an dem Hofe des Kurfürsten von Brandenburg und endlich in Holland eine Zuflucht zu finden.

Das Treffen bei Prag hatte das ganze Schicksal Böhmens entschieden. Prag ergab sich gleich den andern Tag an den Sieger; die übrigen Städte folgten dem Beispiel der Hauptstadt. Die Stände huldigten ohne Bedingung; das Nämliche thaten die Schlesier und Mährer. Drei Monate ließ der Kaiser verstreichen, ehe er eine Untersuchung über das Vergangene anstellte. Viele von Denen, welche im ersten Schrecken flüchtig geworden, zeigten sich, voll Vertrauen auf diese scheinbare Mäßigung, wieder in der Hauptstadt. Aber an Einem Tage und zu derselben Stunde brach das Ungewitter aus. Achtundvierzig der thätigsten Beförderer des Aufstands wurden gefangen genommen und vor eine außerordentliche Commission gezogen, die aus gebornen Böhmen und Österreichern niedergesetzt war.

Siebenundzwanzig von ihnen starben auf dem Blutgerüste, von dem gemeinen Volk eine unzählige Menge. Die Abwesenden wurden vorgeladen, zu erscheinen, und, da keiner sich meldete, als Hochverräther und Beleidiger der kaiserlichen Majestät zum Tode verurtheilt, ihre Güter confiscirt, ihre Namen an den Galgen geschlagen. Auch die Güter schon verstorbener Rebellen zog man ein. Diese Tyrannei war zu ertragen, weil sie nur einzelne Privatpersonen traf und der Raub des Einen den Andern bereicherte; desto schmerzhafter aber war der Druck, der ohne Unterschied über das ganze Königreich erging. Alle protestantischen Prediger wurden des Landes verwiesen; die böhmischen sogleich, etwas später die deutschen. Den Majestätsbrief durchschnitt Ferdinand mit eigener Hand und verbrannte das Siegel. Sieben Jahre nach der Prager Schlacht war alle Religionsduldung gegen die Protestanten in dem Königreich aufgehoben. Die Gewaltthätigkeiten, welche sich der Kaiser gegen die Religionsprivilegien der Böhmen erlaubte, untersagte er sich gegen ihre politische Constitution, und indem er ihnen die Freiheit des Denkens nahm, ließ er ihnen großmüthig noch das Recht, sich selbst zu taxiren.

Der Sieg auf dem weißen Berge setzte Ferdinanden in den Besitz aller seiner Staaten; ja, er gab sie ihm sogar mit einer größern Gewalt zurück, als sein Vorgänger darin besessen hatte, weil die Huldigung ohne Bedingung geleistet wurde und kein Majestätsbrief seine landesherrliche Hoheit mehr beschränkte. Das Ziel aller seiner gerechten Wünsche war also erfüllt, und über alle seine Erwartungen.

Jetzt konnte er seine Bundesgenossen entlassen und seine Armeen zurückrufen. Der Krieg war geendigt, wenn er auch nichts als gerecht war, wenn er großmüthig und gerecht war, so war's auch die Strafe. Das ganze Schicksal Deutschlands lag jetzt in seiner Hand, und vieler Millionen Glück und Elend beruhte auf dem Entschluß, den er faßte. Nie lag eine so große Entscheidung in eines Menschen Hand; nie stiftete eines Menschen Verblendung so viel Verderben.

Zweites Buch

Der Entschluß, welchen Ferdinand jetzt faßte, gab dem Krieg eine ganz andere Richtung, einen andern Schauplatz und andere Spieler. Aus einer Rebellion in Böhmen und einem Executionszug gegen Rebellen ward ein deutscher und bald ein europäischer Krieg. Jetzt also ist es Zeit, einen Blick auf Deutschland und das übrige Europa zu werfen.

So ungleich der Grund und Boden des deutschen Reichs und die Vorrechte seiner Glieder unter Katholiken und Protestanten vertheilt waren, so durfte jede Partei nur ihre eigentümlichen Vortheile nutzen, nur in staatskluger Eintracht zusammenhalten, um ihrer Gegenpartei hinlänglich gewachsen zu bleiben. Wenn die katholische die überlegene Zahl für sich hatte und von der Reichsconstitution mehr begünstigt war, so besaß die protestantische eine zusammenhängende Strecke volkreicher Länder, streitbare Fürsten, einen kriegerischen Adel, zahlreiche Armeen, wohlhabende Reichsstädte, die Herrschaft des Meers und auf den schlimmsten Fall einen zuverlässigen Anhang in den Ländern katholischer Fürsten. Wenn die katholische Spanien und Italien zu ihrem Beistand bewaffnen konnte, so öffneten die Republiken Venedig, Holland und England der protestantischen ihre Schätze, so fand sie die Staaten des Nordens und die furchtbare türkische Macht zu schneller Hilfe bereit. Brandenburg, Sachsen und Pfalz setzten den drei geistlichen Stimmen im Kurfürstenrathe drei bedeutende protestantische Stimmen entgegen, und für den Kurfürsten von Böhmen, wie für den Erzherzog von Österreich, war die Kaiserwürde eine Fessel, wenn die protestantischen Reichsstände ihre Wichtigkeit zu benutzen verstanden. Das Schwert der Union konnte das Schwert der Ligue in der Scheide halten, oder doch den Ausschlag des Krieges, wenn es wirklich dazu kam, zweifelhaft machen. Aber Privatverhältnisse zerrissen leider das allgemeine politische Band, welches die protestantischen Reichsglieder zusammenhalten sollte. Der große Zeitpunkt fand nur mittelmäßige Geister auf der Bühne, und unbenutzt blieb der entscheidende Moment, weil es den Muthigen an Macht, den Mächtigen an Einsicht, Muth und Entschlossenheit fehlte.

Das Verdienst seines Ahnherrn Moriz, der Umfang seiner Länder und das Gewicht seiner Stimme stellten den Kurfürsten von Sachsen an die Spitze des protestantischen Deutschlands. Von dem Entschlusse, den dieser Prinz faßte, hing es ab, welche von beiden streitenden Parteien den Sieg behalten sollte; auch war Johann Georg nicht unempfindlich gegen die Vortheile, welche ihm dieses wichtige Verhältniß verschaffte. Eine gleich bedeutende Eroberung für den Kaiser und für den protestantischen Bund, vermied er sorgfältig sich an einen von beiden ganz zu verschenken und durch eine unwiderrufliche Erklärung sich entweder der Dankbarkeit des Kaisers anzuvertrauen, oder die Vortheile aufzugeben, welche von der Furcht dieses Fürsten zu gewinnen waren. Unangesteckt von dem Schwindel ritterlicher oder religiöser Begeisterung, welcher einen Souverän nach dem andern dahinriß, Krone und Leben an das Glücksspiel des Kriegs zu wagen, strebte Johann Georg dem solidern Ruhme nach, das Seinige zu Rath zu halten und zu verbessern. Wenn seine Zeitgenossen ihn anklagten, daß er mitten im Sturme die protestantische Sache verlassen; daß er der Vergrößerung seines Hauses die Errettung des Vaterlands nachgesetzt; daß er die ganze evangelische Kirche in Deutschland dem Untergange bloßgestellt habe, um nur für die reformierte den Arm nicht zu erheben; wenn sie ihn anklagten, daß er der gemeinen Sache als ein unzuverlässig er Freund nicht viel weniger geschadet habe, als ihre erklärtesten Feinde: so war es die Schuld dieser Fürsten, welche sich Johann Georgs weise Politik nicht zum Muster nahmen. Wenn, dieser weisen Politik ungeachtet, der sächsische Landmann, wie jeder andere, über die Gräuel der kaiserlichen Durchzüge seufzte, wenn ganz Deutschland Zeuge war, wie Ferdinand seinen Bundesgenossen täuschte und seiner Versprechungen spottete – wenn Johann Georg dieses endlich selbst zu bemerken glaubte – desto mehr Schande für den Kaiser, der ein so redliches Vertrauen so grausam hinterging.

Wenn übertriebenes Vertrauen auf Österreich und Hoffnung, seine Länder zu vermehren, dem Kurfürsten von Sachsen die Hände banden, so hielten Furcht vor Österreich und Angst, seine Länder zu verlieren, den schwachen Georg Wilhelm von Brandenburg in weit schimpflicheren Fesseln. Was man diesen beiden Fürsten zum Vorwurf machte, hätte dem Kurfürsten von der Pfalz seinen Ruhm und seine Länder gerettet. Rasches Vertrauen auf ungeprüfte Kräfte, der Einfluß französischer Rathschläge und der verführerische Glanz einer Krone hatten diesen unglücklichen Fürsten zu einem Wagestück hingerissen, dem weder sein Genie noch seine politische Verfassung gewachsen war. Durch Zertheilung seiner Lande und die schlechte Harmonie seiner Beherrscher wurde die Macht des pfälzischen Hauses geschwächt, welche, in einer einzigen Hand versammelt, den Ausschlag des Kriegs noch lange Zeit hätte zweifelhaft machen können.

Eben diese Zerstückelung der Lande entkräftete auch das Fürstenhaus Hessen, und die Verschiedenheit der Religion unterhielt zwischen Darmstadt und Kassel eine verderbliche Trennung. Die Linie Darmstadt, der Augsburgischen Confession zugethan, hatte sich unter die Flügel des Kaisers geflüchtet, der sie auf Unkosten der reformierten Linie Kassel begünstigte. Während daß seine Religionsverwandten für Glauben und Freiheit ihr Blut verspritzten, zog Landgraf Georg von Darmstadt Sold von dem Kaiser. Aber ganz seines Ahnherrn werth, der hundert Jahre früher unternommen hatte, Deutschlands Freiheit gegen den furchtbaren Karl zu vertheidigen, erwählte Wilhelm von Kassel die Partei der Gefahr und der Ehre. Über den Kleinmuth erhaben, der ungleich mächtigere Fürsten unter Ferdinands Allgewalt beugte, war Landgraf Wilhelm der Erste, der seinen Heldenarm freiwillig dem schwedischen Helden brachte und Deutschlands Fürsten ein Beispiel gab, mit welchem keiner den Anfang machen wollte. So viel Muth sein Entschluß verrieth, so viel Standhaftigkeit zeigte seine Beharrung, so viel Tapferkeit seine Thaten. Mit kühner Entschlossenheit stellte er sich vor sein blutendes Land und empfing einen Feind mit Spott, dessen Hände noch von dem Mordbrande zu Magdeburg rauchten.

Landgraf Wilhelm ist es werth, neben dem heldenreichen Stamme der Ernestinen zur Unsterblichkeit zu gehen. Langsam erschien dir der Tag der Rache, unglücklicher Johann Friedrich, edler, unvergeßlicher Fürst! Langsam, aber glorreich ging er auf. Deine Zeiten kamen wieder, und auf deine Enkel stieg dein Heldengeist herab. Ein tapferes Geschlecht von Fürsten geht hervor aus Thüringens Wäldern, durch unsterbliche Thaten das Urtheil zu beschämen, das den Kurhut von deinem Haupte stieß, durch aufgehäufte blutige Todtenopfer deinen zürnenden Schatten zu versöhnen. Deine Länder konnte der Spruch des Siegers ihnen rauben; aber nicht die patriotische Tugend, wodurch du sie verwirktest, nicht den ritterlichen Muth, der, ein Jahrhundert später, den Thron seines Enkels wanken machen wird. Deine und Deutschlands Rache schliff ihnen gegen Habsburgs Geschlecht einen heiligen Degen, und von einer Heldenhand zur andern erbt sich der unbesiegte Stahl. Als Männer vollführen sie, was sie als Herrscher nicht vermögen, und sterben einen glorreichen Tod – als die tapfersten Soldaten der Freiheit. Zu schwach an Ländern, um mit eigenen Heeren ihren Feind anzufallen, richten sie fremde Donner gegen ihn und führen fremde Fahnen zum Siege.

Deutschlands Freiheit, aufgegeben von den mächtigen Ständen, auf welche doch allein ihre Wohlthat zurück floß, wurde von einer kleinen Anzahl Prinzen vertheidigt, für welche sie kaum einen Werth besaß. Der Besitz von Ländern und Würden ertödtete den Muth; Mangel an beiden machte Helden. Wenn Sachsen, Brandenburg u. a. m. sich schüchtern zurückzogen, so sah man die Anhalt, die Mannsfeld, die Prinzen von Weimar u. a. ihr Blut in mörderischen Schlachten verschwenden. Die Herzoge von Pommern, von Mecklenburg, von Lüneburg, von Wirtenberg, die Reichsstädte in Oberdeutschland, denen das Reichsoberhaupt von jeher ein gefürchteter Name war, entzogen sich furchtsam dem Kampf mit dem Kaiser und beugten sich murrend unter seine zermalmende Hand.

Österreich und das katholische Deutschland hatten an dem Herzog Maximilian von Bayern einen ebenso mächtigen als staatsklugen und tapfern Beschützer. Im ganzen Laufe dieses Krieges einem einzigen überlegten Plane getreu, nie ungewiß zwischen seinem Staatsvortheil und seiner Religion, nie Sklave Österreichs, das für seine Größe arbeitete und vor seinem rettenden Arme zitterte, hätte Maximilian es verdient, die Würden und Länder, welche ihn belohnten, von einer bessern Hand, als der Willkür, zu empfangen. Die übrigen katholischen Stände, größtentheils geistliche Fürsten, zu unkriegerisch, um den Schwärmen zu widerstehen, die der Wohlstand ihrer Länder anlockte, wurden nach einander Opfer des Kriegs und begnügten sich, im Kabinet und auf ihren Kanzeln einen Feind zu verfolgen, vor welchem sie sich im Felde nicht zu stellen wagten. Alle, entweder Sklaven Österreichs oder Bayerns, wichen neben Maximilian in Schatten zurück; erst in den Händen dieses Fürsten wurde ihre versammelte Macht von Bedeutung.

Die furchtbare Monarchie, welche Karl der Fünfte und sein Sohn aus den Niederlanden, aus Mailand und beiden Sizilien, aus den weitläufigen ost- und westindischen Ländern unnatürlich zusammen zwangen, neigte sich schon unter Philipp dem Dritten und Vierten zu ihrem Falle. Von unfruchtbarem Golde zu einer schnellen Größe gebläht, sah man diese Monarchie an einer langsamen Zehrung schwinden, weil ihr die Milch der Staaten, der Feldbau, entzogen wurde. Die westindischen Eroberungen hatten Spanien in Armuth gestürzt, um alle Märkte Europens zu bereichern, und Wechsler zu Antwerpen, Venedig und Genua wucherten längst mit dem Golde, das noch in den Schachten von Peru schlief. Indiens wegen hatte man die spanischen Länder entvölkert, Indiens Schätze an die Wiedereroberung Hollands, an das chimärische Projekt, die französische Thronfolge umzustoßen, an einen verunglückten Angriff auf England verschwendet. Aber der Stolz dieses Hofes hatte den Zeitpunkt seiner Größe, der Haß seiner Feinde seine Furchtbarkeit überlebt, und der Schrecken schien noch um die verlassene Höhle des Löwen zu schweben. Das Mißtrauen der Protestanten lieh dem Ministerium Philipps des Dritten die gefährliche Staatskunst seines Vaters, und bei den deutschen Katholiken bestand noch immer das Vertrauen auf spanische Hilfe, wie der Wunderglaube an die Knochen der Märtyrer. Äußerliches Gepränge verbarg die Wunden, an denen diese Monarchie sich verblutete, und die Meinung von ihren Kräften blieb, weil sie den hohen Ton ihrer goldnen Tage fortführte. Sklaven zu Hause und Fremdlinge auf ihrem eigenen Thron, gaben die spanischen Schattenkönige ihren deutschen Verwandten Gesetze; und es ist erlaubt, zu zweifeln, ob der Beistand, den sie leisteten, die schimpfliche Abhängigkeit werth war, womit die deutschen Kaiser denselben erkaufen mußten. Hinter den Pyrenäen wurde von unwissenden Mönchen und ränkevollen Günstlingen Europens Schicksal gesponnen. Aber auch in ihrem tiefsten Verfalle mußte eine Macht furchtbar bleiben, die den ersten an Umfang nicht wich, die, wo nicht aus standhafter Politik, doch aus Gewohnheit demselben Staatssystem unverändert getreu blieb, die geübte Armeen und treffliche Generale besaß, die, wo der Krieg nicht zureichte, zu dem Dolche der Banditen griff und ihre öffentlichen Gesandten als Mordbrenner zu gebrauchen wußte. Was sie gegen drei Weltgegenden einbüßte, suchte sie gegen Osten wieder zu gewinnen, und Europa lag in ihrer Schlinge, wenn ihr der lang vorbereitete Anschlag gelang, zwischen den Alpen und dem adriatischen Meere mit den Erblanden Österreichs zusammenzufließen.

Zu großer Beunruhigung der dortigen Staaten hatte sich diese beschwerliche Macht in Italien eingedrungen, wo ihr fortgesetztes Streben nach Vergrößerung alle benachbarten Souveräns für ihre Besitzungen zittern machte. In der gefährlichsten Lage befand sich der Papst, den die spanischen Vicekönige zwischen Neapel und Mailand in die Mitte nahmen. Die Republik Venedig sah sich zwischen dem österreichischen Tirol und dem spanischen Mailand gepreßt; Savoyen kam zwischen eben diesem Lande und Frankreich ins Gedränge. Daher die wandelbare und zweideutige Politik, welche seit Karls des Fünften Tagen von den Staaten Italiens beobachtet wurde. Die doppelte Person, welche die Päpste vorstellten, erhielt sie schwankend zwischen zwei ganz widersprechenden Staatssystemen. Wenn der Nachfolger Petri in den spanischen Prinzen seine folgsamsten Söhne, die standhaftesten Vertheidiger seines Stuhls verehrte, so hatte der Fürst des Kirchenstaats in eben diesen Prinzen seine schlimmsten Nachbarn, seine gefährlichsten Gegner zu fürchten. Wenn dem Erstern keine Angelegenheit näher ging, als die Protestanten vertilgt und die österreichischen Waffen siegreich zu sehen, so hatte der Letztere Ursache, die Waffen der Protestanten zu segnen, die seinen Nachbar außer Stand setzten, ihm gefährlich zu werden. Das Eine oder das Andere behielt die Oberhand, je nachdem die Päpste mehr um ihre weltliche Macht oder um ihre geistliche Herrschaft bekümmert waren – im Ganzen aber richtete sich die römische Staatskunst nach der dringenderen Gefahr – und es ist bekannt, wie viel mächtiger die Furcht, ein gegenwärtiges Gut zu verlieren, das Gemüth zu bestimmen pflegt, als die Begierde, ein längst verlorenes wieder zu gewinnen. So wird es begreiflich, wie sich der Statthalter Christi mit dem österreichischen Hause zum Untergang der Ketzer, und wie sich eben dieser Statthalter Christi mit eben diesen Ketzern zum Untergang des österreichischen Hauses verschwören konnte. Bewundernswürdig verflochten ist der Faden der Weltgeschichte! Was möchte wohl aus der Reformation – was aus der Freiheit der deutschen Fürsten geworden sein, wenn der Bischof zu Rom und der Fürst zu Rom beständig ein Interesse gehabt hätten?

Frankreich hatte mit seinem vortrefflichen Heinrich seine ganze Größe und sein ganzes Gewicht auf der politischen Wage Europens verloren. Eine stürmische Minderjährigkeit zernichtete alle Wohlthaten der vorhergehenden kraftvollen Regierung. Unfähige Minister, Geschöpfe der Gunst und Intrigue, zerstreuten in wenigen Jahren die Schätze, welche Sullys Ökonomie und Heinrichs Sparsamkeit aufgehäuft hatten. Kaum vermögend, ihre erschlichene Gewalt gegen innere Faktionen zu behaupten, mußten sie es aufgeben, das große Steuer Europens zu lenken. Der nämliche Bürgerkrieg, welcher Deutschland gegen Deutschland bewaffnete, brachte auch Frankreich gegen Frankreich in Aufruhr, und Ludwig der Dreizehnte tritt seine Volljährigkeit nur an, um seine eigene Mutter und seine protestantischen Unterthanen zu bekriegen. Diese, durch Heinrichs erleuchtete Politik in Fesseln gehalten, greifen jetzt, durch die Gelegenheit aufgeweckt und von einigen unternehmenden Führern ermuntert, zum Gewehr, ziehen sich im Staat zu einem eignen Staat zusammen und bestimmen die feste und mächtige Stadt Rochelle zum Mittelpunkt ihres werdenden Reichs.

Zu wenig Staatsmann, um durch eine weise Toleranz diesen Bürgerkrieg in der Geburt zu ersticken, und doch viel zu wenig Herr über die Kräfte seines Staats, um ihn mit Nachdruck zu führen, sieht sich Ludwig der Dreizehnte bald zu dem erniedrigenden Schritt gebracht, die Unterwerfung der Rebellen durch große Geldsummen zu erkaufen. So sehr ihm auch die Staatsklugheit rathen mochte, die Rebellen in Böhmen gegen Österreich zu unterstützen, so unthätig mußte Heinrichs des Vierten Sohn für jetzt noch ihrem Untergange zusehen, glücklich genug, wenn sich die Calvinisten in seinem Reiche ihrer Glaubensgenossen jenseits des Rheins nicht zur Unzeit erinnerten. Ein großer Geist am Ruder des Staats würde die Protestanten in Frankreich zum Gehorsam gebracht und ihren Brüdern in Deutschland die Freiheit erfochten haben; aber Heinrich der Vierte war nicht mehr, und erst Richelieu sollte seine Staatskunst wieder hervorrufen.

Indem Frankreich von der Höhe seines Ruhms wieder heruntersank, vollendete das freigewordene Holland den Bau seiner Größe. Noch war der begeisterte Muth nicht verraucht, der, von dem Geschlecht der Oranier entzündet, diese kaufmännische Nation in ein Heldenvolk verwandelt und sie fähig gemacht hatte, ihre Unabhängigkeit in einem mörderischen Kriege gegen das spanische Haus zu behaupten. Eingedenk, wie viel sie selbst bei ihrer Befreiung fremdem Beistande schuldig wären, brannten diese Republikaner von Begierde, ihren deutschen Brüdern zu einem ähnlichen Schicksal zu verhelfen, und dies um so mehr, da beide gegen den nämlichen Feind stritten und Deutschlands Freiheit der Freiheit Hollands zur besten Brustwehr diente. Aber eine Republik, die noch um ihr eigenes Dasein kämpfte, die mit den bewundernswürdigsten Anstrengungen einem überlegenen Feinde in ihrem eigenen Gebiete kaum gewachsen blieb, durfte ihre Kräfte der notwendigen Selbstvertheidigung nicht entziehen, um sie mit großmüthiger Politik für fremde Staaten zu verschwenden.

Auch England, obgleich unterdessen durch Schottland vergrößert, hatte unter seinem schwachen Jakob in Europa das Gewicht nicht mehr, welches ihm der Herrschergeist seiner Elisabeth zu verschaffen gewußt hatte. Überzeugt, daß die Wohlfahrt ihrer Insel an der Sicherheit der Protestanten befestigt sei, hatte sich diese staatskluge Königin nie von dem Grundsatz entfernt, jede Unternehmung zu befördern, die auf Verringerung der österreichischen Macht abzielte. Ihrem Nachfolger fehlte es sowohl an Geist, diesen Grundsatz zu fassen, als an Macht, ihn in Ausübung zu bringen. Wenn die sparsame Elisabeth ihre Schätze nicht schonte, um den Niederlanden gegen Spanien, Heinrich dem Vierten gegen die Wuth der Ligue beizuspringen, so überließ Jakob – Tochter, Enkel und Eidam der Willkür eines unversöhnlichen Siegers. Während daß dieser König seine Gelehrsamkeit erschöpfte, um den Ursprung der königlichen Majestät im Himmel aufzusuchen, ließ er die seinige auf Erden verfallen. Indem er seine Beredsamkeit anstrengte, um das unumschränkte Recht der Könige zu erweisen, erinnerte er die englische Nation an das ihrige und verscherzte durch eine unnütze Geldverschwendung sein wichtigstes Regal, das Parlament zu entbehren und der Freiheit ihre Stimme zu nehmen. Ein angebornes Grauen vor jeder bloßen Klinge schreckte ihn auch von dem gerechtesten Kriege zurück; sein Liebling Buckingham spielte mit seinen Schwächen, und seine selbstgefällige Eitelkeit machte es der spanischen Arglist leicht, ihn zu betrügen. Während daß man seinen Eidam in Deutschland zu Grunde richtete und das Erbtheil seiner Enkel an Andere verschenkte, zog dieser blödsinnige Fürst mit glückseligem Wohlgefallen den Weihrauch ein, den ihm Österreich und Spanien streuten. Um seine Aufmerksamkeit von dem deutschen Kriege abzulenken, zeigte man ihm eine Schwiegertochter in Madrid, und der spaßhafte Vater rüstete seinen abenteuerlichen Sohn selbst zu dem Gaukelspiel aus, mit welchem dieser seine spanische Braut überraschte. Die spanische Braut verschwand seinem Sohne, wie die böhmische Krone und der pfälzische Kurhut seinem Eidam, und nur der Tod entriß ihn der Gefahr, seine friedfertige Regierung mit einem Kriege zu beschließen, bloß weil er den Muth nicht gehabt hatte, ihn von weitem zu zeigen.

Die bürgerlichen Stürme, durch sein ungeschicktes Regiment vorbereitet, erwachten unter seinem unglücklichen Sohn und nöthigten diesen bald, nach einigen unerheblichen Versuchen, jedem Antheil an dem deutschen Kriege zu entsagen, um die Wuth der Faktionen in seinem eigenen Reiche zu löschen, von denen er endlich ein beklagenswertes Opfer ward.

Zwei verdienstvolle Könige, an persönlichem Ruhm einander zwar bei weitem nicht gleich, aber gleich an Macht und an Ruhmbegierde, setzten damals den europäischen Norden in Achtung. Unter der langen und thätigen Regierung Christians des Vierten wuchs Dänemark zu einer bedeutenden Macht empor. Die persönlichen Eigenschaften dieses Fürsten, eine vortreffliche Marine, auserlesene Truppen, wohlbestellte Finanzen und staatskluge Bündnisse vereinigten sich, diesem Staate einen blühenden Wohlstand von innen und Ansehen von außen zu verschaffen. Schweden

hatte Gustav Wasa aus der Knechtschaft gerissen, durch eine weise Gesetz-
gebung umgestaltet und den neugeschaffene Staat zuerst an den Tag der
Weltgeschichte hervorgezogen. Was dieser große Prinz nur im rohen
Grundrisse andeutete, wurde durch seinen größern Enkel, Gustav Adolph,
vollendet.

Beide Reiche, vormals in eine einzige Monarchie unnatürlich zusammen-
gezwungen und kraftlos in dieser Vereinigung, hatten sich zu den Zeiten
der Reformation gewaltsam von einander getrennt, und diese Trennung
war die Epoche ihres Gedeihens. So schädlich sich jene gezwungene Vereinigung für beide Reiche erwiesen, so nothwendig war den getrennten
Staaten nachbarliche Freundschaft und Harmonie. Auf beide stützte sich
die evangelische Kirche, beide hatten dieselben Meere zu bewachen; ein
Interesse hätte sie gegen denselben Feind vereinigen sollen. Aber der Haß,
welcher die Verbindung beider Monarchien aufgelöst hatte, fuhr fort, die
längst getrennten Nationen feindselig zu entzweien. Noch immer konnten
die dänischen Könige ihren Ansprüchen auf das schwedische Reich nicht
entsagen, Schweden das Andenken der vormaligen dänischen Tyrannei
nicht verbannen. Die zusammenfließenden Grenzen beider Reiche boten
der Nationalfeindschaft einen ewigen Zunder dar; die wachsame Eifersucht
beider Könige und unvermeidliche Handelscollisionen in den nordischen
Meeren ließen die Quelle des Streits nie versiegen.

Unter den Hilfsmitteln, wodurch Gustav Wasa, der Stifter des schwedischen Reichs, seiner neuen Schöpfung Festigkeit zu geben gesucht hatte,
war die Kirchenreformation eines der wirksamsten gewesen. Ein Reichs-
grundgesetz schloß die Anhänger des Papstthums von allen Staatsämtern
aus und verbot jedem künftigen Beherrscher Schwedens, den Religionszu-
stand des Reichs abzuändern. Aber schon Gustavs zweiter Sohn und
zweiter Nachfolger, Johann, trat zu dem Papstthum zurück, und dessen
Sohn Sigismund, zugleich König von Polen, erlaubte sich Schritte, welche
zum Untergang der Verfassung und der herrschenden Kirche abzielten.
Karln, Herzog von Südermannland, Gustavs dritten Sohn, an ihrer Spitze,
thaten die Stände einen herzhaften Widerstand, woraus zuletzt ein offenbarer Bürgerkrieg zwischen dem Oheim und Neffen, zwischen dem König
und der Nation sich entzündete. Herzog Karl, während der Abwesenheit
des Königs Verweser des Reichs, benutzte Sigismunds lange Residenz in
Polen und den gerechten Unwillen der Stände, die Nation sich aufs engste
zu verbinden und seinem eigenen Hause unvermerkt den Weg zum
Throne zu bahnen. Die schlechten Maßregeln Sigismunds beförderten

seine Absicht nicht wenig. Eine allgemeine Reichsversammlung erlaubte sich, zum Vortheil des Reichsverwesers von dem Recht der Erstgeburt abzuweichen, welches Gustav Wasa in der schwedischen Thronfolge eingeführt hatte, und setzte den Herzog von Südermannland auf den Thron, von welchem Sigismund mit seiner ganzen Nachkommenschaft feierlich ausgeschlossen wurde. Der Sohn des neuen Königs, der unter dem Namen Karls des Neunten regierte, war Gustav Adolph, dem aus eben diesem Grunde die Anhänger Sigismunds, als dem Sohn eines Thronräubers, die Anerkennung versagten. Aber wenn die Verbindlichkeit zwischen König und Volk gegenseitig ist, wenn sich Staaten nicht wie eine todte Waare von einer Hand zur andern forterben, so muß es einer ganzen, einstimmig handelnden Nation erlaubt sein, einem eidbrüchigen Beherrscher ihre Pflicht aufzukündigen und seinen Platz durch einen Würdigern zu besetzen.

Gustav Adolph hatte das siebzehnte Jahr noch nicht vollendet, als der schwedische Thron durch den Tod seines Vaters erledigt wurde; aber die frühe Reife seines Geistes vermochte die Stände, den gesetzmäßigen Zeitraum der Minderjährigkeit zu seinem Vortheil zu verkürzen. Mit einem glorreichen Siege über sich selbst eröffnete er eine Regierung, die den Sieg zum beständigen Begleiter haben und siegend endigen sollte. Die junge Gräfin von Brahe, eine Tochter seines Unterthans, hatte die Erstlinge seines großen Herzens, und sein Entschluß war aufrichtig, den schwedischen Thron mit ihr zu theilen. Aber von Zeit und Umständen bezwungen, unterwarf sich seine Neigung der höhern Regentenpflicht, und die Heldentugend gewann wieder ausschließend ein Herz, das nicht bestimmt war, sich auf das stille häusliche Glück einzuschränken.

Christian der Vierte von Dänemark, König schon, ehe Gustav das Licht der Welt erblickte, hatte die schwedischen Grenzen angefallen und über den Vater dieses Helden wichtige Vortheile errungen. Gustav Adolph eilte, diesen verderblichen Krieg zu endigen, und erkaufte durch weise Aufopferungen den Frieden, um seine Waffen gegen den Czar von Moskau zu kehren. Nie versuchte ihn der zweideutige Ruhm eines Eroberers, das Blut seiner Völker in ungerechten Kriegen zu verspritzen; aber ein gerechter wurde nie von ihm verschmäht. Seine Waffen waren glücklich gegen Rußland, und das schwedische Reich sah sich mit wichtigen Provinzen gegen Osten vergrößert.

Unterdessen setzte König Sigismund von Polen gegen den Sohn die feindseligen Gesinnungen fort, wozu der Vater ihn berechtigt hatte, und ließ keinen Kunstgriff unversucht, die Unterthanen Gustav Adolphs in ihrer Treue wankend, seine Freunde kaltsinnig, seine Feinde unversöhnlich zu machen. Weder die großen Eigenschaften seines Gegners, noch die gehäuftesten Merkmale von Ergebenheit, welche Schweden seinem angebeteten Könige gab, konnten jenen verblendeten Fürsten von der thörichten Hoffnung heilen, den verloren Thron wieder zu besteigen. Alle Friedensvorschläge Gustavs wurden mit Übermuth verschmäht. Unwillkürlich sah sich dieser friedliebende Held in einen langwierigen Krieg mit Polen verwickelt, in welchem nach und nach ganz Livland und Polnisch-Preußen der schwedischen Herrschaft unterworfen wurden. Immer Sieger, war Gustav Adolph immer der Erste bereit, die Hand zum Frieden zu bieten.

Dieser schwedisch-polnische Krieg fällt in den Anfang des dreißigjährigen in Deutschland, mit welchem er in Verbindung steht. Es war genug, daß König Sigismund, ein Katholik, die schwedische Krone einem protestantischen Prinzen streitig machte, um sich der thätigsten Freundschaft Spaniens und Österreichs versichert halten zu können; eine doppelte Verwandtschaft mit dem Kaiser gab ihm noch ein näheres Recht an seinen Schutz. Das Vertrauen auf eine so mächtige Stütze war es auch vorzüglich, was den König von Polen zur Fortsetzung eines Krieges aufmunterte, der sich so sehr zu seinem Nachtheil erklärte; und die Höfe zu Madrid und Wien unterließen nicht, ihn durch prahlerische Versprechungen bei gutem Muthe zu erhalten. Indem Sigismund in Livland, Kurland und Preußen einen Platz nach dem andern verlor, sah er seinen Bundesgenossen in Deutschland zu der nämlichen Zeit von Sieg zu Sieg der unumschränkten Herrschaft entgegeneilen – kein Wunder, wenn seine Abneigung gegen den Frieden in gleichem Verhältniß mit seinen Niederlagen stieg. Die Heftigkeit, mit der er seine chimärische Hoffnung verfolgte, verblendete ihm die Augen gegen die arglistige Politik seines Bundesgenossen, der auf seine Unkosten nur den schwedischen Helden beschäftigte, um desto ungestörter die Freiheit des deutschen Reichs umzustürzen und alsdann den erschöpften Norden als eine leichte Eroberung an sich zu reißen. Ein Umstand, auf den man allein nicht gerechnet hatte – Gustavs Heldengröße, zerriß das Gewebe dieser betrügerischen Staatskunst. Dieser achtjährige polnische Krieg, weit entfernt, die schwedische Macht zu erschöpfen, hatte bloß dazu gedient, das Feldherrngenie Gustav Adolphs zu zeitigen, in einer langen Fechtübung die schwedischen Heere zu stählen und unvermerkt die neue Kriegskunst in Gang zu bringen, durch welche sie nachher auf deutschem Boden Wunder thun sollten.

Nach dieser notwendigen Digression über den damaligen Zustand der europäischen Staaten sei mir erlaubt, den Faden der Geschichte wieder aufzunehmen.

Seine Staaten hatte Ferdinand wieder, aber noch nicht den Aufwand, den ihre Wiedereroberung ihm gekostet hatte. Eine Summe von vierzig Millionen Gulden, welche die Confiscationen in Böhmen und Mähren in seine Hände brachten, würde hinreichend gewesen sein, ihm und seinen Alliierten alle Unkosten zu vergüten; aber diese unermeßliche Summe war bald in den Händen der Jesuiten und seiner Günstlinge zerronnen. Herzog Maximilian von Bayern, dessen siegreichem Arme der Kaiser fast allein den Besitz seiner Staaten verdankte, der, um seiner Religion und seinem Kaiser zu dienen, einen nahen Verwandten aufgeopfert hatte, Maximilian hatte die gegründetsten Ansprüche auf seine Dankbarkeit; und in einem Vertrage, den der Herzog noch vor dem Ausbruch des Kriegs mit dem Kaiser schloß, hatte er sich ausdrücklich den Ersatz aller Unkosten ausbedungen. Ferdinand fühlte die ganze Verbindlichkeit, welche dieser Vertrag und jene Dienste ihm auflegten; aber er hatte nicht Lust, sie mit eigenem Verlust zu erfüllen. Seine Absicht war, den Herzog auf das glänzendste zu belohnen, aber ohne sich selbst zu berauben. Wie konnte dieses besser geschehen, als auf Unkosten desjenigen Fürsten, gegen welchen ihm der Krieg dieses Recht zu geben schien, dessen Vergehungen schwer genug abgeschildert werden konnten, um jede Gewalttätigkeit durch das Ansehen der Gesetze zu rechtfertigen? Friedrich mußte also weiter verfolgt, Friedrich zu Grunde gerichtet werden, damit Maximilian belohnt werden könnte, und ein neuer Krieg ward eröffnet, um den alten zu bezahlen.

Aber ein ungleich wichtigerer Beweggrund kam hinzu, das Gewicht dieses erstern zu verstärken. Bis hieher hatte Ferdinand bloß für seine Existenz gefochten und keine andern Pflichten, als die der Selbstvertheidigung, erfüllt. Jetzt aber, da der Sieg ihm Freiheit zu handeln gab, gedachte er seiner vermeintlich höheren Pflichten und erinnerte sich an das Gelübde, das er zu Loretto und Rom seiner Generalissima, der heiligen Jungfrau, gethan, mit Gefahr seiner Kronen und seines Lebens ihre Verehrung auszubreiten. Die Unterdrückung der Protestanten war mit diesem Gelübde unzertrennlich verknüpft. Günstigere Umstände konnten sich zu Erfüllung desselben nicht vereinigen, als sich jetzt nach Endigung des böhmischen Kriegs beisammen fanden. Die pfälzischen Lande in katholische Hände zu bringen, fehlte es ihm weder an Macht noch an einem Schein des Rechts, und unübersehlich wichtig waren die Folgen dieser Veränderung für das ganze katholische Deutschland. Indem er den Herzog von Bayern mit dem Raube seines Verwandten belohnte, befriedigte er zugleich seine niedrigsten Begierden und erfüllte seine erhabenste Pflicht: er zermalmte einen Feind, den er haßte; er ersparte seinem Eigennutz ein schmerzhaftes Opfer, indem er sich die himmlische Krone verdiente.

Friedrichs Untergang war längst im Cabinet des Kaisers beschlossen, ehe das Schicksal sich gegen ihn erklärte; aber erst, nachdem dieses Letzte geschehen war, wagte man es, diesen Donner der willkürlichen Gewalt gegen ihn zu schleudern. Ein Schluß des Kaisers, dem alle Formalitäten fehlten, welche die Reichsgesetze in einem solchen Falle nothwendig machen, erklärte den Kurfürsten und drei andere Prinzen, welche in Schlesien und Böhmen für ihn die Waffen geführt hatten, als Beleidiger der kaiserlichen Majestät und Störer des Landfriedens in die Reichsacht und aller ihrer Würden und Länder verlustig. Die Vollstreckung dieser Sentenz gegen Friedrich, nämlich die Eroberung seiner Länder, wurde, mit einer ähnlichen Verspottung der Reichsgesetze, der Krone Spanien, als Besitzerin des burgundischen Kreises, dem Herzog von Bayern und der Ligue aufgetragen. Wäre die evangelische Union des Namens werth gewesen, den sie trug, und der Sache, die sie vertheidigte, so würde man bei Vollstreckung der Reichsacht unüberwindliche Hindernisse gefunden haben; aber eine so verächtliche Macht, die den spanischen Truppen in der Unterpfalz kaum gewachsen war, mußte es aufgeben, gegen die vereinigte Macht des Kaisers, Bayerns und der Ligue zu streiten. Das Urtheil der Reichsacht, welches über den Kurfürsten ausgesprochen war, scheuchte sogleich alle Reichsstädte von dem Bündniß hinweg, und die Fürsten folgen bald ihrem Beispiele. Glücklich genug, ihre eigenen Länder zu retten, überließen sie den Kurfürsten, ihr ehemaliges Oberhaupt, der Willkür des Kaisers, schwuren die Union ab und gelobten, sie nie wieder zu erneuern.

Unrühmlich hatten die deutschen Fürsten den unglücklichen Friedrich verlassen, Böhmen, Schlesien und Mähren der furchtbaren Macht des Kaisers gehuldigt; ein einziger Mann, ein Glücksritter, dessen ganzer Reichthum sein Degen war, Ernst Graf von Mannsfeld, wagte es, in der böhmischen Stadt Pilsen der ganzen Macht des Kaisers zu trotzen. Von dem Kurfürsten, dem er seine Dienste gewidmet hatte, nach der Prager Schlacht ohne alle Hilfe gelassen, unwissend sogar, ob ihm Friedrich seine Beharrlichkeit dankte, hielt er noch eine Zeitlang allein gegen die Kaiserlichen Stand, bis seine Truppen, von der Geldnoth getrieben, die Stadt Pilsen an den Kaiser verkauften; von diesem Schlage nicht erschüttert, sah man ihn bald darauf in der Oberpfalz neue Werbeplätze anlegen, um die Truppen an sich zu ziehen, welche die Union verabschiedet hatte. Ein neues, zwanzigtausend Mann starkes Heer entstand in kurzem unter seinen Fahnen, um so furchtbarer für alle Provinzen, auf die es sich warf, weil es durch Raub allein sich erhalten konnte. Unwissend, wohin dieser Schwarm stürzen würde, zitterten schon alle benachbarten Bisthümer, deren Reichthum ihn anlocken konnte. Aber ins Gedränge gebracht von dem Herzog von Bayern, der als Vollstrecker der Reichsacht in die Oberpfalz eindrang, mußte Mannsfeld aus dieser Gegend entweichen. Durch einen glücklichen Betrug dem nacheilenden bayerischen General Tilly entsprungen, erschien er auf einmal in der Unterpfalz und übte dort an den rheinischen Bisthümern die Mißhandlungen aus, die er den fränkischen zugedacht hatte. Während daß die kaiserlich-bayerische Armee Böhmen überschwemmte, war der spanische General Ambros Spinola von den Niederlanden aus mit einem ansehnlichen Heer in die Unterpfalz eingefallen, welche der Ulmer Vergleich der Union zu vertheidigen erlaubte. Aber die Maßregeln waren so schlecht genommen, daß ein Platz nach dem andern in spanische Hände fiel und endlich, als die Union auseinander gegangen war, der größte Theil des Landes von spanischen Truppen besetzt blieb. Der spanische General Corduba, welcher diese Truppen nach dem Abzug des Spinola befehligte, hob eiligst die Belagerung Frankenthals auf, als Mannsfeld in die Unterpfalz eintrat. Aber anstatt die Spanier aus dieser Provinz zu vertreiben, eilte dieser über den Rhein, um seinen bedürftigen Truppen in dem Elsaß ein Fest zu bereiten. Zur fürchterlichsten Einöde wurden alle offnen Länder, über welche sich dieser Räuberschwarm ergoß, und nur durch ungeheure Summen konnten sich die Städte von der Plünderung loskaufen. Gestärkt von diesem Zuge, zeigte sich Mannsfeld wieder am Rhein, die Unterpfalz zu decken.

So lange ein solcher Arm für ihn stritt, war Kurfürst Friedrich nicht unrettbar verloren. Neue Aussichten fingen an, sich ihm zu zeigen, und das Unglück weckte ihm Freunde auf, die ihm in seinem Glücke geschwiegen hatten. König Jakob von England, der gleichgültig zugesehen hatte, wie sein Eidam die böhmische Krone verlor, erwachte aus seiner Fühllosigkeit, da es die ganze Existenz seiner Tochter und seiner Enkel galt und der siegreiche Feind einen Angriff auf die Kurlande wagte. Spät genug öffnete er jetzt seine Schätze und eilte, die Union, die damals die Unterpfalz noch vertheidigte, und, als diese dahin war, den Grafen von Mannsfeld mit Geld und Truppen zu unterstützen. Durch ihn wurde auch sein naher Anverwandter, König Christian von Dänemark, zu thätiger Hilfe aufgefordert. Der ablaufende Stillstand zwischen Spanien und Holland beraubte zugleich den Kaiser alles Beistandes, den er von den Niederlanden aus zu erwarten gehabt hätte. Wichtiger als alles dieses war die Hilfe, die dem Pfalzgrafen von Siebenbürgen und Ungarn aus erschien. Der Stillstand Gabors mit dem Kaiser war kaum zu Ende, als dieser furchtbare alte Feind Österreichs Ungarn aufs neue überschwemmte und sich in Preßburg zum König krönen ließ. Reißend schnell waren seine Fortschritte, daß Boucquoi Böhmen verlassen mußte, um Ungarn und Österreich gegen Gaborn zu vertheidigen. Dieser tapfere General fand bei der Belagerung von Neuhäusel seinen Tod; schon vorher war der eben so tapfere Dampierre vor Preßburg geblieben. Unaufgehalten drang Gabor an die österreichische Grenze vor; der alte Graf von Thurn und mehrere geächtete Böhmen hatten ihren Haß und ihren Arm mit diesem Feind ihres Feindes vereinigt. Ein nach-drücklicher Angriff von deutscher Seite, während daß Gabor den Kaiser von Ungarn aus bedrängte, hätte Friedrichs Glück schnell wiederherstellen können; aber immer hatten die Böhmen und die Deutschen die Waffen aus den Händen gelegt, wenn Gabor ins Feld rückte; immer hatte sich dieser Letztere erschöpft, wenn jene anfingen, sich zu erholen.

Friedrich hatte indessen nicht gesäumt, sich seinem neuen Beschützer Mannsfeld in die Arme zu werfen. Verkleidet erschien er in der Unterpfalz, um welche Mannsfeld und der bayerische General Tilly sich rissen; die Oberpfalz hatte man längst überwältigt. Ein Strahl von Hoffnung ging ihm auf, als aus den Trümmern der Union neue Freunde für ihn erstanden. Markgraf Georg Friedrich von Baden, ein ehemaliges Mitglied derselben, fing seit einiger Zeit an, eine Kriegsmacht zusammenzuziehen, welche sich bald zu einem ansehnlichen Heere vermehrte. Niemand wußte, wem es galt, als er unversehens ins Feld rückte und sich mit dem Grafen Mannsfeld vereinigte. Seine Markgrafschaft hatte er, ehe er in den Krieg zog, seinem Sohne abgetreten, um sie durch diesen Kunstgriff der Rache des Kaisers zu entziehen, wenn das Glück etwas Menschliches über ihn verhängen sollte. Auch der benachbarte Herzog von Wirtenberg fing an, seine Kriegsmacht zu verstärken. Dem Pfalzgrafen wuchs dadurch der Muth, und er arbeitete mit allem Ernste daran, die Union wieder ins Leben zu rufen. Jetzt war die Reihe an Tilly, auf seine Sicherheit zu denken. In größter Eile zog er die Truppen des spanischen Generals Corduba an sich. Aber indem der Feind seine Macht vereinigte, trennten sich Mannsfeld und der Markgraf von Baden, und der Letztere wurde von dem bayerischen General bei Wimpfen geschlagen (1622).

Ein Aventurier ohne Geld, dem man selbst die rechtmäßige Geburt streitig machte, hatte sich zum Vertheidiger eines Königs aufgestellt, den einer seiner nächsten Verwandten zu Grunde richtete und der Vater seiner Gemahlin im Stich ließ. Ein regierender Prinz begab sich seiner Länder, die er ruhig beherrschte, um für einen andern, der ihm fremd war, das ungewisse Glück des Krieges zu versuchen. Ein neuer Glücksritter, an Staaten arm, desto reicher an glorreichen Ahnen, übernimmt nach ihm die Verteidigung einer Sache, welche jener auszuführen verzweifelte. Herzog Christian von Braunschweig, Administrator von Halberstadt, glaubte dem Grafen von Mannsfeld das Geheimniß abgelernt zu haben, eine Armee von zwanzigtausend Mann ohne Geld auf den Beinen zu erhalten. Von jugendlichem Übermuthe getrieben und voll Begierde, sich auf Kosten der katholischen Geistlichkeit, die er ritterlich haßte, einen Namen zu machen und Beute zu erwerben, versammelte er in Niedersachsen ein beträchtliches Heer, welchem die Verteidigung Friedrichs und der deutschen Freiheit den Namen leihen mußte. Gottes Freund und der Pfaffen Feind war der Wahlspruch, den er auf seinen Münzen von eingeschmolzenem Kirchensilber führte, und dem er durch seine Thaten keine Schande machte.

Der Weg, den diese Räuberbande nahm, war wie gewöhnlich mit der schrecklichsten Verheerung bezeichnet. Durch Plünderung der niedersächsischen und westphälischen Stifter sammelte sie Kräfte, die Bisthümer am Oberrhein zu plündern. Von Freund und Feind dort vertrieben, näherte sich der Administrator bei der Mainzischen Stadt Höchst dem Mainstrome, den er nach einem mörderischen Gefechte mit Tilly, der ihm den Übergang streitig machen wollte, passierte. Mit Verlust seines halben Heers erreichte er das jenseitige Ufer, wo er den Überrest seiner Treppen schnell wieder sammelte und mit demselben zu dem Grafen von Mannsfeld stieß. Verfolgt von Tilly, stürzte sich dieser vereinigte Schwarm zum zweitenmal über das Elsaß, um die Verwüstungen nachzuholen, die bei dem ersten Einfall unterblieben waren. Während daß der Kurfürst Friedrich, nicht viel anders als ein flüchtiger Bettler, mit dem Heere herumzog, das ihn als seinen Herrn erkannte und mit seinem Namen sich schmückte, waren seine Freunde geschäftig, ihn mit dem Kaiser zu versöhnen. Ferdinand wollte diesen noch nicht alle Hoffnung benehmen, den Pfalzgrafen wieder eingesetzt zu sehen. Voll Arglist und Verstellung, zeigte er sich bereitwillig zu

Unterhandlungen, wodurch er ihren Eifer im Felde zu erkälten und das Äußerste zu verhindern hoffte. König Jakob, das Spiel der österreichischen Arglist, wie immer, [verkennend,] trug durch seine thörichte Geschäftigkeit nicht wenig dazu bei, die Maßregeln des Kaisers zu unterstützen. Vor allem verlangte Ferdinand, daß Friedrich die Waffen von sich legte, wenn er an die Gnade des Kaisers appelliere, und Jakob fand diese Forderung äußerst billig. Auf sein Geheiß ertheilte der Pfalzgraf seinen einzigen wahren Beschützern, dem Grafen von Mannsfeld und dem Administrator, den Abschied und erwartete in Holland sein Schicksal von der Barmherzigkeit des Kaisers.

Mannsfeld und Herzog Christian waren bloß eines neuen Namens wegen verlegen; die Sache des Pfalzgrafen hatte sie nicht in Rüstung gesetzt, also konnte sein Abschied sie nicht entwaffnen. Der Krieg war ihr Zweck, gleich viel, für wessen Sache sie kriegten. Nach einem vergeblichen Versuch des Grafen Mannsfeld, in die Dienste des Kaisers zu treten, zogen sich Beide nach Lothringen, wo die Ausschweifungen ihrer Truppen bis in das innerste Frankreich Schrecken verbreiteten. Eine Zeit lang harrten sie hier vergebens auf einen Herrn, der sie dingen sollte, als die Holländer, von dem spanischen General Spinola bedrängt, ihnen Dienste anboten. Nach einem mörderischen Gefechte bei Fleurus mit den Spaniern, die ihnen den Weg verlegen wollten, erreichten sie Holland, wo ihre Erscheinung den spanischen General sogleich vermochte, die Belagerung von Bergen op Zoom aufzuheben. Aber auch Holland war dieser schlimmen Gäste bald müde und benutzte den ersten Augenblick von Erholung, sich ihres gefährlichen Beistandes zu entledigen. Mannsfeld ließ seine Truppen in der fetten Provinz Ostfriesland zu neuen Thaten sich stärken. Herzog Christian, voll Leidenschaft für die Pfalzgräfin, die er in Holland hatte kennen lernen, und kriegslustiger als je, führte die seinigen nach Niedersachsen zurück, den Handschuh dieser Prinzessin auf seinem Hut, und die Devise: Alles für Gott und sie! auf seinen Fahnen. Beide hatten ihre Rolle in diesem Kriege noch lange nicht geendigt.

Alle kaiserlichen Staaten waren jetzt endlich von Feinden gereinigt, die Union aufgelöst, der Markgraf von Baden, Graf Mannsfeld und Herzog Christian aus dem Felde geschlagen und die pfälzischen Lande von den Truppen der Reichsexecution überschwemmt. Mannheim und Heidelberg hatten die Bayern im Besitze, und bald wurde auch Frankenthal den Spaniern geräumt. In einem Winkel von Holland harrte der Pfalzgraf auf die schimpfliche Erlaubniß, durch einen Fußfall den Zorn des Kaisers versöhnen zu dürfen; und ein sogenannter Kurfürstentag zu Regensburg sollte endlich sein Schicksal bestimmen. Längst war dieses am Hofe des Kaisers entschieden; aber jetzt erst waren die Umstände günstig genug, mit dieser ganzen Entscheidung an das Licht hervorzutreten. Nach allem dem, was bis jetzt von dem Kaiser gegen den Kurfürsten geschehen war, glaubte Ferdinand keine aufrichtige Versöhnung mehr hoffen zu können. Nur indem man die Gewalttätigkeit vollendete, glaubte man sie unschädlich zu machen. Verloren mußte also bleiben, was verloren war; Friedrich durfte seine Länder nicht wieder sehen, und ein Fürst ohne Land und Volk konnte den Kurhut nicht mehr tragen. So schwer sich der Pfalzgraf gegen das Haus Österreich verschuldet hatte, so ein herrliches Verdienst hatte sich der Herzog von Bayern um dasselbe erworben. So viel das Haus Österreich und die katholische Kirche von der Rachbegierde und dem Religionshaß des pfälzischen Hauses zu fürchten haben mochten, so viel hatten beide von der Dankbarkeit und dem Religionseifer des bayerischen zu hoffen. Endlich wurde, durch Übertragung der pfälzischen Kurwürde an Bayern, der katholischen Religion das entschiedenste Übergewicht im Kurfürstenrathe und ein bleibender Sieg in Deutschland versichert.

Dieses Letzte war genug. die drei geistlichen Kurfürsten dieser Neuerung günstig zu machen; unter den protestantischen war nur die einzige Stimme Kursachsens wichtig. Konnte aber Johann Georg dem Kaiser ein Recht streitig machen, ohne welches er sein eigenes an den Kurhut dem Zweifel aussetzte? Einem Fürsten zwar, den seine Abkunft, seine Würde und seine Macht an die Spitze der protestantischen Kirche in Deutschland stellten, hätte, wie es schien, nichts heiliger sein sollen, als die Rechte dieser Kirche gegen alle Angriffe der katholischen zu behaupten; aber die Frage war jetzt nicht sowohl, wie man das Interesse der protestantischen Religion gegen die Katholiken wahrnehmen, sondern welcher von zwei gleich ge-haßten Religionen, der calvinischen oder der päpstlichen, man den Sieg über die andere gönnen, welchem von zwei gleich schlimmen Feinden man die pfälzische Kur zusprechen sollte; und im Gedränge zwischen zwei entgegengesetzten Pflichten war es ja wohl natürlich – dem Privathaß und dem Privatnutzen den Ausschlag heimzustellen. Der geborne Beschützer der deutschen Freiheit und der protestantischen Religion ermunterte den Kaiser, über die pfälzische Kur nach kaiserlicher Machtvollkommenheit zu verfügen und sich im geringsten nicht irren zu lassen, wenn man von Seiten Kursachsens, der Form wegen, sich seinen Maßregeln entgegensetzen sollte. Wenn Johann Georg in der Folge mit seiner Einwilligung zurück-

hielt, so hatte Ferdinand selbst durch Vertreibung der evangelischen Prediger aus Böhmen zu dieser Sinnesänderung Anlaß gegeben; und die Belehnung Bayerns mit der pfälzischen Kur hörte auf, eine gesetzwidrige
Handlung zu sein, sobald der Kaiser sich dazu verstand, dem Kurfürsten
von Sachsen für eine Rechnung von sechs Millionen Thaler Kriegskosten
die Lausitz einzuräumen.

Ferdinand belehnte also, mit Widerspruch des ganzen protestantischen
Deutschlands, mit Verspottung der Reichsgrundgesetze, die er in der
Wahlkapitulation beschworen, den Herzog von Bayern zu Regensburg
feierlich mit der pfälzischen Kur, doch, wie es hieß, uubeschadet der Ansprüche, welche die Agnaten und Nachkommen Friedrichs darauf geltend
machen möchten. Dieser unglückliche Fürst sah sich jetzt unwiderruflich
aus dem Besitz seiner Staaten vertrieben, ohne vor dem Gerichte, das ihn
verdammte, zuvor gehört worden zu sein, eine Gerechtigkeit, welche die
Gesetze auch dem geringsten Unterthan, auch dem schwärzesten Verbrecher vergönnen.

Dieser gewaltsame Schritt öffnete endlich dem König von England die
Augen, und da um eben diese Zeit die Unterhandlungen zerrissen wurden,
welche wegen einer Heirath seines Sohnes mit einer spanischen Tochter
angesponnen waren, so nahm endlich Jakob mit Lebhaftigkeit die Partei
seines Eidams. Eine Revolution im französischen Ministerium hatte den
Cardinal Richelieu zum Herrn der Geschäfte gemacht, und dieses tiefge-
sunkene Königreich fing bald an zu fühlen, daß ein Mann an seinem
Ruder saß. Die Bewegungen des spanischen Statthalters in Mailand, sich
des Veltlins zu bemächtigen, um von hier aus einen Vereinigungspunkt
mit den Erbstaaten Österreichs zu finden, erweckten wieder die alte Furcht
vor dieser Macht und mit ihr die Staatsmaximen Heinrichs des Großen.
Eine Heirath des Prinzen von Wallis mit Henrietten von Frankreich stiftete zwischen diesen beiden Kronen eine engere Vereinigung, zu welcher
auch Holland, Dänemark und einige Staaten Italiens traten. Der Entwurf
wurde gemacht, Spanien mit gewaffneter Hand zur Herausgabe des Veltlins,
und Österreich zur Wiederherstellung Friedrichs zu zwingen; aber nur
für das Erste wurde einige Thätigkeit gezeigt. Jakob der Erste starb, und
Karl der Erste, im Streit mit seinem Parlamente, konnte den Angelegenheiten Deutschlands keine Aufmerksamkeit mehr schenken. Savoyen und
Venedig hielten ihren Beistand zurück, und der französische Minister
glaubte die Hugenotten in seinem Vaterlande erst unterwerfen zu müssen,
ehe er es wagen dürfte, die Protestanten in Deutschland gegen den Kaiser

zu beschützen. So große Hoffnungen man von dieser Allianz geschöpft hatte, so wenig entsprach ihnen der Erfolg.

Graf Mannsfeld, von aller Hilfe entblößt, stand unthätig am Unterrhein, und Herzog Christian von Braunschweig sah sich nach einem verunglückten Feldzug aufs neue vom deutschen Boden vertrieben. Ein abermaliger Einfall Bethlen Gabors in Mähren hatte sich, weil er von Deutschland aus nicht unterstützt wurde, fruchtlos, wie alle vorigen, in einen förmlichen Frieden mit dem Kaiser geendigt. Die Union war nicht mehr, kein protestantischer Fürst mehr unter den Waffen, und an den Grenzen von Niederdeutschland stand der bayerische General Tilly mit einem sieggewohnten Heer auf protestantischem Boden. Die Bewegungen Herzog Christians von Braunschweig hatten ihn nach dieser Gegend und einmal schon in den niedersächsischen Kreis gezogen, wo er Lippstadt, den Waffenplatz des Administrators, überwältigte. Die Notwendigkeit, diesen Feind zu beobachten und von neuen Einfällen abzuhalten, sollte auch noch jetzt seinen Aufenthalt auf diesem Boden rechtfertigen. Aber Mannsfeld und Christian hatten aus Geldmangel ihre Heere entlassen, und die Armee des Grafen Tilly sah weit und breit keinen Feind mehr. Warum belästigte sie noch das Land, in dem sie stand?

Schwer ist es, aus dem Geschrei erhitzter Parteien die Stimme der Wahrheit zu unterscheiden – aber bedenklich war es, daß die Ligue sich nicht entwaffnete. Das voreilige Frohlocken der Katholiken mußte die Bestürzung vermehren. Der Kaiser und die Ligue standen gewaffnet und siegreich in Deutschland, und nirgends eine Macht, die ihnen Widerstand leisten konnte, wenn sie einen Versuch wagen sollten, die protestantischen Stände anzufallen, oder gar den Religionsfrieden umzustürzen. Wenn Kaiser Ferdinand auch wirklich von dem Gedanken weit entfernt war, seine Siege zu mißbrauchen, so mußte die Wehrlosigkeit der Protestanten den ersten Gedanken in ihm aufwecken. Veraltete Verträge konnten kein Zügel für einen Fürsten sein, der seiner Religion alles schuldig zu sein glaubte und jede Gewalttätigkeit durch die religiöse Absicht für geheiligt hielt. Oberdeutschland war überwältigt, und Niederdeutschland allein konnte seiner Alleingewalt noch im Wege stehen. Hier waren die Protestanten die herrschende Macht, hier waren der katholischen Kirche die meisten Stifter entrissen worden, und der Zeitpunkt schien jetzt gekommen zu sein, diese verlornen Besitzungen wieder an die Kirche zurückzubringen. In diesen von den niederdeutschen Fürsten eingezogenen Stiftern bestand zugleich ein nicht geringer Theil ihrer Macht, und der Kirche zu dem

Ihrigen zu verhelfen, gab zugleich einen trefflichen Vorwand her, diese Fürsten zu schwächen.

Unverzeihliche Sorglosigkeit würde es gewesen sein, in dieser gefahrvollen Lage sich müßig zu verhalten. Das Andenken an die Gewaltthätigkeiten, die das Tilly'sche Heer in Niedersachsen ausgeübt hatte, war noch zu neu, um die Stände nicht zu ihrer Selbstvertheidigung zu ermuntern. In möglichster Eilfertigkeit bewaffnete sich der niedersächsische Kreis. Außerordentliche Kriegssteuern wurden gehoben, Truppen geworben und Magazine angefüllt. Man unterhandelte mit Venedig, mit Holland, mit England wegen Subsidien. Man berathschlagte, welche Macht man an die Spitze des Bundes stellen sollte. Die Könige des Sundes und des baltischen Meers, natürliche Bundesgenossen dieses Kreises, konnten nicht gleichgültig zusehen, wenn ihn der Kaiser als Eroberer betreten und an den Küsten der nordischen Meere ihr Nachbar werden sollte. Das doppelte Interesse der Religion und der Staatsklugheit forderte sie auf, die Fortschritte dieses Monarchen in Niederdeutschland zu begrenzen. Christian der Vierte, König von Dänemark, zählte sich als Herzog von Holstein selbst zu den Ständen dieses Kreises; durch gleich starke Gründe wurde Gustav Adolph von Schweden zu einem Antheil an diesem Bündniß bewogen.

Beide Könige bewarben sich wetteifernd um die Ehre, den niedersächsischen Kreis zu vertheidigen und die furchtbare österreichische Macht zu bekriegen. Jeder bot sich an, eine wohlgerüstete Armee anzustellen und in eigener Person anzuführen. Siegreiche Feldzüge gegen Moskau und Polen gaben dem Versprechen des schwedischen Königs Nachdruck; die ganze Küste des Belt war von dem Namen Gustav Adolphs erfüllt. Aber der Ruhm dieses Nebenbuhlers nagte am Herzen des dänischen Königs, und je mehr Lorbeern er sich selbst in diesem Feldzuge versprach, desto weniger konnte Christian der Vierte es von sich erhalten, sie seinem beneideten Nachbar zu gönnen. Beide brachten ihre Vorschläge und Bedingungen vor das englische Ministerium, wo es endlich Christian dem Vierten gelang, seinen Mitwerber zu überbieten. Gustav Adolph forderte zu seiner Sicherheit die Einräumung einiger festen Plätze in Deutschland, wo er selbst keinen Fuß breit Landes besaß, um seinen Truppen im Fall eines Unglücks die nöthige Zuflucht zu gewähren. Christian der Vierte hatte Holstein und Jütland, durch welche Länder er sich nach einer verlornen Schlacht sicher zurückziehen konnte.

Um seinem Nebenbuhler den Rang abzulaufen, eilte der König von Dänemark, sich im Felde zu zeigen. Zum Obersten des niedersächsischen

Kreises ernannt, hatte er in kurzem ein sechstausend Mann starkes Heer auf den Beinen; der Administrator von Magdeburg, die Herzoge von Braunschweig, die Herzoge von Mecklenburg traten mit ihm in Verbindung. Der Beistand, zu welchem England Hoffnung gemacht hatte, erhöhte seinen Muth, und mit einer solchen Macht ausgerüstet, schmeichelte er sich, diesen Krieg in einem Feldzuge zu endigen. Nach Wien berichtete man, daß die Bewaffnung nur zur Absicht habe, den Kreis zu vertheidigen und die Ruhe in dieser Gegend aufrecht zu erhalten. Aber die Unterhandlungen mit Holland, mit England, selbst mit Frankreich, die außerordentlichen Anstrengungen des Kreises und die furchtbare Armee, welche man aufstellte, schienen etwas mehr als bloße Verteidigung, schienen die gänzliche Wiederherstellung des Kurfürsten von der Pfalz und die Demüthigung des zu mächtig gewordenen Kaisers zum Endzweck zu haben.

Nachdem der Kaiser Unterhandlungen, Ermahnungen, Drohungen und Befehle fruchtlos erschöpft hatte, den König von Dänemark und den niedersächsischen Kreis zu Niederlegung der Waffen zu vermögen, fingen die Feindseligkeiten an, und Niederdeutschland wurde nun der Schauplatz des Krieges. Graf Tilly folgte dem linken Ufer des Weserstroms und bemächtigte sich aller Pässe bis Minden; nach einem fehlgeschlagenen Angriff auf Nienburg und seinem Übergange über den Strom, überschwemmte er das Fürstentum Calemberg und ließ es durch seine Truppen besetzen. Am rechten Ufer der Weser agierte der König und verbreitete sich in den braunschweigischen Landen. Aber durch zu starke Detachements hatte er sein Hauptheer geschwächt, daß er mit dem Überrest nichts Erhebliches ausrichten konnte. Der Überlegenheit seines Gegners bewußt, vermied er eben so sorgfältig eine entscheidende Schlacht, als der liguistische Feldherr sie suchte.

Bisher hatte der Kaiser bloß mit den Waffen Bayerns und der Ligue in Deutschland gestritten, wenn man die spanisch-niederländischen Hilfsvölker ausnimmt, welche die Unterpfalz überfielen. Maximilian führte den Krieg als Oberster der Reichsexecution, und Tilly, der sie befehligte, war ein bayerischer Diener. Alle seine Überlegenheit im Felde hatte der Kaiser den Waffen Bayerns und der Ligue zu danken; diese hatten also sein ganzes Glück und Ansehen in Händen. Diese Abhängigkeit von dem guten Willen Bayerns und der Ligue vertrug sich nicht mit den weit aussehenden Entwürfen, denen man nach einem so glänzenden Anfang am kaiserlichen Hofe Raum zu geben begann.

So bereitwillig die Ligue sich gezeigt hatte, die Verteidigung des Kaisers zu übernehmen, an welcher ihre eigene Wohlfahrt befestigt war, so wenig war zu erwarten, daß sie diese Bereitwilligkeit auch auf die kaiserlichen Eroberungsplane erstrecken würde. Oder wenn sie auch ihre Armeen künftig zu Eroberungen hergab, so war zu fürchten, daß sie mit dem Kaiser nichts als den allgemeinen Haß theilen würde, um für sich allein alle Vortheile davon zu ernten. Nur eine ansehnliche Heeresmacht, von ihm selbst aufgestellt, konnte ihn dieser drückenden Abhängigkeit von Bayern überheben und ihm seine bisherige Überlegenheit in Deutschland behaupten helfen. Aber der Krieg hatte die kaiserlichen Lande viel zu sehr erschöpft, um die unermeßlichen Kosten einer solchen Kriegsrüstung bestreiten zu können. Unter diesen Umständen konnte dem Kaiser nichts willkommner sein, als der Antrag, womit einer seiner Officiere ihn überraschte.

Graf Wallenstein war es, ein verdienter Officier, der reichste Edelmann in Böhmen. Er hatte dem kaiserlichen Hause von früher Jugend an gedient und sich in mehreren Feldzügen gegen Türken, Venetianer, Böhmen, Ungarn und Siebenbürgen auf das rühmlichste ausgezeichnet. Der Prager Schlacht hatte er als Oberster beigewohnt und nachher als Generalmajor eine ungarische Armee in Mähren geschlagen. Die Dankbarkeit des Kaisers kam diesen Diensten gleich, und ein beträchtlicher Theil der nach dem böhmischen Aufruhr confiscierten Güter war seine Belohnung. Im Besitz eines unermeßlichen Vermögens, von ehrgeizigen Entwürfen erhitzt, voll Zuversicht auf seine glücklichen Sterne und noch mehr auf eine gründliche Berechnung der Zeitumstände, erbot er sich, für den Kaiser, auf eigene und seiner Freunde Kosten, eine Armee auszurüsten und völlig zu bekleiden, ja selbst die Sorge für ihren Unterhalt dem Kaiser zu ersparen, wenn ihm gestattet würde, sie bis auf fünfzigtausend Mann zu vergrößern. Niemand war, der diesen Vorschlag nicht als die chimärische Geburt eines brausenden Kopfes verlachte – aber der Versuch war noch immer reichlich belohnt, wenn auch nur ein Theil des Versprechens erfüllt würde. Man überließ ihm einige Kreise in Böhmen zu Musterplätzen und fügte die Erlaubniß hinzu, Officiersstellen zu vergeben. Wenige Monate, so standen zwanzigtausend Mann unter den Waffen, mit welchen er die österreichischen Grenzen verließ; bald darauf erschien er schon mit dreißigtausend an der Grenze von Niedersachsen. Der Kaiser hatte zu der ganzen Ausrüstung nichts gegeben, als seinen Namen. Der Ruf des Feldherrn, Aussicht auf glänzende Beförderung und Hoffnung der Beute lockte aus allen Gegenden Deutschlands Abenteurer unter seine Fahnen, und sogar regierende Fürsten, von Ruhmbegierde oder Gewinnsucht gereizt, erboten sich jetzt, Regimenter für Österreich aufzustellen.

Jetzt also – zum erstenmal in diesem Kriege – erschien eine kaiserliche Armee in Deutschland; eine schreckenvolle Erscheinung für die Protestanten, eine nicht viel erfreulichere für die Katholischen. Wallenstein hatte Befehl, seine Armee mit den Truppen der Ligue zu vereinigen und in Gemeinschaft mit dem bayerischen General den König von Dänemark anzugreifen. Aber längst schon eifersüchtig auf Tillys Kriegsruhm, bezeigte er keine Lust, die Lorbeern dieses Feldzugs mit ihm zu theilen und im Schimmer von Tillys Thaten den Ruhm der seinigen zu verlieren. Sein Kriegsplan unterstützte zwar die Operationen des Letztern, aber ganz unabhängig von denselben führte er ihn aus. Da ihm die Quellen fehlten, aus welchen Tilly die Bedürfnisse seines Heeres bestritt, so mußte er das seinige in wohlhabende Länder führen, die von dem Kriege noch nicht gelitten hatten. Ohne also, wie ihm befohlen war, zu dem liguistischen Feldherrn zu stoßen, rückte er in das Halberstädtische und Magdeburgische Gebiet und bemächtigte sich bei Dessau der Elbe. Alle Länder an beiden Ufern dieses Stroms lagen nun seinen Erpressungen offen; er konnte von da dem Könige von Dänemark in den Rücken fallen, ja, wenn es nöthig war, in die eigenen Länder desselben einen Weg sich bahnen.

Christian der Vierte fühlte die ganze Gefahr seiner Lage zwischen zwei so furchtbaren Heeren. Er hatte schon vorher den Administrator von Halberstadt, der kürzlich aus Holland zurückgekehrt war, an sich gezogen; jetzt erklärte er sich auch öffentlich für den Grafen Mannsfeld, den er bisher verleugnet hatte, und unterstützte ihn nach Vermögen. Reichlich erstattete ihm Mannsfeld diesen Dienst. Er ganz allein beschäftigte die Wallensteinische Macht an der Elbe und verhinderte sie, in Gemeinschaft mit Tilly den König aufzureiben. Dieser muthige General näherte sich sogar, der feindlichen Überlegenheit ungeachtet, der Dessauer Brücke und wagte es, den kaiserlichen Schanzen gegenüber, sich gleichfalls zu verschanzen. Aber von der ganzen feindlichen Macht im Rücken angefallen, mußte er der überlegenen Anzahl weichen und mit einem Verlust von dreitausend Todten seinen Posten verlassen. Nach dieser Niederlage zog sich Mannsfeld in die Mark Brandenburg, wo er sich nach einer kurzen Erholung mit neuen Truppen verstärkte und dann plötzlich nach Schlesien drehte, um von dort aus in Ungarn einzudringen und in Verbindung mit Bethlen Gaborn den Krieg in das Herz der österreichischen Staaten zu versetzen. Da die kaiserlichen Erblande gegen einen solchen Feind unvertheidigt waren, so erhielt Wallenstein schleunigen Befehl, den König von Dänemark für jetzt ganz aus den Augen zu lassen, um Mannsfelden, wo möglich, den Weg durch Schlesien zu verlegen.

Die Diversion, welche den Wallensteinischen Truppen durch Mannsfeld gemacht wurde, erlaubte dem König, einen Theil seines Heeres in das Westphälische zu schicken, um dort die Bisthümer Münster und Osnabrück zu besetzen. Dies zu verhindern, verließ Tilly eilig den Weserstrom; aber die Bewegungen Herzog Christians, welcher Miene machte, durch Hessen in die liguistischen Länder einzudringen und dahin den Krieg zu versetzen, riefen ihn aufs schnellste wieder aus Westphalen zurück. Um nicht von diesen Ländern abgeschnitten zu werden und eine gefährliche Vereinigung des Landgrafen von Hessen mit dem Feinde zu verhüten, bemächtigte sich Tilly eiligst aller haltbaren Plätze an der Werra und Fulda und versicherte sich der Stadt Münden am Eingange der hessischen Gebirge, wo beide Ströme in die Weser zusammenfließen. Er eroberte kurz darauf Göttingen, den Schlüssel zu Braunschweig und Hessen, und hatte Nordheim dasselbe Schicksal zugedacht, welches aber zu verhindern der König mit seiner ganzen Armee herbeieilte. Nachdem er diesen Ort mit allem Nöthigen versehen, um eine lange Belagerung auszuhalten, suchte er sich durch das Eichsfeld und Thüringen einen neuen Weg in die liguistischen Länder zu eröffnen. Schon war er Duderstadt vorbei; aber durch schnelle Märsche hatte ihm Graf Tilly den Vorsprung abgewonnen. Da die Armee des Letzten, durch einige Wallensteinische Regimenter verstärkt, der seinigen an Zahl weit überlegen war, so wendete sich der König in das Braunschweigische zurück, um eine Schlacht zu vermeiden. Aber auf eben diesem Rückzuge verfolgte ihn Tilly ohne Unterlaß, und nach einem dreitägigen Scharmützel mußte er endlich bei dem Dorfe Lutter, am Barenberg, dem Feinde stehen. Die Dänen thaten den Angriff mit vieler Tapferkeit, und dreimal führte sie der muthvolle König gegen den Feind; endlich aber mußte der schwächere Theil der überlegenen Anzahl und bessern Kriegsübung des Feindes weichen, und ein vollkommener Sieg wurde von dem liguistischen Feldherrn erfochten. Sechzig Fahnen und die ganze Artillerie, Bagage und Munition ging verloren; viele edle Officiere blieben todt auf dem Platze, gegen viertausend von den Gemeinen; mehrere Compagnieen Fußvolk, die sich auf der Flucht in das Amthaus zu Lutter geworfen, streckten das Gewehr und ergaben sich dem Sieger.

Der König entfloh mit seiner Reiterei und sammelte sich nach diesem empfindlichen Schlage bald wieder. Tilly verfolgte seinen Sieg, bemächtigte sich der Weser und der braunschweigischen Lande und trieb den König bis in das Bremische zurück. Durch seine Niederlage schüchtern gemacht, wollte dieser nur vertheidigungsweise verfahren, besonders aber dem Feinde den Übergang über die Elbe verwehren. Aber indem er in alle haltbaren Plätze Besatzungen warf, blieb er unthätig mit einer getheilten Macht; die zerstreuten Corps wurden nach einander von dem Feinde zerstreut oder aufgerieben. Die liguistischen Truppen, des ganzen Weserstroms mächtig, verbreiteten sich über die Elbe und Havel, und die dänischen sahen sich aus einem Posten nach dem andern verjagt. Tilly selbst war über die Elbe gegangen und hatte bis weit in das Brandenburgische seine siegreichen Waffen verbreitet, indem Wallenstein von der andern Seite in Holstein eindrang, den Krieg in die eigenen Länder des Königs zu spielen.

Dieser General kam eben aus Ungarn zurück, bis wohin er dem Grafen Mannsfeld gefolgt war, ohne seinen Marsch aufhalten oder seine Vereinigung mit Bethlen Gaborn verhindern zu können. Immer von dem Schicksal verfolgt, und immer größer als sein Schicksal, hatte sich dieser unter unendlichen Schwierigkeiten glücklich durch Schlesien und Ungarn zu dem Fürsten von Siebenbürgen hindurchgeschlagen, wo er aber nicht sehr willkommen war. Im Vertrauen auf englischen Beistand und auf eine mächtige Diversion in Niedersachsen, hatte Gabor aufs neue den Waffenstillstand mit dem Kaiser gebrochen, und anstatt dieser gehofften Diversion brachte ihm jetzt Mannsfeld die ganze Wallensteinische Macht mit und forderte Geld von ihm, anstatt es zu bringen. Diese wenige Übereinstimmung unter den protestantischen Fürsten erkältete Gabors Eifer, und er eilte, wie gewöhnlich, sich der überlegenen Macht des Kaisers durch einen geschwinden Frieden zu entledigen. Fest entschlossen, denselben bei dem ersten Strahl von Hoffnung wieder zu brechen, wies er den Grafen von Mannsfeld an die Republik Venedig, um dort vor allem andern Geld aufzubringen.

Von Deutschland abgeschnitten und ganz außer Stande, den schwachen Überrest seiner Truppen in Ungarn zu ernähren, verkaufte Mannsfeld Geschütz und Heergeräthe und ließ seine Soldaten auseinander gehen. Er selbst nahm mit einem kleinen Gefolge den Weg durch Bosnien und Dalmatien nach Venedig. neue Entwürfe schwellten seinen Muth; aber sein Lauf war vollendet. Das Schicksal, das ihn im Leben so unstät herumwarf, hatte ihm ein Grab in Dalmatien bereitet. Nicht weit von Zara übereilte ihn der Tod (1626). Kurz vorher war sein treuer Schicksalsgenosse, Herzog Christian von Braunschweig, gestorben – zwei Männer, der Unsterblichkeit werth, hätten sie sich eben so über ihr Zeitalter als über ihr Schicksal erhoben.

Der König von Dänemark hatte mit einer vollzähligen Macht dem einzigen Tilly nicht Stand halten können; wie viel weniger jetzt beiden kaiserlichen Generalen mit einer geschwächten! Die Dänen wichen aus allen ihren Posten an der Weser, Elbe und Havel, und die Armee Wallensteins ergoß sich über Brandenburg, Mecklenburg, Holstein und Schleswig wie ein reißender Strom. Dieser General, allzu übermüthig, um mit einem Andern gemeinschaftlich zu agiren, hatte den liguistischen Feldherrn über die Elbe geschickt, um dort die Holländer zu beobachten; eigentlich aber, damit er selbst den Krieg gegen den König endigen und die Früchte der von Tilly erfochtenen Siege für sich allein ernten möchte. Alle festen Plätze in seinen deutschen Staaten, Glückstadt allein ausgenommen, hatte Christian verloren, seine Heere waren geschlagen oder zerstreut, von Deutschland aus keine Hilfe, von England wenig Trost, seine Bundesgenossen in Niedersachsen der Wuth des Siegers preisgegeben. Den Landgrafen von Hessen-Kassel hatte Tilly gleich nach dem Siege bei Lutter gezwungen, der dänischen Allianz zu entsagen. Wallensteins furchtbare Erscheinung vor Berlin brachte den Kurfürsten von Brandenburg zur Unterwerfung und zwang ihn, Maximilian von Bayern als rechtmäßigen Kurfürsten anzuerkennen. Der größte Theil Mecklenburgs ward jetzt von den kaiserlichen Truppen überschwemmt, beide Herzoge, als Anhänger des Königs von Dänemark, in die Reichsacht erklärt und aus ihren Staaten vertrieben. Die deutsche Freiheit gegen widerrechtliche Eingriffe vertheidigt zu haben, wurde als ein Verbrechen behandelt, das den Verlust aller Würden und Länder nach sich zog. Und doch war alles dies nur das Vorspiel schreienderer Gewaltthätigkeiten, welche bald darauf folgen sollten.

Jetzt kam das Geheimniß an den Tag, auf welche Art Wallenstein seine ausschweifenden Versprechungen zu erfüllen meinte. Dem Grafen Mannsfeld war es abgelernt; aber der Schüler übertraf seinen Meister. Dem Grundsatze gemäß, daß der Krieg den Krieg ernähren müsse, hatten Mannsfeld und Herzog Christian mit den Brandschatzungen, die sie von Freund und Feind ohne Unterschied erpreßten, die Bedürfnisse ihrer Truppen bestritten; aber diese räuberische Lebensart war auch von allem

Ungemach und aller Unsicherheit des Räuberlebens begleitet. Gleich flüchtigen Dieben mußten sie sich durch wachsame und erbitterte Feinde stehlen, von einem Ende Deutschlands zum andern fliehen, ängstlich auf die Gelegenheit lauern und gerade die wohlhabendsten Länder meiden, weil eine stärkere Macht diese verteidigte. Hatten Mannsfeld und Herzog Christian, im Kampfe mit so furchtbaren Hindernissen, doch so erstaunlich viel gethan, was mußte sich dann nicht ausrichten lassen, wenn man aller dieser Hindernisse überhoben war, – wenn die Armee, die man aufstellte, zahlreich genug war, auch den mächtigsten einzelnen Reichsstand in Furcht zu setzen, – wenn der Name des Kaisers allen Gewalttätigkeiten die Straflosigkeit versicherte, – kurz – wenn man, unter der höchsten Autorität im Reiche und an der Spitze eines überlegenen Heeres, denselben Kriegsplan befolgte, welchen jene beiden Abenteurer auf eigne Gefahr und mit einer zusammengelaufenen Bande in Ausübung gebracht hatten!

Dies hatte Wallenstein im Auge, da er dem Kaiser sein kühnes Anerbieten that, und jetzt wird es Niemand mehr übertrieben finden. Je mehr man das Heer verstärkte, desto weniger durfte man um den Unterhalt desselben bekümmert sein, denn desto mehr brachte es die widersetzlichen Stände zum Zittern; je schreiender die Gewalttätigkeiten, desto ungestrafter konnte man sie verüben. Gegen feindlich gesinnte Reichsstände hatten sie einen Schein des Rechts; gegen getreue konnte die vorgeschützte Notwendigkeit sie entschuldigen. Die ungleiche Vertheilung dieses Druckes verhinderte eine gefährliche Einigkeit unter den Ständen; die Erschöpfung ihrer Länder entzog ihnen zugleich die Mittel, sie zu rügen. Ganz Deutschland wurde auf diese Art ein Proviantmagazin für die Heere des Kaisers, und er konnte mit allen Territorien wie mit seinen Erblanden schalten. Allgemein war das Geschrei um Gerechtigkeit am Throne des Kaisers; aber man war vor der Selbstrache der gemißhandelten Fürsten sicher, so lange sie um Gerechtigkeit riefen. Der allgemeine Unwille zertheilte sich zwischen dem Kaiser, der seinen Namen zu diesen Gräueln gab, und dem Feldherrn, der seine Vollmacht überschritt und offenbar die Autorität seines Herrn mißbrauchte. Durch den Kaiser nahm man den Weg, um gegen seinen Feldherrn Schutz zu erhalten; aber sobald er sich durch seine Truppen allmächtig wußte, hatte Wallenstein auch den Gehorsam gegen den Kaiser abgeworfen.

Die Erschöpfung des Feindes ließ einen nahen Frieden mit Wahrscheinlichkeit erwarten; dennoch fuhr Wallenstein fort, die kaiserlichen Heere immer mehr, zuletzt bis auf hunderttausend Mann, zu verstärken. Obersten- und Officierspatente ohne Zahl, ein königlicher Staat des Generals, unmäßige Verschwendungen an seine Creaturen (nie schenkte er unter tausend Gulden), unglaubliche Summen für Bestechungen am Hofe des Kaisers, um dort seinen Einfluß zu erhalten – alles dieses ohne den Kaiser zu beschweren. Aus den Brandschatzungen der niederdeutschen Provinzen wurden alle diese unermeßlichen Summen gezogen; kein Unterschied zwischen Freund und Feind, gleich eigenmächtige Durchzüge und Einquartierungen in aller Herren Ländern, gleiche Erpressungen und Gewalttätigkeiten. Dürfte man einer ausschweifenden Angabe aus jenen Zeiten trauen, so hätte Wallenstein in einem siebenjährigen Commando sechstausend Millionen Thaler aus einer Hälfte Deutschlands an Contributionen erhoben. Je ungeheurer die Erpressung, desto mehr Vorrath für seine Heere, desto stärker also der Zulauf zu seinen Fahnen; alle Welt fliegt nach dem Glücke. Seine Armeen schwollen an, indem alle Länder welkten, durch die sie zogen. Was kümmerte ihn nun der Fluch der Provinzen und das Klaggeschrei der Fürsten? Sein Heer betete ihn an, und das Verbrechen selbst setzte ihn in den Stand alle Folgen desselben zu verlachen.

Man würde dem Kaiser unrecht thun, wenn man alle die Ausschweifungen seiner Armeen auf seine Rechnung setzen wollte. Wußte es Ferdinand vorher, daß er seinem Feldherrn alle deutschen Staaten zum Raube gab, so hätte ihm nicht verborgen bleiben können, wie viel er selbst bei einem so unumschränkten Feldherrn Gefahr lief. Je enger sich das Band zwischen der Armee und ihrem Anführer zusammenzog, von dem allein alles Glück, alle Beförderung ausfloß, desto mehr mußte es zwischen Beiden und dem Kaiser erschlaffen. Zwar geschah alles im Namen des Letztern; aber die Majestät des Reichsoberhaupts wurde von Wallenstein nur gebraucht, um jede andere Autorität in Deutschland zu zermalmen. Daher der überlegte Grundsatz dieses Mannes, die deutschen Reichsfürsten sichtbar zu erniedrigen, alle Stufen und Ordnungen zwischen diesen Fürsten und dem Reichsoberhaupte zu zerbrechen und das Ansehen des Letztern über alle Vergleichung zu erhöhen. War der Kaiser die einzige gesetzgebende Macht in Deutschland, wer reichte alsdann hinauf an den Vezier, den er zum Vollzieher seines Willens gemacht hatte? Die Höhe, auf welche Wallenstein ihn stellte, überraschte sogar den Kaiser; aber eben weil diese Größe des Herrn das Werk seines Dieners war, so sollte diese Wallensteinische Schöpfung wieder in ihr Nichts zurücksinken, sobald ihr die Hand ihres Schöpfers fehlte. Nicht umsonst empörte er alle Reichsfürsten Deutschlands gegen den Kaiser – je heftiger ihr Haß gegen Ferdinand, desto nothwendiger mußte ihm derjenige Mann bleiben, der allein ihren schlimmen Willen unschädlich machte. Seine Absicht ging unverkennbar dahin, daß sein Oberherr in ganz Deutschland keinen Menschen mehr zu fürchten haben sollte, als – den einzigen, dem er diese Allmacht verdankte.

Ein Schritt zu diesem Ziele war, daß Wallenstein das eben eroberte Mecklenburg zum einstweiligen Unterpfand für sich verlangte, bis die Geldvorschüsse, welche er dem Kaiser in dem bisherigen Feldzug gethan, erstattet sein würden. Schon vorher hatte ihn Ferdinand, wahrscheinlich, um seinem General einen Vorzug mehr vor dem bayerischen zu geben, zum Herzog von Friedland erhoben; aber eine gewöhnliche Belohnung konnte den Ehrgeiz eines Wallenstein nicht ersättigen. Vergebens erhoben sich selbst in dem kaiserlichen Rath unwillige Stimmen gegen diese neue Beförderung, die auf Unkosten zweier Reichsfürsten geschehen sollte; umsonst widersetzten sich selbst die Spanier, welche längst schon sein Stolz beleidigt hatte, seiner Erhebung. Der mächtige Anhang, welchen sich Wallenstein unter den Rathgebern des Kaisers erkauft hatte, behielt die Oberhand; Ferdinand wollte sich, auf welche Art es auch sein möchte, diesen unentbehrlichen Diener verpflichten. Man stieß eines leichten Vergehens wegen die Nachkömmlinge eines der ältesten deutschen Für- stenhäuser aus ihrem Erbtheil, um eine Creatur der kaiserlichen Gnade mit ihrem Raube zu bekleiden (1628).

Bald darauf fing Wallenstein an, sich einen Generalissimus des Kaisers zu Wasser und zu Lande zu nennen. Die Stadt Wismar wurde erobert und fester Fuß an der Ostsee gewonnen. Von Polen und den Hansestädten wurden Schiffe gefordert, um den Krieg jenseit des baltischen Meeres zu spielen, die Dänen in das Innerste ihres Reichs zu verfolgen und einen Frieden zu erzwingen, der zu größern Eroberungen den Weg bahnen sollte. Der Zusammenhang der niederdeutschen Stände mit den nordischen Reichen war zerrissen, wenn es dem Kaiser gelang, sich in die Mitte zwi- schen beiden zu lagern und von dem adriatischen Meere bis an den Sund (das dazwischen liegende Polen stand in seiner Abhängigkeit) Deutschland mit einer fortlaufenden Länderkette zu umgeben. Wenn dies die Absicht des Kaisers war, so hatte Wallenstein seine besondere, den nämlichen Plan zu befolgen. Besitzungen an der Ostsee sollten den Grundstein zu einer Macht abgeben, womit sich schon längst seine Ehrsucht trug, und welche ihn in den Stand setzen sollte, seinen Herrn zu entbehren.

Diese Zwecke zu erreichen, war es von äußerster Wichtigkeit, die Stadt Stralsund am baltischen Meere in Besitz zu bekommen. Ihr vortrefflicher

Hafen, die leichte Überfahrt von da nach den schwedischen und dänischen Küsten machte sie vorzüglich geschickt, in einem Kriege mit beiden Kronen einen Waffenplatz abzugeben. Diese Stadt, die sechste des Hanseatischen Bundes, genoß unter dem Schutze des Herzogs von Pommern die wichtigsten Privilegien, und völlig außer aller Verbindung mit Dänemark, hatte sie an dem bisherigen Kriege auch nicht den entferntesten Antheil genommen. Aber weder diese Neutralität noch ihre Privilegien konnten sie vor den Anmaßungen Wallensteins schützen, der seine Absicht auf sie gerichtet hatte.

Einen Antrag dieses Generals, kaiserliche Besatzungen anzunehmen, hatte der Magistrat von Stralsund mit rühmlicher Standhaftigkeit verworfen, auch seinen Truppen den arglistig verlangten Durchmarsch verweigert. Jetzt schickte Wallenstein sich an, die Stadt zu belagern.

Für beide nordische Könige war es von gleicher Wichtigkeit, Stralsund bei seiner Unabhängigkeit zu schützen, ohne welche die freie Schifffahrt auf dem Belte nicht behauptet werden konnte. Die gemeinschaftliche Gefahr besiegte endlich die Privateifersucht, welche schon längst beide Könige entzweite. In einem Vertrage zu Kopenhagen (1628) versprachen sie einander, Stralsund mit vereinigten Kräften aufrecht zu erhalten und gemeinschaftlich jede fremde Macht abzuwehren, welche in feindlicher Absicht in der Ostsee erscheinen würde. Christian der Vierte warf sogleich eine hinreichende Besatzung in Stralsund und stärkte durch seinen persönlichen Besuch den Muth der Bürger. Einige Kriegsschiffe, welche König Sigismund von Polen dem kaiserlichen Feldherrn zu Hilfe schickte, wurden von der dänischen Flotte in Grund gebohrt, und da ihm nun auch die Stadt Lübeck die ihrigen abschlug, so hatte der kaiserliche Generalissimus zur See nicht einmal Schiffe genug, den Hafen einer einzigen Stadt einzuschließen.

Nichts scheint abenteuerlicher zu sein, als einen Seeplatz, der aufs vortrefflichste befestigt war, erobern zu wollen, ohne seinen Hafen einzuschließen. Wallenstein, der noch nie einen Widerstand erfahren, wollte nun auch die Natur überwinden und das Unmögliche besiegen. Stralsund, von der Seeseite frei, fuhr ungehindert fort, sich mit Lebensmitteln zu versehen und mit neuen Truppen zu verstärken; nichts destoweniger umzingelte es Wallenstein zu Lande und suchte durch prahlerische Drohungen den Mangel gründlicherer Mittel zu ersetzen. »Ich will«, sagte er, »diese Stadt wegnehmen, und wäre sie mit Ketten an den Himmel gebunden.« Der Kaiser selbst, welcher eine Unternehmung bereuen mochte, wovon er sich keinen rühmlichen Ausgang versprach, ergriff mit Begierde die scheinbare

Unterwürfigkeit und einige annehmliche Erbietungen der Stralsunder, seinem General den Abzug von der Stadt zu befehlen. Wallenstein verachtete diesen Befehl und fuhr fort, den Belagerten durch unablässige Stürme zuzusetzen. Da die dänische Besatzung schon stark geschmolzen, der Überrest der rastlosen Arbeit nicht gewachsen war und der König sich außer Stand befand, eine größere Anzahl von Truppen an diese Stadt zu wagen, so warf sich Stralsund, mit Christians Genehmigung, dem König von Schweden in die Arme. Der dänische Commandant verließ die Festung, um einem schwedischen Platz zu machen, der sie mit dem glücklichsten Erfolge vertheidigte. Wallensteins Glück scheiterte vor dieser Stadt, und zum erstenmal erlebte sein Stolz die empfindliche Kränkung, nach mehreren verlornen Monaten, nach einem Verlust von zwölftausend Todten, seinem Vorhaben zu entsagen. Aber die Nothwendigkeit, in welche er diese Stadt gesetzt hatte, den schwedischen Schutz anzurufen, veranlaßte ein enges Bündniß zwischen Gustav Adolph und Stralsund, welches in der Folge den Eintritt der Schweden in Deutschland nicht wenig erleichterte.

Bis hierher hatte das Glück die Waffen der Ligue und des Kaisers begleitet, und Christian der Vierte, in Deutschland überwunden, mußte sich in seinen Inseln verbergen; aber die Ostsee setzte diesen Eroberungen eine Grenze. Der Abgang der Schiffe hinderte nicht nur, den König weiter zu verfolgen, sondern setzte auch den Sieger noch in Gefahr, die gemachten Eroberungen zu verlieren. Am meisten hatte man von der Vereinigung beider nordischen Monarchen zu fürchten, welche es, wenn sie Bestand hatte, dem Kaiser und seinem Feldherrn unmöglich machte, auf der Ostsee eine Rolle zu spielen, oder gar eine Landung in Schweden zu thun. Gelang es aber, die Sache dieser beiden Fürsten zu trennen und sich der Freundschaft des dänischen Königs insbesondere zu versichern, so konnte man die einzelne schwedische Macht desto leichter zu überwältigen hoffen. Furcht vor Einmischung fremder Mächte, aufrührerische Bewegungen der Protestanten in seinen eigenen Staaten, die ungeheuren Kosten des bisher geführten Kriegs und noch mehr der Sturm, den man im ganzen protestantischen Deutschland im Begriff war zu erregen, stimmten das Gemüth des Kaisers zum Frieden, und aus ganz entgegengesetzten Gründen beeiferte sich sein Feldherr, diesen Wunsch zu erfüllen. Weit entfernt, einen Frieden zu wünschen, der ihn aus dem Mittagsglanze der Größe und Gewalt in die Dunkelheit des Privatstandes herunterstürzte, wollte er nur den Schauplatz des Kriegs verändern und durch diesen einseitigen Frieden die Verwirrung verlängern. Die Freundschaft Dänemarks, dessen Nachbar er als Herzog von Mecklenburg geworden, war ihm für seine weit aussehenden Entwürfe sehr wichtig, und er beschloß, selbst mit Hintansetzung der Vortheile seines Herrn, sich diesen Monarchen zu verpachten.

Christian der Vierte hatte sich in dem Vertrag von Kopenhagen verbindlich gemacht, ohne Zuziehung Schwedens keinen einseitigen Frieden mit dem Kaiser zu schließen. Dessen ungeachtet wurde der Antrag, den ihm Wallenstein that, mit Bereitwilligkeit angenommen. Auf einem Congreß zu Lübeck (1629), von welchem Wallenstein die schwedischen Gesandten, die für Mecklenburg zu intercedieren kamen, mit ausstudierter Geringschätzung abwies, wurden von kaiserlicher Seite alle den Dänen weggenommenen Länder zurückgegeben. Man legte dem König auf, sich in die Angelegenheiten Deutschlands fernerhin nicht weiter einzumengen, als ihm der Name eines Herzogs von Holstein gestattete, sich der niederdeutschen Stifter unter keinem Namen mehr anzumaßen und die mecklenburgischen Herzoge ihrem Schicksal zu überlassen. Christian selbst hatte diese beiden Fürsten in den Krieg mit dem Kaiser verwickelt; jetzt opferte er sie auf, um sich den Räuber ihrer Staaten zu verpflichten. Unter den Beweggründen, welche ihn zum Krieg gegen den Kaiser veranlaßten, war die Wiederherstellung des Kurfürsten von der Pfalz, seines Verwandten. nicht der unerheblichste gewesen – auch diesem Fürsten wurde in dem Lübecker Frieden mit keiner Sylbe gedacht und in einem Artikel desselben sogar die Rechtmäßigkeit der bayerischen Kurwürde eingestanden. Mit so wenig Ruhm trat Christian der Vierte vom Schauplatze.

Zum zweitenmal hatte Ferdinand jetzt die Ruhe Deutschlands in Händen, und es stand nur bei ihm, den Frieden mit Dänemark in einen allgemeinen zu verwandeln. Aus allen Gegenden Deutschlands schallte ihm das Jammern der Unglücklichen entgegen, die um das Ende ihrer Drangsale flehten; die Gräuel seiner Soldaten, die Habsucht seiner Feldherren hatten alle Grenzen überstiegen. Deutschland – von den verwüstenden Schwärmen Mannsfelds und Christians von Braunschweig, von den schrecklichen Heerschaaren Tillys und Wallensteins durchzogen, lag erschöpft, blutend, verödet und seufzte nach Erholung. Mächtig war der Wunsch des Friedens bei allen Ständen des Reichs, mächtig selbst bei dem Kaiser, der, in Oberitalien mit Frankreich in Krieg verwickelt, durch den bisherigen in Deutschland entkräftet und vor den Rechnungen bange war, die seiner warteten. Aber unglücklicherweise widersprachen sich die Bedingungen, unter welchen beide Religionsparteien das Schwert in die

Scheide stecken wollten. Die Katholischen wollten mit Vortheil aus diesem Kriege gehen; die Protestanten wollten nicht schlimmer daraus gehen – der Kaiser, anstatt beide Theile mit kluger Mäßigung zu vereinigen, nahm Partei; und so stürzte Deutschland aufs neue in die Schrecken eines entsetzlichen Krieges.

Schon seit Endigung der böhmischen Unruhen hatte Ferdinand die Gegenreformation in seinen Erbstaaten angefangen; wobei jedoch aus Rücksicht gegen einige evangelische Stände mit Mäßigung verfahren wurde. Aber die Siege, welche seine Feldherren in Niederdeutschland erfochten, machten ihm Muth, allen bisherigen Zwang abzuwerfen. Allen Protestanten in seinen Erbländern wurde, diesem Entschluß gemäß, angekündigt, entweder ihrer Religion oder ihrem Vaterlande zu entsagen – eine bittere, schreckliche Wahl, welche die fürchterlichsten Empörungen unter den Landleuten in Österreich erregte. In den pfälzischen Landen wurde gleich nach Vertreibung Friedrichs des Fünften der reformierte Gottesdienst aufgehoben, und die Lehrer dieser Religion von der hohen Schule zu Heidelberg vertrieben.

Diese Neuerungen waren nur das Vorspiel zu größern. Auf einem Kurfürstenconvent zu Mühlhausen forderten die Katholiken den Kaiser auf, alle seit dem Religionsfrieden zu Augsburg von den Protestanten eingezogenen Erzbisthümer, Bisthümer, mittelbare und unmittelbare Abteien und Klöster wieder an die katholische Kirche zurückzubringen und dadurch die katholischen Stände für die Verluste und Bedrückungen zu entschädigen, welche sie in dem bisherigen Kriege erlitten hätten. Bei einem so streng katholischen Fürsten, wie es Ferdinand war, konnte ein solcher Wink nicht zur Erde fallen; aber noch schien es ihm zu früh, das ganze protestantische Deutschland durch einen so entscheidenden Schritt zu empören. Kein einziger protestantischer Fürst war, dem diese Zurückforderung der geistlichen Stifter nicht einen Theil seiner Lande nahm. Wo man die Einkünfte derselben auch nicht ganz zu weltlichen Zwecken bestimmt hatte, hatte man sie zum Nutzen der protestantischen Kirche verwendet. Mehrere Fürsten dankten diesen Erwerbungen einen großen Theil ihrer Einkünfte und Macht. Alle ohne Unterschied mußten durch die Zurückforderung derselben in Aufruhr gebracht werden. Der Religionsfriede sprach ihnen das Recht an diese Stifter nicht ab – obgleich er es eben so wenig außer Zweifel setzte. Aber ein langer, bei vielen fast ein Jahrhundert langer Besitz, das Stillschweigen von vier bisherigen Kaisern, das Gesetz der Billigkeit, welches ihnen an den Stiftungen ihrer Voreltern einen gleichen Antheil mit den Katholischen zusprach, konnte als ein vollgültiger Grund des Rechts von ihnen angeführt werden. Außer dem wirklichen Verlust, den sie durch Zurückgabe dieser Stifter an ihrer Macht und Gerichtsbarkeit erlitten, außer den unübersehlichen Verwirrungen, welche die Folge davon sein mußten, war dies kein geringer Nachtheil für sie, daß die wiedereingesetzten katholischen Bischöfe die katholische Partei auf dem Reichstage mit eben so viel neuen Stimmen verstärken sollten. So empfindliche Verluste auf Seiten der Evangelischen ließen den Kaiser die heftigste Widersetzung befürchten, und ehe das Kriegsfeuer in Deutschland gedämpft war, wollte er eine ganze, in ihrer Vereinigung furchtbare Partei, welche an dem Kurfürsten von Sachsen eine mächtige Stütze hatte, nicht zur Unzeit gegen sich reizen. Er versuchte es also vorerst im Kleinen, um zu erfahren, wie man es im Großen aufnehmen würde. Einige Reichsstädte in Oberdeutschland und der Herzog von Wirtenberg erhielten Mandate, verschiedene solcher eingezogenen Stifter herauszugeben.

Die Lage der Umstände in Sachsen ließ ihn dort noch einige kühnere Versuche wagen. In den Bisthümern Magdeburg und Halberstadt hatten die protestantischen Domherren keinen Anstand genommen, Bischöfe von ihrer Religion aufzustellen. Beide Bisthümer, die Stadt Magdeburg allein ausgenommen, hatten Wallensteinische Treppen jetzt überschwemmt. Zufälligerweise war Halberstadt durch den Tod des Administrators, Herzogs Christian von Braunschweig, das Erzstift Magdeburg durch Absetzung Christian Wilhelms, eines brandenburgischen Prinzen, erledigt. Ferdinand benutzte diese beiden Umstände, um das Halberstädtische Stift einem katholischen Bischof, und noch dazu einem Prinzen aus seinem eigenen Hause, zuzuwenden. Um nicht einen ähnlichen Zwang zu erleiden, eilte das Capitel zu Magdeburg, einen Sohn des Kurfürsten von Sachsen zum Erzbischof zu erwählen. Aber der Papst, der sich aus angemaßter Gewalt in diese Angelegenheit mengte, sprach dem österreichischen Prinzen auch das magdeburgische Erzstift zu; und man konnte sich nicht enthalten, die Geschicklichkeit Ferdinands zu bewundern, der über dem heiligsten Eifer für seine Religion nicht vergaß, für das Beste seines Hauses zu sorgen.

Endlich, als der Lübecker Friede den Kaiser von Seiten Dänemarks außer aller Furcht gesetzt hatte, die Protestanten in Deutschland gänzlich daniederzuliegen schienen, die Forderungen der Ligue aber immer lauter und dringender wurden, unterzeichnete Ferdinand das durch so viel Unglück berüchtigte Restitutionsedikt (1629), nachdem er es vorher jedem der vier katholischen Kurfürsten zur Genehmigung vorgelegt hatte. In dem Eingange spricht er sich das Recht zu, den Sinn des Religionsfriedens, dessen ungleiche Deutung zu allen bisherigen Irrungen Anlaß gegeben, vermittelst kaiserlicher Machtvollkommenheit zu erklären und als oberster Schiedsmann und Richter zwischen beide streitende Parteien zu treten. Dieses Recht gründete er auf die Observanz seiner Vorfahren und auf die ehemals geschehene Einwilligung selbst protestantischer Stände. Kursachsen hatte dem Kaiser wirklich dieses Recht zugestanden; jetzt ergab es sich, wie großen Schaden dieser Hof durch seine Anhänglichkeit an Österreich der protestantischen Sache zugefügt hatte. Wenn aber der Buchstabe des Religionsfriedens wirklich einer ungleichen Auslegung unterworfen war, wie der ein Jahrhundert lange Zwist beider Religionsparteien es genugsam bezeugte, so konnte doch auf keine Weise der Kaiser, der entweder ein katholischer oder ein protestantischer Reichsfürst und also selbst Partei war, zwischen katholischen und protestantischen Ständen einen Religionsstreit entscheiden – ohne den wesentlichen Artikel des Religionsfriedens zu verletzen. Er konnte in seiner eigenen Sache nicht Richter sein, ohne die Freiheit des deutschen Reichs in einen leeren Schall zu verwandeln.

Und nun in Kraft dieses angemaßten Rechts, den Religionsfrieden auszulegen, gab Ferdinand die Entscheidung: »daß jede nach dem Datum dieses Friedens von den Protestanten geschehene Einziehung sowohl mittelbarer als unmittelbarer Stifter dem Sinn dieses Friedens zuwiderlaufe und als eine Verletzung desselben widerrufen sei.« Er gab ferner die Entscheidung: »daß der Religionsfriede keinem katholischen Landesherrn auflege, protestantischen Unterthanen etwas mehr als freien Abzug aus seinen Landen zu bewilligen.« Diesem Ausspruche gemäß wurde allen unrechtmäßigen Besitzern geistlicher Stifter – also allen protestantischen Reichsständen ohne Unterschied – bei Strafe des Reichsbannes anbefohlen, dieses unrechte Gut an die kaiserlichen Commissarien unverzüglich herauszugeben.

Nicht weniger als zwei Erzbisthümer und zwölf Bisthümer standen auf der Liste, außer diesen eine unübersehliche Anzahl von Klöstern, welche die Protestanten sich zugeeignet hatten. Dieses Edikt war ein Donnerschlag für das ganze protestantische Deutschland; schrecklich schon an sich selbst durch das, was es wirklich nahm, schrecklicher noch durch das, was es für die Zukunft befürchten ließ, und wovon man es nur als einen Vorläufer betrachtete. Jetzt sahen es die Protestanten als ausgemacht an, daß der Untergang ihrer Religion von dem Kaiser und der katholischen Ligue beschlossen sei, und daß der Untergang deutscher Freiheit ihr bald nachfolgen werde. Auf keine Gegenvorstellung wurde geachtet, die Commissarien wurden ernannt und eine Armee zusammengezogen, ihnen Gehorsam zu verschaffen. Mit Augsburg, wo der Friede geschlossen worden, machte man den Anfang; die Stadt mußte unter die Gerichtsbarkeit ihres Bischofs zurücktreten, und sechs protestantische Kirchen wurden darin geschlossen. Ebenso mußte der Herzog von Wirtenberg seine Klöster herausgeben. Dieser Ernst schreckte alle evangelischen Reichsstände auf, aber ohne sie zu einem thätigen Widerstand begeistern zu können. Die Furcht vor des Kaisers Macht wirkte zu mächtig; schon fing ein großer Theil an, sich zur Nachgiebigkeit zu neigen. Die Hoffnung, auf einem friedlichen Wege zu Erfüllung ihres Wunsches zu gelangen, bewog deßwegen die Katholischen, mit Vollstreckung des Edikts noch ein Jahr lang zu zögern, und dies rettete die Protestanten. Ehe diese Frist um war, hatte das Glück der schwedischen Waffen die ganze Gestalt der Dinge verändert.

Auf einer Kurfürstenversammlung zu Regensburg, welcher Ferdinand in Person beiwohnte (1630), sollte nun mit allem Ernst an der gänzlichen Beruhigung Deutschlands und an Hebung aller Beschwerden gearbeitet werden. Diese waren von Seiten der Katholischen nicht viel geringer, als von Seiten der Evangelischen, so sehr auch Ferdinand sich überredete, alle Mitglieder der Ligue durch das Restitutionsedikt und den Anführer derselben durch Ertheilung der Kurwürde und durch Einräumung des größten Theils der pfälzischen Lande sich verpflichtet zu haben. Das gute Verständniß zwischen dem Kaiser und den Fürsten der Ligue hatte seit Wallensteins Erscheinung unendlich gelitten. Gewohnt, den Gesetzgeber in Deutschland zu spielen und selbst über das Schicksal des Kaisers zu gebieten, sah sich der stolze Kurfürst von Bayern durch den kaiserlichen Feldherrn auf einmal entbehrlich gemacht und seine ganze bisherige Wichtigkeit zugleich mit dem Ansehen der Ligue verschwunden. Ein Anderer trat jetzt auf, die Früchte seiner Siege zu ernten und alle seine vergangenen Dienste in Vergessenheit zu stürzen. Der übermüthige Charakter des Herzogs von Friedland, dessen süßester Triumph war, dem Ansehen der Fürsten Hohn zu sprechen und der Autorität seines Herrn eine verhaßte Ausdehnung zu geben, trug nicht wenig dazu bei, die Empfindlichkeit des Kurfürsten zu vermehren. Unzufrieden mit dem Kaiser und voll Mißtrauen gegen seine Gesinnungen, hatte er sich in ein Bündniß mit Frankreich eingelassen, dessen sich auch die übrigen Fürsten der Ligue verdächtig machten. Die Furcht vor den Vergrößerungsplanen des Kaisers, der Unwille über die gegenwärtigen schreienden Übel hatte bei diesen jedes Gefühl der Dankbarkeit erstickt. Wallensteins Erpressungen waren bis zum Unerträglichen gegangen. Brandenburg gab den erlittenen Schaden auf zwanzig, Pommern auf zehn, Hessen auf sieben Millionen an, die Übrigen nach Verhältniß. Allgemein, nachdrücklich, heftig war das Geschrei um Hilfe, umsonst alle Gegenvorstellungen, kein Unterschied zwischen Katholiken und Protestanten, alles über diesen Punkt nur eine einzige Stimme. Mit Fluthen von Bittschriften, alle wider Wallenstein gerichtet, stürmte man auf den erschrockenen Kaiser ein und erschütterte sein Ohr durch die schauderhaftesten Beschreibungen der erlittenen Gewaltthätigkeiten. Ferdinand war kein Barbar. Wenn auch nicht unschuldig an den Abscheulichkeiten, die sein Name in Deutschland verübte, doch unbekannt mit dem Übermaße derselben, besann er sich nicht lange, den Forderungen der Fürsten zu willfahren und von seinen im Felde stehenden Heeren sogleich achtzehntausend Mann Reiterei abzudanken. Als diese Truppenverminderung geschah, rüsteten sich die Schweden schon lebhaft zu ihrem Einmarsch in Deutschland. und der größte Theil der entlassenen kaiserlichen Soldaten eilte unter ihre Fahnen.

Diese Nachgiebigkeit Ferdinands diente nur dazu, den Kurfürsten von Bayern zu kühnern Forderungen zu ermuntern. Der Triumph über das Ansehn des Kaisers war unvollkommen, so lange der Herzog von Friedland das oberste Commando behielt. Schwer rächten sich jetzt die Fürsten an dem Übermuthe diesem Feldherrn, den sie alle ohne Unterschied hatten fühlen müssen. Die Absetzung desselben wurde daher von dem ganzen Kurfürstencollegium, selbst von den Spaniern, mit einer Einstimmigkeit und Hitze gefordert, die den Kaiser in Erstaunen setzte. Aber selbst diese Einstimmigkeit, diese Heftigkeit, mit welcher die Neider des Kaisers auf Wallensteins Absetzung drangen, mußte ihn von der Wichtigkeit dieses Dieners überzeugen. Wallenstein, von den Kabalen unterrichtet, welche in Regensburg gegen ihn geschmiedet wurden, verabsäumte nichts, dem Kaiser über die wahren Absichten des Kurfürsten von Bayern die Augen zu öffnen. Er erschien selbst in Regensburg, aber mit einem Prunke, der selbst den Kaiser verdunkelte und dem Haß seiner Gegner nur neue Nahrung gab.

Lange Zeit konnte der Kaiser sich nicht entschließen. Schmerzlich war das Opfer, das man von ihm forderte. Seine ganze Überlegenheit hatte er dem Herzog von Friedland zu danken; er fühlte, wie viel er hingab, wenn er ihn dem Hasse der Fürsten aufopferte. Aber zum Unglück bedurfte er gerade jetzt den guten Willen der Kurfürsten. Er ging damit um, seinem Sohne Ferdinand, erwähltem König von Ungarn, die Nachfolge im Reiche zuzuwenden, wozu ihm die Einwilligung Maximilians unentbehrlich war. Diese Angelegenheit war ihm die dringendste, und er scheute sich nicht, seinen wichtigsten Diener aufzuopfern, um den Kurfürsten von Bayern zu verpflichten.

Auf eben diesem Kurfürstentage zu Regensburg befanden sich auch Abgeordnete aus Frankreich, bevollmächtigt, einen Krieg beizulegen, der sich zwischen dem Kaiser und ihrem Herrn in Italien zu entzünden drohte. Herzog Vincenz von Mantua und Montferrat war gestorben, ohne Kinder zu hinterlassen. Sein nächster Anverwandter, Karl Herzog von Nevers hatte sogleich von dieser Erbschaft Besitz genommen, ohne dem Kaiser als oberstem Lehnsherrn dieser Fürstenthümer die schuldige Pflicht zu erweisen. Auf französischen und venetianischen Beistand gestützt, beharrte er auf seiner Weigerung, diese Länder bis zur Entscheidung seines Rechts in die Hände der kaiserlichen Commissarien zu übergeben. Ferdinand, in Feuer gesetzt von den Spaniern, denen, als Besitzern von Mailand, die nahe Nachbarschaft eines französischen Vasallen äußerst bedenklich und die Gelegenheit willkommen war, mit Hilfe des Kaisers Eroberungen in diesem Theile Italiens zu machen, griff zu den Waffen. Aller Gegenbemühungen Papst Urbans des Achten ungeachtet, der den Krieg ängstlich von diesen Gegenden zu entfernen suchte, schickte er eine deutsche Armee über die Alpen, deren unerwartete Erscheinung alle italienischen Staaten in Schrecken setzte. Seine Waffen waren siegreich durch ganz Deutschland, als dies in Italien geschah, und die alles vergrößernde Furcht glaubte nun, die alten Entwürfe Österreichs zur Universalmonarchie auf einmal wieder aufleben zu sehen. Die Schrecken des deutschen Kriegs verbreiteten sich nun auch über die gesegneten Fluren, welche der Po durchströmt; die Stadt Mantua wurde mit Sturm erobert, und alles Land umher mußte die verwüstende Gegenwart gesetzloser Schaaren empfinden. Zu den Verwünschungen, welche weit und breit durch ganz Deutschland wider den Kaiser erschallten, gesellten sich nunmehr auch die Flüche Italiens, und im Conclave selbst stiegen von jetzt an stille Wünsche für das Glück der protestantischen Waffen zum Himmel.

Abgeschreckt durch den allgemeinen Haß, welchen dieser italienische Feldzug ihm zugezogen, und durch das dringende Anliegen der Kurfürsten ermüdet, die das Gesuch der französischen Minister mit Eifer unterstützten, gab der Kaiser den Vorschlägen Frankreichs Gehör und versprach dem neuen Herzog von Mantua die Belehnung.

Dieser wichtige Dienst von Seiten Bayerns war von französischer Seite einen Gegendienst werth. Die Schließung des Traktats gab den Bevollmächtigten Richelieus eine erwünschte Gelegenheit, den Kaiser während ihrer Anwesenheit zu Regensburg mit den gefährlichsten Intriguen zu umspinnen, die mißvergnügten Fürsten der Ligue immer mehr gegen ihn zu reizen und alle Verhandlungen dieses Kurfürstentages zum Nachtheil des Kaisers zu leiten. Zu diesem Geschäfte hatte sich Richelieu in der Person des Capuciner-Paters Joseph, der dem Gesandten als ein ganz unverdächtiger Begleiter an die Seite gegeben war, ein treffliches Werkzeug auserlesen. Eine seiner ersten Instruktionen war, die Absetzung Wallensteins mit Eifer zu betreiben. Mit dem General, der sie zum Sieg geführt hatte, verloren die österreichischen Armeen den größten Theil ihrer Stärke; ganze Heere konnten den Verlust dieses einzigen Mannes nicht ersetzen. Ein Hauptstreich der Politik war es also, zu eben der Zeit, wo ein siegreicher König, unumschränkter Herr seiner Kriegsoperationen, sich gegen den Kaiser rüstete, den einzigen Feldherrn, der ihm an Kriegserfahrung und an Ansehn gleich war, von der Spitze der kaiserlichen Armeen wegzureißen. Pater Joseph, mit dem Kurfürsten von Bayern einverstanden, unternahm es, die Unentschlossenheit des Kaisers zu besiegen, der von den Spaniern und dem ganzen Kurfürstenrathe wie belagert war. »Es würde gut gethan sein«, meinte er, »den Fürsten in diesem Stücke zu Gefallen zu leben, um desto eher zu der römischen Königswahl seines Sohnes ihre Stimme zu erhalten. Würde nur dieser Sturm erst vorüber sein, so fände sich Wallenstein alsdann schnell genug wieder, um seinen vorigen Platz einzunehmen.« – Der listige Capuciner war seines Mannes zu gewiß, um bei diesem Trostgrunde etwas zu wagen.

Die Stimme eines Mönchs war für Ferdinand den Zweiten die Stimme Gottes. »Nichts auf Erden«, schreibt sein eigener Beichtvater, »war ihm heiliger, als ein priesterliches Haupt. Geschähe es, pflegte er oft zu sagen, daß ein Engel und ein Ordensmann zu Einer Zeit und an Einem Ort ihm begegneten, so würde der Ordensmann die erste und der Engel die zweite Verbeugung von ihm erhalten.« Wallensteins Absetzung wurde beschlossen.

Zum Dank für dieses fromme Vertrauen arbeitete ihm der Capuciner mit solcher Geschicklichkeit in Regensburg entgegen, daß seine Bemühungen, dem Könige von Ungarn die römische Königswürde zu verschaffen, gänzlich mißlangen. In einem eigenen Artikel des eben geschlossenen

Vertrags hatten sich die französischen Minister im Namen dieser Krone verbindlich gemacht, gegen alle Feinde des Kaisers die vollkommenste Neutralität zu beobachten – während daß Richelieu mit dem Könige von Schweden bereits in Traktaten stand, ihn zum Krieg aufmunterte und ihm die Allianz seines Herrn aufdrang. Auch nahm er diese Lüge zurück, sobald sie ihre Wirkung gethan hatte, und Pater Joseph mußte in einem Kloster die Verwegenheit büßen, seine Vollmacht überschritten zu haben. Zu spät wurde Ferdinand gewahr, wie sehr man seiner gespottet hatte. »Ein schlechter Capuciner«, hörte man ihn sagen, »hat mich durch seinen Rosenkranz entwaffnet und nicht weniger als sechs Kurhüte in seine enge Capuze geschoben.«

Betrug und List triumphierten also über diesen Kaiser zu einer Zeit, wo man ihn in Deutschland allmächtig glaubte und wo er es durch seine Waffen wirklich war. Um fünfzehntausend Mann ärmer, ärmer um einen Feldherrn, der ihm den Verlust eines Heers ersetzte, verließ er Regensburg, ohne den Wunsch erfüllt zu sehen, um derentwillen er alle diese Opfer brachte. Ehe ihn die Schweden im Felde schlugen, hatten ihn Maximilian von Bayern und Pater Joseph unheilbar verwundet. Auf eben dieser merkwürdigen Versammlung zu Regensburg wurde der Krieg mit Schweden entschieden und der in Mantua geendigt. Fruchtlos hatten sich auf demselben die Fürsten für die Herzoge von Mecklenburg bei dem Kaiser verwendet, englische Gesandte eben so fruchtlos um einen Jahrgehalt für den Pfalzgrafen Friedrich gebettelt.

Wallenstein hatte über eine Armee von beinahe hunderttausend Mann zu gebieten, von denen er angebetet wurde, als das Urtheil der Absetzung ihm verkündigt werden sollte. Die meisten Offiziere waren seine Geschöpfe, seine Winke Aussprüche des Schicksals für den gemeinen Soldaten. Grenzenlos war sein Ehrgeiz, unbeugsam sein Stolz, sein gebieterischer Geist nicht fähig, eine Kränkung ungerochen zu erdulden. Ein Augenblick sollte ihn jetzt von der Fülle der Gewalt in das Nichts des Privatstandes herunterstürzen. Eine solche Sentenz gegen einen solchen Verbrecher zu vorstrecken, schien nicht viel weniger Kunst zu kosten, als es gekostet hatte, sie dem Richter zu entreißen. Auch hatte man deßwegen die Vorsicht gebraucht, zwei von Wallensteins genauesten Freunden zu Überbringern dieser schlimmen Botschaft zu wählen, welche durch die schmeichelhaftesten Zusicherungen der fortdauernden kaiserlichen Gnade so sehr als möglich gemildert werden sollte.

Wallenstein wußte längst den ganzen Inhalt ihrer Sendung, als die Abgesandten des Kaisers ihm vor die Augen traten. Er hatte Zeit gehabt, sich zu sammeln, und sein Gesicht zeigte Heiterkeit, während daß Schmerz und Wuth in seinem Busen stürmten. Aber er hatte beschlossen, zu gehorchen. Dieser Urtheilsspruch überraschte ihn, ehe zu einem kühnen Schritte die Umstände reif und die Anstalten fertig waren. Seine weitläuftigen Güter waren in Böhmen und Mähren zerstreut; durch Einziehung derselben konnte der Kaiser ihm den Nerven seiner Macht zerschneiden. Von der Zukunft erwartete er Genugthuung, und in dieser Hoffnung bestärkten ihn die Prophezeiungen eines italienischen Astrologen, der diesen ungebändigten Geist, gleich einem Knaben, am Gängelbande führte. Seni, so hieß er, hatte es in den Sternen gelesen, daß die glänzende Laufbahn seines Herrn noch lange nicht geendigt sei, daß ihm die Zukunft noch ein schimmerndes Glück aufbewahre. Man brauchte die Sterne nicht zu bemühen, um mit Wahrscheinlichkeit vorherzusagen, daß ein Feind wie Gustav Adolph einen General wie Wallenstein nicht lange entbehrlich lassen würde.

»Der Kaiser ist verrathen«, antwortete Wallenstein den Gesandten; »ich bedaure ihn, aber ich vergeb' ihm. Es ist klar, daß ihn der hochfahrende Sinn des Bayern dominirt. Zwar thut mir's wehe, daß er mich mit so wenigem Widerstande hingegeben hat, aber ich will gehorchen.« Die Abgeordneten entließ er fürstlich beschenkt, und den Kaiser ersuchte er in einem demüthigen Schreiben, ihn seiner Gunst nicht zu berauben und bei den erworbenen Würden zu schützen. Allgemein war das Murren der Armee, als die Absetzung ihres Feldherrn bekannt wurde, und der beste Theil seiner Officiere trat sogleich aus dem kaiserlichen Dienst. Viele folgten ihm auf seine Güter nach Böhmen und Mähren; andere fesselte er durch beträchtliche Pensionen, um sich ihrer bei Gelegenheit sogleich bedienen zu können.

Sein Plan war nichts weniger als Ruhe, da er in die Stille des Privatstandes zurücktrat. Der Pomp eines Königs umgab ihn in dieser Einsamkeit und schien dem Urtheilsspruch seiner Erniedrigung Hohn zu sprechen. Sechs Pforten führten zu dem Palaste, den er in Prag bewohnte, und hundert Häuser mußten niedergerissen werden, um dem Schloßhofe Raum zu machen. Ähnliche Paläste wurden auf seinen übrigen zahlreichen Gütern erbaut. Cavaliere aus den edelsten Häusern wetteiferten um die Ehre, ihn zu bedienen, und man sah kaiserliche Kammerherren den goldenen Schlüssel zurückgeben, um bei Wallenstein eben dieses Amt zu bekleiden.

Er hielt sechzig Pagen, die von den trefflichsten Meistern unterrichtet wurden; sein Vorzimmer wurde stets durch fünfzig Trabanten bewacht. Seine gewöhnliche Tafel war nie unter hundert Gängen, sein Haushofmeister eine vornehme Standesperson. Reiste er über Land, so wurde ihm Geräte und Gefolge auf hundert sechs- und vierspännigen Wagen nachgefahren; in sechzig Carrossen mit fünfzig Handpferden folgte ihm sein Hof. Die Pracht der Livereien, der Glanz der Equipage und der Schmuck der Zimmer war dem übrigen Aufwande gemäß. Sechs Barone und eben so viel Ritter mußten beständig seine Person umgeben, um jeden Wink zu vollziehen – zwölf Patrouillen die Runde um seinen Palast machen, um jeden Lärm abzuhalten. Sein immer arbeitender Kopf brauchte Stille; kein Gerassel der Wagen durfte seiner Wohnung nahe kommen, und die Straßen wurden nicht selten durch Ketten gesperrt. Stumm, wie die Zugänge zu ihm, war auch sein Umgang. Finster, verschlossen, unergründlich, sparte er seine Worte mehr als seine Geschenke, und das Wenige, was er sprach, wurde mit einem widrigen Ton ausgestoßen. Er lachte niemals, und den Verführungen der Sinne widerstand die Kälte seines Bluts. Immer geschäftig und von großen Entwürfen bewegt, entsagte er allen leeren Zerstreuungen, wodurch Andere das kostbare Leben vergeuden. Einen durch ganz Europa ausgebreiteten Briefwechsel besorgte er selbst; die meisten Aufsätze schrieb er mit eigener Hand nieder, um der Verschwiegenheit Anderer so wenig als möglich anzuvertrauen. Er war von großer Statur und hager, von gelblicher Gesichtsfarbe, röthlichen kurzen Haaren, kleinen, aber funkelnden Augen. Ein furchtbarer, zurückschreckender Ernst saß auf seiner Stirne, und nur das Übermaß seiner Belohnungen konnte die zitternde Schaar seiner Diener festhalten.

In dieser prahlerischen Dunkelheit erwartete Wallenstein still, doch nicht müßig, seine glänzende Stunde und der Rache aufgehenden Tag; bald ließ ihn Gustav Adolphs reißender Siegeslauf ein Vorgefühl desselben genießen. Von seinen hochfliegenden Planen ward kein einziger aufgegeben; der Undank des Kaisers hatte seinen Ehrgeiz von einem lästigen Zügel befreit. Der blendende Schimmer seines Privatlebens verrieth den stolzen Schwung seiner Entwürfe, und verschwenderisch, wie ein Monarch, schien er die Güter seiner Hoffnung schon unter seine gewissen Besitzungen zu zählen.

Nach Wallensteins Abdankung und Gustav Adolphs Landung mußte ein neuer Generalissimus aufgestellt werden; zugleich schien es nöthig zu sein, das bisher getrennte Commando der kaiserlichen und liguistischen

Truppen in einer einzigen Hand zu vereinigen. Maximilian von Bayern trachtete nach diesem wichtigen Posten, der ihn zum Herrn des Kaisers machen konnte; aber eben dies bewog Letztern, sich für den König von Ungarn, seinen älteren Sohn, darum zu bewerben. Endlich, um beide Competenten zu entfernen und keinen Theil ganz unbefriedigt zu lassen, übergab man das Commando dem liguistischen General Tilly, der nunmehr den bayerischen Dienst gegen den österreichischen vertauschte. Die Armeen, welche Ferdinand auf deutschem Boden stehen hatte, beliefen sich, nach Abgang der Wallensteinischen Truppen, auf etwa vierzigtausend Mann; nicht viel schwächer war die liguistische Kriegsmacht; beide durch treffliche Officiere befehligt, durch viele Feldzüge geübt, und stolz auf eine lange Reihe von Siegen. Mit dieser Macht glaubte man um so weniger Ursache zu haben, vor der Annäherung des Königs von Schweden zu zittern, da man Pommern und Mecklenburg inne hatte, die einzigen Pforten, durch welche er in Deutschland hereinbrechen konnte.

Nach dem unglücklichen Versuche des Königs von Dänemark, die Progressen des Kaisers zu hemmen, war Gustav Adolph der einzige Fürst in Europa, von welchem die unterliegende Freiheit Rettung zu hoffen hatte, der einzige zugleich, der durch die stärksten politischen Gründe dazu aufgefordert, durch erlittene Beleidigungen dazu berechtigt und durch persönliche Fähigkeiten dieser gewagten Unternehmung gewachsen war. Wichtige Staatsgründe, welche er mit Dänemark gemein hatte, hatten ihn, schon vor dem Ausbruche des Kriegs in Niedersachsen, bewogen, seine Person und seine Heere zur Verteidigung Deutschlands anzubieten; damals hatte ihn der König von Dänemark zu seinem eigenen Unglücke verdrängt. Seit dieser Zeit hatte der Übermuth Wallensteins und der despotische Stolz des Kaisers es nicht an Aufforderungen fehlen lassen, die ihn persönlich erhitzen und als König bestimmen mußten. Kaiserliche Truppen waren dem polnischen König Sigismund zu Hilfe geschickt worden, um Preußen gegen die Schweden zu vertheidigen. Dem König, welcher sich über diese Feindseligkeit gegen Wallenstein beklagte, wurde geantwortet: »Der Kaiser habe der Soldaten zu viel. Er müsse seinen guten Freunden damit aushelfen.« Von dem Congresse mit Dänemark zu Lübeck hatte eben dieser Wallenstein die schwedischen Gesandten mit beleidigendem Trotz abgewiesen und, da sie sich dadurch nicht schrecken ließen, mit einer Behandlung bedroht, welche das Völkerrecht verletzte. Ferdinand hatte die schwedischen Flaggen insultieren und Depeschen des Königs nach Siebenbürgen auffangen lassen. Er fuhr fort, den Frieden zwischen Polen und

Schweden zu erschweren, die Anmaßungen Sigismunds auf den schwedischen Thron zu unterstützen und Gustav Adolphen den königlichen Titel zu verweigern. Die wiederholtesten Gegenvorstellungen Gustavs hatte er keiner Aufmerksamkeit gewürdigt und neue Beleidigungen hinzugefügt, anstatt die verlangte Genugthuung für die alten zu leisten.

So viele persönliche Aufforderungen, durch die wichtigsten Staats- und Gewissensgründe unterstützt und verstärkt durch die dringendsten Einladungen aus Deutschland, mußten auf das Gemüth eines Fürsten Eindruck machen, der auf seine königliche Ehre desto eifersüchtiger war, je mehr man geneigt sein konnte, sie ihm streitig zu machen; der sich durch den Ruhm, die Unterdrückten zu beschützen, unendlich geschmeichelt fand und den Krieg, als das eigentliche Element seines Genies, mit Leidenschaft liebte. Aber ehe ein Waffenstillstand oder Friede mit Polen ihm freie Hände gab, konnte an einen neuen und gefahrvollen Krieg mit Ernst nicht gedacht werden.

Der Cardinal Richelieu hatte das Verdienst, diesen Waffenstillstand mit Polen herbeizuführen. Dieser große Staatsmann, das Steuer Europens in der einen Hand, indem er die Wuth der Faktionen und den Dünkel der Großen in dem Innern Frankreichs mit der andern darniederbeugte, verfolgte mitten unter den Sorgen einer stürmischen Staatsverwaltung unerschütterlich seinen Plan, die anwachsende Macht Österreichs in ihrem stolzen Laufe zu hemmen. Aber die Umstände, welche ihn umgaben, setzten diesen Entwürfen nicht geringe Hindernisse in der Ausführung entgegen, denn auch dem größten Geist möchte es ungestraft nicht hingehen, den Wahnbegriffen seiner Zeit Hohn zu sprechen. Minister eines katholischen Königs und durch den Purpur, den er trug, selbst Fürst der römischen Kirche, durfte er es jetzt noch nicht wagen, im Bündniß mit dem Feinde seiner Kirche öffentlich eine Macht anzugreifen, welche die Anmaßungen ihres Ehrgeizes durch den Namen der Religion vor der Menge zu heiligen gewußt hatte. Die Schonung, welche Richelieu den eingeschränkten Begriffen seiner Zeitgenossen schuldig war, schränkte seine politische Thätigkeit auf die behutsamen Versuche ein, hinter der Decke verborgen zu wirken und die Entwürfe seines erleuchteten Geistes durch eine fremde Hand zu vollstrecken. Nachdem er sich umsonst bemüht hatte, den Frieden Dänemarks mit dem Kaiser zu hindern, nahm er seine Zuflucht zu Gustav Adolph, dem Helden seines Jahrhunderts. Nichts wurde gespart, diesen König zur Entschließung zu bringen und ihm zugleich die Mittel zur Ausführung zu erleichtern. Charnasse, ein unverdächtiger Unterhändler des Cardinals, erschien in Polnischpreußen, wo Gustav Adolph gegen Sigismund Krieg führte, und wanderte von einem der beiden Könige zum andern, um einen Waffenstillstand oder Frieden zwischen ihnen zu Stande zu bringen. Gustav Adolph war längst dazu bereit, und endlich gelang es dem französischen Minister, auch dem König Sigismund über sein wahres Interesse und die betrügerische Politik des Kaisers die Augen zu öffnen. Ein Waffenstillstand wurde auf sechs Jahre zwischen beiden Königen geschlossen, durch welchen Gustav im Besitz aller seiner Eroberungen blieb und die lang gewünschte Freiheit erhielt, seine Waffen gegen den Kaiser zu kehren. Der französische Unterhändler bot ihm zu dieser Unternehmung die Allianz seines Königs und beträchtliche Hilfsgelder an, welche nicht zu verachten waren. Aber Gustav Adolph fürchtete nicht ohne Grund, sich durch Annehmung derselben in eine Abhängigkeit von Frankreich zu setzen, die ihm vielleicht mitten im Laufe seiner Siege Fesseln anlegte, und durch das Bündniß mit einer katholischen Macht Mißtrauen bei den Protestanten zu erwecken.

So dringend und gerecht dieser Krieg war, so vielversprechend waren die Umstände, unter welchen Gustav Adolph ihn unternahm. Furchtbar zwar war der Name des Kaisers, unerschöpflich seine Hilfsquellen, unüberwindlich bisher seine Macht; jeden Andern, als Gustav, würde ein so gefahrvolles Spiel zurückgeschreckt haben. Gustav übersah alle Hindernisse und Gefahren, welche sich seinem Unternehmen entgegenstellten; aber er kannte auch die Mittel, wodurch er sie zu besiegen hoffte. Nicht beträchtlich, aber wohl disciplinirt war seine Kriegsmacht, durch ein strenges Klima und anhaltende Feldzüge abgehärtet, in dem polnischen Kriege zum Sieg gebildet. Schweden, obgleich arm an Geld und an Menschen und durch einen achtjährigen Krieg über Vermögen angestrengt, war seinem König mit einem Enthusiasmus ergeben, der ihn die bereitwilligste Unterstützung von seinen Reichsständen hoffen ließ. In Deutschland war der Name des Kaisers wenigstens eben so sehr gehaßt, als gefürchtet. Die protestantischen Fürsten schienen nur die Ankunft eines Befreiers zu erwarten, um das unleidliche Joch der Tyrannei abzuwerfen und sich öffentlich für Schweden zu erklären. Selbst den katholischen Ständen konnte die Erscheinung eines Gegners nicht unwillkommen sein, der die überwiegende Macht des Kaisers beschränkte. Der erste Sieg, auf deutschem Boden erfochten, mußte für seine Sache entscheidend sein, die noch zweifelnden Fürsten zur Erklärung bringen, den Muth seiner Anhänger stärken, den Zulauf zu seinen Fahnen vermehren und zu Fortsetzung des Krieges reichliche Hilfsquellen eröffnen. Hatten gleich die mehrsten deutschen Länder durch die bisherigen Bedrückungen unendlich gelitten, so waren doch die wohlhabenden hanseatischen Städte bis jetzt davon frei geblieben, die kein Bedenken tragen konnten, mit einem freiwilligen mäßigen Opfer einem allgemeinen Ruin vorzubeugen. Aus je mehrern Ländern man die Kaiserlichen verjagte, desto mehr mußten ihre Heere schmelzen, die nur allein von den Ländern lebten, in denen sie standen. Unzeitige Truppenversendungen nach Italien und den Niederlanden hatten ohnehin die Macht des Kaisers vermindert; Spanien, durch den Verlust seiner amerikanischen Silberflotte geschwächt und durch einen ernstlichen Krieg in den Niederlanden beschäftigt, konnte ihm wenig Unterstützung gewähren. Dagegen machte Großbritannien dem Könige von Schweden zu beträchtlichen Subsidien Hoffnung, und Frankreich, welches eben jetzt mit sich selbst Frieden machte, kam ihm mit den vorteilhaftesten Anerbietungen bei seiner Unternehmung entgegen.

Aber die sicherste Bürgschaft für den glücklichen Erfolg seiner Unternehmung fand Gustav Adolph – in sich selbst. Die Klugheit erforderte es, sich aller äußerlichen Hilfsmittel zu versichern und dadurch sein Unternehmen vor dem Vorwurf der Verwegenheit zu schützen; aus seinem Busen allein nahm er seine Zuversicht und seinen Muth. Gustav Adolph war ohne Widerspruch der erste Feldherr seines Jahrhunderts und der tapferste Soldat in seinem Heere, das er sich selbst erst geschaffen hatte. Mit der Taktik der Griechen und Römer vertraut, hatte er eine bessere Kriegskunst erfunden, welche den größten Feldherren der folgenden Zeiten zum Muster diente. Die unbehilflichen großen Escadrons verringerte er, um die Bewegungen der Reiterei leichter und schneller zu machen; zu eben dem Zwecke rückte er die Bataillons in weitere Entfernungen aus einander. Er stellte seine Armee, welche gewöhnlich nur eine einzige Linie einnahm, in einer gedoppelten Linie in Schlachtordnung, daß die zweite anrücken konnte, wenn die erste zum Weichen gebracht war. Den Mangel an Reiterei wußte er dadurch zu ersetzen, daß er Fußgänger zwischen die Reiter stellte, welches sehr oft den Sieg entschied; die Wichtigkeit des Fußvolks in Schlachten lernte Europa erst von ihm. Ganz Deutschland hat die Mannszucht bewundert, durch welche sich die schwedischen Heere auf deutschem Boden in den ersten Zeiten so rühmlich unterschieden. Alle Ausschweifungen wurden aufs strengste geahndet; am strengsten Gotteslästerung, Raub, Spiel und Duelle. In den schwedischen Kriegsgesetzen wurde die Mäßigkeit befohlen; auch erblickte man in dem schwedischen Lager, das Gezelt des Königs nicht ausgenommen, weder Silber noch Gold. Das Auge des Feldherrn wachte mit eben der Sorgfalt über die Sitten des Soldaten, wie über die kriegerische Tapferkeit. Jedes Regiment mußte zum Morgen- und Abendgebet einen Kreis um seinen Prediger schließen und unter freiem Himmel seine Andacht halten. In allem diesem war der Gesetzgeber zugleich Muster. Eine ungekünstelte lebendige Gottesfurcht erhöhte den Muth, der sein großes Herz beseelte. Gleich frei von dem rohen Unglauben, der den wilden Begierden des Barbaren ihren notwendigen Zügel nimmt, und von der kriechenden Andächtelei eines Ferdinand, die sich vor der Gottheit zum Wurm erniedrigt und auf dem Nacken der Menschheit trotzig einherwandelt, blieb er auch in der Trunkenheit seines Glücks noch Mensch und noch Christ, aber auch in seiner Andacht noch Held und noch König. Alles Ungemach des Kriegs ertrug er gleich dem Geringsten aus dem Heere, mitten in dem schwärzesten Dunkel der Schlacht war es licht in seinem Geiste; allgegenwärtig mit seinem Blicke, vergaß er den Tod, der ihn umringte; stets fand man ihn auf dem Wege der furchtbarsten Gefahr. Seine natürliche Herzhaftigkeit ließ ihn nur allzuoft vergessen, was er dem Feldherrn schuldig war, und dieses königliche Leben endigte der Tod eines Gemeinen. Aber einem solchen Führer folgte der Feige wie der Muthige zum Sieg, und seinem alles beleuchtenden Adlerblick entging keine Heldenthat, die sein Beispiel geweckt hatte. Der Ruhm ihres Beherrschers entzündete in der Nation ein begeisterndes Selbstgefühl; stolz auf diesen König, gab der Bauer in Finnland und Gothland freudig seine Armuth hin, verspritzte der Soldat freudig sein Blut, und der hohe Schwung, den der Geist dieses einzigen Mannes der Nation gegeben, überlebte noch lange Zeit seinen Schöpfer.

So wenig man über die Notwendigkeit des Krieges in Zweifel war, so sehr war man es über die Art, wie er geführt werden sollte. Ein angreifender Krieg schien selbst dem muthvollen Kanzler Oxenstierna zu gewagt, die Kräfte seines geldarmen und gewissenhaften Königs zu ungleich den unermeßlichen Hilfsmitteln eines Despoten, der mit ganz Deutschland wie mit seinem Eigenthum schaltete. Diese furchtsamen Bedenklichkeiten des Ministers widerlegte die weiter sehende Klugheit des Helden. »Erwarten wir den Feind in Schweden«, sagte Gustav, »so ist alles verloren, wenn eine Schlacht verloren ist; alles ist gewonnen, wenn wir in Deutschland einen glücklichen Anfang machen. Das Meer ist groß, und wir haben in Schweden weitläufige Küsten zu bewachen. Entwischte uns die feindliche Flotte – oder würde die unsrige geschlagen, so wäre es dann umsonst, die feindliche Landung zu verhindern. An der Erhaltung Stralsunds muß uns alles liegen. So lange dieser Hafen uns offen steht, werden wir unser Ansehen auf der Ostsee behaupten und einen freien Verkehr mit Deutschland unterhalten. Aber um Stralsund zu beschützen, dürfen wir uns nicht in Schweden verkriechen, sondern müssen mit einer Armee nach Pommern hinübergehen. Redet mir also nichts mehr von einem Verteidigungskriege, durch den wir unsere herrlichsten Vortheile verscherzen. Schweden selbst darf keine feindliche Fahne sehen; und werden wir in Deutschland besiegt, so ist es alsdann noch Zeit, euern Plan zu befolgen.«

Beschlossen wurde also der Übergang nach Deutschland und der Angriff des Kaisers. Die Zurüstungen wurden aufs lebhafteste betrieben, und die Vorkehrungen, welche Gustav traf, verriethen nicht weniger Vorsicht, als der Entschluß Kühnheit und Größe zeigte. Vor allem war es nöthig, in einem so weit entlegenen Kriege Schweden selbst gegen die zweideutigen Gesinnungen der Nachbarn in Sicherheit zu setzen. Auf einer persönlichen Zusammenkunft mit dem Könige von Dänemark zu Markaröd versicherte sich Gustav der Freundschaft dieses Monarchen; gegen Moskau wurden die Grenzen gedeckt; Polen konnte man von Deutschland aus in Furcht erhalten, wenn es Lust bekommen sollte, den Waffenstillstand zu verletzen. Ein schwedischer Unterhändler, von Falkenberg, welcher Holland und die deutschen Höfe bereiste, machte seinem Herrn von Seiten mehrerer protestantischen Fürsten, die schmeichelhaftesten Hoffnungen, obgleich noch keiner Muth und Verleugnung genug hatte, ein förmliches Bündniß mit ihm einzugehen. Die Städte Lübeck und Hamburg zeigten sich bereitwillig, Geld vorzuschießen und an Zahlungs Statt schwedisches Kupfer anzunehmen. Auch an den Fürsten von Siebenbürgen wurden vertraute Personen abgeschickt, diesen unversöhnlichen Feind Österreichs gegen den Kaiser in Waffen zu bringen.

Unterdessen wurden in den Niederlanden und Deutschland schwedische Werbungen eröffnet, die Regimenter vollzählig gemacht, neue errichtet, Schiffe herbeigeschafft, die Flotte gehörig ausgerüstet, Lebensmittel, Kriegsbedürfnisse und Geld so viel nur möglich herbeigetrieben. Dreißig Kriegsschisse waren in kurzer Zeit zum Auslaufen fertig, eine Armee von fünfzehntausend Mann stand bereit, und zweihundert Transportschiffe waren bestimmt, sie überzusetzen. Eine größere Macht wollte Gustav Adolph nicht nach Deutschland hinüberführen, und der Unterhalt derselben hätte auch bis jetzt die Kräfte seines Königreichs überstiegen. Aber so klein diese Armee war, so vortrefflich war die Auswahl seiner

Truppen in Disciplin, kriegerischem Muth und Erfahrung, die einen festen Kern zu einer größern Kriegsmacht abgeben konnte, wenn er den deutschen Boden erst erreicht und das Glück seinen ersten Anfang begünstigt haben würde. Oxenstierna, zugleich General und Kanzler, stand mit etwa zehntausend Mann in Preußen, diese Provinz gegen Polen zu vertheidigen. Einige reguläre Truppen und ein ansehnliches Corps Landmiliz, welches der Hauptarmee zur Pflanzschule diente, blieb in Schweden zurück, damit ein bundbrüchiger Nachbar bei einem schnellen Überfall das Königreich nicht unvorbereitet fände.

Dadurch war für die Verteidigung des Reichs gesorgt. Nicht weniger Sorgfalt bewies Gustav Adolph bei Anordnung der innern Regierung. Die Regentschaft wurde dem Reichsrath, das Finanzwesen dem Pfalzgrafen Johann Casimir, dem Schwager des Königs, übertragen; seine Gemahlin, so zärtlich er sie liebte, von allen Regierungsgeschäften entfernt, denen ihre eingeschränkten Fähigkeiten nicht gewachsen waren. Gleich einem Sterbenden bestellte er sein Haus. Am 20sten Mai 1630, nachdem alle Vorkehrungen getroffen und alles zur Abfahrt in Bereitschaft war, erschien der König zu Stockholm in der Reichsversammlung, den Ständen ein feierliches Lebewohl zu sagen. Er nahm hier seine vierjährige Tochter Christina, die in der Wiege schon zu seiner Nachfolgerin erklärt war, auf die Arme, zeigte sie den Ständen als ihre künftige Beherrscherin, ließ ihr auf den Fall, daß er selbst nimmer wiederkehrte, den Eid der Treue erneuern und darauf die Verordnung ablesen, wie es während seiner Abwesenheit oder der Minderjährigkeit seiner Tochter mit der Regentschaft des Reichs gehalten werden sollte. In Thränen zerfloß die ganze Versammlung, und der König selbst brauchte Zeit, um zu seiner Abschiedsrede an die Stände die nöthige Fassung zu erhalten.

»Nicht leichtsinniger Weise«, fing er an, »stürze ich mich und euch in diesen neuen gefahrvollen Krieg. Mein Zeuge ist der allmächtige Gott, daß ich nicht aus Vergnügen fechte. Der Kaiser hat mich in der Person meiner Gesandten aufs grausamste beleidigt, er hat meine Feinde unterstützt, er verfolgt meine Freunde und Brüder, drückt meine Religion in den Staub und streckt die Hand aus nach meiner Krone. Dringend flehen uns die unterdrückten Stände Deutschlands um Hilfe, und wenn es Gott gefällt, so wollen wir sie ihnen geben.

»Ich kenne die Gefahren, denen mein Leben ausgesetzt sein wird. Nie habe ich sie gemieden, und schwerlich werde ich ihnen ganz entgehen. Bis jetzt zwar hat mich die Allmacht wunderbar behütet; aber ich werde doch endlich sterben in der Verteidigung meines Vaterlandes. Ich übergebe euch dem Schutz des Himmels. Seid gerecht, seid gewissenhaft, wandelt unsträflich, so werden wir uns in der Ewigkeit wieder begegnen.

»An euch, meine Reichsräthe, wende ich mich zuerst. Gott erleuchte euch und erfülle euch mit Weisheit, meinem Königreiche stets das Beste zu rathen. Euch, tapfrer Adel, empfehle ich dem göttlichen Schutz. Fahret fort, euch als würdige Nachkommen jener heldenmüthigen Gothen zu erweisen, deren Tapferkeit das alte Rom in den Staub stürzte. Euch, Diener der Kirche, ermahne ich zur Verträglichkeit und Eintracht; seid selbst Muster der Tugenden, die ihr predigt, und mißbraucht nie eure Herrschaft über die Herzen meines Volks. Euch, Deputirte des Bürger- und Bauernstandes, wünsche ich den Segen des Himmels, euerm Fleiß eine erfreuende Ernte, Fülle euern Scheunen, Überfluß an allen Gütern des Lebens. Für euch alle, Abwesende und Gegenwärtige, schicke ich aufrichtige Wünsche zum Himmel. Ich sage euch allen mein zärtliches Lebewohl. Ich sage es vielleicht auf ewig.«

Zu Elfsnaben, wo die Flotte vor Anker lag, erfolgte die Einschiffung der Truppen; eine unzählige Menge Volks war herbeigeströmt, dieses eben so prächtige als rührende Schauspiel zu sehen. Die Herzen der Zuschauer waren von den verschiedensten Empfindungen bewegt, je nachdem sie bei der Größe des Wagestücks oder bei der Größe des Mannes verweilten. Unter den hohen Officieren, welche bei diesem Heere commandirten, haben sich Gustav Horn, Rheingraf Otto Ludwig, Heinrich Matthias Graf von Thurn, Ortenburg, Baudissen, Banner, Teufel, Tott, Mutsenfahl, Falkenberg, Kniphausen und Andere mehr einen glänzenden Namen erworben. Die Flotte, von widrigen Winden aufgehalten, konnte erst im Junius unter Segel gehen und erreichte am 24sten dieses Monats die Insel Ruden an der Küste von Pommern.

Gustav Adolph war der Erste, der hier ans Land stieg. Im Angesicht seines Gefolges kniete er nieder auf Deutschlands Erde und dankte der Allmacht für die Erhaltung seiner Armee und seiner Flotte. Auf den Inseln Wollin und Usedom setzte er seine Truppen ans Land; die kaiserlichen Besatzungen verließen sogleich bei seiner Annäherung ihre Schanzen und entflohen. Gleich sein erster Eintritt in Deutschland war Eroberung. Mit Blitzesschnelligkeit erschien er vor Stettin, sich dieses wichtigen Platzes zu versichern, ehe die Kaiserlichen ihm zuvorkämen. Bogisla der Vierzehnte, Herzog von Pommern, ein schwacher und alternder Prinz, war lange schon der Mißhandlungen müde, welche die Kaiserlichen in seinem Lande ausgeübt hatten und fortfuhren auszuüben; aber zu kraftlos, ihnen Widerstand zu thun, hatte er sich mit stillem Murren unter die Übermacht gebeugt. Die Erscheinung seines Retters, anstatt seinen Muth zu beleben, erfüllte ihn mit Furcht und Zweifeln. So sehr sein Land noch von den Wunden blutete, welche die Kaiserlichen ihm geschlagen, so wenig konnte dieser Fürst sich entschließen, durch offenbare Begünstigung der Schweden die Rache des Kaisers gegen sich zu reizen. Gustav Adolph, unter den Kanonen von Stettin gelagert, forderte diese Stadt auf, schwedische Garnison einzunehmen. Bogisla erschien selbst in dem Lager des Königs, sich diese Einquartierung zu verbitten. »Ich komme als Freund und nicht als Feind zu Ihnen«, antwortete Gustav; »nicht mit Pommern, nicht mit dem deutschen Reiche, nur mit den Feinden desselben führe ich Krieg. In meinen Händen soll dieses Herzogthum heilig aufgehoben sein, und sicherer als von jedem Andern werden Sie es nach geendigtem Feldzug von mir zurückerhalten. Sehen Sie die Fußstapfen der kaiserlichen Truppen in Ihrem Lande, sehen Sie die Spuren der meinigen in Usedom, und wählen Sie, ob Sie den Kaiser oder mich zum Freund haben wollen. Was erwarten Sie, wenn der Kaiser sich Ihrer Hauptstadt bemächtigen sollte? Wird er gnädiger damit verfahren als ich? Oder wollen Sie meinen Siegen Grenzen setzen? Die Sache ist dringend – fassen Sie einen Entschluß, und nöthigen Sie mich nicht, wirksamere Mittel zu ergreifen.«

Die Wahl war schmerzlich für den Herzog von Pommern. Hier der König von Schweden mit einer furchtbaren Armee vor den Thoren seiner Hauptstadt; dort die unausbleibliche Rache des Kaisers und das schreckenvolle Beispiel so vieler deutschen Fürsten, welche als Opfer dieser Rache im Elend herumwanderten. Die dringendere Gefahr bestimmte seinen Entschluß. Die Thore von Stettin wurden dem Könige geöffnet, schwedische Truppen rückten ein, und den Kaiserlichen, die schon in starken Märschen herbeieilten, wurde der Vorsprung abgewonnen. Stettins Einnahme verschaffte dem König in Pommern festen Fuß, den Gebrauch der Oder und einen Waffenplatz für seine Armee. Herzog Bogisla säumte nicht, den gethanen Schritt bei dem Kaiser durch die Notwendigkeit zu entschuldigen und dem Vorwurfe der Verrätherei im Voraus zu begegnen; aber von der Unversöhnlichkeit dieses Monarchen überzeugt, trat er mit seinem neuen Schutzherrn in eine enge Verbindung, um durch die schwedische Freundschaft sich gegen die Rache Österreichs in Sicherheit zusetzen. Der König gewann durch diese Allianz mit Pommern einen wichtigen Freund auf deutschem Boden, der ihm den Rücken deckte und den Zusammenhang mit Schweden offen hielt.

Gustav Adolph glaubte sich gegen Ferdinand, der ihn in Preußen zuerst feindlich angegriffen hatte, der hergebrachten Formalitäten überhoben und fing ohne Kriegserklärung die Feindseligkeiten an. Gegen die europäischen Fürsten rechtfertigte er sein Betragen in einem eigenen Manifest, in welchem alle schon angeführten Gründe, die ihn zur Ergreifung der Waffen bewogen, hererzählt wurden. Unterdessen setzte er seine Progressen in Pommern fort und sah mit jedem Tage seine Heere sich vermehren. Von den Truppen, welche unter Mannsfeld, Herzog Christian von Braunschweig, dem Könige von Dänemark und unter Wallenstein gefochten, stellten sich Officiere sowohl als Soldaten schaarenweise dar, unter seinen siegreichen Fahnen zu streiten.

Der Einfall des Königs von Schweden wurde am kaiserlichen Hofe der Aufmerksamkeit bei weitem nicht gewürdigt, welche er bald darauf zu verdienen schien. Der österreichische Stolz, durch das bisherige unerhörte Glück auf den höchsten Gipfel getrieben, sah mit Geringschätzung auf einen Fürsten herab, der mit einer Handvoll Menschen aus einem verachteten Winkel Europens hervorkam und, wie man sich einbildete, seinen bisher erlangten Kriegsruhm bloß der Ungeschicklichkeit eines noch schwächern Feindes verdankte, Die herabsetzende Schilderung, welche Wallenstein, nicht ohne Absicht, von der schwedischen Macht entworfen, vermehrte die Sicherheit des Kaisers; wie hätte er einen Feind achten sollen, den sein Feldherr sich getraute mit Ruthen aus Deutschland zu verjagen? Selbst die reißenden Fortschritte Gustav Adolphs in Pommern konnten dieses Vorurtheil nicht ganz besiegen, welchem der Spott der Höflinge stets neue Nahrung gab. Man nannte ihn in Wien nur die Schneemajestät, welche die Kälte des Nords jetzt zusammenhalte, die aber zusehends schmelzen würde, je näher sie gegen Süden rückte. Die Kurfürsten selbst, welche in Regensburg versammelt waren, würdigten seine Vorstellungen keiner Aufmerksamkeit und verweigerten ihm, aus blinder Gefälligkeit gegen Ferdinand, sogar den Titel eines Königs. Während man in Regensburg und Wien seiner spottete, ging in Pommern und Mecklenburg ein fester Ort nach dem andern an ihn verloren.

Dieser Geringschätzung ungeachtet hatte sich der Kaiser bereitwillig finden lassen, die Mißhelligkeiten mit Schweden durch Unterhandlungen beizulegen, auch zu diesem Ende Bevollmächtigte nach Danzig gesendet. Aber aus ihren Instruktionen erhellte deutlich, wie wenig es ihm damit

Ernst war, da er Gustaven noch immer den königlichen Titel verweigerte. Seine Absicht schien bloß dahin zu gehen, das Verhaßte des Angriffs von sich selbst auf den König von Schweden abzuwälzen und sich dadurch auf den Beistand der Reichsstände desto eher Rechnung machen zu können. Fruchtlos, wie zu erwarten gewesen war, zerschlug sich also dieser Congreß zu Danzig, und die Erbitterung beider Theile wurde durch einen heftigen Schriftwechsel aufs höchste getrieben.

Ein kaiserlicher General, Torquato Conti, der die Armee in Pommern commandierte, hatte sich unterdessen vergeblich bemüht, den Schweden Stettin wieder zu entreißen. Aus einem Platz nach dem andern wurden die Kaiserlichen vertrieben; Damm, Stargard, Camin, Wolgast fielen schnell nach einander in des Königs Hand. Um sich an dem Herzog von Pommern zu rächen, ließ der kaiserliche General auf dem Rückzuge seine Truppen die schreiendsten Gewalttätigkeiten gegen die Einwohner Pommerns verüben, welche sein Geiz längst schon aufs grausamste gemißhandelt hatte. Unter dem Vorwande, den Schweden alle Lebensmittel zu entziehen, wurde alles verheert und geplündert, und oft, wenn die Kaiserlichen einen Platz nicht länger zu behaupten wußten, ließen sie ihn in Rauch aufgehen, um dem Feinde nichts als den Schutt zurückzulassen. Aber diese Barbareien dienten nur dazu, das entgegengesetzte Betragen der Schweden in ein desto glänzenderes Licht zu setzen und dem menschenfreundlichen König alle Herzen zu gewinnen. Der schwedische Soldat bezahlte alles, was er brauchte, und von fremdem Eigenthum wurde auf seinem Durchmarsche nichts berührt. In Stadt und Land empfing man daher die schwedischen Heere mit offenen Armen; alle kaiserlichen Soldaten, welche dem pommerischen Landvolk in die Hände fielen, wurden ohne Barmherzigkeit ermordet. Viele Pommern traten in schwedischen Dienst, und die Stände dieses so sehr erschöpften Landes ließen es sich mit Freuden gefallen, dem König eine Contribution von hunderttausend Gulden zu bewilligen.

Torquato Conti, bei aller Härte seines Charakters ein vortrefflicher General, suchte dem König von Schweden den Besitz von Stettin wenigstens unnütz zu machen, da er ihn nicht von diesem Ort zu vertreiben vermochte. Er verschanzte sich zu Garz, oberhalb Stettin, an der Oder, um diesen Fluß zu beherrschen und jener Stadt die Communication zu Wasser mit dem übrigen Deutschland abzuschneiden. Nichts konnte ihn dahin bringen, mit dem Könige von Schweden zu schlagen, der ihm an Mannschaft überlegen war; noch weniger wollte es diesem gelingen, die festen kaiserlichen Verschanzungen zu stürmen. Torquato, von Truppen und Geld allzusehr entblößt, um angriffsweise gegen den König zu agieren, gedachte mit Hilfe dieses Operationsplans dem Grafen Tilly Zeit zu verschaffen, zur Verteidigung Pommerns herbeizueilen und alsdann in Vereinigung mit diesem General auf den König von Schweden loszugehen. Er benutzte sogar einmal die Entfernung des Königs, um sich durch einen unvermuteten Überfall Stettins zu bemächtigen. Aber die Schweden ließen sich nicht unvorbereitet finden. Ein lebhafter Angriff der Kaiserlichen wurde mit Standhaftigkeit zurückgeschlagen, und Torquato verschwand mit einem großen Verluste. Nicht zu leugnen ist es, daß Gustav Adolph bei diesem günstigen Anfang ebenso viel dem Glück als seiner Kriegserfahrenheit dankte. Die kaiserlichen Truppen in Pommern waren seit Wallensteins Abdankung aufs tiefste heruntergekommen. Grausam rächten sich ihre Ausschweifungen jetzt an ihnen selbst; ein ausgezehrtes verödetes Land konnte ihnen keinen Unterhalt mehr darbieten. Alle Mannszucht war dahin, keine Achtung mehr für die Befehle der Officiere; zusehends schmolz ihre Anzahl durch häufige Desertionen und durch ein allgemeines Sterben, welches die schneidende Kälte in diesem ungewohnten Klima verursachte. Unter diesen Umständen sehnte sich der kaiserliche General nach Ruhe, um seine Truppen durch die Winterquartiere zu erquicken; aber er hatte mit einem Feinde zu thun, für den unter deutschem Himmel gar kein Winter war. Zur Vorsorge hatte Gustav seine Soldaten mit Schafspelzen versehen lassen, um auch die rauheste Jahreszeit über im Felde zu bleiben. Die kaiserlichen Bevollmächtigten, welche wegen eines Waffenstillstandes zu unterhandeln kamen, erhielten daher die trostlose Antwort: »Die Schweden seien im Winter wie im Sommer Soldaten und nicht geneigt, den armen Landmann noch mehr auszusaugen. Die Kaiserlichen möchten es mit sich halten, wie sie wollten; sie aber gedächten nicht, sich müßig zu verhalten.« Torquato Conti legte bald darauf sein Commando, wobei wenig Ruhm und nun auch kein Geld mehr zu gewinnen war, nieder.

Bei dieser Ungleichheit mußte sich der Vortheil notwendiger Weise auf schwedischer Seite befinden. Unaufhörlich wurden die Kaiserlichen in ihren Winterquartieren beunruhigt, Greifenhagen, ein wichtiger Platz an der Oder, mit Sturm erobert, zuletzt auch die Städte Garz und Pyritz von den Feinden verlassen. Von ganz Pommern waren nur noch Greifswalde, Demmin und Kolberg in ihren Händen, zu deren Belagerung der König ungesäumt die nachdrücklichsten Anstalten machte. Der fliehende Feind nahm seinen Weg nach der Mark Brandenburg, nicht ohne großen Verlust an Artillerie, Bagage und Mannschaft, welche den nacheilenden Schweden in die Hände fielen.

Durch Einnahme der Pässe bei Ribnitz und Damgarten hatte sich Gustav den Eingang in das Herzogthum Mecklenburg eröffnet, dessen Untertanen durch ein vorangeschicktes Manifest aufgefordert wurden, unter die Herrschaft ihrer rechtmäßigen Regenten zurückzukehren und alles, was Wallensteinisch wäre, zu verjagen. Durch Betrug bekamen aber die kaiserlichen die wichtige Stadt Rostock in ihre Gewalt, welches den König, der seine Macht nicht gern theilen wollte, an fernerem Vorrücken hinderte. Vergebens hatten indessen die vertriebenen Herzoge von Mecklenburg, durch die zu Regensburg versammelten Fürsten, bei dem Kaiser fürsprechen lassen; vergebens hatten sie, um den Kaiser durch Unterwürfigkeit zu gewinnen, das Bündniß mit Schweden und jeden Weg der Selbsthilfe verschmäht. Durch die hartnäckige Weigerung des Kaisers zur Verzweiflung gebracht, ergriffen sie jetzt öffentlich die Partei des Königs von Schweden, warben Truppen und übertrugen das Commando darüber dem Herzog Franz Karl von Sachsen-Lauenburg. Dieser bemächtigte sich auch wirklich einiger festen Plätze an der Elbe, verlor sie aber bald wieder an den kaiserlichen General Pappenheim, der gegen ihn geschickt wurde. Bald darauf, in der Stadt Ratzeburg von letzterm belagert, sah er sich, nach einem vergeblichen Versuch zu entfliehen, genöthigt, sich mit seiner ganzen Mannschaft zu Gefangenen zu ergeben. So verschwand denn aufs neue die Hoffnung dieser unglücklichen Fürsten zum Wiedereintritt in ihre Lande, und dem siegreichen Arme Gustav Adolphs allein war es aufbehalten, ihnen diese glänzende Gerechtigkeit zu erzeigen.

Die flüchtigen kaiserlichen Schaaren hatten sich in die Mark Brandenburg geworfen, welche sie jetzt zum Schauplatz ihrer Gräuelthaten machten. Nicht zufrieden, die willkürlichsten Schatzungen einzufordern und den Bürger durch Einquartierungen zu drücken, durchwühlten diese Unmenschen auch noch das Innere der Häuser, zerschlugen, erbrachen alles, was verschlossen war, raubten allen Vorrath, den sie fanden, mißhandelten auf das entsetzlichste, wer sich zu widersetzen wagte, entehrten das Frauenzimmer, selbst an heiliger Stätte. Und alles dies geschah nicht in Feindes Land – es geschah gegen die Unterthanen eines Fürsten, von welchem der Kaiser nicht beleidigt war, dem er trotz diesem allen noch zumuthete, die Waffen gegen den König von Schweden zu ergreifen. Der Anblick dieser entsetzlichen Ausschweifungen, welche sie aus Mangel an Ansehen und aus Geldnoth geschehen lassen mußten, erweckte selbst den Unwillen der kaiserlichen Generale, und ihr oberster Chef, Graf von Schaumburg, wollte schamroth das Commando niederlegen. Zu arm an Soldaten, um sein Land zu vertheidigen, und ohne Hilfe gelassen von dem Kaiser, der zu den beweglichsten Vorstellungen schwieg, befal endlich der Kurfürst von Brandenburg seinen Unterthanen in einem Edikt, Gewalt mit Gewalt zu vertreiben und jeden kaiserlichen Soldaten, der über der Plünderung ergriffen würde, ohne Schonung zu ermorden. Zu einem solchen Grade war der Gräuel der Mißhandlung und das Elend der Regierung gestiegen, daß dem Landesherrn nur das verzweifelte Mittel übrig blieb, die Selbstrache zu befehlen.

Die Kaiserlichen hatten die Schweden in die Mark Brandenburg nachgezogen, und nur die Weigerung des Kurfürsten, ihm die Festung Küstrin zum Durchmarsch zu öffnen, hatte den König abhalten können, Frankfurt an der Oder zu belagern. Er ging zurück, die Eroberung Pommerns durch Einnahme von Demmin und Kolberg zu vollenden; unterdessen war der Feldmarschall Tilly im Anzuge, die Mark Brandenburg zu vertheidigen.

Dieser General, der sich rühmen konnte, noch keine Schlacht verloren zu haben, der Überwinder Mannsfelds, Christians von Braunschweig, des Markgrafen von Baden und des Königs von Dänemark, sollte jetzt an dem König von Schweden einen würdigen Gegner finden. Tilly stammte aus einer edlen Familie in Lüttich und hatte in dem niederländischen Kriege, der damaligen Feldherrnschule, seine Talente ausgebildet. Bald darauf fand er Gelegenheit, seine erlangten Fähigkeiten unter Kaiser Rudolph dem Zweiten in Ungarn zu zeigen, wo er sich schnell von einer Stufe zur andern emporschwang. Nach geschlossenem Frieden trat er in die Dienste Maximilians von Bayern, der ihn zum Oberfeldherrn mit unumschränkter Gewalt ernannte. Tilly wurde durch seine vortrefflichen Einrichtungen der Schöpfer der bayerischen Kriegsmacht, und ihm vorzüglich hatte Maximilian seine bisherige Überlegenheit im Felde zu danken. Nach geendigtem böhmischen Kriege wurde ihm das Commando der liguistischen Truppen und jetzt, nach Wallensteins Abgang, das Generalat über die ganze kaiserliche Armee übertragen. Eben so streng gegen seine Truppen, eben so blutdürstig gegen den Feind, von eben so finsterer Gemüthsart als Wallenstein, ließ er diesen an Bescheidenheit und Uneigennützigkeit weit hinter sich zurück. Ein blinder Religionseifer und ein blutdürstiger Verfolgungsgeist vereinigten sich mit der natürlichen Wildheit seines Charakters, ihn zum Schrecken der Protestanten zu machen. Ein bizarres und schreckhaftes Äußere entsprach dieser Gemüthsart. Klein, hager, mit eingefallenen Wangen, langer Nase, breiter gerunzelter Stirn, starkem Knebelbart und unten zugespitztem Gesichte, zeigte er sich gewöhnlich in einem spanischen Wamms von hellgrünem Atlaß mit aufgeschlitzten Ärmeln. auf dem Kopfe einen kleinen, hoch aufgestutzten Hut, mit einer rothen Straußfeder geziert, die bis auf den Rücken niederwallte. Sein ganzer Anblick erinnerte an den Herzog von Alba, den Zuchtmeister der Flamänder, und es fehlte viel, daß seine Thaten diesen Eindruck auslöschten. So war der Feldherr beschaffen, der sich dem nordischen Heroen jetzt entgegenstellte.

Tilly war weit entfernt, seinen Gegner gering zu schätzen. »Der König von Schweden«, erklärte er auf der Kurfürstenversammlung zu Regensburg, »ist ein Feind von eben so großer Klugheit als Tapferkeit, abgehärtet zum Krieg, in der besten Blüthe seiner Jahre. Seine Anstalten sind vortrefflich, seine Hilfsmittel nicht gering; die Stände seines Reichs sind äußerst willfährig gegen ihn gewesen. Seine Armee, aus Schweden, Deutschen, Livländern, Finnländern, Schotten und Engländern zusammengegossen, ist zu einer einzigen Nation gemacht durch blinden Gehorsam. Dies ist ein Spieler, gegen welchen nicht verloren zu haben, schon überaus viel gewonnen ist.«

Die Fortschritte des Königs von Schweden in Brandenburg und Pommern ließen den neuen Generalissimus keine Zeit verlieren, und dringend forderten die dort commandierenden Feldherren seine Gegenwart. In möglichster Schnelligkeit zog er die kaiserlichen Truppen, die durch ganz Deutschland zerstreut waren, an sich; aber es kostete viel Zeit, aus den verödeten und verarmten Provinzen die nöthigen Kriegsbedürfnisse zusammenzubringen. Endlich erschien er in der Mitte des Winters an der Spitze von zwanzigtausend Mann vor Frankfurt an der Oder, wo er sich mit dem Überrest der Schaumburgischen Truppen vereinigte. Er übergab diesem Feldherrn die Verteidigung Frankfurts mit einer hinlänglich starken Besatzung, und er selbst wollte nach Pommern eilen, um Demmin zu retten und Kolberg zu entsetzen, welche Stadt von den Schweden schon aufs äußerste gebracht war. Aber noch ehe er Brandenburg verließ, hatte sich Demmin, von dem Herzog Savelli äußerst schlecht verteidigt, an den König ergeben, und auch Kolberg ging wegen Hungersnoth nach fünfmonatlicher Belagerung über. Da die Pässe nach Vorpommern aufs beste besetzt waren und das Lager des Königs bei Schwedt jedem Angriffe Trotz bot, so entsagte Tilly seinem ersten angreifenden Plan und zog sich rückwärts nach der Elbe – um Magdeburg zu belagern.

Durch Wegnahme von Demmin stand es dem König frei, unaufgehalten ins Mecklenburgische zu dringen; aber ein wichtigeres Unternehmen zog seine Waffen nach einer andern Gegend. Tilly hatte kaum seinen Rückmarsch angetreten, als er sein Lager zu Schwedt plötzlich aufhob und mit seiner ganzen Macht gegen Frankfurt an der Oder anrückte. Diese Stadt war schlecht befestigt, aber durch eine achttausend Mann starke Besatzung vertheidigt, größtenteils Überrest jener wüthenden Banden, welche Pommern und Brandenburg gemißhandelt hatten. Der Angriff geschah mit Lebhaftigkeit, und schon am dritten Tage wurde die Stadt mit stürmender Hand erobert. Die Schweden, des Sieges gewiß, verwarfen, obgleich die Feinde zweimal Schamade schlugen, die Capitulation, um das schreckliche Recht der Wiedervergeltung auszuüben. Tilly hatte nämlich gleich nach seiner Ankunft in diesen Gegenden eine schwedische Besatzung, die sich verspätet hatte, in Neubrandenburg aufgehoben und, durch ihren lebhaften Widerstand gereizt, bis auf den letzten Mann niederhauen lassen. Dieser Grausamkeit erinnerten sich jetzt die Schweden, als Frankfurt erstiegen ward. Neubrandenburgisch Quartier! antwortete man jedem kaiserlichen Soldaten, der um sein Leben bat, und stieß ihn ohne Barmherzigkeit nieder. Einige tausend wurden erschlagen oder gefangen, viele ertranken in der Oder, der Überrest floh nach Schlesien, die ganze Artillerie gerieth in schwedische Hände. Dem Ungestüm seiner Soldaten nachzugeben, mußte Gustav Adolph eine dreistündige Plünderung erlauben.

Indem dieser König von einem Siege zum andern forteilte, der Muth der protestantischen Stände dadurch wuchs und ihr Widerstand lebhafter wurde, fuhr der Kaiser noch unverändert fort, durch Vollstreckung des Restitutionsedikts und durch übertriebene Zumuthungen an die Stände ihre Geduld aufs Äußerste zu treiben. Notgedrungen schritt er jetzt auf den gewalttätigen Wegen fort, die er anfangs aus Übermuth betreten hatte; den Verlegenheiten, in welche ihn sein willkürliches Verfahren gestürzt hatte, wußte er jetzt nicht anders als durch eben so willkürliche Mittel zu entgehen. Aber in einem so künstlich organisierten Staatskörper, wie der deutsche ist und immer war, mußte die Hand des Despotismus die unübersehlichsten Zerrüttungen anrichten. Mit Erstaunen sahen die Fürsten unvermerkt die ganze Reichsverfassung umgekehrt, und der eintretende Zustand der Natur führte sie zur Selbsthilfe, dem einzigen Rettungsmittel in dem Zustand der Natur. Endlich hatten doch die offenbaren Schritte des Kaisers gegen die evangelische Kirche von den Augen Johann Georgs die Binde weggezogen, welche ihm so lange die betrügerische Politik dieses

Prinzen verbarg. Durch Ausschließung seines Sohnes von dem Erzstifte zu Magdeburg hatte ihn Ferdinand persönlich beleidigt, und der Feldmarschall von Arnheim, sein neuer Günstling und Minister, verabsäumte nichts, die Empfindlichkeit seines Herrn aufs Höchste zu treiben. Vormals kaiserlicher General unter Wallensteins Commando und noch immer dessen eifrig ergebener Freund, suchte er seinen alten Wohlthäter und sich selbst an dem Kaiser zu rächen und den Kurfürsten von Sachsen von dem österreichischen Interesse abzuziehen. Die Erscheinung der Schweden in Deutschland mußte ihm die Mittel dazu darbieten. Gustav Adolph war unüberwindlich, sobald sich die protestantischen Stände mit ihm vereinigten, und nichts beunruhigte den Kaiser mehr. Kursachsens Beispiel konnte die Erklärung aller übrigen nach sich ziehen, und das Schicksal des Kaisers schien sich gewissermaßen in den Händen Johann Georgs zu befinden. Der listige Günstling machte dem Ehrgeize seines Herrn diese seine Wichtigkeit fühlbar und ertheilte ihm den Rath, den Kaiser durch ein angedrohtes Bündniß mit Schweden in Schrecken zu setzen, um von der Furcht dieses Prinzen zu erhalten, was von der Dankbarkeit desselben nicht zu erwarten sei. Doch hielt er dafür, die Allianz mit Schweden nicht wirklich abschließen, um immer wichtig zu sein und immer freie Hand zu behalten. Er begeisterte ihn für den stolzen Plan (dem nichts als eine verständigere Hand zur Vollstreckung fehlte), die ganze Partei der Protestanten an sich zu ziehen, eine dritte Macht in Deutschland aufzustellen und in der Mitte zwischen Schweden und Österreich die Entscheidung in den Händen zu tragen.

Dieser Plan mußte der Eigenliebe Johann Georgs um so mehr schmeicheln, da es ihm gleich unerträglich war, in die Abhängigkeit von Schweden zu gerathen und länger unter der Tyrannei des Kaisers zu bleiben. Nicht mit Gleichgültigkeit konnte er sich die Führung der deutschen Angelegenheiten von einem auswärtigen Prinzen entrissen sehen, und so wenig Fähigkeit er auch besaß, die erste Rolle zu spielen, so wenig ertrug es seine Eitelkeit, sich mit der zweiten zu begnügen. Er beschloß also, von den Progressen des schwedischen Königs die möglichsten Vortheile für seine eigene Lage zu ziehen, aber unabhängig von diesem seinen eigenen Plan zu verfolgen. Zu diesem Ende besprach er sich mit dem Kurfürsten von Brandenburg, der aus ähnlichen Ursachen gegen den Kaiser entrüstet und auf Schweden mißtrauisch war. Nachdem er sich auf einem Landtage zu Torgau seiner eigenen Landstände versichert hatte, deren Beistimmung ihm zur Ausführung seines Plans unentbehrlich war, so lud er alle evangelischen Stände des Reichs zu einem Generalconvent ein, welcher am 6ten Februar 1631 zu Leipzig eröffnet werden sollte. Brandenburg, Hessen-Kassel, mehrere Fürsten, Grafen, Reichsstände, protestantische Bischöfe erschienen entweder selbst oder durch Bevollmächtigte auf dieser Versammlung, welche der sächsische Hofprediger, Dr. Hohe von Hohenegg, mit einer heftigen Kanzelrede eröffnete. Vergebens hatte sich der Kaiser bemüht, diese eigenmächtige Zusammenkunft, welche augenscheinlich auf Selbsthilfe zielte und bei der Anwesenheit der Schweden in Deutschland höchst bedenklich war, zu hintertreiben. Die versammelten Fürsten, von den Fortschritten Gustav Adolphs belebt, behaupteten ihre Rechte und gingen nach Verlauf zweier Monate mit einem merkwürdigen Schluß auseinander, der den Kaiser in nicht geringe Verlegenheit setzte. Der Inhalt desselben war, den Kaiser in einem gemeinschaftlichen Schreiben um Aufhebung des Restitutionsediktes, Zurückziehung seiner Truppen aus ihren Residenzen und Festungen, Einstellung der Exekutionen und Abstellung aller bisherigen Mißbräuche nachdrücklich zu ersuchen – einstweilen aber eine vierzigtausend Mann starke Armee zusammenzubringen, um sich selbst Recht zu schaffen, wenn der Kaiser es ihnen verweigerte.

Ein Umstand kam noch hinzu, der nicht wenig dazu beitrug, die Entschlossenheit der protestantischen Fürsten zu vermehren. Endlich hatte der König von Schweden die Bedenklichkeiten besiegt, welche ihn bisher von einer nähern Verbindung mit Frankreich zurückschreckten, und war am 13ten Jänner dieses 1631sten Jahres in eine förmliche Allianz mit dieser Krone getreten. Nach einem sehr ernsthaften Streite über die künftige Behandlungsart der katholischen Reichsfürsten, welche Frankreich in Schutz nahm, Gustav hingegen das Recht der Wiedervergeltung empfinden lassen wollte, und nach einem minder wichtigen Zank über den Titel Majestät, den der französische Hochmuth dem schwedischen Stolze verweigerte, gab endlich Richelieu in dem zweiten, Gustav Adolph in dem ersten Artikel nach, und zu Beerwald in der Neumark wurde der Allianztraktat unterzeichnet. Beide Mächte verpflichteten sich in demselben, sich wechselseitig und mit gewaffneter Hand zu beschützen, ihre gemeinschaftlichen Freunde zu vertheidigen, den vertriebenen Reichsfürsten wieder zu ihren Ländern zu helfen und an den Grenzen, wie in dem Innern Deutschlands, alles eben so wieder herzustellen, wie es vor dem Ausbruch des Krieges gewesen war. Zu diesem Ende sollte Schweden eine Armee von dreißigtausend Mann auf eigene Kosten in Deutschland unterhalten, Frankreich hingegen viermalhunderttausend Thaler jährlicher Hilfsgelder den Schweden entrichten. Würde das Glück die Waffen Gustavs begünstigen, so sollten in den eroberten Plätzen die katholische Religion und die Reichsgesetze ihm heilig sein und gegen beide nichts unternommen werden, allen Ständen und Fürsten in und außer Deutschland, selbst den katholischen, der Zutritt zu diesem Bündnisse offenstehen, kein Theil ohne Wissen und Willen des andern einen einseitigen Frieden mit dem Feinde schließen, das Bündniß selbst fünf Jahre dauern.

So großen Kampf es dem König von Schweden gekostet hatte, von Frankreich Sold anzunehmen und einer ungebundenen Freiheit in Führung des Krieges zu entsagen, so entscheidend war diese französische Allianz für seine Angelegenheiten in Deutschland. Jetzt erst, nachdem er durch die ansehnlichste Macht in Europa gedeckt war, fingen die deutschen Reichsstände an, Vertrauen zu seiner Unternehmung zu fassen, für deren Erfolg sie bisher nicht ohne Ursache gezittert hatten. Jetzt erst wurde er dem Kaiser fürchterlich. Selbst die katholischen Fürsten, welche Österreichs Demüthigung wünschten, sahen ihn jetzt mit weniger Mißtrauen in Deutschland Fortschritte machen, weil ihm das Bündniß mit einer katholischen Macht Schonung gegen ihre Religion auferlegte. So wie Gustav Adolphs Erscheinung die evangelische Religion und deutsche Freiheit gegen die Übermacht Kaiser Ferdinands beschützte, ebenso konnte nunmehr Frankreichs Dazwischenkunft die katholische Religion und deutsche Freiheit gegen eben diesen Gustav Adolph in Schutz nehmen, wenn ihn die Trunkenheit des Glücks über die Schranken der Mäßigung hiuwegführen sollte

Der König von Schweden säumte nicht, die Fürsten des Leipziger Bundes von dem mit Frankreich geschlossenen Traktat zu unterrichten und sie zugleich zu einer näheren Verbindung mit ihm einzuladen. Auch Frankreich unterstützte ihn in diesem Gesuch und sparte keine Vorstellungen, den Kurfürsten von Sachsen zu bewegen. Gustav Adolph wollte sich mit einer heimlichen Unterstützung begnügen, wenn die Fürsten es jetzt noch für zu gewagt halten sollten, sich öffentlich für seine Partei zu erklären. Mehrere Fürsten machten ihm zu Annehmung seiner Vorschläge Hoffnung, sobald sie nur Lust bekommen sollten; Johann Georg, immer voll Eifersucht und Mißtrauen gegen den König von Schweden, immer seiner eigennützigen Politik getreu, konnte sich zu keiner entscheidenden Erklärung entschließen.

Der Schluß des Leipziger Convents und das Bündniß zwischen Frankreich und Schweden waren zwei gleich schlimme Zeitungen für den Kaiser.

Gegen jenen nahm er die Donner seiner kaiserlichen Machtsprüche zu Hilfe, und bloß eine Armee fehlte ihm, um Frankreich wegen dieser seinen ganzen Unwillen empfinden zu lassen. Abmahnungsschreiben ergingen an alle Theilnehmer des Leipziger Bundes, welche ihnen die Truppenwerbung aufs strengste untersagten. Sie antworteten mit heftigen Widerklagen, rechtfertigten ihr Betragen durch das natürliche Recht und fuhren fort, sich in Rüstung zu setzen.

Die Generale des Kaisers sahen sich unterdessen aus Mangel an Truppen und an Geld zu der mißlichen Wahl gebracht, entweder den König von Schweden oder die deutschen Reichsstände außer Augen zu lassen, da sie mit einer getheilten Macht beiden zugleich nicht gewachsen waren. Die Bewegungen der Protestanten zogen ihre Aufmerksamkeit nach dem Innern des Reichs; die Progressen des Königs in der Mark Brandenburg, welcher die kaiserlichen Erblande schon in der Nähe bedrohte, forderten sie dringend auf, dorthin ihre Waffen zu kehren. Nach Frankfurts Eroberung hatte sich der König gegen Landsberg an der Wartha gewendet, und Tilly kehrte nun, nach einem zu späten Versuche, jene Stadt zu retten, nach Magdeburg zurück, die angefangene Belagerung mit Ernst fortzusetzen.

Das reiche Erzbisthum, dessen Hauptsitz die Stadt Magdeburg war, hatten schon seit geraumer Zeit evangelische Prinzen aus dem brandenburgischen Hause besessen, welche ihre Religion darin einführten. Christian Wilhelm, der letzte Administrator, war durch seine Verbindung mit Dänemark in die Reichsacht verfallen, wodurch das Domcapitel sich bewogen sah, um nicht die Rache des Kaisers gegen das Erzstift zu reizen, ihn förmlich seiner Würde zu entsetzen. An seiner Statt postulierte es den Prinzen Johann August, zweiten Sohn des Kurfürsten von Sachsen, den aber der Kaiser verwarf, um seinem eigenen Sohne Leopold dieses Erzbisthum zuzuwenden. Der Kurfürst von Sachsen ließ darüber ohnmächtige Klagen an dem kaiserlichen Hofe erschallen; Christian Wilhelm von Brandenburg ergriff thätigere Maßregeln. Der Zuneigung des Volks und Magistrats zu Magdeburg versichert und von chimärischen Hoffnungen erhitzt, glaubte er sich im Stande, alte Hindernisse zu besiegen, welche der Ausspruch des Capitels, die Concurrenz mit zwei mächtigen Mitbewerbern und das Restitutionsedikt seiner Wiederherstellung entgegensetzten. Er that eine Reise nach Schweden und suchte sich durch das Versprechen einer wichtigen Diversion in Deutschland der Unterstützung Gustavs zu versichern. Dieser König entließ ihn nicht ohne Hoffnung seines nachdrücklichen Schutzes, schärfte ihm aber dabei ein, mit Klugheit zu verfahren.

Kaum hatte Christian Wilhelm die Landung seines Beschützers in Pommern erfahren, so schlich er sich, mit Hilfe einer Verkleidung, in Magdeburg ein. Er erschien plötzlich in der Rathsversammlung. erinnerte den Magistrat an alle Drangsale, welche Stadt und Land seitdem von den kaiserlichen Truppen erfahren, an die verderblichen Anschläge Ferdinands, an die Gefahr der evangelischen Kirche. Nach diesem Eingange entdeckte er ihnen, daß der Zeitpunkt ihrer Befreiung erschienen sei, und daß ihnen Gustav Adolph seine Allianz und allen Beistand anbiete. Magdeburg, eine der wohlhabendsten Städte Deutschlands, genoß unter der Regierung seines Magistrats einer republikanischen Freiheit, welche seine Bürger mit einer heroischen Kühnheit beseelte. Davon hatten sie bereits gegen Wallenstein, der, von ihrem Reichthum angelockt, die übertriebensten Forderungen an sie machte, rühmliche Proben abgelegt und in einem muthigen Widerstand ihre Rechte behauptet. Ihr ganzes Gebiet hatte zwar die zerstörende Wuth seiner Truppen erfahren, aber Magdeburg selbst entging seiner Rache. Es war also dem Administrator nicht schwer, Gemüther zu gewinnen, denen die erlittenen Mißhandlungen noch in frischem Andenken waren. Zwischen der Stadt und dem König von Schweden kam ein Bündniß zu Stande, in welchem Magdeburg dem König ungehinderten Durchzug durch ihr Gebiet und ihre Thore und die Werbefreiheit auf ihrem Grund und Boden verstattete und die Gegenversicherung erhielt, bei ihrer Religion und ihren Privilegien aufs gewissenhafteste geschützt zu werden.

Sogleich zog der Administrator Kriegsvölker zusammen und fing die Feindseligkeiten voreilig an, ehe Gustav Adolph nahe genug war, ihn mit seiner Macht zu unterstützen. Es glückte ihm, einige kaiserliche Corps in der Nachbarschaft aufzuheben, kleine Eroberungen zu machen und sogar Halle zu überrumpeln. Aber die Annäherung eines kaiserlichen Heeres nöthigte ihn bald, in aller Eilfertigkeit und nicht ohne Verlust den Rückweg nach Magdeburg zu nehmen. Gustav Adolph, obgleich unzufrieden über diese Voreiligkeit, schickte ihm in der Person Dietrichs von Falkenberg einen erfahrenen Officier, um die Kriegsoperationen zu leiten und dem Administrator mit seinem Rathe beizustehen. Eben diesen Falkenberg ernannte der Magistrat zum Commandanten der Stadt, so lange der Krieg dauern würde. Das Heer des Prinzen sah sich von Tag zu Tag durch den Zulauf aus den benachbarten Städten vergrößert, erhielt mehrere Vortheile über die kaiserlichen Regimenter, welche dagegen geschickt wurden, und konnte mehrere Monate einen kleinen Krieg mit vielem Glück unterhalten.

Endlich näherte sich der Graf von Pappenheim, nach beendigtem Zuge gegen den Herzog von Sachsen-Lauenburg, der Stadt, vertrieb in kurzer Zeit die Truppen des Administrators aus allen umliegenden Schanzen, hemmte dadurch alle Communication mit Sachsen und schickte sich ernstlich an, die Stadt einzuschließen. Bald nach ihm kam auch Tilly, forderte den Administrator in einem drohenden Schreiben auf, sich dem Restitutionsedict nicht länger zu widersetzen, den Befehlen des Kaisers sich zu unterwerfen und Magdeburg zu übergeben. Die Antwort des Prinzen war lebhaft und kühn und bestimmte den kaiserlichen Feldherrn, ihm den Ernst der Waffen zu zeigen.

Indessen wurde die Belagerung wegen der Fortschritte des Königs von Schweden, die den kaiserlichen Feldherrn von der Stadt abriefen, eine Zeit lang verzögert, und die Eifersucht der in seiner Abwesenheit commandierenden Generale verschaffte Magdeburg noch auf einige Monate Frist. Am 30sten März 1631 erschien endlich Tilly wieder, um von jetzt an die Belagerung mit Eifer zu betreiben.

In kurzer Zeit waren alle Außenwerke erobert, und Falkenberg selbst hatte die Besatzungen, welche nicht mehr zu retten waren, zurückgezogen und die Elbbrücke abwerfen lassen. Da es an hinlänglichen Truppen fehlte, die weitläufige Festung mit den Vorstädten zu vertheidigen, so wurden auch die Vorstädte Sudenburg und Neustadt dem Feinde preisgegeben, der sie sogleich in die Asche legte. Pappenheim trennte sich von Tilly, ging bei Schönebeck über die Elbe, um von der andern Seite die Stadt anzugreifen.

Die Besatzung, durch die vorhergehenden Gefechte in den Außenwerken geschwächt, belief sich nicht über zweitausend Mann Fußvolks und einige Hundert Reiterei: eine sehr schwache Anzahl für eine so große und noch dazu unregelmäßige Festung. Diesen Mangel zu ersetzen, bewaffnete man die Bürger; ein verzweifelter Ausweg, der größern Schaden anrichtete, als er verhütete. Die Bürger, an sich selbst schon sehr mittelmäßige Soldaten, stürzten durch ihre Uneinigkeit die Stadt ins Verderben. Dem Ärmern that es weh, daß man ihm allein alle Lasten aufwälzte, ihn allein allem Ungemach, allen Gefahren bloßstellte, während der Reiche seine Dienerschaft schickte und sich in seinem Hause gütlich that. Der Unwille brach zuletzt in ein allgemeines Murren aus; Gleichgültigkeit trat an die Stelle des Eifers, Überdruß und Nachlässigkeit im Dienst an die Stelle der wachsamen Vorsicht. Diese Trennung der Gemüther, mit der steigenden Noth verbunden, gab nach und nach einer kleinmüthigen Überlegung Raum, daß Mehrere schon anfingen, über die Verwegenheit ihres Unternehmens aufgeschreckt zu werden und vor der Allmacht des Kaisers zu erbeben, gegen welchen man im Streit begriffen sei. Aber der Religionsfanatismus, die feurige Liebe der Freiheit, der unüberwindliche Widerwille gegen den kaiserlichen Namen, die wahrscheinliche Hoffnung eines nahen Entsatzes entfernten jeden Gedanken an Übergabe; und so sehr man in allem Andern getrennt sein mochte, so einig war man, sich bis aufs Äußerste zu vertheidigen.

Die Hoffnung der Belagerten, sich entsetzt zu sehen, war auf die höchste Wahrscheinlichkeit gegründet. Sie wußten um die Bewaffnung des Leipziger Bundes, sie wußten um die Annäherung Gustav Adolphs; beiden war die Erhaltung Magdeburgs gleich wichtig, und wenige Tagemärsche konnten den König von Schweden vor ihre Mauern bringen. Alles dieses war dem Grafen Tilly nicht unbekannt, und eben darum eilte er so sehr, sich, auf welche Art es auch sein möchte, von Magdeburg Meister zu machen. Schon hatte er, der Übergabe wegen, einen Trompeter mit verschiedenen Schreiben an den Administrator, Commandanten und Magistrat abgesendet, aber zur Antwort erhalten, daß man lieber sterben als sich ergeben würde. Ein lebhafter Ausfall der Bürger zeigte ihm, daß der Muth der Belagerten nichts weniger als erkaltet sei, und die Ankunft des Königs zu Potsdam, die Streifereien der Schweden selbst bis vor Zerbst mußten ihn mit Unruhe so wie die Einwohner Magdeburgs mit den frohesten Hoffnungen erfüllen. Ein zweiter Trompeter, den er an sie abschickte, und der gemäßigtere Ton seiner Schreibart bestärkte sie noch mehr in ihrer Zuversicht – aber nur, um sie in eine desto tiefere Sorglosigkeit zu stürzen.

Die Belagerer waren unterdessen mit ihren Approchen bis an den Stadtgraben vorgedrungen und beschossen von den aufgeworfenen Batterien aufs heftigste Wall und Thürme. Ein Thurm wurde ganz eingestürzt, aber ohne den Angriff zu erleichtern, da er nicht in den Graben fiel, sondern sich seitwärts an den Wall anlehnte. Des anhaltenden Bombardierens ungeachtet, hatte der Wall nicht viel gelitten, und die Wirkung der Feuerkugeln, welche die Stadt in Brand stecken sollten, wurde durch vortreffliche Gegenanstalten vereitelt. Aber der Pulvervorrath der Belagerten war bald zu Ende, und das Geschütz der Festung hörte nach und nach auf, den Belagerern zu antworten. Ehe neues Pulver bereitet war, mußte Magdeburg entsetzt sein, oder es war verloren. Jetzt war die Hoffnung in der Stadt aufs höchste gestiegen und mit heftiger Sehnsucht alle Blicke nach der Gegend hingekehrt, von welcher die schwedischen Fahnen wehen sollten. Gustav Adolph hielt sich nahe genug auf, um am dritten Tage vor Magdeburg zu stehen. Die Sicherheit steigt mit der Hoffnung, und alles trägt dazu bei, sie zu verstärken. Am 9ten Mai fängt unerwartet die feindliche Kanonade an zu schweigen, von mehrern Batterieen werden die Stücke abgeführt. Todte Stille im kaiserlichen Lager. Alles überzeugt die Belagerten, daß ihre Rettung nahe sei. Der größte Theil der Bürger und Soldatenwache verläßt früh Morgens seinen Posten auf dem Wall, um endlich einmal nach langer Arbeit des süßen Schlafs sich zu erfreuen – aber ein theurer Schlaf und ein entsetzliches Erwachen!

Tilly hatte endlich der Hoffnung entsagt, auf dem bisherigen Wege der Belagerung sich noch vor Ankunft der Schweden der Stadt bemeistern zu können; er beschloß also, sein Lager aufzuheben, zuvor aber noch einen Generalsturm zu wagen. Die Schwierigkeiten waren groß, da keine Bresche noch geschossen und die Festungswerke kaum beschädigt waren. Aber der Kriegsrath, den er versammelte, erklärte sich für den Sturm und stützte sich dabei auf das Beispiel von Mastricht, welche Stadt früh Morgens, da Bürger und Soldaten sich zur Ruhe begeben, mit stürmender Hand überwältigt worden sei. An vier Orten zugleich sollte der Angriff geschehen; die ganze Nacht zwischen dem 9ten und 10ten wurde mit den nöthigen Anstalten zugebracht. Alles war in Bereitschaft und erwartete, der Abrede gemäß, früh um fünf Uhr das Zeichen mit den Kanonen. Dieses erfolgte, aber erst zwei Stunden später, indem Tilly, noch immer zweifelhaft wegen des Erfolgs, noch einmal den Kriegsrath versammelte. Pappenheim wurde beordert, auf die neustädtischen Werke den Angriff zu thun; ein abhängiger Wall und ein trockner, nicht allzu tiefer Graben kamen ihm dabei zu Statten. Der größte Theil der Bürger und Soldaten hatte die Wälle verlassen, und die wenigen Zurückgebliebenen fesselte der Schlaf. So wurde es diesem General nicht schwer, der Erste den Wall zu ersteigen.

Falkenberg, aufgeschreckt durch das Knallen des Musketenfeuers, eilte von dem Rathhause, wo er eben beschäftigt war, den zweiten Trompeter des Tilly abzufertigen, mit einer zusammengerafften Mannschaft nach dem neustädtischen Thore, das der Feind schon überwältigt hatte. Hier zurückgeschlagen, flog dieser tapfere General nach einer andern Seite, wo eine zweite feindliche Partei schon im Begriff war, die Werke zu ersteigen. Umsonst ist sein Widerstand; schon zu Anfang des Gefechts strecken die feindlichen Kugeln ihn zu Boden. Das heftige Musketenfeuer, das Läuten der Sturmglocken, das überhand nehmende Getöse machen endlich den erwachenden Bürgern die drohende Gefahr bekannt. Eilfertig werfen sie sich in ihre Kleider, greifen zum Gewehr, stürzen in blinder Betäubung dem Feind entgegen. Noch war Hoffnung übrig, ihn zurückzutreiben, aber der Commandant getödtet, kein Plan im Angriff, keine Reiterei, in seine verwirrten Glieder einzubrechen, endlich kein Pulver mehr, das Feuer fortzusetzen. Zwei andere Thore, bis jetzt noch unangegriffen, werden von Verteidigern entblößt, um der dringenden Noth in der Stadt zu begegnen. Schnell benutzt der Feind die dadurch entstandene Verwirrung, um auch diese Posten anzugreifen. Der Widerstand ist lebhaft und hartnäckig, bis endlich vier kaiserliche Regimenter, des Walles Meister, den Magdeburgern in den Rücken fallen und so ihre Niederlage vollenden. Ein tapferer Capitän, Namens Schmidt, der in dieser allgemeinen Verwirrung die Entschlossensten noch einmal gegen den Feind führt und glücklich genug ist, ihn bis an das Thor zurückzutreiben, fällt tödtlich verwundet, Magdeburgs letzte Hoffnung mit ihm. Alle Werke sind noch vor Mittag erobert, die Stadt in Feindes Händen.

Zwei Thore werden jetzt von den Stürmenden der Hauptarmee geöffnet, und Tilly läßt einen Theil seines Fußvolks einmarschieren. Es besetzt sogleich die Hauptstraßen, und das aufgepflanzte Geschütz scheucht alle Bürger in ihre Wohnungen, dort ihr Schicksal zu erwarten. Nicht lange läßt man sie im Zweifel; zwei Worte des Grafen Tilly bestimmen Magdeburgs Geschick. Ein nur etwas menschlicher Feldherr würde solchen Truppen vergeblich Schonung anbefohlen haben; Tilly gab sich auch nicht die Mühe, es zu versuchen. Durch das Stillschweigen seines Generals zum Herrn über das Leben aller Bürger gemacht, stürzte der Soldat in das Innere der Häuser, um ungebunden alle Begierden einer viehischen Seele zu kühlen. Vor manchem deutschen Ohre fand die flehende Unschuld Erbarmen, keines vor dem tauben Grimm der Wallonen aus Pappenheims Heer. Kaum hatte dieses Blutbad seinen Anfang genommen, als alle übrigen Thore aufgingen, die ganze Reiterei und der Croaten fürchterliche Banden gegen die unglückliche Stadt losgelassen wurden.

Eine Würgescene fing jetzt an, für welche die Geschichte keine Sprache und die Dichtkunst keinen Pinsel hat. Nicht die schuldfreie Kindheit, nicht das hilflose Alter, nicht Jugend, nicht Geschlecht, nicht Stand, nicht Schönheit können die Wuth des Siegers entwaffnen. Frauen werden in den Armen ihrer Männer, Töchter zu den Füßen ihrer Väter mißhandelt, und das wehrlose Geschlecht hat bloß das Vorrecht, einer gedoppelten Wuth zum Opfer zu dienen. Keine noch so verborgene, keine noch so geheiligte Stätte konnte vor der alles durchforschenden Habsucht sichern. Dreiundfünfzig Frauenspersonen fand man in einer Kirche enthauptet. Croaten vergnügten sich, Kinder in die Flammen zu werfen – Pappenheims Wallonen, Säuglinge an den Brüsten ihrer Mütter zu spießen. Einige liguistische Offiziere, von diesem grausenvollen Anblick empört, unterstanden sich, den Grafen Tilly zu erinnern, daß er dem Blutbad möchte Einhalt thun lassen. »Kommt in einer Stunde wieder«, war seine Antwort, »ich werde dann sehen, was ich thun werde. Der Soldat muß für seine Gefahr und Arbeit etwas haben.« In ununterbrochener Wuth dauerten diese Gräuel fort, bis endlich Rauch und Flammen der Raubsucht Grenzen setzten. Um die Verwirrung zu vermehren und den Widerstand der Bürger zu brechen, hatte man gleich Anfangs an verschiedenen Orten Feuer angelegt. Jetzt erhob sich ein Sturmwind, der die Flammen mit reißender Schnelligkeit durch die ganze Stadt verbreitete und den Brand allgemein machte. Fürchterlich war das Gedränge durch Qualm und Leichen, durch gezückte Schwerter, durch stürzende Trümmer, durch das strömende Blut. Die Atmosphäre kochte, und die unerträgliche Glut zwang endlich selbst die Würger, sich in das Lager zu flüchten. In weniger als zwölf Stunden lag diese volkreiche, feste, große Stadt, eine der schönsten Deutschlands, in der Asche, zwei Kirchen und einige Hütten ausgenommen. Der Administrator Christian Wilhelm ward mit drei Bürgermeistern nach vielen empfangenen Wunden gefangen; viele tapfere Officiere und Magistrate hatten fechtend einen beneideten Tod gefunden. Vierhundert der reichsten Bürger entriß die Habsucht der Officiere dem Tod, um ein theures Lösegeld von ihnen zu erpressen. Noch dazu waren es meistens Officiere der Ligue, welche diese Menschlichkeit zeigten, und die blinde Mordbegier der kaiserlichen Soldaten ließ sie als rettende Engel betrachten.

Kaum hatte sich die Wuth des Brandes gemindert, als die kaiserlichen Schaaren mit erneuertem Hunger zurückkehrten, um unter Schutt und Asche ihren Raub aufzuwühlen. Manche erstickte der Dampf; viele machten große Beute, da die Bürger ihr Bestes in die Keller geflüchtet hatten. Am 13ten Mai erschien endlich Tilly selbst in der Stadt, nachdem die Hauptstraßen von Schutt und Leichen gereinigt waren. Schauderhaft gräßlich, empörend war die Scene, welche sich jetzt der Menschlichkeit darstellte! Lebende, die unter den Leichen hervorkrochen, herumirrende Kinder, die mit herzzerschneidendem Geschrei ihre Eltern suchten, Säuglinge, die an den todten Brüsten ihrer Mütter saugten! Mehr als sechstausend Leichen mußte man in die Elbe werfen, um die Gassen zu räumen; eine ungleich größere Menge von Lebenden und Leichen hatte das Feuer verzehrt; die ganze Zahl der Getödteten wird auf dreißigtausend angegeben.

Der Einzug des Generals, welcher am 14ten erfolgte, machte der Plünderung ein Ende, und was bis dahin gerettet war, blieb leben. Gegen tausend Menschen wurden aus der Domkirche gezogen, wo sie drei Tage und zwei Nächte in beständiger Todesfurcht und ohne Nahrung zugebracht hatten. Tilly ließ ihnen Pardon ankündigen und Brod unter sie vertheilen. Den Tag darauf ward in dieser Domkirche feierliche Messe gehalten und unter Abfeuerung der Kanonen das Te Deum angestimmt. Der kaiserliche General durchritt die Straßen, um als Augenzeuge seinem Herrn berichten zu können, daß seit Trojas und Jerusalems Zerstörung kein solcher Sieg gesehen worden sei. Und in diesem Vorgeben war nichts Übertriebenes, wenn man die Größe, den Wohlstand und die Wichtigkeit der Stadt, welche unterging, mit der Wuth ihrer Zerstörer zusammendenkt.

Das Gerücht von Magdeburgs grausenvollem Schicksal verbreitete Frohlocken durch das katholische, Entsetzen und Furcht durch das ganze protestantische Deutschland. Aber Schmerz und Unwillen klagten allgemein den König von Schweden an, der, so nahe und so mächtig, diese bundesverwandte Stadt hilflos gelassen hatte. Auch der Billigste fand diese Unthätigkeit des Königs unerklärbar, und Gustav Adolph, um nicht unwiederbringlich die Herzen des Volks zu verlieren, zu dessen Befreiung er erschienen war, sah sich gezwungen, in einer eigenen Schutzschrift die Gründe seines Betragens der Welt vorzulegen.

Er hatte eben Landsberg angegriffen und am 16ten April erobert, als er die Gefahr vernahm, in welcher Magdeburg schwebte. Sogleich ward sein Entschluß gefaßt, diese bedrängte Stadt zu befreien, und er setzte sich deswegen mit seiner ganzen Reiterei und zehn Regimentern Fußvolk nach der Spree in Bewegung. Die Situation, in welcher sich dieser König auf deutschem Boden befand, machte ihm zum unverbrüchlichen Klugheitsgesetze, keinen Schritt vorwärts zu thun, ohne den Rücken frei zu haben. Mit der mißtrauischsten Behutsamkeit mußte er ein Land durchziehen, wo er von zweideutigen Freunden und mächtigen offenbaren Feinden umgeben war, wo ein einziger übereilter Schritt ihn von seinem Königreich abschneiden konnte. Der Kurfürst von Brandenburg hatte vormals schon seine Festung Küstrin den flüchtigen Kaiserlichen aufgethan und den nacheilenden Schweden verschlossen. Sollte Gustav jetzt gegen

Tilly verunglücken, so konnte eben dieser Kurfürst den Kaiserlichen seine Festungen öffnen, und dann war der König, Feinde vor sich und hinter sich, ohne Rettung verloren. Diesem Zufall bei gegenwärtiger Unternehmung nicht ausgesetzt zu sein, verlangte er, ehe er sich zu der Befreiung Magdeburgs aufmachte, daß ihm von dem Kurfürsten die beiden Festungen Küstrin und Spandau eingeräumt würden, bis er Magdeburg in Freiheit gesetzt hätte.

Nichts schien gerechter zu sein, als diese Forderung. Der große Dienst, welchen Gustav Adolph dem Kurfürsten kürzlich erst durch Vertreibung der Kaiserlichen aus den brandenburgischen Landen geleistet, schien ihm ein Recht an seine Dankbarkeit, das bisherige Betragen der Schweden in Deutschland einen Anspruch auf sein Vertrauen zu geben. Aber durch Übergabe seiner Festungen machte der Kurfürst den König von Schweden gewissermaßen zum Herrn seines Landes, nicht zu gedenken, daß er eben dadurch zugleich mit dem Kaiser brach und seine Staaten der ganzen künftigen Rache der kaiserlichen Heere bloßstellte. Georg Wilhelm kämpfte lange Zeit einen grausamen Kampf mit sich selbst, aber Kleinmuth und Eigennutz schienen endlich die Oberhand zu gewinnen. Ungerührt von Magdeburgs Schicksal, kalt gegen Religion und deutsche Freiheit, sah er nichts, als seine eigene Gefahr, und diese Besorglichkeit wurde durch seinen Minister von Schwarzenberg, der einen heimlichen Sold von dem Kaiser zog, aufs Höchste getrieben. Unterdessen näherten sich die schwedischen Truppen Berlin, und der König nahm bei dem Kurfürsten seine Wohnung. Als er die furchtsame Bedenklichkeit dieses Prinzen wahrnahm, konnte er sich des Unwillens nicht enthalten. »Mein Weg geht auf Magdeburg«, sagte er, »nicht mir, sondern den Evangelischen zum Besten. Will Niemand mir beistehen, so nehme ich sogleich meinen Rückweg, biete dem Kaiser einen Vergleich an und ziehe wieder nach Stockholm. Ich bin gewiß, der Kaiser soll einen Frieden mit mir eingehen, wie ich ihn immer nur verlangen kann – aber geht Magdeburg verloren und ist der Kaiser der Furcht vor mir erst entledigt, so sehet zu, wie es euch ergehen wird.« Diese zu rechter Zeit hingeworfene Drohung, vielleicht auch der Blick auf die schwedische Armee, welche mächtig genug war, dem Könige durch Gewalt zu verschaffen, was man ihm auf dem Wege der Güte verweigerte, brachte endlich den Kurfürsten zum Entschluß, Spandau in seine Hände zu übergeben.

Nun standen dem König zwei Wege nach Magdeburg offen, wovon der eine gegen Abend durch ein erschöpftes Land und mitten durch feindliche

Truppen führte, die ihm den Übergang über die Elbe streitig machen konnten. Der andere, gegen Mittag, ging über Dessau oder Wittenberg, wo er Brücken fand, die Elbe zu passieren, und aus Sachsen Lebensmittel ziehen konnte. Aber dies konnte ohne Einwilligung des Kurfürsten von Sachsen nicht geschehen, in welchen Gustav ein gegründetes Mißtrauen setzte. Ehe er sich also in Marsch setzte, ließ er diesen Prinzen um einen freien Durchzug und um das Nöthige für seine Truppen gegen baare Bezahlung ersuchen. Sein Verlangen wurde ihm abgeschlagen, und keine Vorstellung konnte den Kurfürsten bewegen, seinem Neutralitätssystem zu entsagen. Indem man noch im Streit darüber begriffen war, kam die Nachricht von Magdeburgs entsetzlichem Schicksal.

Tilly verkündigte sie mit dem Tone eines Siegers allen protestantischen Fürsten und verlor keinen Augenblick, den allgemeinen Schrecken aufs beste zu benutzen. Das Ansehen des Kaisers, durch die bisherigen Progressen Gustavs merklich heruntergebracht, erhob sich furchtbarer als je nach diesem entscheidenden Vorgang, und schnell offenbarte sich diese Veränderung in der gebieterischen Sprache, welche er gegen die protestantischen Reichsstände führte. Die Schlüsse des Leipziger Bundes wurden durch einen Machtspruch vernichtet, der Bund selbst durch ein kaiserliches Dekret aufgehoben, allen widersetzlichen Ständen Magdeburgs Schicksal angedroht. Als Vollzieher dieses kaiserlichen Schlusses ließ Tilly sogleich Truppen gegen den Bischof von Bremen marschieren, der ein Mitglied des Leipziger Bundes war und Soldaten geworben hatte. Der in Furcht gesetzte Bischof übergab die letzteren sogleich in die Hände des Tilly und unterzeichnete die Cassation der Leipziger Schlüsse. Eine kaiserliche Armee, welche unter dem Commando des Grafen von Fürstenberg zu eben der Zeit ans Italien zurückkam, verfuhr auf gleiche Art gegen den Administrator von Wirtenberg. Der Herzog mußte sich dem Restitutionsedikt und allen Dekreten des Kaisers unterwerfen, ja noch außerdem zu Unterhaltung der kaiserlichen Truppen einen monatlichen Geldbeitrag von hunderttausend Thalern erlegen. Ähnliche Lasten wurden der Stadt Ulm und Nürnberg, dem ganzen fränkischen und schwäbischen Kreise auferlegt. Schrecklich war die Hand des Kaisers über Deutschland. Die schnelle Übermacht, welche er durch diesen Vorfall erlangte, mehr scheinbar als in der Wirklichkeit gegründet, führte ihn über die Grenzen der bisherigen Mäßigung hinweg und verleitete ihn zu einem gewaltsamen übereilten Verfahren, welches endlich die Unentschlossenheit der deutschen Fürsten zum Vortheil Gustav Adolphs besiegte. So unglücklich also die nächsten Folgen von Magdeburgs

Untergang für die Protestanten auch sein mochten, so wohlthätig waren die spätern. Die erste Überraschung machte bald einem thätigen Unwillen Platz; die Verzweiflung gab Kräfte, und die deutsche Freiheit erhob sich aus Magdeburgs Asche.

Unter den Fürsten des Leipziger Bundes waren der Kurfürst von Sachsen und der Landgraf von Hessen bei weitem am meisten zu fürchten, und die Herrschaft des Kaisers war in diesen Gegenden nicht befestigt, so lange er diese Beiden nicht entwaffnet sah. Gegen den Landgrafen richtete Tilly seine Waffen zuerst und brach unmittelbar von Magdeburg nach Thüringen auf. Die sächsisch-ernestinischen und schwarzburgischen Lande wurden auf diesem Zuge äußerst gemißhandelt, Frankenhausen, selbst unter den Augen des Tilly, von seinen Soldaten ungestraft geplündert und in die Asche gelegt; schrecklich mußte der unglückliche Landmann dafür büßen, daß sein Landesherr die Schweden begünstigte. Erfurt, der Schlüssel zwischen Sachsen und Franken, wurde mit einer Belagerung bedroht, wovon es sich aber durch eine freiwillige Lieferung von Proviant und eine Geldsumme loskaufte. Von da schickte Tilly seinen Abgesandten an den Landgrafen von Kassel, mit der Forderung, ungesäumt seine Truppen zu entlassen, dem Leipziger Bund zu entsagen, kaiserliche Regimenter in sein Land und seine Festungen aufzunehmen, Contributionen zu entrichten und sich entweder als Freund oder Feind zu erklären. So mußte sich ein deutscher Reichsfürst von einem kaiserlichen Diener behandelt sehen. Aber diese ausschweifende Forderung bekam ein furchtbares Gewicht durch die Heeresmacht, von der sie begleitet wurde, und das noch frische Andenken von Magdeburgs schauderhaftem Schicksal mußte den Nachdruck desselben vergrößern. Um so mehr Lob verdient die Unerschrockenheit, mit welcher der Landgraf diesen Antrag beantwortete: »Fremde Soldaten in seine Festungen und in seine Residenz aufzunehmen, sei er ganz und gar nicht gesonnen – Seine Truppen brauche er selbst – Gegen einen Angriff würde er sich zu vertheidigen wissen. Fehlte es dem General Tilly an Geld und an Lebensmitteln, so möchte er nur nach München aufbrechen, wo Vorrath an beidem sei.« Der Einbruch zweier kaiserlichen Schaaren in Hessen war die nächste Folge dieser herausfordernden Antwort; aber der Landgraf wußte ihnen so gut zu begegnen, daß nichts Erhebliches ausgerichtet wurde. Nachdem aber Tilly selbst im Begriff stand, ihnen mit seiner ganzen Macht nachzufolgen, so würde das unglückliche Land für die Sündhaftigkeit seines Fürsten theuer genug haben büßen müssen, wenn nicht die Bewegungen des Königs von Schweden diesen General noch zu rechter Zeit zurückgerufen hätten.

Gustav Adolph hatte den Untergang Magdeburgs mit dem empfindlichsten Schmerz erfahren, der dadurch vergrößert wurde, daß Georg Wilhelm nun, dem Vertrage gemäß, die Festung Spandau zurück verlangte. Der Verlust von Magdeburg hatte die Gründe, um derentwillen dem König der Besitz dieser Festung so wichtig war, eher vermehrt, als vermindert; und je näher die Notwendigkeit einer entscheidenden Schlacht zwischen ihm und Tilly heranrückte, desto schwerer ward es ihm, der einzigen Zuflucht zu entsagen, welche nach einem unglücklichen Ausgange für ihn übrig war. Nachdem er Vorstellungen und Bitten bei dem Kurfürsten von Brandenburg fruchtlos erschöpft hatte und die Kaltsinnigkeit desselben vielmehr mit jedem Tage stieg, so schickte er endlich seinem Commandanten den Befehl zu, Spandau zu räumen, erklärte aber zugleich, daß von demselben Tage an der Kurfürst als Feind behandelt werden sollte.

Dieser Erklärung Nachdruck zu geben, erschien er mit seiner ganzen Armee vor Berlin. »Ich will nicht schlechter behandelt sein, als die Generale des Kaisers«, antwortete er den Abgesandten, die der bestürzte Kurfürst in sein Lager schickte. »Euer Herr hat sie in seine Staaten aufgenommen, mit allen Bedürfnissen versorgt, ihnen alle Plätze, welche sie nur wollten, übergeben und durch alle diese Gefälligkeiten nicht erhalten können, daß sie menschlicher mit seinem Volke verfahren wären. Alles, was ich von ihm verlange, ist Sicherheit, eine mäßige Geldsumme und Brod für meine Truppen; dagegen verspreche ich ihm, seine Staaten zu beschützen und den Krieg von ihm zu entfernen. Auf diesen Punkten aber muß ich bestehen, und mein Bruder, der Kurfürst, entschließe sich eilends, ob er mich zum Freunde haben oder seine Hauptstadt geplündert sehen will.« Dieser entschlossene Ton machte Eindruck, und die Richtung der Kanonen gegen die Stadt besiegte alle Zweifel Georg Wilhelms. In wenigen Tagen ward eine Allianz unterzeichnet, in welcher sich der Kurfürst zu einer monatlichen Zahlung von dreißigtausend Thalern verstand, Spandau in den Händen des Königs ließ und sich anheischig machte, auch Küstrin seinen Truppen zu allen Zeiten zu öffnen. Diese nunmehr entschiedene Verbindung des Kurfürsten von Brandenburg mit den Schweden fand in Wien keine bessere Aufnahme, als der ähnliche Entschluß des Herzogs von Pommern vormals gefunden hatte; aber der ungünstige Wechsel des Glücks, den seine Waffen bald nachher erfuhren, erlaubte dem Kaiser nicht, seine Empfindlichkeit anders als durch Worte zu zeigen.

Das Vergnügen des Königs über diese glückliche Begebenheit wurde bald durch die angenehme Botschaft vergrößert, daß Greifswalde, der einzige feste Platz, den die kaiserlichen noch in Pommern besaßen, übergegangen und nunmehr das ganze Land von diesen schlimmen Feinden gereinigt sei. Er erschien selbst wieder in diesem Herzogthum und genoß das entzückende Schauspiel der allgemeinen Volksfreude, deren Schöpfer er war. Ein Jahr war jetzt verstrichen, daß Gustav Deutschland betreten hatte, und diese Begebenheit wurde in dem ganzen Herzogthume Pommern durch ein allgemeines Dankfest gefeiert. Kurz vorher hatte ihn der Czar von Moskau durch Gesandte begrüßen, seine Freundschaft erneuern und sogar Hilfstruppen antragen lassen. Zu diesen friedfertigen Gesinnungen der Russen durfte er sich um so mehr Glück wünschen, je wichtiger es ihm war, bei dem gefahrvollen Kriege, dem er entgegenging, durch keinen feindseligen Nachbar beunruhigt zu werden. Nicht lange darauf landete die Königin Maria Eleonora, seine Gemahlin, mit einer Verstärkung von achttausend Schweden in Pommern; und die Ankunft von sechstausend Engländern unter der Anführung des Marquis von Hamilton darf um so weniger übergangen werden, da ihre Ankunft alles ist, was die Geschichte von den Thaten der Engländer in dem dreißigjährigen Kriege zu berichten hat.

Pappenheim behauptete während des thüringischen Zugs des Tilly das Magdeburgische Gebiet, hatte aber nicht verhindern können, daß die Schweden nicht mehrmalen die Elbe passierten, einige kaiserliche Detachements niederhieben und mehrere Plätze in Besitz nahmen. Er selbst, von der Annäherung des Königs geängstigt, rief den Grafen Tilly auf das dringendste zurück und bewog ihn auch wirklich, in schnellen Märschen nach Magdeburg umzukehren. Tilly nahm sein Lager diesseits des Flusses zu Wolmirstädt; Gustav Adolph hatte das seinige auf eben dieser Seite bei Werben, unweit dem Einfluß der Havel in die Elbe, bezogen. Gleich seine Ankunft in diesen Gegenden verkündigte dem Tilly nichts Gutes. Die Schweden zerstreuten drei seiner Regimenter, welche entfernt von der Hauptarmee in Dörfern postiert standen, nahmen die eine Hälfte ihrer Bagage hinweg und verbrannten die übrige. Umsonst näherte sich Tilly mit seiner Armee auf einen Kanonenschuß weit dem Lager des Königs, um ihm eine Schlacht anzubieten; Gustav, um die Hälfte schwächer als Tilly, vermied sie mit Weisheit; sein Lager war zu fest, um dem Feind einen gewaltsamen Angriff zu erlauben. Es blieb bei einer bloßen Kanonade und einigen Scharmützeln, in welchen allen die Schweden die Oberhand behielten. Auf seinem Rückzuge nach Wolmirstädt verminderte sich die Armee des Tilly durch häufige Desertionen. Seit dem Blutbade zu Magdeburg floh ihn das Glück.

Desto ununterbrochener begleitete es von nun an den König von Schweden. Während er zu Werben im Lager stand, wurde das ganze Mecklenburg, bis auf wenige Plätze, durch seinen General Tott und den Herzog Adolph Friedrich erobert, und er genoß die königliche Lust, beide Herzoge in ihre Staaten wieder einzusetzen. Er reiste selbst nach Güstrow, wo die Einsetzung vor sich ging, um durch seine Gegenwart den Glanz dieser Handlung zu erheben. Von beiden Herzogen wurde, ihren Erretter in der Mitte und ein glänzendes Gefolge von Fürsten um sich her, ein festlicher Einzug gehalten, den die Freude der Unterthanen zu dem rührendsten Feste machte. Bald nach seiner Zurückkunft nach Werben erschien der Landgraf von Hessen-Kassel in seinem Lager, um ein enges Bündniß aus Verteidigung und Angriff mit ihm zu schließen: der erste regierende Fürst in Deutschland, der sich von freien Stücken und öffentlich gegen den Kaiser erklärte, aber auch durch die triftigsten Gründe dazu aufgefordert war. Landgraf Wilhelm machte sich verbindlich, den Feinden des Königs als seinen eigenen zu begegnen, ihm seine Städte und sein ganzes Land aufzuthun, Proviant und alles Nothwendige zu liefern. Dagegen erklärte sich der König zu seinem Freunde und Beschützer und versprach, keinen Frieden einzugehen, ohne dem Landgrafen völlige Genugthuung von dem Kaiser verschafft zu haben. Beide Theile hielten redlich Wort. Hessen-Kassel beharrte in diesem langen Kriege bei der schwedischen Allianz bis ans Ende, und es hatte Ursache, sich im westphälischen Frieden der schwedischen Freundschaft zu rühmen.

Tilly, dem dieser kühne Schritt des Landgrafen nicht lange verborgen blieb, schickte den Grafen Fugger mit einigen Regimentern gegen ihn; zugleich versuchte er, die hessischen Untertanen durch aufrührerische Briefe gegen ihren Herrn zu empören. Seine Briefe fruchteten eben so wenig, als seine Regimenter, welche ihm nachher in der Breitenfelder Schlacht sehr zur Unzeit fehlten – und die hessischen Landstände konnten keinen Augenblick zweifelhaft sein, ob sie den Beschützer ihres Eigenthums dem Räuber desselben vorziehen sollten.

Aber weit mehr als Hessen-Kassel beunruhigte den kaiserlichen General die zweideutige Gesinnung des Kurfürsten von Sachsen, der, des kaiserlichen Verbots ungeachtet, seine Rüstungen fortsetzte und den Leipziger Bund aufrecht hielt. Jetzt, in dieser Nähe des Königs von Schweden, da es in kurzer Zeit zu einer entscheidenden Schlacht kommen mußte, schien es ihm äußerst bedenklich, Kursachsen in Waffen stehen zu lassen, jeden Augenblick bereit, sich für den Feind zu erklären. Eben hatte sich Tilly mit fünfundzwanzigtausend Mann alter Truppen verstärkt, welche ihm Fürstenberg zuführte, und voll Zuversicht auf seine Macht glaubte er, den Kurfürsten entweder durch das bloße Schrecken seiner Ankunft entwaffnen, oder doch ohne Mühe überwinden zu können. Ehe er aber sein Lager bei Wolmirstädt verließ, forderte er ihn durch eine eigene Gesandtschaft auf, sein Land den kaiserlichen Truppen zu öffnen, seine eigenen zu entlassen oder mit der kaiserlichen Armee zu vereinigen und in Gemeinschaft mit ihr den König von Schweden aus Deutschland zu verjagen. Er brachte ihm in Erinnerung, daß Kursachsen bisher unter allen deutschen Ländern am meisten geschont worden sei, und bedrohte ihn im Weigerungsfalle mit der schrecklichsten Verheerung.

Tilly hatte zu diesem gebieterischen Antrag den ungünstigsten Zeitpunkt gewählt. Die Mißhandlung seiner Religions- und Bundesverwandten, Magdeburgs Zerstörung, die Ausschweifungen der Kaiserlichen in der Lausitz, alles kam zusammen, den Kurfürsten gegen den Kaiser zu entrüsten. Gustav Adolphs Nähe, wie wenig Recht er auch an den Schutz dieses Fürsten haben mochte, belebte ihn mit Muth. Er verbat sich die kaiserlichen Einquartierungen und erklärte seinen standhaften Entschluß, in Rüstung zu bleiben. »So sehr es ihm auch auffallen müsse (setzte er hinzu), die kaiserliche Armee zu einer Zeit gegen seine Lande im Anmarsch zu sehen, wo diese Armee genug zu thun hätte, den König von Schweden zu verfolgen, so erwarte er dennoch nicht, anstatt der versprochenen und wohlverdienten Belohnungen mit Undank und mit dem Ruin seines Landes bezahlt zu werden.« Den Abgesandten des Tilly, welche prächtig bewirthet wurden, gab er eine noch verständlichere Antwort auf den Weg. »Meine Herren«, sagte er, »ich sehe wohl, daß man gesonnen ist, das lange gesparte sächsische Confekt endlich auch auf die Tafel zu setzen. Aber man pflegt dabei allerlei Nüsse und Schauessen aufzutragen, die hart zu beißen sind, und sehen Sie sich wohl vor, daß Sie sich die Zähne nicht daran ausbeißen.«

Jetzt brach Tilly aus seinem Lager auf, rückte vor bis nach Halle unter fürchterlichen Verheerungen und ließ von hier aus seinen Antrag an den Kurfürsten in noch dringenderm und drohenderm Tone erneuern. Erinnert man sich der ganzen bisherigen Denkungsart dieses Fürsten, der durch eigene Neigung und durch die Eingebungen seiner bestochenen Minister dem Interesse des Kaisers, selbst auf Unkosten seiner heiligsten Pflichten, ergeben war, den man bisher mit so geringem Aufwand von Kunst in Unthätigkeit erhalten, so muß man über die Verblendung des Kaisers oder seiner Minister erstaunen, ihrer bisherigen Politik gerade in dem bedenklichsten Zeitpunkte zu entsagen und durch ein gewaltthätiges Verfahren diesen so leicht zu lenkenden Fürsten aufs Äußerste zu bringen. Oder war eben dieses die Absicht des Tilly? War es ihm darum zu thun, einen zweideutigen Freund in einen offenbaren Feind zu verwandeln, um dadurch der Schonung überhoben zu sein, welche der geheime Befehl des Kaisers ihm bisher gegen die Länder dieses Fürsten aufgelegt hatte? War es vielleicht gar die Absicht des Kaisers, den Kurfürsten zu einem feindseligen Schritt zu reizen, um seiner Verbindlichkeit dadurch quitt zu sein und eine beschwerliche Rechnung mit guter Art zerreißen zu können? so müßte man nicht weniger über den verwegenen Übermuth des Tilly erstaunen, der kein Bedenken trug, im Angesicht eines furchtbaren Feindes sich einen neuen zu machen, und über die Sorglosigkeit eben dieses Feldherrn, die Vereinigung beider ohne Widerstand zu gestatten.

Johann Georg, durch den Eintritt des Tilly in seine Staaten zur Verzweiflung gebracht, warf sich, nicht ohne großes Widerstreben, dem König von Schweden in die Arme.

Gleich nach Abfertigung der ersten Gesandtschaft des Tilly hatte er seinen Feldmarschall von Arnheim aufs eilfertigste in Gustavs Lager gesendet, diesen lange vernachlässigten Monarchen um schleunige Hilfe anzugehen. Der König verbarg die innere Zufriedenheit, welche ihm diese sehnlich gewünschte Entwicklung gewährte. »Mir thut es leid um den Kurfürsten«, gab er dem Abgesandten mit verstelltem Kaltsinn zur Antwort. »Hätte er meine wiederholten Vorstellungen geachtet, so würde sein Land keinen Feind gesehen haben, und auch Magdeburg würde noch stehen. Jetzt, da die höchste Noth ihm keinen andern Ausweg mehr übrig läßt, jetzt wendet man sich an den König von Schweden. Aber melden Sie ihm, daß ich weit entfernt sei, um des Kurfürsten von Sachsen willen mich und meine Bundesgenossen ins Verderben zu stürzen. Und wer leistet mir für die Treue eines Prinzen Gewähr, dessen Minister in österreichischem Solde stehen, und der mich verlassen wird, sobald ihm der Kaiser schmeichelt und seine Armee von den Grenzen zurückzieht? Tilly hat seitdem durch eine ansehnliche Verstärkung sein Heer vergrößert, welches mich aber nicht hindern soll, ihm herzhaft entgegen zu gehen, sobald ich nur meinen Rücken gedeckt weiß.«

Der sächsische Minister wußte auf diese Vorwürfe nichts zu antworten, als daß es am besten gethan sei, geschehene Dinge in Vergessenheit zu begraben. Er drang in den König, sich über die Bedingungen zu erklären, unter welchen er Sachsen zu Hilfe kommen wolle, und verbürgte sich im Voraus für die Gewährung derselben. »Ich verlange«, erwiderte Gustav, »daß mir der Kurfürst die Festung Wittenberg einräume, mir seinen ältesten Prinzen als Geißel übergebe, meinen Truppen einen dreimonatlichen Sold auszahle und mir die Verräther in seinem Ministerium ausliefere. Unter diesen Bedingungen bin ich bereit, ihm Beistand zu leisten.«

»Nicht nur Wittenberg«, rief der Kurfürst, als ihm diese Antwort hinterbracht wurde, und trieb seinen Minister in das schwedische Lager zurück; »nicht bloß Wittenberg, auch Torgau, ganz Sachsen soll ihm offen stehen; meine ganze Familie will ich ihm als Geißel übergeben; und wenn ihm das noch nicht genug ist, so will ich mich selbst ihm darbieten. Eilen Sie zurück und sagen ihm, daß ich bereit sei, ihm die Verräther, die er mir nennen wird, anzuliefern, seiner Armee den verlangten Sold zu bezahlen und Leben und Vermögen an die gute Sache zu setzen.«

Der König hatte die neuen Gesinnungen Johann Georgs nur auf die Probe stellen wollen; von dieser Aufrichtigkeit gerührt, nahm er seine harten Forderungen zurück. »Das Mißtrauen«, sagte er, »welches man in mich setzte, als ich Magdeburg zu Hilfe kommen wollte, hat das meinige erweckt; das jetzige Vertrauen des Kurfürsten verdient, daß ich es erwiedre. Ich bin zufrieden, wenn er meiner Armee einen monatlichen Sold entrichtet, und ich hoffe, ihn auch für diese Ausgabe schadlos zu halten.«

Gleich nach geschlossener Allianz ging der König über die Elbe und vereinigte sich schon am folgenden Tage mit den Sachsen. Anstatt diese Vereinigung zu hindern, war Tilly gegen Leipzig vorgerückt, welches er aufforderte, kaiserliche Besatzung einzunehmen. In Hoffnung eines schleunigen Entsatzes machte der Commandant, Hans von der Pforta, Anstalt, sich zu vertheidigen, und ließ zu dem Ende die hallische Vorstadt in die Asche legen. Aber der schlechte Zustand der Festungswerke machte den Widerstand vergeblich, und schon am zweiten Tage wurden die Thore geöffnet. Im Hause eines Todtengräbers, dem einzigen, welches in der hallischen Vorstadt stehen geblieben war, hatte Tilly sein Quartier genommen; hier unterzeichnete er die Capitulation, und hier wurde auch der Angriff des Königs von Schweden beschlossen. Beim Anblick der abgemalten Schädel und Gebeine, mit denen der Besitzer sein Haus geschmückt hatte, entfärbte sich Tilly, Leipzig erfuhr eine über alle Erwartung gnädige Behandlung.

Unterdessen wurde zu Torgau von dem König von Schweden und dem Kurfürsten von Sachsen, im Beisein des Kurfürsten von Brandenburg, großer Kriegsrath gehalten. Eine Entschließung sollte jetzt gefaßt werden, welche das Schicksal Deutschlands und der evangelischen Religion, das Glück vieler Völker und das Loos ihrer Fürsten unwiderruflich bestimmte. Die Bangigkeit der Erwartung, die auch die Brust des Helden vor jeder großen Entscheidung beklemmt, schien jetzt die Seele Gustav Adolphs in einem Augenblick zu umwölken. »Wenn wir uns jetzt zu einer Schlacht entschließen«, sagte er, »so steht nicht weniger als eine Krone und zwei Kurhüte auf dem Spiele. Das Glück ist wandelbar, und der unerforschliche Rathschluß des Himmels kann, unsrer Sünden wegen, dem Feinde den Sieg verleihen. Zwar möchte meine Krone, wenn sie meine Armee und mich selbst auch verlöre, noch eine Schanze zum Besten haben. Weit entlegen, durch eine ansehnliche Flotte beschützt, in ihren Grenzen wohl verwahrt und durch ein streitbares Volk vertheidigt, würde sie wenigstens vor dem Ärgsten gesichert sein. Wo aber Rettung für euch, denen der Feind auf dem Nacken liegt, wenn das Treffen verunglücken sollte?«

Gustav Adolph zeigte das bescheidene Mißtrauen eines Helden, den das Bewußtsein seiner Stärke gegen die Größe der Gefahr nicht verblendet; Johann Georg die Zuversicht eines Schwachen, der einen Helden an seiner Seite weiß. Voll Ungeduld, seine Lande von zwei beschwerlichen Armeen baldmöglichst befreit zu sehen, brannte er nach einer Schlacht, in welcher keine alten Lorbeern für ihn zu verlieren waren. Er wollte mit seinen Sachsen allein gegen Leipzig vorrücken und mit Tilly schlagen. Endlich trat Gustav Adolph seiner Meinung bei, und beschlossen war es, ohne Aufschub den Feind anzugreifen, ehe er die Verstärkungen, welche die Generale Altringer und Tiefenbach ihm zuführten, an sich gezogen hätte. Die vereinigte schwedisch-sächsische Armee setzte über die Mulde; der Kurfürst von Brandenburg reiste wieder in sein Land.

Früh Morgens am 7ten September 1631 bekamen die feindlichen Armeen einander zu Gesichte. Tilly, entschlossen, die herbeieilenden Hilfstruppen zu erwarten, nachdem er versäumt hatte, die sächsische Armee vor ihrer Vereinigung mit den Schweden niederzuwerfen, hatte unweit Leipzig ein festes und vorteilhaftes Lager bezogen, wo er hoffen konnte, zu keiner Schlacht gezwungen zu werden. Das ungestüme Anhalten Pappenheims vermochte ihn endlich doch, sobald die feindlichen Armeen im Anzug begriffen waren, seine Stellung zu verändern und sich linker Hand gegen die Hügel hin zu ziehen, welche sich vom Dorfe Wahren bis nach Lindenthal erheben. Am Fuß dieser Anhöhen war seine Armee in einer einzigen Linie ausgebreitet; seine Artillerie, auf den Hügeln vertheilt, konnte die ganze große Ebene von Breitenfeld bestreichen. Von daher näherte sich in zwei Colonnen die schwedisch-sächsische Armee und hatte bei Podelwitz, einem vor der Tilly'schen Fronte liegenden Dorfe, die Lober zu passieren. Um ihr den Übergang über diesen Bach zu erschweren, wurde Pappenheim mit zweitausend Kürassieren gegen sie beordert, doch erst nach langem Widerstreben des Tilly und mit dem ausdrücklichen Befehl, ja keine Schlacht anzufangen. Dieses Verbots ungeachtet wurde Pappenheim mit dem schwedischen Vortrabe handgemein, aber nach einem kurzen Widerstand zum Rückzuge genöthigt. Um den Feind aufzuhalten, steckte er Podelwitz in Brand, welches jedoch die beiden Armeen nicht hinderte, vorzurücken und ihre Schlachtordnung zu machen.

Zur Rechten sollten sich die Schweden, in zwei Treffen abgetheilt, das Fußvolk in der Mitte, in kleine Bataillons zerstückelt, welche leicht zu bewegen und, ohne die Ordnung zu stören, der schnellsten Wendungen fähig waren; die Reiterei auf den Flügeln, auf ähnliche Art in kleine Schwadronen abgesondert und durch mehrere Haufen Musketiere unterbrochen, welche ihre schwache Anzahl verbergen und die feindlichen Reiter herunter schießen sollten. In der Mitte commandierte der Oberste Teufel, auf dem linken Flügel Gustav Horn, der König selbst auf dem rechten, dem Grafen Pappenheim gegenüber.

Die Sachsen standen durch einen breiten Zwischenraum von den Schweden getrennt; eine Veranstaltung Gustavs, welche der Ausgang rechtfertigte. Den Plan der Schlachtordnung hatte der Kurfürst selbst mit seinem Feldmarschall entworfen und der König sich bloß begnügt, ihn zu genehmigen. Sorgfältig, schien es, wollte er die schwedische Tapferkeit von der sächsischen absondern, und das Glück vermengte sie nicht.

Unter den Anhöhen gegen Abend breitete sich der Feind aus in einer langen unübersehbaren Linie, welche weit genug reichte, das schwedische Heer zu überflügeln; das Fußvolk in große Bataillons abgetheilt, die Reiterei in eben so große unbehilfliche Schwadronen. Sein Geschütz hatte er hinter sich auf den Anhöhen, und so stand er unter dem Gebiet seiner eigenen Kugeln, die über ihn hinweg ihren Bogen machten. Aus dieser Stellung des Geschützes, wenn anders dieser ganzen Nachricht zu trauen ist, sollte man beinahe schließen, daß Tillys Absicht vielmehr gewesen sei, den Feind zu erwarten, als anzugreifen, da diese Anordnung es ihm unmöglich machte, in die feindlichen Glieder einzubrechen, ohne sich in das Feuer seiner eigenen Kanonen zu stürzen. Tilly selbst befehligte das Mittel, Pappenheim den linken Flügel, den rechten der Graf von Fürstenberg. Sämmtliche Truppen des Kaisers und der Ligue betrugen an diesem Tage nicht über vierunddreißig bis fünfunddreißigtausend Mann; von gleicher Stärke war die vereinigte Armee der Schweden und Sachsen.

Aber wäre auch eine Million der andern gegenüber gestanden – es hätte diesen Tag blutiger, nicht wichtiger, nicht entscheidender machen können. – Dieser Tag war es, um dessentwillen Gustav das baltische Meer durchschiffte, auf entlegener Erde der Gefahr nachjagte, Krone und Leben dem untreuen Glück anvertraute. Die zwei größten Heerführer ihrer Zeit, beide bis hieher unüberwunden, sollen jetzt in einem lange vermiedenen Kampfe mit einander ihre letzte Probe bestehen; einer von beiden muß seinen Ruhm auf dem Schlachtfelde zurücklassen. Beide Hälften von Deutschland haben mit Furcht und Zittern diesen Tag herannahen sehen; bang erwartet die ganze Mitwelt den Ausschlag desselben, und die späte Nachwelt wird ihn segnen oder beweinen.

Die Entschlossenheit, welche den Grafen Tilly sonst nie verließ, fehlte ihm an diesem Tage. Kein fester Vorsatz, mit dem Könige zu schlagen, eben so wenig Standhaftigkeit, es zu vermeiden. Wider seinen Willen riß ihn Pappenheim dahin. Nie gefühlte Zweifel kämpften in seiner Brust, schwarze Ahnungen umwölkten seine immer freie Stirne. Der Geist von Magdeburg schien über ihm zu schweben.

Ein zweistündiges Kanonenfeuer eröffnete die Schlacht. Der Wind wehte von Abend und trieb aus dem frisch beackerten, ausgedörrten Gefilde dicke Wolken von Staub und Pulverrauch den Schweden entgegen. Dies bewog den König, sich unvermerkt gegen Norden zu schwenken, und die Schnelligkeit, mit der solches ausgeführt war, ließ dem Feinde nicht Zeit, es zu verhindern.

Endlich verließ Tilly seine Hügel und wagte den ersten Angriff auf die Schweden; aber von der Heftigkeit ihres Feuers wendete er sich zur Rechten und fiel in die Sachsen mit solchem Ungestüm, daß ihre Glieder sich trennten und Verwirrung das ganze Heer ergriff. Der Kurfürst selbst besann sich erst in Eilenburg wieder; wenige Regimenter hielten noch eine Zeit lang auf dem Schlachtfelde Stand und retteten durch ihren männlichen Widerstand die Ehre der Sachsen. Kaum sah man diese in Unordnung gerathen, so stürzten die Kroaten zur Plünderung, und Eilboten wurden schon abgefertigt, die Zeitung des Siegs zu München und Wien zu verkündigen.

Auf den rechten Flügel der Schweden stürzte sich Graf Pappenheim mit der ganzen Stärke seiner Reiterei, aber ohne ihn zum Wanken zu bringen. Hier commandierte der König selbst, und unter ihm der General Banner. Siebenmal erneuerte Pappenheim seinen Angriff, und siebenmal schlug man ihn zurück. Er entfloh mit einem großen Verlust und überließ das Schlachtfeld dem Sieger.

Unterdessen hatte Tilly den Überrest der Sachsen niedergeworfen und brach nunmehr in den linken Flügel der Schweden mit seinen siegenden Truppen. Diesem Flügel hatte der König, sobald sich die Verwirrung unter dem sächsischen Heere entdeckte, mit schneller Besonnenheit drei Regimenter zur Verstärkung gesendet, um die Flanke zu decken, welche die Flucht der Sachsen entblößte. Gustav Horn, der hier das Commando führte, leistete den feindlichen Kürassieren einen herzhaften Widerstand, den die Vertheilung des Fußvolks zwischen den Schwadronen nicht wenig unterstützte. Schon fing der Feind an, zu ermatten, als Gustav Adolph erschien, dem Treffen den Ausschlag zu geben. Der linke Flügel der Kaiserlichen war geschlagen, und seine Truppen, die jetzt keinen Feind mehr hatten, konnten anderswo besser gebraucht werden. Er schwenkte sich also mit seinem rechten Flügel und dem Hauptcorps zur Linken und griff die Hügel an, auf welche das feindliche Geschütz gepflanzt war. In kurzer Zeit war es in seinen Händen, und der Feind mußte jetzt das Feuer seiner eigenen Kanonen erfahren. Auf seiner Flanke das Feuer des Geschützes, von vorne den fürchterlichen Andrang der Schweden, trennte sich das nie überwundene Heer. Schneller Rückzug war alles, was dem Tilly nun übrig blieb; aber der Rückzug selbst mußte mitten durch den Feind genommen werden. Verwirrung ergriff jetzt die ganze Armee, vier Regimenter ausgenommen, grauer versuchter Soldaten, welche nie von einem Schlachtfelde geflohen waren und es auch jetzt nicht wollten. In geschlossenen Gliedern drangen sie mitten durch die siegende Armee und erreichten fechtend ein kleines Gehölz, wo sie aufs neue Front gegen die Schweden machten und bis zu einbrechender Nacht, bis sie auf sechshundert geschmolzen waren, Widerstand leisteten. Mit ihnen entfloh der ganze Überrest des Tilly'schen Heers, und die Schlacht war entschieden.

Mitten unter Verwundeten und Todten warf Gustav Adolph sich nieder, und die erste feurigste Siegesfreude ergoß sich in einem glühenden Gebete. Den flüchtigen Feind ließ er, so weit das tiefe Dunkel der Nacht es verstattete, durch seine Reiterei verfolgen. Das Geläute der Sturmglocken brachte in allen umliegenden Dörfern das Landvolk in Bewegung. und verloren war der Unglückliche, der dem ergrimmten Bauer in die Hände fiel. Mit dem übrigen Heere lagerte sich der König zwischen dem Schlachtfeld und Leipzig, da es nicht möglich war, die Stadt noch in derselben Nacht anzugreifen. Siebentausend waren von den Feinden auf dem Platze geblieben, über fünftausend theils gefangen, theils verwundet. Ihre ganze Artillerie, ihr ganzes Lager war erobert, über hundert Fahnen und Standarten erbeutet. Von den Sachsen wurden zweitausend, von den Schweden nicht über siebenhundert vermißt. Die Niederlage der Kaiserlichen war so groß, daß Tilly auf seiner Flucht nach Halle und Halberstadt nicht über sechshundert Mann, Pappenheim nicht über vierzehnhundert zusammenbringen konnte. So schnell war dieses furchtbare Heer zergangen, welches noch kürzlich ganz Italien und Deutschland in Schrecken gesetzt hatte.

Tilly selbst dankte seine Rettung nur dem Ungefähr. Obgleich von vielen Wunden ermattet, wollte er sich einem schwedischen Rittmeister, der ihn einholte, nicht gefangen geben, und schon war dieser im Begriff, ihn zu tödten, als ein Pistolenschuß ihn noch zu rechter Zeit zu Boden streckte. Aber schrecklicher als Todesgefahr und Wunden war ihm der Schmerz, seinen Ruhm zu überleben und an einem einzigen Tage die Arbeit eines ganzen langen Lebens zu verlieren. Nichts waren jetzt alle seine vergangenen Siege, da ihm der einzige entging, der jenen allen erst die Krone aufsetzen sollte. Nichts blieb ihm übrig von seinen glänzenden Kriegsthaten, als die Flüche der Menschheit, von denen sie begleitet waren. Von diesem Tage an gewann Tilly seine Heiterkeit nicht wieder, und das Glück kehrte nicht mehr zu ihm zurück. Selbst seinen letzten Trost, die Rache, entzog ihm das ausdrückliche Verbot seines Herrn, kein entscheidendes Treffen mehr zu wagen. – Drei Fehler sind es vorzüglich, denen das Unglück dieses Tages beigemessen wird: daß er sein Geschütz hinter der Armee auf die Hügel pflanzte, daß er sich nachher von diesen Hügeln entfernte, und daß er den Feind ungehindert sich in Schlachtordnung stellen ließ. Aber wie bald waren diese Fehler, ohne die kaltblütige Besonnenheit, ohne das überlegene Genie seines Gegners verbessert! – Tilly entfloh eilig von Halle nach Halberstadt, wo er sich kaum Zeit nahm, die Heilung von seinen Wunden abzuwarten, und gegen die Weser eilte, sich mit den kaiserlichen Besatzungen in Niedersachsen zu verstärken.

Der Kurfürst von Sachsen hatte nicht gesäumt, sogleich nach überstandener Gefahr im Lager des Königs zu erscheinen. Der König dankte ihm, daß er zur Schlacht gerathen hätte, und Johann Georg, überrascht von diesem gütigen Empfang, versprach ihm in der ersten Freude – die römische Königskrone. Gleich den folgenden Tag rückte Gustav gegen Merseburg, nachdem er es dem Kurfürsten überlassen hatte, Leipzig wieder zu erobern. Fünftausend Kaiserliche, welche sich wieder zusammengezogen hatten und ihm unterwegs in die Hände fielen, wurden theils niedergehauen, theils gefangen, und die meisten von diesen traten in seinen Dienst. Merseburg ergab sich sogleich, bald darauf wurde Halle erobert, wo sich der Kurfürst von Sachsen nach der Einnahme von Leipzig bei dem Könige einfand, um über den künftigen Operationsplan das Weitere zu beratschlagen.

Erfochten war der Sieg, aber nur eine weise Benutzung konnte ihn entscheidend machen. Die kaiserliche Armee war aufgerieben, Sachsen sah keinen Feind mehr, und der flüchtige Tilly hatte sich nach Braunschweig gezogen. Ihn bis dahin zu verfolgen, hätte den Krieg in Niedersachsen erneuert, welches von den Drangsalen des vorhergehenden Kriegs kaum erstanden war. Es wurde also beschlossen, den Krieg in die feindlichen Lande zu wälzen, welche, unvertheidigt und offen bis nach Wien, den Sieger einluden. Man konnte zur Rechten in die Länder der katholischen Fürsten fallen, man konnte zur Linken in die kaiserlichen Erbstaaten dringen und den Kaiser selbst in seiner Residenz zittern machen. Beides wurde erwählt, und jetzt war die Frage, wie die Rollen vertheilt werden sollten. Gustav Adolph, an der Spitze einer siegenden Armee, hätte von Leipzig bis Prag, Wien und Preßburg wenig Widerstand gefunden. Böhmen, Mähren, Österreich, Ungarn waren von Verteidigern entblößt, die unterdrückten Protestanten dieser Länder nach einer Veränderung lüstern; der Kaiser selbst nicht mehr sicher in seiner Burg; in dem Schrecken des ersten Überfalls hätte Wien seine Thore geöffnet. Mit den Staaten, die er dem Feind entzog, vertrockneten diesem auch die Quellen, aus denen der Krieg bestritten werden sollte, und bereitwillig hätte sich Ferdinand zu einem Frieden verstanden, der einen furchtbaren Feind aus dem Herzen seiner Staaten entfernte. Einem Eroberer hätte dieser kühne Kriegsplan geschmeichelt und vielleicht auch ein glücklicher Erfolg ihn gerechtfertigt. Gustav Adolph, eben so vorsichtig als kühn, und mehr Staatsmann als Eroberer, verwarf ihn, weil er einen höheren Zweck zu verfolgen fand, weil er dem Glück und der Tapferkeit allein den Ausschlag nicht anvertrauen wollte.

Erwählte Gustav den Weg nach Böhmen, so mußte Franken und der Oberrhein dem Kurfürsten von Sachsen überlassen werden. Aber schon fing Tilly an, aus den Trümmern seiner geschlagenen Armee, aus den Besatzungen in Niedersachsen und den Verstärkungen, die ihm zugeführt wurden, ein neues Heer an der Weser zusammen zu ziehen, an dessen Spitze er wohl schwerlich lange säumen konnte, den Feind aufzusuchen. Einem so erfahrnen General durfte kein Arnheim entgegengestellt werden, von dessen Fähigkeiten die Leipziger Schlacht ein sehr zweideutiges Zeugniß ablegte. Was halfen aber dem König noch so rasche und glänzende Fortschritte in Böhmen und Österreich, wenn Tilly in den Reichslanden wieder mächtig wurde, wenn er den Muth der katholischen durch neue Siege belebte und die Bundesgenossen des Königs entwaffnete? Wozu diente es ihm, den Kaiser aus seinen Erbstaaten vertrieben zu haben, wenn Tilly eben diesem Kaiser Deutschland eroberte? Konnte er hoffen, den Kaiser mehr zu bedrängen, als vor zwölf Jahren der böhmische Aufruhr gethan hatte, der doch die Standhaftigkeit dieses Prinzen nicht erschütterte, der seine Hilfsquellen nicht erschöpfte, aus dem er nur desto furchtbarer erstand?

Weniger glänzend, aber weit gründlicher waren die Vortheile, welche er von einem persönlichen Einfall in die liguistischen Länder zu erwarten hatte. Entscheidend war hier seine gewaffnete Ankunft. Eben waren die Fürsten, des Restitutionsediktes wegen, auf einem Reichstage zu Frankfurt versammelt, wo Ferdinand alle Künste seiner arglistigen Politik in Bewegung setzte, die in Furcht gesetzten Protestanten zu einem schnellen und nachtheiligen Vergleich zu bereden. Nur die Annäherung ihres Beschützers konnte sie zu einem standhaften Widerstand ermuntern und die Anschläge des Kaisers zernichten. Gustav Adolph konnte hoffen, alle diese mißvergnügten Fürsten durch seine siegreiche Gegenwart zu vereinigen, die übrigen durch das Schrecken seiner Waffen von dem Kaiser zu trennen. Hier, im Mittelpunkte Deutschlands, zerschnitt er die Nerven der kaiserlichen Macht, die sich ohne den Beistand der Ligue nicht behaupten konnte. Hier konnte er Frankreich, einen zweideutigen Bundesgenossen, in der Nähe bewachen; und wenn ihm zu Erreichung eines geheimen Wunsches die Freundschaft der katholischen Kurfürsten wichtig war, so mußte er sich vor allen Dingen zum Herrn ihres Schicksals machen, um durch eine großmüthige Schonung sich einen Anspruch auf ihre Dankbarkeit zu erwerben.

Er erwählte also für sich selbst den Weg nach Franken und dem Rhein und überließ dem Kurfürsten von Sachsen die Eroberung Böhmens.

Zweiter Teil

Drittes Buch

Die glorreiche Schlacht Gustav Adolphs bei Leipzig hatte in dem ganzen nachfolgenden Betragen dieses Monarchen, sowie in der Denkart seiner Feinde und Freunde, eine große Veränderung gewirkt. Er hatte sich jetzt mit dem größten Heerführer seiner Zeit gemessen, er hatte die Kraft seiner Taktik und den Muth seiner Schweden an dem Kern der kaiserlichen Truppen, den geübtesten Europens, versucht und in diesem Wettkampf überwunden. Von diesem Augenblick an schöpfte er eine feste Zuversicht zu sich selbst, und Zuversicht ist die Mutter großer Thaten. Man bemerkt fortan in allen Kriegsunternehmungen des schwedischen Königs einen kühnern und sicherern Schritt, mehr Entschlossenheit auch in den mißlichsten Lagen, mehr trotzige Verhöhnung der Gefahr, eine stolzere Sprache gegen seinen Feind, mehr Selbstgefühl gegen seine Bundesgenossen und in seiner Milde selbst mehr die Herablassung des Gebieters. Seinem natürlichen Muth kam der andächtige Schwung seiner Einbildung zu Hilfe; gern verwechselte er seine Sache mit der Sache des Himmels, erblickte in Tillys Niederlage ein entscheidendes Urtheil Gottes zum Nachtheil seiner Gegner, in sich selbst aber ein Werkzeug der göttlichen Rache. Seine Krone, seinen vaterländischen Boden weit hinter sich, drang er jetzt auf den Flügeln des Siegs in das Innere von Deutschland, das seit Jahrhunderten keinen auswärtigen Eroberer in seinem Schooße gesehen hatte. Der kriegerische Muth seiner Bewohner, die Wachsamkeit seiner zahlreichen Fürsten, der künstliche Zusammenhang seiner Staaten, die Menge seiner festen Schlösser, der Lauf seiner vielen Ströme hatten schon seit undenklichen Zeiten die Ländersucht der Nachbarn in Schranken gehalten; und so oft es auch an den Grenzen dieses weitläufigen Staatskörpers gestürmt hatte, so war doch sein Inneres von jedem fremden Einbruch verschont geblieben. Von jeher genoß dieses Reich das zweideutige Vorrecht, nur sein eigner Feind zu sein und von außen unüberwunden zu bleiben. Auch jetzt war es bloß die Uneinigkeit seiner Glieder und ein unduldsamer Glaubenseifer, was dem schwedischen Eroberer die Brücke in seine innersten Staaten baute. Aufgelöst war längst schon das harmonische Band unter den Ständen, wodurch allein das Reich unbezwinglich war, und von

Deutschland selbst entlehnte Gustav Adolph die Kräfte, womit er Deutschland sich unterwürfig machte. Mit so viel Klugheit als Muth benutzte er, was ihm die Gunst des Augenblicks darbot, und gleich geschickt im Kabinet wie im Felde, zerriß er die Fallstricke einer hinterlistigen Staatskunst, wie er die Mauern der Städte mit dem Donner seines Geschützes zu Boden stürzte. Unaufgehalten verfolgte er seine Siege von einer Grenze Deutschlands zur andern, ohne den Ariadnischen Faden zu verlieren, der ihn sicher zurückleiten konnte, und an den Ufern des Rheins wie an der Mündung des Lechs hörte er niemals auf, seinen Erbländern nahe zu bleiben.

Die Bestürzung des Kaisers und der katholischen Ligue über die Niederlage des Tilly bei Leipzig konnte kaum größer sein, als das Erstaunen und die Verlegenheit der schwedischen Bundesgenossen über das unerwartete Glück des Königs. Es war größer, als man berechnet, größer, als man gewünscht hatte. Vernichtet war auf einmal das furchtbare Heer, das seine Fortschritte gehemmt, seinem Ehrgeiz Schranken gesetzt, ihn von ihrem guten Willen abhängig gemacht hatte. Einzig ohne Nebenbuhler, ohne einen ihm gewachsenen Gegner, stand er jetzt da in der Mitte von Deutschland; nichts konnte seinen Lauf aufhalten, nichts seine Anmaßungen beschränken, wenn die Trunkenheit des Glücks ihn zum Mißbrauch versuchen sollte. Hatte man anfangs vor der Übermacht des Kaisers gezittert, so war jetzt nicht viel weniger Grund vorhanden, von dem Ungestüm eines fremden Eroberers alles für die Reichsverfassung, von dem Religionseifer eines protestantischen Königs alles für die katholische Kirche Deutschlands zu fürchten. Das Mißtrauen und die Eifersucht einiger von den verbundenen Mächten, durch die größere Furcht vor dem Kaiser auf eine Zeit lang eingeschläfert, erwachte bald wieder, und kaum hatte Gustav Adolph durch seinen Muth und sein Glück ihr Vertrauen gerechtfertigt, so wurde von ferne schon an dem Umsturz seiner Entwürfe gearbeitet. In beständigem Kampfe mit der Hinterlist der Feinde und dem Mißtrauen seiner eigenen Bundesverwandten mußte er seine Siege erringen; aber sein entschlossner Muth, seine tiefdringende Klugheit machte sich durch alle diese Hindernisse Bahn. Indem der glückliche Erfolg seiner Waffen seine mächtigern Alliierten, Frankreich und Sachsen, besorglich machte, belebte er den Muth der schwächern, die sich jetzt erst erdreisteten, mit ihren wahren Gesinnungen an das Licht zu treten und öffentlich seine Partei zu ergreifen. Sie, welche weder mit Gustav Adolphs Größe wetteifern, noch durch seine Ehrbegier leiden konnten, erwarteten desto mehr von der Großmuth dieses mächtigen Freundes, der sie mit dem Raub ihrer Feinde bereicherte und gegen die Unterdrückung der Mächtigen in Schutz nahm. Seine Stärke verbarg ihre Unmacht, und unbedeutend für sich selbst, erlangten sie ein Gewicht durch ihre Vereinigung mit dem schwedischen Helden. Dies war der Fall mit den meisten Reichsstädten und überhaupt mit den schwächern protestantischen Ständen. Sie waren es, die den König in das Innere von Deutschland führten und die ihm den Rücken deckten, die seine Heere versorgten, seine Truppen in ihre Festungen aufnahmen, in seinen Schlachten ihr Blut für ihn verspritzten. Seine staatskluge Schonung des deutschen Stolzes, sein leutseliges Betragen, einige glänzende Handlungen der Gerechtigkeit, seine Achtung für die Gesetze waren eben so viele Fesseln, die er dem besorglichen Geiste der deutschen Protestanten anlegte, und die schreienden Barbareien der Kaiserlichen, der Spanier und der Lothringer wirkten kräftig mit, seine und seiner Truppen Mäßigung in das günstigste Licht zu setzen.

Wenn Gustav Adolph seinem eigenen Genie das Meiste zu danken hatte, so darf man doch nicht in Abrede sein, daß das Glück und die Lage der Umstände ihn nicht wenig begünstigten. Er hatte zwei große Vortheile auf seiner Seite, die ihm ein entscheidendes Übergewicht über den Feind verschafften. Indem er den Schauplatz des Kriegs in die liguistischen Länder versetzte, die junge Mannschaft derselben an sich zog, sich mit Beute bereicherte und über die Einkünfte der geflüchteten Fürsten als über sein Eigenthum schaltete, entzog er dem Feind alle Hilfsmittel, ihm mit Nachdruck zu widerstehen, und sich selbst machte er es dadurch möglich, einen kostbaren Krieg mit wenigem Aufwand zu unterhalten. Wenn ferner seine Gegner, die Fürsten der Ligue, unter sich selbst getheilt, von ganz verschiedenem, oft streitendem Interesse geleitet, ohne Einstimmigkeit und eben darum auch ohne Nachdruck handelten; wenn es ihren Feldherrn an Vollmacht, ihren Truppen an Gehorsam, ihren zerstreuten Heeren an Zusammenhang fehlte; wenn der Heerführer von dem Gesetzgeber und Staatsmann getrennt war: so war hingegen in Gustav Adolph Beides vereinigt, er die einzige Quelle, aus welcher alle Autorität floß, das einzige Ziel, auf welches der handelnde Krieger die Augen richtete, er allein die Seele seiner ganzen Partei, der Schöpfer des Kriegsplans und zugleich der Vollstrecker desselben. In ihm erhielt also die Sache der Protestanten eine Einheit und Harmonie, welche durchaus der Gegenpartei mangelte. Kein Wunder, daß, von solchen Vortheilen begünstigt, an der Spitze einer solchen Armee, mit einem solchen Genie begabt, sie zu gebrauchen, und von einer solchen politischen Klugheit geleitet, Gustav Adolph unwiderstehlich war.

In der einen Hand das Schwert, in der andern die Gnade, sieht man ihn jetzt Deutschland von einem Ende zum andern als Eroberer, Gesetzgeber und Richter durchschreiten, in nicht viel mehr Zeit durchschreiten, als ein Anderer gebraucht hätte, es auf einer Lustreise zu besehen; gleich dem gebornen Landesherrn werden ihm von Städten und Festungen die Schlüssel entgegen getragen. Kein Schloß ist ihm unersteiglich, kein Strom hemmt seine siegreiche Bahn, oft siegt er schon durch seinen gefürchteten Namen. Längs dem ganzen Mainstrom sieht man die schwedischen Fahnen aufgepflanzt, die untere Pfalz ist frei, die Spanier und Lothringer über den Rhein und die Mosel gewichen. Über die kurmainzischen. würzburgischen und bambergischen Lande haben sich Schweden und Hessen wie eine reißende Fluth ergossen, und drei flüchtige Bischöfe büßen, ferne von ihren Sitzen, ihre unglückliche Ergebenheit gegen den Kaiser. Die Reihe trifft endlich auch den Anführer der Ligue, Maximilian, auf seinem eigenen Boden das Elend zu erfahren, das er Andern bereitet hatte. Weder das abschreckende Schicksal seiner Bundesgenossen, noch die gütlichen Anerbietungen Gustavs, der mitten im Laufe seiner Eroberungen die Hände zum Frieden bot, hatten die Hartnäckigkeit dieses Prinzen besiegen können. Über den Leichnam des Tilly, der sich wie ein bewachender Cherub vor den Eingang derselben stellt, wälzt sich der Krieg in die bayerischen Lande. Gleich den Ufern des Rheins, wimmeln jetzt die Ufer des Lechs und der Donau von schwedischen Kriegern; in seine festen Schlösser verkrochen, überläßt der geschlagene Kurfürst seine entblößten Staaten dem Feinde, den die gesegneten, von keinem Krieg noch verheerten Fluren zum Raube und die Religionswuth des bayerischen Landmanns zu gleichen Gewalttaten einladen. München selbst öffnet seine Thore dem unüberwindlichen König, und der flüchtige Pfalzgraf Friedrich der Fünfte tröstet sich einige Augenblicke in der verlassenen Residenz seines Nebenbuhlers über den Verlust seiner Länder.

Indem Gustav Adolph in den südlichen Grenzen des Reichs seine Eroberungen ausbreitet und mit unaufhaltsamer Gewalt jeden Feind vor sich niederwirft, werden von seinen Bundesgenossen und Feldherren ähnliche Triumphe in den übrigen Provinzen erfochten. Niedersachsen entzieht sich dem kaiserlichen Joche; die Feinde verlassen Mecklenburg; von allen Ufern der Weser und Elbe weichen die österreichischen Garnisonen. In Westphalen und am obern Rhein macht sich Landgraf Wilhelm von Hessen, in Thüringen die Herzoge von Weimar, in Kur-Trier die Franzosen furchtbar; ostwärts wird beinahe das ganze Königreich Böhmen von den Sachsen bezwungen. Schon rüsten sich die Türken zu einem Angriff auf Ungarn, und in dem Mittelpunkt der österreichischen Lande will sich ein gefährlicher Aufruhr entzünden. Trostlos blickt Kaiser Ferdinand an allen Höfen Europens umher, sich gegen so zahlreiche Feinde durch fremden Beistand zu stärken. Umsonst ruft er die Waffen der Spanier herbei, welche die niederländische Tapferkeit jenseit des Rheins beschäftiget; umsonst strebt er, den römischen Hof und die ganze katholische Kirche zu seiner Rettung aufzubieten. Der beleidigte Papst spottet mit geprängvollen Processionen und eiteln Anathemen der Verlegenheit Ferdinands, und statt des geforderten Geldes zeigt man ihm Mantuas verwüstete Fluren.

Von allen Enden seiner weitläufigen Monarchie umfangen ihn feindliche Waffen; mit den voran liegenden liguistischen Staaten, welche der Feind überschwemmt hat, sind alle Brustwehren eingestürzt, hinter welchen sich die österreichische Macht so lange Zeit sicher wußte, und das Kriegsfeuer lodert schon nahe an den unvertheidigten Grenzen. Entwaffnet sind seine eifrigsten Bundesgenossen; Maximilian von Bayern, seine mächtigste Stütze, kaum noch fähig, sich selbst zu vertheidigen. Seine Armeen, durch Desertion und wiederholte Niederlagen geschmolzen und durch ein langes Mißgeschick muthlos, haben unter geschlagenen Generalen jenes kriegerische Ungestüm verlernt, das, eine Frucht des Siegs, im Voraus den Sieg versichert. Die Gefahr ist die höchste; nur ein außerordentliches Mittel kann die kaiserliche Macht ans ihrer tiefen Erniedrigung reißen. Das dringendste Bedürfniß ist ein Feldherr, und den einzigen, von dem die Wiederherstellung des vorigen Ruhms zu erwarten steht, hat die Kabale des Neides von der Spitze der Armee hinweggerissen. So tief sank der so furchtbare Kaiser herab, daß er mit seinem beleidigten Diener und Unterthan beschämende Verträge errichten und dem hochmüthigen Friedland eine Gewalt, die er ihm schimpflich raubte, schimpflicher jetzt aufdringen muß. Ein neuer Geist fängt jetzt an, den halb erstorbenen Körper der österreichischen Macht zu beseelen, und die schnelle Umwandlung der Dinge verräth die feste Hand, die sie leitet. Dem unumschränkten König von Schweden steht jetzt ein gleich unumschränkter Feldherr gegenüber, ein siegreicher Held dem siegreichen Helden. Beide Kräfte ringen wieder in zweifelhaftem Streit, und der Preis des Krieges, zur Hälfte schon von Gustav Adolph erfochten, wird einem neuen und schwerern Kampf unterworfen. Im Angesicht Nürnbergs lagern sich, zwei Gewitter tragende Wolken, beide kämpfende Armeen drohend gegeneinander; beide sich mit fürchtender Achtung betrachtend, beide nach dem Augenblick dürstend, beide vor dem Augenblick zagend, der sie im Sturme mit einander vermengen wird. Europens Augen heften sich mit Furcht und Neugier auf diesen wichtigen Schauplatz, und das geängstigte Nürnberg erwartet schon, einer noch entscheidendern Feldschlacht, als sie bei Leipzig geliefert ward, den Namen zu geben. Auf einmal bricht sich das Gewölke, das Kriegsgewitter verschwindet aus Franken, um sich in Sachsens Ebenen desto schrecklicher zu entladen. Ohnweit Lützen fällt der Donner nieder, der Nürnberg bedrohte, und die schon halb verlorne Schlacht wird durch den königlichen Leichnam gewonnen. Das Glück, das ihn auf seinem ganzen Laufe nie verlassen hatte, begnadigte den König auch im Tode noch mit der seltenen Gunst, in der Fülle seines Ruhms und in der Reinigkeit seines Namens zu sterben. Durch einen zeitigen Tod flüchtete ihn sein schützender Genius vor dem unvermeidlichen Schicksal der Menschheit, aus der Höhe des Glücks die Bescheidenheit, in der Fülle der Macht die Gerechtigkeit zu verlernen. Es ist uns erlaubt, zu zweifeln, ob er bei längerm Leben die Thränen verdient hätte, welche Deutschland an seinem Grabe weinte, die Bewunderung verdient hätte, welche die Nachwelt dem ersten und einzigen gerechten Eroberer zollt. Bei dem frühen Fall ihres großen Führers fürchtet man den Untergang der ganzen Partei – aber der weltregierenden Macht ist kein einzelner Mann unersetzlich. Zwei große Staatsmänner, Axel Oxenstierna in Deutschland und in Frankreich Richelieu, übernehmen das Steuer des Krieges, das dem sterbenden Helden entfällt; über ihm hinweg wandelt das unempfindliche Schicksal, und noch sechzehn volle Jahre lodert die Kriegsflamme über dem Staube des längst Vergessenen.

Man erlaube mir, in einer kurzen Übersicht den siegreichen Marsch Gustav Adolphs zu verfolgen, den ganzen Schauplatz, auf welchem er allein handelnder Held ist, mit schnellen Blicken zu durcheilen und dann erst, wenn, durch das Glück der Schweden aufs Äußerste gebracht und durch eine Reihe von Unglücksfällen gebeugt, Österreich von der Höhe seines Stolzes zu erniedrigenden und verzweifelten Hilfsmitteln herab steigt, den Faden der Geschichte zu dem Kaiser zurück zu führen.

Nicht sobald war der Kriegsplan zwischen dem König von Schweden und dem Kurfürsten von Sachsen zu Halle entworfen und für den Letztern der Angriff auf Böhmen, für Gustav Adolph der Einfall in die liguistischen

Länder bestimmt, nicht sobald die Allianzen mit den benachbarten Fürsten von Weimar und von Anhalt geschlossen und zu Wiedereroberung des Magdeburgischen Stiftes die Vorkehrungen gemacht, als sich der König zu seinem Einmarsch in das Reich in Bewegung setzte. Keinem verächtlichen Feinde ging er jetzt entgegen. Der Kaiser war noch mächtig im Reich; durch ganz Franken, Schwaben und die Pfalz waren kaiserliche Besatzungen ausgebreitet, denen jeder bedeutende Ort erst mit dem Schwert in der Hand entrissen werden mußte. Am Rhein erwarteten ihn die Spanier, welche alle Lande des vertriebenen Pfalzgrafen überschwemmt hatten, alle festen Plätze besetzt hielten, ihm jeden Übergang über diesen Strom streitig machten. Hinter seinem Rücken war Tilly, der schon neue Kräfte sammelte; bald sollte auch ein lothringisches Hilfsheer zu dessen Fahnen stoßen. In der Brust jedes Papisten setzte sich ihm ein erbitterter Feind, Religionshaß, entgegen; und doch ließen ihn seine Verhältnisse mit Frankreich nur mit halber Freiheit gegen die katholischen handeln. Gustav Adolph übersah alle diese Hindernisse, aber auch die Mittel, sie zu besiegen. Die kaiserliche Kriegsmacht lag in Besatzungen zerstreut, und er hatte den Vortheil, sie mit vereinigter Macht anzugreifen. War ihm der Religionsfanatismus der Römisch-katholischen und die Furcht der kleinern Reichsstände vor dem Kaiser entgegen, so konnte er von der Freundschaft der Protestanten und von ihrem Haß gegen die österreichische Unterdrückung thätigen Beistand erwarten. Die Ausschweifungen der kaiserlichen und spanischen Truppen hatten ihm in diesen Gegenden nachdrücklich vorgearbeitet; längst schon schmachteten der mißhandelt Landmann und Bürger nach einem Befreier, und Manchem schien es schon Erleichterung, das Joch umzutauschen. Einige Agenten waren bereits vorangeschickt worden, die wichtigern Reichsstädte, vorzüglich Nürnberg und Frankfurt, auf schwedische Seite zu neigen. Erfurt war der erste Platz, an dessen Besitz dem König gelegen war. und den er nicht unbesetzt hinter dem Rücken lassen durfte. Ein gütlicher Vertrag mit der protestantisch gesinnten Bürgerschaft öffnete ihm ohne Schwertstreich die Thore der Stadt und der Festung. Hier, wie in jedem wichtigen Platze, der nachher in seine Hände fiel, ließ er sich von den Einwohnern Treue schwören und versicherte sich derselben durch eine hinlängliche Besatzung. Seinem Alliierten, dem Herzog Wilhelm von Weimar, wurde das Commando eines Heeres übergeben, das in Thüringen geworben werden sollte. Der Stadt Erfurt wollte er auch seine Gemahlin anvertrauen und versprach, ihre Freiheiten zu vermehren. In zwei Colonnen durchzog nun die schwedische Armee über

Gotha und Arnstadt den Thüringer Wald, entriß im Vorübergehen die Grafschaft Henneberg den Händen der Kaiserlichen und vereinigte sich am dritten Tage vor Königshofen, an der Grenze von Franken.

Franz, Bischof von Würzburg, der erbittertste Feind der Protestanten und das eifrigste Mitglied der katholischen Ligue, war auch der Erste, der die schwere Hand Gustav Adolphs fühlte. Einige Drohworte waren genug, seine Grenzfestung Königshofen und mit ihr den Schlüssel zu der ganzen Provinz den Schweden in die Hände zu liefern. Bestürzung ergriff auf die Nachricht dieser schnellen Eroberung alle katholischen Stände des Kreises; die Bischöfe von Würzburg und Bamberg zagten in ihrer Burg. Schon sahen sie ihre Stühle wanken, ihre Kirchen entweiht, ihre Religion im Staube. Die Bosheit seiner Feinde hatte von dem Verfolgungsgeist und der Kriegsmanier des schwedischen Königs und seiner Truppen die schrecklichsten Schilderungen verbreitet, welche zu widerlegen weder die wiederholtesten Versicherungen des Königs, noch die glänzendsten Beispiele der Menschlichkeit und Duldung nie ganz vermögend gewesen sind. Man fürchtete, von einem Andern zu leiden, was man in ähnlichem Fall selbst auszuüben sich bewußt war. Viele der reichsten Katholiken eilten schon jetzt, ihre Güter, ihre Gewissen und Personen vor dem blutdürstigen Fanatismus der Schweden in Sicherheit zu bringen. Der Bischof selbst gab seinen Unterthanen das Beispiel. Mitten in dem Feuerbrande, den sein bigotter Eifer entzündet hatte, ließ er seine Länder im Stich und flüchtete nach Paris, um wo möglich das französische Ministerium gegen den gemeinschaftlichen Religionsfeind zu empören.

Die Fortschritte, welche Gustav Adolph unterdessen in dem Hochstifte machte, waren ganz dem glücklichen Anfange gleich. Von der kaiserlichen Besatzung verlassen, ergab sich ihm Schweinfurt und bald darauf Würzburg; der Marienberg mußte mit Sturm erobert werden. In diesen unüberwindlich geglaubten Ort hatte man einen großen Vorrath von Lebensmitteln und Kriegsmunition geflüchtet, welches alles dem Feind in die Hände fiel. Ein sehr angenehmer Fund war für den König die Büchersammlung der Jesuiten, die er nach Upsala bringen ließ, ein noch weit angenehmerer für seine Soldaten der reichlich gefüllte Weinkeller des Prälaten. Seine Schätze hatte der Bischof noch zu rechter Zeit geflüchtet. Dem Beispiele der Hauptstadt folgte bald das ganze Bisthum; alles unterwarf sich den Schweden. Der König ließ sich von allen Untertanen des Bischofs die Huldigung leisten und stellte wegen Abwesenheit des rechtmäßigen Regenten eine Landesregierung auf, welche zur Hälfte mit Protestanten besetzt wurde. An jedem katholischen Orte, den Gustav Adolph unter seine Botmäßigkeit brachte, schloß er der protestantischen Religion die Kirchen auf, doch ohne den Papisten den Druck zu vergelten, unter welchem sie seine Glaubensbrüder so lange gehalten hatten. Nur an Denen, die sich ihm mit dem Degen in der Hand widersetzten, wurde das schreckliche Recht des Kriegs ausgeübt; für einzelne Gräuelthaten, welche sich eine gesetzlose Soldateska in der blinden Wuth des ersten Angriffs erlaubt, kann man den menschenfreundlichen Führer nicht verantwortlich machen. Dem Friedfertigen und Wehrlosen widerfuhr eine gnädige Behandlung. Es war Gustav Adolphs heiligstes Gesetz, das Blut der Feinde, wie der Seinigen, zu sparen.

Gleich auf die erste Nachricht des schwedischen Einbruchs hatte der Bischof von Würzburg, unangesehen der Traktaten, die er, um Zeit zu gewinnen, mit dem König von Schweden anknüpfte, den Feldherrn der Ligue flehentlich aufgefordert, dem bedrängten Hochstift zu Hilfe zu eilen. Dieser geschlagene General hatte unterdessen die Trümmer seiner zerstreuten Armee an der Weser zusammengezogen, durch die kaiserlichen Garnisonen in Niedersachsen verstärkt und sich in Hessen mit seinen beiden Untergeneralen Altringer und Fugger vereinigt. An der Spitze dieser ansehnlichen Kriegsmacht brannte Graf Tilly vor Ungeduld, die Schande seiner ersten Niederlage durch einen glänzenden Sieg wieder auszulöschen. In seinem Lager bei Fulda, wohin er mit dem Heere gerückt war, harrte er sehnsuchtsvoll auf Erlaubniß von dem Herzog von Bayern, mit Gustav Adolph zu schlagen. Aber die Ligue hatte außer der Armee des Tilly keine zweite mehr zu verlieren, und Maximilian war viel zu behutsam, das ganze Schicksal seiner Partei auf den Glückswurf eines neuen Treffens zu setzen. Mit Thränen in den Augen empfing Tilly die Befehle seines Herrn, welche ihn zur Unthätigkeit zwangen. So wurde der Marsch dieses Generals nach Franken verzögert, und Gustav Adolph gewann Zeit, das ganze Hochstift zu überschwemmen. Umsonst, daß sich Tilly nachher zu Aschaffenburg durch zwölftausend Lothringer verstärkte und mit einer überlegenen Macht zum Entsatz der Stadt Würzburg herbei eilte. Stadt und Citadelle waren bereits in der Schweden Gewalt, und Maximilian von Bayern wurde, vielleicht nicht ganz unverdienter Weise, durch die allgemeine Stimme beschuldigt, den Ruin des Hochstifts durch seine Bedenklichkeiten beschleunigt zu haben. Gezwungen, eine Schlacht zu vermeiden, begnügte sich Tilly, den Feind am ferneren Vorrücken zu verhindern; aber nur sehr wenige Plätze konnte er dem Ungestüm der Schweden entreißen. Nach einem vergeblichen Versuch, eine Truppenverstärkung in die von den Kaiserlichen schwach besetzte Stadt Hanau zu werfen, deren Besitz dem König einen zu großen Vortheil gab, ging er bei Seligenstadt über den Main und richtete seinen Lauf nach der Bergstraße, um die pfälzischen Lande gegen den Andrang des Siegers zu schützen.

Graf Tilly war nicht der einzige Feind, den Gustav Adolph in Franken auf seinem Wege fand und vor sich her trieb. Auch Herzog Karl von Lothringen, durch den Unbestand seines Charakters, seine eiteln Entwürfe und sein schlechtes Glück in den Jahrbüchern des damaligen Europens berüchtigt, hatte seinen kleinen Arm gegen den schwedischen Helden aufgehoben, um sich bei Kaiser Ferdinand dem Zweiten den Kurhut zu verdienen. Taub gegen die Vorschriften einer vernünftigen Staatskunst, folgte er bloß den Eingebungen einer stürmischen Ehrbegierde, reizte durch Unterstützung des Kaisers Frankreich, seinen furchtbaren Nachbar, und entblößte, um auf fernem Boden ein schimmerndes Phantom, das ihn doch immer floh, zu verfolgen, seine Erblande, welche ein französisches Kriegsheer gleich einer reißenden Fluth überschwemmte. Gerne gönnte man ihm in Österreich die Ehre, sich, gleich den übrigen Fürsten der Ligue, für das Wohl des Erzhauses zu Grunde zu richten. Von eiteln Hoffnungen trunken, brachte dieser Prinz ein Heer von siebzehntausend Mann zusammen, das er in eigner Person gegen die Schweden ins Feld führen wollte. Wenn es gleich diesen Truppen an Mannszucht und Tapferkeit gebrach, so reizten sie doch durch einen glänzenden Aufputz die Augen; und so sehr sie im Angesicht des Feindes ihre Bravour verbargen, so freigebig ließen sie solche an dem wehrlosen Bürger und Landmann aus, zu deren Verteidigung sie gerufen waren. Gegen den kühnen Muth und die furchtbare Disziplin der Schweden konnte diese zierlich geputzte Armee nicht lange Stand halten. Ein panischer Schrecken ergriff sie, als die schwedische Reiterei gegen sie ansprengte, und mit leichter Mühe waren sie aus ihren Quartieren im Würzburgischen verscheucht. Das Unglück einiger Regimenter verursachte ein allgemeines Ausreißen unter den Truppen, und der schwache Überrest eilte, sich in einigen Städten jenseits des Rheins vor der nordischen Tapferkeit zu verbergen. Ein Spott der Deutschen und mit Schande bedeckt, sprengte ihr Anführer über Straßburg nach Hause, mehr als zu glücklich, den Zorn seines Überwinders, der ihn vorher aus dem Felde schlug und dann erst wegen seiner Feindseligkeiten zur Rechenschaft setzte, durch einen demüthigen Entschuldigungsbrief zu besänftigen. Ein Bauer aus einem rheinischen Dorfe, sagt man,

erdreistete sich, dem Pferde des Herzogs, als er auf seiner Flucht vorbei-
geritten kam, einen Schlag zu versetzen. »Frisch zu, Herr«, sagte der
Bauer, »Ihr müßt schneller laufen, wenn Ihr vor dem großen Schweden-
König ausreißt.«

Das unglückliche Beispiel seines Nachbars hatte dem Bischof von
Bamberg klügere Maßregeln eingegeben. Um die Plünderung seiner Lande
zu verhüten, kam er dem König mit Anerbietungen des Friedens entgegen,
welche aber bloß dazu dienen sollten, den Lauf seiner Waffen so lange,
bis Hilfe herbei käme, zu verzögern. Gustav Adolph, selbst viel zu redlich,
um bei einem Andern Arglist zu befürchten, nahm bereitwillig die Erbietungen des Bischofs an und nannte schon die Bedingungen, unter welchen
er das Hochstift mit jeder feindlichen Behandlung verschonen wollte. Er
zeigte sich um so mehr dazu geneigt, da ohnehin seine Absicht nicht war,
mit Bambergs Eroberung die Zeit zu verlieren, und seine übrigen Entwürfe
ihn nach den Rheinländern riefen. Die Eilfertigkeit, mit der er die Ausführung dieser Entwürfe verfolgte, brachte ihn um die Geldsummen, welche
er durch ein längeres Verweilen in Franken dem ohnmächtigen Bischof
leicht hätte abängstigen können; denn dieser schlaue Prälat ließ die Unterhandlung fallen, sobald sich das Kriegsgewitter von seinen Grenzen entfernte. Kaum hatte ihm Gustav Adolph den Rücken zugewendet, so warf
er sich dem Grafen Tilly in die Arme und nahm die Truppen des Kaisers
in die nämlichen Städte und Festungen auf, welche er kurz zuvor dem
Könige zu öffnen sich bereitwillig gezeigt hatte. Aber er hatte den Ruin
seines Bisthums durch diesen Kunstgriff nur auf kurze Zeit verzögert; ein
schwedischer Feldherr, der in Franken zurückgelassen ward, übernahm
es, den Bischof dieser Treulosigkeit wegen zu züchtigen, und das Bisthum
wurde eben dadurch zu einem unglücklichen Schauplatz des Kriegs, welchen Freund und Feind auf gleiche Weise verwüsteten.

Die Flucht der Kaiserlichen, deren drohende Gegenwart den Entschließungen der fränkischen Stände bisher Zwang angethan hatte, und das
menschenfreundliche Betragen des Königs machten dem Adel sowohl als
den Bürgern dieses Kreises Muth, sich den Schweden günstig zu bezeigen.
Nürnberg übergab sich feierlich dem Schutze des Königs; die fränkische
Ritterschaft wurde von ihm durch schmeichelhafte Manifeste gewonnen,
in denen er sich herabließ, sich wegen seiner feindlichen Erscheinung in
ihrem Lande zu entschuldigen. Der Wohlstand Frankens und die Gewissenhaftigkeit, welche der schwedische Krieger bei seinem Verkehr mit den
Eingebornen zu beobachten pflegte, brachte den Überfluß in das königliche

Lager. Die Gunst, in welche sich Gustav Adolph bei dem Adel des ganzen Kreises zu setzen gewußt hatte, die Bewunderung und Ehrfurcht, welche ihm seine glänzenden Thaten selbst bei dem Feind erweckten, die reiche Beute, die man sich im Dienst eines stets siegreichen Königs versprach, kamen ihm bei der Truppenwerbung sehr zu Statten, die der Abgang so vieler Besatzungen von dem Hauptheere nothwendig machte. Aus allen Gegenden des Frankenlandes eilte man haufenweise herbei, sobald nur die Trommel gerührt wurde.

Der König hatte auf die Einnahme Frankens nicht viel mehr Zeit verwenden können, als er überhaupt gebraucht hatte, es zu durcheilen; die Unterwerfung des ganzen Kreises zu vollenden und das Eroberte zu behaupten, wurde Gustav Horn, einer seiner tüchtigsten Generale, mit einem achttausend Mann starken Kriegsheere zurückgelassen. Er selbst eilte mit der Hauptarmee, die durch die Werbungen in Franken verstärkt war, gegen den Rhein, um sich dieser Grenze des Reichs gegen die Spanier zu versichern, die geistlichen Kurfürsten zu entwaffnen und in diesen wohlhabenden Ländern neue Hilfsquellen zur Fortsetzung des Kriegs zu eröffnen. Er folgte dem Lauf des Mainstroms; Seligenstadt, Aschaffenburg, Steinheim, alles Land an beiden Ufern des Flusses ward auf diesem Zuge zur Unterwerfung gebracht; selten erwarteten die kaiserlichen Besatzungen seine Ankunft, niemals behaupteten sie sich. Schon einige Zeit vorher war es einem seiner Obersten geglückt, die Stadt und Citadelle Hanau, auf deren Erhaltung Graf Tilly so bedacht gewesen war, den Kaiserlichen durch einen Überfall zu entreißen; froh, von dem unerträglichen Druck dieser Soldateska befreit zu sein, unterwarf sich der Graf bereitwillig dem gelindern Joche des schwedischen Königs.

Auf die Stadt Frankfurt war jetzt das vorzüglichste Augenmerk Gustav Adolphs gerichtet, dessen Maxime es überhaupt auf deutschem Boden war, sich durch die Freundschaft und den Besitz der wichtigern Städte den Rücken zu decken. Frankfurt war eine von den ersten Reichsstädten gewesen, die er schon von Sachsen aus zu seinem Empfang hatte vorbereiten lassen, und nun ließ er es von Offenbach aus durch neue Abgeordnete abermals auffordern, ihm den Durchzug zu gestatten und Besatzung einzunehmen. Gerne wäre diese Reichsstadt mit der bedenklichen Wahl zwischen dem König von Schweden und dem Kaiser verschont geblieben; denn welche Partei sie auch ergriff, so hatte sie für ihre Privilegien und ihren Handel zu fürchten. Schwer konnte der Zorn des Kaisers auf sie fallen, wenn sie sich voreilig dem König von Schweden unterwarf und dieser nicht mächtig genug bleiben sollte, seine Anhänger in Deutschland gegen den kaiserlichen Despotismus zu schützen. Aber noch weit verderblicher für sie war der Unwille eines unwiderstehlichen Siegers, der mit einer furchtbaren Armee schon gleichsam vor ihren Thoren stand und sie auf Unkosten ihres ganzen Handels und Wohlstandes für ihre Widersetzlichkeit züchtigen konnte. Umsonst führte sie durch ihre Abgeordneten zu ihrer Entschuldigung die Gefahren an, welche ihre Messen, ihre Privilegien, vielleicht ihre Reichsfreiheit selbst bedrohten, wenn sie durch Ergreifung der schwedischen Partei den Zorn des Kaisers auf sich laden sollte. Gustav Adolph stellte sich verwundert, daß die Stadt Frankfurt in einer so äußerst wichtigen Sache, als die Freiheit des ganzen Deutschlands und das Schicksal der protestantischen Kirche sei, von ihren Jahrmärkten spreche und für zeitliche Vorteile die große Angelegenheit des Vaterlandes und ihres Gewissens hintansetze. Er habe, setzte er drohend hinzu, von der Insel Rügen an bis zu allen Festungen und Städten am Main den Schlüssel gefunden und werde ihn auch zu der Stadt Frankfurt zu finden wissen. Das Beste Deutschlands und die Freiheit der protestantischen Kirche seien allein der Zweck seiner gewaffneten Ankunft, und bei dem Bewußtsein einer so gerechten Sache sei er schlechterdings nicht gesonnen, sich durch irgend ein Hinderniß in seinem Lauf aufhalten zu lassen. Er sehe wohl, daß ihm die Frankfurter nichts als die Finger reichen wollten, aber die ganze Hand müsse er haben, um sich daran halten zu können. Den Deputierten der Stadt, welche diese Antwort zurück brachten, folgte er mit seiner ganzen Armee auf dem Fuße nach und erwartete in völliger Schlachtordnung vor Sachsenhausen die letzte Erklärung des Raths.

Wenn die Stadt Frankfurt Bedenken getragen hatte, sich den Schweden zu unterwerfen, so war es bloß aus Furcht vor dem Kaiser geschehen; ihre eigene Neigung ließ die Bürger keinen Augenblick zweifelhaft zwischen dem Unterdrücker der deutschen Freiheit und dem Beschützer derselben. Die drohenden Zurüstungen, unter welchen Gustav Adolph ihre Erklärung jetzt forderte, konnten die Strafbarkeit ihres Abfalls in den Augen des Kaisers vermindern und den Schritt, den sie gern thaten, durch den Schein einer erzwungenen Handlung beschönigen. Jetzt also öffnete man dem König von Schweden die Thore, der seine Armee in prachtvollem Zuge und bewundernswürdiger Ordnung mitten durch diese Kaiserstadt führte. Sechshundert Mann blieben in Sachsenhausen zur Besatzung zurück; der König selbst rückte mit der übrigen Armee noch an demselben Abend gegen die Mainzische Stadt Höchst an, welche vor einbrechender Nacht schon erobert war.

Während daß Gustav Adolph längs dem Mainstrom Eroberungen machte, krönte das Glück die Unternehmungen seiner Generale und Bundesverwandten auch im nördlichen Deutschland. Rostock, Wismar und Dömitz, die einzigen noch übrigen festen Örter im Herzogthum Mecklenburg, welche noch unter dem Joche kaiserlicher Besatzungen seufzten, wurden von dem rechtmäßigen Besitzer, Herzog Johann Albrecht, unter der Leitung des schwedischen Feldherrn Achatius Tott bezwungen. Umsonst versuchte es der kaiserliche General Wolf, Graf von Mannsfeld, den Schweden das Stift Halberstadt, von welchem sie sogleich nach dem Leipziger Siege Besitz genommen, wieder zu entreißen; er mußte bald darauf auch das Stift Magdeburg in ihren Händen lassen. Ein schwedischer General, Banner, der mit einem achttausend Mann starken Heere an der Elbe zurück geblieben war, hielt die Stadt Magdeburg auf das engste eingeschlossen und hatte schon mehrere kaiserliche Regimenter niedergeworfen, welche zum Entsatz dieser Stadt herbei geschickt worden. Der Graf von Mannsfeld vertheidigte sie zwar in Person mit sehr vieler Herzhaftigkeit; aber zu schwach an Mannschaft, um dem zahlreichen Heere der Belagerer lange Widerstand leisten zu können, dachte er schon auf die Bedingungen, unter welchen er die Stadt übergeben wollte, als der General Pappenheim zu seinem Entsatz herbeikam und die feindlichen Waffen anderswo beschäftigte. Dennoch wurde Magdeburg, oder vielmehr die schlechten Hütten, die aus den Ruinen dieser großen Stadt traurig hervorblickten, in der Folge von den Kaiserlichen freiwillig geräumt und gleich darauf von den Schweden in Besitz genommen.

Auch die Stände des niedersächsischen Kreises wagten es, nach den glücklichen Unternehmungen des Königs ihr Haupt wieder von dem Schlage zu erheben, den sie in dem unglücklichen dänischen Kriege durch Wallenstein und Tilly erlitten hatten. Sie hielten zu Hamburg eine Zusammenkunft, auf welcher die Errichtung von drei Regimentern verabredet wurde, mit deren Hilfe sie sich der äußerst drückenden kaiserlichen Besatzungen zu entledigen hofften. Dabei ließ es der Bischof von Bremen, ein Verwandter des schwedischen Königs, noch nicht bewenden; er brachte auch für sich besonders Treppen zusammen und ängstigte mit denselben wehrlose Pfaffen und Mönche, hatte aber das Unglück, durch den kaiserlichen General, Grafen von Gronsfeld, bald entwaffnet zu werden. Auch Georg, Herzog von Lüneburg, vormals Oberster in Ferdinands Diensten, ergriff jetzt Gustav Adolphs Partei und warb einige Regimenter für diesen Monarchen, wodurch die kaiserlichen Truppen in Niedersachsen zu nicht geringem Vortheil des Königs beschäftigt wurden.

Noch weit wichtigere Dienste aber leistete dem König Landgraf Wilhelm von Hessen-Kassel, dessen siegreiche Waffen einen großen Theil von Westphalen und Niedersachsen, das Stift Fulda und selbst das Kurfürstenthum Köln zittern machten. Man erinnert sich, daß unmittelbar nach dem Bündniß, welches der Landgraf im Lager zu Werben mit Gustav Adolph geschlossen hatte, zwei kaiserliche Generale, von Fugger und Altringer, von dem Grafen Tilly nach Hessen beordert wurden, den Landgrafen wegen seines Abfalls vom Kaiser zu züchtigen. Aber mit männlichem Muth hatte dieser Fürst den Waffen des Feindes, so wie seine Landstände den Aufruhr predigenden Manifesten des Grafen Tilly widerstanden, und bald befreite ihn die Leipziger Schlacht von diesen verwüstenden Schaaren. Er benutzte ihre Entfernung mit eben so viel Muth als Entschlossenheit, eroberte in kurzer Zeit Bach, Münden und Höxter und ängstigte durch seine schleunigen Fortschritte das Stift Fulda, Paderborn und alle an Hessen grenzenden Stifter. Die in Furcht gesetzten Staaten eilten, durch eine zeitige Unterwerfung seinen Fortschritten Grenzen zu setzen, und entgingen der Plünderung durch beträchtliche Geldsummen, die sie ihm freiwillig entrichteten. Nach diesen glücklichen Unternehmungen vereinigte der Landgraf sein siegreiches Heer mit der Hauptarmee Gustav Adolphs, und er selbst fand sich zu Frankfurt bei diesem Monarchen ein, um den ferneren Operationsplan mit ihm zu verabreden.

Mehrere Prinzen und auswärtige Gesandte waren mit ihm in dieser Stadt erschienen, um der Größe Gustav Adolphs zu huldigen, seine Gunst anzuflehen oder seinen Zorn zu besänftigen. Unter diesen war der merkwürdigste der vertriebene König von Böhmen und Pfalzgraf, Friedrich der Fünfte, der aus Holland dahin geeilt war, sich seinem Rächer und Beschützer in die Arme zu werfen. Gustav Adolph erwies ihm die unfruchtbare Ehre, ihn als ein gekröntes Haupt zu begrüßen, und bemühte sich, ihm durch eine edle Teilnahme sein Unglück zu erleichtern. Aber so viel sich auch Friedrich von der Macht und dem Glück seines Beschützers versprach, so viel er auf die Gerechtigkeit und Großmuth desselben baute, so weit entfernt war dennoch die Hoffnung zur Wiederherstellung dieses Unglücklichen in seinen verlornen Ländern. Die Unthätigkeit und die widersinnige Politik des englischen Hofes hatte den Eifer Gustav Adolphs erkältet, und eine Empfindlichkeit, über die er nicht ganz Meister werden konnte, ließ ihn hier den glorreichen Beruf eines Beschützers der Unterdrückten vergessen, den er bei seiner Erscheinung im deutschen Reiche so laut angekündigt hatte. Auch den Landgrafen Georg von Hessen-Darmstadt hatte die Furcht vor der unwiderstehlichen Macht und der nahen Rache des Königs herbei gelockt und zu einer zeitigen Unterwerfung bewogen. Die Verbindungen, in welchen dieser Fürst mit dem Kaiser stand, und sein geringer Eifer für die protestantische Sache waren dem König kein Geheimniß, aber er begnügte sich, einen so ohnmächtigen Feind zu verspotten. Da der Landgraf sich selbst und die politische Lage Deutschlands wenig genug kannte, um sich, ebenso unwissend als dreist, zum Mittler zwischen beiden Parteien aufzuwerfen, so pflegte ihn Gustav Adolph spottweise nur den Friedensstifter zu nennen. Oft hörte man ihn sagen, wenn er mit dem Landgrafen spielte und ihm Geld abgewann: »Er freue sich doppelt des gewonnenen Geldes, weil es kaiserliche Münze sei.« Landgraf Georg dankte es bloß seiner Verwandtschaft mit dem Kurfürsten von Sachsen, den Gustav Adolph zu schonen Ursache hatte, daß sich dieser Monarch mit Übergabe seiner Festung Rüsselsheim und mit der Zusage begnügte, eine strenge Neutralität in diesem Kriege zu beobachten. Auch die Grafen des Westerwaldes und der Wetterau waren in Frankfurt bei dem König erschienen, um ein Bündniß mit ihm zu errichten und ihm gegen die Spanier ihren Beistand anzubieten, der ihm in der Folge sehr nützlich war. Die Stadt Frankfurt selbst hatte alle Ursachen, sich der Gegenwart des Monarchen zu rühmen, der durch seine königliche Autorität ihren Handel in Schutz nahm und die Sicherheit der Messen, die der Krieg sehr gestört hatte, durch die nachdrücklichsten Vorkehrungen wieder herstellte.

Die schwedische Armee war jetzt durch zehntausend Hessen verstärkt, welche Landgraf Wilhelm von Kassel dem König zugeführt hatte. Schon hatte Gustav Adolph Königstein angreifen lassen, Kostheim und Flörsheim ergaben sich ihm nach einer kurzen Belagerung, er beherrschte den ganzen Mainstrom, und zu Höchst wurden in aller Eile Fahrzeuge gezimmert, um die Truppen über den Rhein zu setzen. Diese Anstalten erfüllten den Kurfürsten von Mainz, Anselm Casimir, mit Furcht, und er zweifelte keinen Augenblick mehr, daß er der Nächste sei, den der Sturm des Krieges bedrohte. Als ein Anhänger des Kaisers und eines der thätigsten Mitglieder der katholischen Ligue, hatte er kein besseres Loos zu hoffen, als seine beiden Amtsbrüder, die Bischöfe von Würzburg und Bamberg, bereits getroffen hatte. Die Lage seiner Länder am Rheinstrom machte es dem

Feinde zur Notwendigkeit, sich ihrer zu versichern, und überdem war dieser gesegnete Strich Landes für das bedürftige Heer eine unüberwindliche Reizung. Aber zu wenig mit seinen Kräften und dem Gegner bekannt, den er vor sich hatte, schmeichelte sich der Kurfürst, Gewalt durch Gewalt abzutreiben und durch die Festigkeit seiner Wälle die schwedische Tapferkeit zu ermüden. Er ließ in aller Eile die Festungswerke seiner Residenzstadt ausbessern, versah sie mit allem, was sie fähig machte, eine lange Belagerung auszuhalten, und nahm noch überdies zweitausend Spanier in seine Mauern auf, welche ein spanischer General, Don Philipp von Sylva, commandierte. Um den schwedischen Fahrzeugen die Annäherung unmöglich zu machen, ließ er die Mündung des Mains durch viele eingeschlagene Pfähle verrammeln, auch große Steinmassen und ganze Schiffe in dieser Gegend versenken. Er selbst flüchtete sich, in Begleitung des Bischofs von Worms, mit seinen besten Schätzen nach Köln und überließ Stadt und Land der Raubgier einer tyrannischen Besatzung. Alle diese Vorkehrungen, welche weniger wahren Muth als ohnmächtigen Trotz verriethen, hielten die schwedische Armee nicht ab, gegen Mainz vorzurücken und die ernstlichsten Anstalten zum Angriff der Stadt zu machen. Während daß sich ein Theil der Truppen in dem Rheingau verbreitete, alles, was sich von Spaniern dort fand, niedermachte und übermäßige Contributionen erpreßte, ein anderer die katholischen Örter des Westerwaldes und der Wetterau brandschatzte, hatte sich die Hauptarmee schon bei Castel, Mainz gegenüber, gelagert und Herzog Bernhard von Weimar sogar am jenseitigen Rheinufer den Mäusethurm und das Schloß Ehrenfels erobert. Schon beschäftigte sich Gustav Adolph ernstlich damit, den Rhein zu passieren und die Stadt von der Landseite einzuschließen, als ihn die Fortschritte des Grafen Tilly in Franken eilfertig von dieser Belagerung abriefen und dem Kurfürstenthum eine, obgleich nur kurze, Ruhe verschafften.

Die Gefahr der Stadt Nürnberg, welche Graf Tilly während der Abwesenheit Gustav Adolphs am Rheinstrom Miene machte zu belagern und im Fall eines Widerstandes mit dem schrecklichen Schicksal Magdeburgs bedrohte, hatte den König von Schweden zu diesem schnellen Aufbruch von Mainz bewogen. Um sich nicht zum zweitenmal vor ganz Deutschland den Vorwürfen und der Schande auszusetzen, eine bundesverwandte Stadt der Willkür eines grausamen Feindes geopfert zu haben, machte er sich in beschleunigten Märschen auf, diese wichtige Reichsstadt zu entsetzen; aber schon zu Frankfurt erfuhr er den herzhaften Widerstand der Nürnberger und den Abzug des Tilly und säumte jetzt keinen Augenblick, seine Absichten auf Mainz zu verfolgen. Da es ihm bei Castel mißlungen war, unter den Kanonen der Belagerten den Übergang über den Rhein zu gewinnen, so richtete er jetzt, um von einer andern Seite der Stadt beizukommen, seinen Lauf nach der Bergstraße, bemächtigte sich auf diesem Wege jedes wichtigen Platzes und erschien zum zweitenmal an den Ufern des Rheins bei Stockstadt zwischen Gernsheim und Oppenheim. Die ganze Bergstraße hatten die Spanier verlassen, aber das jenseitige Rheinufer suchten sie noch mit vieler Hartnäckigkeit zu vertheidigen. Sie hatten zu diesem Ende alle Fahrzeuge aus der Nachbarschaft zum Theil verbrannt, zum Theil in die Tiefe versenkt und standen jenseit des Stroms zum furchtbarsten Angriff gerüstet, wenn etwa der König an diesem Ort den Übergang wagen würde.

Der Muth des Königs setzte ihn bei dieser Gelegenheit einer sehr großen Gefahr aus, in feindliche Hände zu gerathen. Um das jenseitige Ufer zu besichtigen, hatte er sich in einem kleinen Nachen über den Fluß gewagt; kaum aber war er gelandet, so überfiel ihn ein Haufen spanischer Reiter, aus deren Händen ihn nur die eilfertigste Rückkehr befreite. Endlich gelang es ihm, durch Vorschub etlicher benachbarten Schiffer sich einiger Fahrzeuge zu bemächtigen, auf deren zweien er den Grafen von Brahe mit dreihundert Schweden übersetzen ließ. Nicht so bald hatte dieser Zeit gewonnen, sich am jenseitigen Ufer zu verschanzen, als er von vierzehn Compagnieen spanischer Dragoner und Kürassiere überfallen wurde. So groß die Überlegenheit des Feindes war, so tapfer wehrte sich Brahe mit seiner kleinen Schaar, und sein heldenmütiger Widerstand verschaffte dem König Zeit, ihn in eigener Person mit frischen Truppen zu unterstützen. Nun ergriffen die Spanier, nach einem Verlust von sechshundert Todten, die Flucht; einige eilten, die feste Stadt Oppenheim, andre, Mainz zu gewinnen. Ein marmorner Löwe auf einer hohen Säule, in der rechten Klaue ein bloßes Schwert, auf dem Kopf eine Sturmhaube tragend, zeigte noch siebenzig Jahre nachher dem Wanderer die Stelle, wo der unsterbliche König den Hauptstrom Germaniens passierte.

Gleich nach dieser glücklichen Aktion setzte Gustav Adolph das Geschütz und den größten Theil der Truppen über den Fluß und belagerte Oppenheim, welches nach einer verzweifelten Gegenwehr am 8ten December 1631 mit stürmender Hand erstiegen ward. Fünfhundert Spanier, welche diesen Ort so herzhaft vertheidigt hatten, wurden insgesammt ein Opfer der schwedischen Furie. Die Nachricht von Gustavs Übergang über den Rheinstrom erschreckte alle Spanier und Lothringer, welche das jenseitige Land besetzt und sich hinter diesem Flusse vor der Rache der Schweden geborgen geglaubt hatten. Schnelle Flucht war jetzt ihre einzige Sicherheit; jeder nicht ganz haltbare Ort ward aufs eilfertigste verlassen. Nach einer langen Reihe von Gewalttätigkeiten gegen den wehrlosen Bürger räumten die Lothringer die Stadt Worms, welche sie noch vor ihrem Abzuge mit muthwilliger Grausamkeit mißhandelten. Die Spanier eilten, sich in Frankenthal einzuschließen, in welcher Stadt sie sich Hoffnung machten, den siegreichen Waffen Gustav Adolphs zu trotzen.

Der König verlor nunmehr keine Zeit, seine Absichten auf die Stadt Mainz auszuführen, in welche sich der Kern der spanischen Truppen geworfen hatte. Indem er jenseit des Rheinstroms gegen diese Stadt anrückte, hatte sich der Landgraf von Hessen-Kassel diesseits des Flusses derselben genähert und auf dem Wege dahin mehrere feste Plätze unter seine Botmäßigkeit gebracht. Die belagerten Spanier, obgleich von beiden Seiten eingeschlossen, zeigten anfänglich viel Muth und Entschlossenheit, das Äußerste zu erwarten, und ein ununterbrochenes, heftiges Bombenfeuer regnete mehrere Tage lang in das schwedische Lager, welches dem Könige manchen braven Soldaten kostete. Aber dieses muthvollen Widerstands ungeachtet gewannen die Schweden immer mehr Boden und waren dem Stadtgraben schon so nahe gerückt, daß sie sich ernstlich zum Sturm anschickten. Jetzt sank den Belagerten der Muth. Mit Recht zitterten sie vor dem wilden Ungestüm des schwedischen Soldaten, wovon der Marienberg bei Würzburg ein schreckhaftes Zeugniß ablegte. Ein fürchterliches Loos erwartete die Stadt Mainz, wenn sie im Sturm erstiegen werden sollte, und leicht konnte der Feind sich versucht fühlen, Magdeburgs schauderhaftes Schicksal an dieser reichen und prachtvollen Residenz eines katholischen Fürsten zu rächen. Mehr um die Stadt, als um ihr eigenes Leben zu schonen, capitulierte am vierten Tag die spanische Besatzung und erhielt von der Großmuth des Königs ein sicheres Geleite bis nach Luxemburg; doch stellte sich der größte Theil derselben, wie bisher schon von mehreren geschehen war, unter schwedische Fahnen.

Am 13ten December 1631 hielt der König von Schweden seinen Einzug in die eroberte Stadt und nahm im Palast des Kurfürsten seine Wohnung. Achtzig Kanonen fielen als Beute in seine Hände, und mit achttausend Gulden mußte die Bürgerschaft die Plünderung abkaufen. Von dieser Schatzung waren die Juden und die Geistlichkeit ausgeschlossen, welche noch für sich besonders große Summen zu entrichten hatten. Die Bibliothek des Kurfürsten nahm der König als sein Eigenthum zu sich und schenkte sie seinem Reichskanzler Oxenstierna, der sie dem Gymnasium zu Westeräs abtrat; aber das Schiff, das sie nach Schweden bringen sollte, scheiterte, und die Ostsee verschlang diesen unersetzlichen Schatz.

Nach dem Verlust der Stadt Mainz hörte das Unglück nicht auf, die Spanier in den Gegenden des Rheins zu verfolgen. Kurz vor Eroberung jener Stadt hatte der Landgraf von Hessen-Kassel Falkenstein und Reifenberg eingenommen; die Festung Königstein ergab sich den Hessen; der Rheingraf Otto Ludwig, einer von den Generalen des Königs, hatte das Glück, neun spanische Schwadronen zu schlagen, die gegen Frankenthal im Anzuge waren, und sich der wichtigsten Städte am Rheinstrom von Boppart bis Bacharach zu bemächtigen. Nach Einnahme der Festung Braunfels, welche die wetterauischen Grafen mit schwedischer Hilfe zu Stande brachten, verloren die Spanier jeden Platz in der Wetterau, und in der ganzen Pfalz konnten sie, außer Frankenthal, nur sehr wenige Städte retten. Landau und Kronweißenburg erklärten sich laut für die Schweden. Speyer bot sich an, Truppen zum Dienst des Königs zu werben. Mannheim ging durch die Besonnenheit des jungen Herzogs Bernhard von Weimar und durch die Nachlässigkeit des dortigen Commandanten verloren, der auch dieses Unglücks wegen zu Heidelberg vor das Kriegsgericht gefordert und enthauptet ward.

Der König hatte den Feldzug bis tief in den Winter verlängert, und wahrscheinlich war selbst die Rauhigkeit der Jahreszeit mit eine Ursache der Überlegenheit gewesen, welche der schwedische Soldat über den Feind behauptete. Jetzt aber bedurften die erschöpften Truppen der Erholung in den Winterquartieren, welche ihnen Gustav Adolph auch bald nach Eroberung der Stadt Mainz in der umliegenden Gegend bewilligte. Er selbst benutzte die Ruhe, welche die Jahreszeit seinen kriegerischen Operationen auflegte, dazu, die Geschäfte des Kabinets mit seinem Reichskanzler abzuthun, der Neutralität wegen mit dem Feind Unterhandlungen zu pflegen und einige politische Streitigkeiten mit einer bundesverwandten Macht zu beendigen, zu denen sein bisheriges Betragen den Grund gelegt hatte. Zu seinem Winteraufenthalt und zum Mittelpunkt dieser Staatsgeschäfte erwählte er die Stadt Mainz, gegen die er überhaupt eine größere Neigung blicken ließ, als sich mit dem Interesse der deutschen Fürsten und mit dem kurzen Besuche vertrug, den er dem Reiche hatte abstatten wollen. Nicht zufrieden, die Stadt auf das stärkste befestigt zu haben, ließ er auch ihr gegenüber, in dem Winkel, den der Main mit dem Rheine macht, eine neue Citadelle anlegen, die nach ihrem Stifter Gustavsburg genannt, aber unter dem Namen Pfaffenraub, Pfaffenzwang bekannter geworden ist.

Indem Gustav Adolph sich Meister vom Rhein machte und die drei angrenzenden Kurfürstenthümer mit seinen siegreichen Waffen bedrohte, wurde in Paris und Saint-Germain von seinen wachsamen Feinden jeder Kunstgriff der Politik in Bewegung gesetzt, ihm den Beistand Frankreichs zu entziehen und ihn wo möglich mit dieser Macht in Krieg zu verwickeln. Er selbst hatte durch die unerwartete und zweideutige Wendung seiner Waffen gegen den Rheinstrom seine Freunde stutzen gemacht und seinen Gegnern die Mittel dargereicht, ein gefährliches Mißtrauen in seine Absichten zu erregen. Nachdem er das Hochstift Würzburg und den größten Theil Frankens seiner Macht unterworfen hatte, stand es bei ihm, durch das Hochstift Bamberg und durch die obere Pfalz in Bayern und Österreich einzubrechen; und die Erwartung war so allgemein als natürlich, daß er nicht säumen würde, den Kaiser und den Herzog von Bayern im Mittelpunkt ihrer Macht anzugreifen und durch Überwältigung dieser beiden Hauptfeinde den Krieg auf das schnellste zu endigen. Aber zu nicht geringem Erstaunen beider streitenden Theile verließ Gustav Adolph die von der allgemeinen Meinung ihm vorgezeichnete Bahn, und anstatt seine Waffen zur Rechten zu kehren, wendete er sie zur Linken, um die minder schuldigen und minder zu fürchtenden Fürsten des Kurrheins seine Macht empfinden zu lassen, indem er seinen zwei wichtigsten Gegnern Frist gab, neue Kräfte zu sammeln. Nichts als die Absicht, durch Vertreibung der Spanier vor allen Dingen den unglücklichen Pfalzgrafen Friedrich den Fünften wieder in den Besitz seiner Länder zu setzen, konnte diesen überraschenden Schritt erklärlich machen, und der Glaube an die nahe Wiederherstellung Friedrichs brachte anfangs auch wirklich den Argwohn seiner Freunde und die Verleumdungen seiner Gegner zum Schweigen. Jetzt aber war die untere Pfalz fast durchgängig von Feinden gereinigt, und Gustav Adolph fuhr fort, neue Eroberungsplane am Rhein zu entwerfen; er fuhr fort, die eroberte Pfalz dem rechtmäßigen Besitzer zurückzuhalten. Vergebens erinnerte der Abgesandte des Königs von England den Eroberer an das, was die Gerechtigkeit von ihm forderte und sein eigenes feierlich ausgestelltes Versprechen ihm zur Ehrenpflicht machte. Gustav Adolph beantwortete diese Aufforderung mit bittern Klagen über die Unthätigkeit des englischen Hofes und rüstete sich lebhaft, seine sieghaften Fahnen mit nächstem in Elsaß und selbst in Lothringen auszubreiten.

Jetzt wurde das Mißtrauen gegen den schwedischen Monarchen laut, und der Haß seiner Gegner zeigte sich äußerst geschäftig, die nachtheiligsten Gerüchte von seinen Absichten zu verbreiten. Schon längst hatte der Minister Ludwigs des Dreizehnten, Richelieu, der Annäherung des Königs gegen die französischen Grenzen mit Unruhe zugesehen, und das mißtrauische Gemüth seines Herrn öffnete sich nur allzuleicht den schlimmen Muthmaßungen, welche darüber angestellt wurden. Frankreich war um eben diese Zeit in einen bürgerlichen Krieg mit dem protestantischen Theil seiner Bürger verwickelt, und die Furcht war in der That nicht ganz grundlos, daß die Annäherung eines siegreichen Königs von ihrer Partei ihren gesunkenen Muth neu beleben und sie zu dem gewaltsamsten Widerstand aufmuntern möchte. Dies konnte geschehen, auch wenn Gustav Adolph auf das weiteste davon entfernt war, ihnen Hoffnung zu machen und an seinem Bundesgenossen, dem König von Frankreich, eine wirkliche Untreue zu begehen. Aber der rachgierige Sinn des Bischofs von Würzburg, der den Verlust seiner Länder am französischen Hofe zu verschmerzen suchte, die giftvolle Beredsamkeit der Jesuiten und der geschäftige Eifer des bayerischen Ministers stellten dieses gefährliche Verständniß zwischen den Hugenotten und dem König von Schweden als ganz erwiesen dar und wußten den furchtsamen Geist Ludwigs mit den schrecklichsten Besorgnissen zu bestürmen. Nicht bloß thörichte Politiker, auch manche nicht unverständige Katholiken glaubten in vollem Ernst, der König werde mit nächstem in das innerste Frankreich eindringen, mit den Hugenotten gemeine Sache machen und die katholische Religion in dem Königreich umstürzen. Fanatische Eiferer sahen ihn schon mit einer Armee über die Alpen klimmen und den Statthalter Christi selbst in Italien entthronen. So leicht sich Träumereien dieser Art von selbst widerlegten, so war dennoch nicht zu leugnen, daß Gustav durch seine Kriegsunternehmungen am Rhein dem Argwohn seiner Gegner eine gefährliche Blöße gab und einigermaßen den Verdacht rechtfertigte, als ob er seine Waffen weniger gegen den Kaiser und den Herzog von Bayern, als gegen die katholische Religion überhaupt habe richten wollen.

Das allgemeine Geschrei des Unwillens, welches die katholischen Höfe, von den Jesuiten aufgereizt, gegen Frankreichs Verbindungen mit den Feinden der Kirche erhoben, bewog endlich den Cardinal von Richelieu, für die Sicherstellung seiner Religion einen entscheidenden Schritt zu thun und die katholische Welt zugleich von dem ernstlichen Religionseifer Frankreichs und von der eigennützigen Politik der geistlichen Reichsstände zu überführen. Überzeugt, daß die Absichten des Königs von Schweden, so wie seine eignen, nur auf die Demütigung des Hauses Österreich gerichtet seien, trug er kein Bedenken, den liguistischen Fürsten von Seiten Schwedens eine vollkommene Neutralität zu versprechen, sobald sie sich der Allianz mit dem Kaiser entschlagen und ihre Truppen zurückziehen würden. Welchen Entschluß nun die Fürsten faßten, so hatte Richelieu seinen Zweck erreicht. Durch ihre Trennung von der österreichischen Partei wurde Ferdinand den vereinigten Waffen Frankreichs und Schwedens wehrlos bloßgestellt, und Gustav Adolph, von allen seinen übrigen Feinden in Deutschland befreit, konnte seine ungeteilte Macht gegen die kaiserlichen Erbländer kehren. Unvermeidlich war dann der Fall des österreichischen Hauses, und dieses letzte große Ziel aller Bestrebungen Richelieus ohne Nachtheil der Kirche errungen. Ungleich mißlicher hingegen war der Erfolg, wenn die Fürsten der Ligue auf ihrer Weigerung bestehen und dem österreichischen Bündniß noch fernerhin getreu bleiben sollten. Dann aber hatte Frankreich vor dem ganzen Europa seine katholische Gesinnung erwiesen und seinen Pflichten als Glied der römischen Kirche ein Genüge gethan. Die Fürsten der Ligue erschienen dann allein als die Urheber alles Unglücks, welches die Fortdauer des Kriegs über das katholische Deutschland unausbleiblich verhängen mußte; sie allein waren es, die durch ihre eigensinnige Anhänglichkeit an den Kaiser die Maßregeln ihres Beschützers vereitelten, die Kirche in die äußerste Gefahr und sich selbst ins Verderben stürzten.

Richelieu verfolgte diesen Plan um so lebhafter, je mehr er durch die wiederholten Anforderungen des Kurfürsten von Bayern um französische Hilfe ins Gedränge gebracht wurde. Man erinnert sich, daß dieser Fürst schon seit der Zeit, als er Ursache gehabt hatte, ein Mißtrauen in die Gesinnungen des Kaisers zu setzen, in ein geheimes Bündniß mit Frankreich getreten war, wodurch er sich den Besitz der pfälzischen Kurwürde gegen eine künftige Sinnesänderung Ferdinands zu versichern hoffte. So deutlich auch schon der Ursprung dieses Traktats zu erkennen gab, gegen welchen Feind er errichtet worden, so dehnte ihn Maximilian jetzt, willkürlich genug, auch auf die Angriffe des Königs von Schweden aus und trug kein Bedenken, dieselbe Hilfleistung, welche man ihm bloß gegen Österreich zugesagt hatte, auch gegen Gustav Adolph, den Alliierten der französischen Krone, zu fordern. Durch diese widersprechende Allianz mit zwei einander entgegengesetzten Mächten in Verlegenheit gesetzt, wußte sich Richelieu nur dadurch zu helfen, daß er den Feindseligkeiten zwischen Beiden ein schleuniges Ende machte; und eben so wenig geneigt, Bayern preiszugeben, als, durch seinen Vertrag mit Schweden außer Stand gesetzt, es zu schützen, verwendete er sich mit ganzem Eifer für die Neutralität als das einzige Mittel, seinen doppelten Verbindungen ein Genüge zu leisten. Ein eigner Bevollmächtigter, Marquis von Breze, wurde zu diesem Ende an den König von Schweden nach Mainz abgeschickt, seine Gesinnungen über diesen Punkt zu erforschen und für die alliierten Fürsten günstige Bedingungen von ihm zu erhalten. Aber so wichtige Ursachen Ludwig der Dreizehnte hatte, diese Neutralität zu Stande gebracht zu sehen, so triftige Gründe hatte Gustav Adolph, das Gegentheil zu wünschen. Durch zahlreiche Proben überzeugt, daß der Abscheu der liguistischen Fürsten vor der protestantischen Religion unüberwindlich, ihr Haß gegen die ausländische Macht der Schweden unauslöschlich, ihre Anhänglichkeit an das Haus Österreich unvertilgbar sei, fürchtete er ihre offenbare Feindschaft weit weniger, als er einer Neutralität mißtraute, die mit ihrer Neigung so sehr im Widerspruche stand. Da er sich überdies durch seine Lage auf deutschem Boden genöthigt sah, auf Kosten der Feinde den Krieg fortzusetzen, so verlor er augenscheinlich, wenn er, ohne neue Freunde dadurch zu gewinnen, die Zahl seiner öffentlichen Feinde verminderte. Kein Wunder also, wenn Gustav Adolph wenig Neigung blicken ließ, die Neutralität der katholischen Fürsten, wodurch ihm so wenig geholfen war, durch Aufopferung seiner errungenen Vorteile zu erkaufen.

Die Bedingungen, unter welchen er dem Kurfürsten von Bayern die Neutralität bewilligte, waren drückend und diesen Gesinnungen gemäß. Er forderte von der katholischen Ligue eine gänzliche Unthätigkeit, Zurückziehung ihrer Truppen von der kaiserlichen Armee, aus den eroberten Plätzen, aus allen protestantischen Ländern. Noch außerdem wollte er die liguistische Kriegsmacht auf eine geringe Anzahl herabgesetzt wissen. Alle ihre Länder sollten den kaiserlichen Armeen verschlossen sein und dem Hause Österreich weder Mannschaft noch Lebensmittel und Munition aus denselben gestattet werden. So hart das Gesetz war, welches der Überwinder den Überwundenen auflegte, so schmeichelte sich der französische Mediateur noch immer, den Kurfürsten von Bayern zu Annehmung desselben vermögen zu können. Dieses Geschäft zu erleichtern, hatte sich Gustav Adolph bewegen lassen, dem Letztern einen Waffenstillstand auf vierzehn Tage zu bewilligen. Aber zur nämlichen Zeit, als dieser Monarch durch den französischen Agenten wiederholte Versicherungen von dem guten Fortgang dieser Unterhandlung erhielt, entdeckte ihm ein aufgefangener Brief des Kurfürsten an den General Pappenheim in Westphalen die Treulosigkeit dieses Prinzen, der bei der ganzen Negociation nichts gesucht hatte, als Zeit zur Verteidigung zu gewinnen. Weit davon entfernt, sich durch einen Vergleich mit Schweden in seinen Kriegsunternehmungen Fesseln anlegen zu lassen, beschleunigte vielmehr der hinterlistige Fürst seine Rüstung und benutzte die Muße, die ihm der Feind ließ, desto nachdrücklichere Anstalten zur Gegenwehr zu treffen. Diese ganze Neutralitätsunterhandlung zerriß also fruchtlos und hatte zu nichts gedient, als die Feindseligkeit zwischen Bayern und Schweden mit desto größrer Erbitterung zu erneuern.

Tillys vermehrte Macht, womit dieser Feldherr Franken zu überschwemmen drohte, forderte den König dringend nach diesem Kreise; zuvor aber mußten die Spanier von dem Rheinstrom vertrieben und ihnen der Weg versperrt werden, von den Niederlanden aus die deutschen Provinzen zu bekriegen. In dieser Absicht hatte Gustav Adolph bereits dem Kurfürsten von Trier, Philipp von Zeltern, die Neutralität unter der Bedingung angeboten, daß ihm die Trierische Festung Hermannstein eingeräumt und den schwedischen Truppen ein freier Durchzug durch Koblenz bewilligt würde. Aber so ungern der Kurfürst seine Länder in spanischen Händen sah, so viel weniger konnte er sich entschließen, sie dem verdächtigen Schutz eines Ketzers zu übergeben und den schwedischen Eroberer zum Herrn seines Schicksals zu machen. Da er sich jedoch außer Stand sah, gegen zwei so furchtbare Mitbewerber seine Unabhängigkeit zu behaupten, so suchte er unter den mächtigen Flügeln Frankreichs Schutz gegen beide. Mit gewohnter Staatsklugheit hatte Richelieu die Verlegenheit dieses Fürsten benutzt, Frankreichs Macht zu vergrößern und ihm einen wichtigen Alliirten an Deutschlands Grenze zu erwerben. Eine zahlreiche französische Armee sollte die Trierischen Lande decken und die Festung Ehrenbreitstein französische Besatzung einnehmen. Aber die Absicht, welche den Kurfürsten zu diesem gewagten Schritte vermocht hatte, wurde nicht ganz erfüllt; denn die gereizte Empfindlichkeit Gustav Adolphs ließ sich nicht eher besänftigen, als bis auch den schwedischen Treppen ein freier Durchzug durch die Trierischen Lande gestattet wurde.

Indem dieses mit Trier und Frankreich verhandelt wurde, hatten die Generale des Königs das ganze Erzstift Mainz von dem Überreste der spanischen Garnisonen gereinigt und Gustav Adolph selbst durch die Einnahme von Kreuznach die Eroberung dieses Landstrichs vollendet. Das Eroberte zu beschützen, mußte der Reichskanzler Oxenstierna mit einem

Theile der Armee an dem mittlern Rheinstrome zurückbleiben, und das Hauptheer setzte sich unter Anführung des Königs in Marsch, auf fränkischem Boden den Feind aufzusuchen.

Um den Besitz dieses Preises hatten unterdessen Graf Tilly und der schwedische General von Horn, den Gustav Adolph mit achttausend Mann darin zurückließ, mit abwechselndem Kriegsglück gestritten, und das Hochstift Bamberg besonders war zugleich der Preis und der Schauplatz ihrer Verwüstungen. Von seinen übrigen Entwürfen an den Rheinstrom gerufen, überließ der König seinem Feldherrn die Züchtigung des Bischofs, der durch sein treuloses Betragen seinen Zorn gereizt hatte, und die Thätigkeit des Generals rechtfertigte die Wahl des Monarchen. In kurzer Zeit unterwarf er einen großen Theil des Bisthums den schwedischen Waffen, und die Hauptstadt selbst, von der kaiserlichen Besatzung im Stich gelassen, lieferte ihm ein stürmender Angriff in die Hände. Dringend forderte nun der verjagte Bischof den Kurfürsten von Bayern zum Beistand auf, der sich endlich bewegen ließ, Tillys Untätigkeit zu verkürzen. Durch den Befehl seines Herrn zur Wiedereinsetzung des Bischofs bevollmächtigt, zog dieser General seine durch die Oberpfalz zerstreuten Truppen zusammen und näherte sich Bamberg mit einem zwanzigtausend Mann starken Heere. Gustav Horn, fest entschlossen, seine Eroberung gegen diese überlegene Macht zu behaupten, erwartete hinter den Wällen Bambergs den Feind, mußte sich aber durch den bloßen Vortrab des Tilly entreißen sehen, was er der ganzen versammelten Armee gehofft hatte streitig zu machen. Eine Verwirrung unter seinen Truppen, die keine Geistesgegenwart des Feldherrn zu verbessern vermochte, öffnete dem Feinde die Stadt, daß Truppen, Bagage und Geschütz nur mit Mühe gerettet werden konnten. Bambergs Wiedereroberung war die Frucht dieses Sieges; aber den schwedischen General, der sich in guter Ordnung über den Mainstrom zurückzog, konnte Graf Tilly, aller angewandten Geschwindigkeit ungeachtet, nicht mehr einholen. Die Erscheinung des Königs in Franken, welchem Gustav Horn den Rest seiner Truppen bei Kitzingen zuführte, setzte seinen Eroberungen ein schnelles Ziel und zwang ihn, durch einen zeitigen Rückzug für seine eigne Rettung zu sorgen.

Zu Aschaffenburg hatte der König allgemeine Heerschau über seine Truppen gehalten, deren Anzahl nach der Vereinigung mit Gustav Horn, Banner und Herzog Wilhelm von Weimar auf beinahe vierzigtausend stieg. Nichts hemmte seinen Marsch durch Franken; denn Graf Tilly, viel zu schwach, einen so sehr überlegenen Feind zu erwarten, hatte sich in schnellen Märschen gegen die Donau gezogen. Böhmen und Bayern lagen jetzt dem König gleich nahe, und in der Ungewißheit, wohin dieser Eroberer seinen Lauf richten würde, konnte Maximilian nicht sogleich eine Entschließung fassen. Der Weg, welchen man Tilly jetzt nehmen ließ, mußte die Wahl des Königs und das Schicksal beider Provinzen entscheiden. Gefährlich war es, bei der Annäherung eines so furchtbaren Feindes Bayern unvertheidigt zu lassen, um Österreichs Grenzen zu schirmen; gefährlicher noch, durch Aufnahme des Tilly in Bayern zugleich auch den Feind in dies Land zu rufen und es zum Schauplatz eines verwüstenden Kampfes zu machen. Die Sorge des Landesvaters siegte endlich über die Bedenklichkeiten des Staatsmanns, und Tilly erhielt Befehl, was auch daraus erfolgen möchte, Bayerns Grenzen mit seiner ganzen Macht zu vertheidigen.

Mit triumphierender Freude empfing die Reichsstadt Nürnberg den Beschützer protestantischer Religion und deutscher Freiheit, und der schwärmerische Enthusiasmus der Bürger ergoß sich bei seinem Anblick in rührende Äußerungen des Jubels und der Bewunderung. Gustav selbst konnte sein Erstaunen nicht unterdrücken, sich hier in dieser Stadt, im Mittelpunkte Deutschlands zu sehen, bis wohin er nie gehofft hatte seine Fahnen auszubreiten. Der edle schöne Anstand seiner Person vollendete den Eindruck seiner glorreichen Thaten, und die Herablassung, womit er die Begrüßungen dieser Reichsstadt erwiederte, hatte ihm in wenig Augenblicken alle Herzen erobert. In Person bestätigte er jetzt das Bündniß, das er noch an den Ufern des Belts mit derselben errichtet hatte, und verband alle Bürger zu einem glühenden Thateneifer und brüderlicher Eintracht gegen den gemeinschaftlichen Feind. Nach einem kurzen Aufenthalt in Nürnbergs Mauern folgte er seiner Armee gegen die Donau und stand vor der Grenzfestung Donauwörth, ehe man einen Feind da vermuthete. Eine zahlreiche bayerische Besatzung vertheidigte diesen Platz, und der Anführer derselben, Rudolph Maximilian, Herzog von Sachsen Lauenburg, zeigte anfangs die muthigste Entschlossenheit, sich bis zur Ankunft des Tilly zu halten. Bald aber zwang ihn der Ernst, mit welchem Gustav Adolph die Belagerung anfing, auf einen schnellen und sichern Abzug zu denken, den er auch unter dem heftigsten Feuer des schwedischen Geschützes glücklich ins Werk richtete.

Die Einnahme Donauwörths öffnete dem König das jenseitige Ufer der Donau, und nur der kleine Lechstrom trennte ihn noch von Bayern. Diese nahe Gefahr seiner Länder weckte die ganze Thätigkeit Maximilians, und so leicht er es bis jetzt dem Feind gemacht hatte, bis an die Schwelle seiner Staaten zu dringen, so entschlossen zeigte er sich nun, ihm den letzten Schritt zu erschweren. Jenseits des Lechs, bei der kleinen Stadt Rain, bezog Tilly ein wohlbefestigtes Lager, welches, von drei Flüssen umgeben, jedem Angriffe Trotz bot. Alle Brücken über den Lech hatte man abgeworfen, die ganze Länge des Stroms bis Augsburg durch starke Besatzungen vertheidigt und sich dieser Reichsstadt selbst, welche längst schon ihre Ungeduld blicken ließ, dem Beispiel Nürnbergs und Frankfurts zu folgen, durch Einführung einer bayerischen Garnison und Entwaffnung der Bürger versichert. Der Kurfürst selbst schloß sich mit allen Truppen, die er hatte aufbringen können, in das Tilly'sche Lager ein, gleich als ob an diesem einzigen Posten alle seine Hoffnungen hafteten und das Glück der Schweden an dieser äußersten Grenzmauer scheitern sollte.

Bald erschien Gustav Adolph am Ufer, den bayerischen Verschanzungen gegenüber, nachdem er sich das ganze Augsburgische Gebiet diesseits des Lechs unterworfen und seinen Truppen eine reiche Zufuhr aus diesem Landstrich geöffnet hatte. Es war im Märzmonat, wo dieser Strom von häufigen Regengüssen und von dem Schnee der tirolischen Gebirge zu einer ungewöhnlichen Höhe schwillt und zwischen steilen Ufern mit reißender Schnelligkeit fluthet. Ein gewisses Grab öffnete sich dem waghalsigen Stürmer in seinen Wellen, und am entgegenstehenden Ufer zeigten ihm die feindlichen Kanonen ihre mörderischen Schlünde. Ertrotzte er dennoch mitten durch die Wuth des Wassers und des Feuers den fast unmöglichen Übergang, so erwartet die ermatteten Truppen ein frischer und muthiger Feind in einem unüberwindlichen Lager, und nach Erholung schmachtend, finden sie eine Schlacht. Mit erschöpfter Kraft müssen sie die feindlichen Schanzen ersteigen, deren Festigkeit jedes Angriffs zu spotten scheint. Eine Niederlage, an diesem Ufer erlitten, führt sie unvermeidlich zum Untergange; denn derselbe Strom, der ihnen die Bahn zum Siege erschwert, versperrt ihnen alle Wege zur Flucht, wenn das Glück sie verlassen sollte.

Der schwedische Kriegsrath, den der Monarch jetzt versammelte, machte das ganze Gewicht dieser Gründe gelten, um die Ausführung eines so gefahrvollen Unternehmens zu hindern. Auch die Tapfersten zagten, und eine ehrwürdige Schaar im Dienste grau gewordener Krieger erröthete nicht, ihre Besorgnisse zu gestehen. Aber der Entschluß des Königs war gefaßt. »Wie?« sagte er zu Gustav Horn, der das Wort für die Übrigen führte: »über die Ostsee, über so viele große Ströme Deutschlands hätten wir gesetzt, und vor einem Bache, vor diesem Lech hier, sollten wir ein Unternehmen aufgeben?« Er hatte bereits bei Besichtigung der Gegend, die er mit mancher Lebensgefahr anstellte, die Entdeckung gemacht, daß das diesseitige Ufer über das jenseitige merklich hervorrage und die Wirkung des schwedischen Geschützes vorzugsweise vor dem des Feindes begünstige. Mit schneller Besonnenheit wußte er diesen Umstand zu nützen. Unverzüglich ließ er an der Stelle, wo sich das linke Ufer des Lechs gegen das rechte zu krümmte, drei Batterieen aufwerfen, von welchen zwei und siebenzig Feldstücke ein kreuzweises Feuer gegen den Feind unterhielten. Während daß diese wüthende Kanonade die Bayern von dem jenseitigen Ufer entfernte, ließ er in größter Eilfertigkeit über den Lech eine Brücke schlagen; ein dicker Dampf, aus angezündetem Holz und nassem Stroh in Einem fort unterhalten, entzog das aufsteigende Werk lange Zeit den Augen der Feinde, indem zugleich der fast ununterbrochene Donner des Geschützes das Getöse der Zimmeräxte unhörbar machte. Er selbst ermunterte durch sein eigenes Beispiel den Eifer der Truppen und brannte mit eigener Hand über sechzig Kanonen ab. Mit gleicher Lebhaftigkeit wurde diese Kanonade zwei Stunden lang von den Bayern, wiewohl mit ungleichem Vortheil, erwiedert, da die hervorragenden Batterieen der Schweden das jenseitige niedere Ufer beherrschten und die Höhe des ihrigen ihnen gegen das feindliche Geschütz zur Brustwehr diente. Umsonst strebten die Bayern, die feindlichen Werke vom Ufer aus zu zerstören; das überlegene Geschütz der Schweden verscheuchte sie, und sie mußten die Brücke, fast unter ihren Augen, vollendet sehen. Tilly that an diesem schrecklichen Tage das Äußerste, den Muth der Seinigen zu entflammen, und keine noch so drohende Gefahr konnte ihn von dem Ufer abhalten. Endlich fand ihn der Tod, den er suchte. Eine Falkonetkugel zerschmetterte ihm das Bein, und bald nach ihm ward auch Altringer, sein gleich tapferer Streitgenosse, am Kopfe gefährlich verwundet. Von der begeisternden Gegenwart dieser beiden Führen verlassen, wandten endlich die Bayern, und wider seine Neigung wurde selbst Maximilian zu einem kleinmüthigen Entschluß fortgerissen. Von den Vorstellungen des sterbenden Tilly besiegt, dessen gewohnte Festigkeit der annähernde Tod überwältigt hatte, gab er voreilig seinen unüberwindlichen Posten verloren, und eine von den Schweden entdeckte Furt, durch welche die Reiterei im Begriff war den Übergang zu wagen, beschleunigte seinen muthlosen Abzug. Noch in derselben Nacht brach er, ehe noch ein feindlicher Soldat über den Lechstrom gesetzt hatte, sein Lager ab, und ohne dem Könige

Zeit zu lassen, ihn auf seinem Marsch zu beunruhigen, hatte er sich in bester Ordnung nach Neuburg und Ingolstadt gezogen. Mit Befremdung sah Gustav Adolph, der am folgenden Tage den Übergang vollführte, das feindliche Lager leer, und die Flucht des Kurfürsten erregte seine Verwunderung noch mehr, als er die Festigkeit des verlassenen Lagers entdeckte. »Wär' ich der Bayer gewesen«, rief er erstaunt aus, »nimmermehr – und hätte mir auch eine Stückkugel Bart und Kinn weggenommen – nimmermehr würde ich einen Posten, wie dieser da, verlassen und dem Feinde meine Staaten geöffnet haben.«

Jetzt also lag Bayern dem Sieger offen, und die Kriegsfluth, die bis jetzt nur an den Grenzen dieses Landes gestürmt hatte, wälzte sich zum erstenmal über seine lange verschonten gesegneten Fluren. Bevor sich aber der König an Eroberung dieses feindlich gesinnten Landes wagte, entriß er erst die Reichsstadt Augsburg dem bayerischen Joche, nahm ihre Bürger in Pflichten und versicherte sich ihrer Treue durch eine zurückgelassene Besatzung. Darauf rückte er in beschleunigten Märschen gegen Ingolstadt an, um durch Einnahme dieser wichtigen Festung, welche der Kurfürst mit einem großen Theile seines Heeres deckte, seine Eroberungen in Bayern zu sichern und festen Fuß an der Donau zu fassen.

Bald nach seiner Ankunft vor Ingolstadt beschloß der verwundete Tilly in den Mauern dieser Stadt seine Laufbahn, nachdem er alle Launen des untreuen Glücks erfahren hatte. Von der überlegenen Feldherrngröße Gustav Adolphs zermalmt, sah er am Abend seiner Tage alle Lorbeern seiner frühern Siege dahinwelken und befriedigte durch eine Kette von Widerwärtigkeiten die Gerechtigkeit des Schicksals und Magdeburgs zürnende Manen. In ihm verlor die Armee des Kaisers und der Ligue einen unersetzlichen Führer, die katholische Religion den eifrigsten ihrer Vertheidiger, und Maximilian von Bayern den treusten seiner Diener, der seine Treue durch den Tod versiegelte und die Pflichten des Feldherrn auch noch sterbend erfüllte. Sein letztes Vermächtniß an den Kurfürsten war die Ermahnung, die Stadt Regensburg zu besetzen, um Herr der Donau und mit Böhmen in Verbindung zu bleiben.

Mit der Zuversicht, welche die Frucht so vieler Siege zu sein pflegt, unternahm Gustav Adolph die Belagerung der Stadt und hoffte durch das Ungestüm des ersten Angriffs ihren Widerstand zu besiegen. Aber die Festigkeit ihrer Werke und die Tapferkeit der Besatzung setzten ihm Hindernisse entgegen, die er seit der Breitenfelder Schlacht nicht zu bekämpfen gehabt hatte, und wenig fehlte, daß die Wälle von Ingolstadt nicht das Ziel seiner Thaten wurden. Beim Recognoscieren der Festung streckte ein Vierundzwanzigpfünder sein Pferd unter ihm in den Staub, daß er zu Boden stürzte, und kurz darauf ward sein Liebling, der junge Markgraf von Baden, durch eine Stückkugel von seiner Seite weggerissen. Mit schneller Fassung erhob sich der König wieder und beruhigte sein erschrockenes Volk, indem er sogleich auf einem andern Pferde seinen Weg fortsetzte.

Die Besitznehmung der Bayern von Regensburg, welche Reichsstadt der Kurfürst, dem Rath des Tilly gemäß, durch List überraschte und durch eine starke Besatzung in seinen Fesseln hielt, änderte schnell den Kriegsplan des Königs. Er selbst hatte sich mit der Hoffnung geschmeichelt, diese protestantisch gesinnte Reichsstadt in seine Gewalt zu bekommen und an ihr eine nicht minder ergebene Bundesgenossin als an Nürnberg, Augsburg und Frankfurt zu finden. Die Unterjochung derselben durch die Bayern entfernte auf lange Zeit die Erfüllung seines vornehmsten Wunsches, sich der Donau zu bemächtigen und seinem Gegner alle Hilfe von Böhmen aus abzuschneiden. Schnell verließ er Ingolstadt, an dessen Wällen er Zeit und Volk fruchtlos verschwendete, und drang in das Innerste von Bayern, um den Kurfürsten zur Beschützung seiner Staaten herbeizulocken und so die Ufer der Donau von ihren Verteidigern zu entblößen.

Das ganze Land bis München lag dem Eroberer offen. Moosburg, Landshut, das ganze Stift Freysingen unterwarfen sich ihm; nichts konnte seinen Waffen widerstehen. Fand er aber gleich keine ordentliche Kriegsmacht auf seinem Wege, so hatte er in der Brust jedes Bayern einen desto unversöhnlichern Feind, den Religionsfanatismus, zu bekämpfen. Soldaten, die nicht an den Papst glaubten, waren auf diesem Boden eine neue, eine unerhörte Erscheinung; der blinde Eifer der Pfaffen hatte sie dem Landmann als Ungeheuer, als Kinder der Hölle, und ihren Anführer als den Antichrist abgeschildert. Kein Wunder, wenn man sich von allen Pflichten der Natur und der Menschlichkeit gegen diese Satansbrut lossprach und zu den schrecklichsten Gewalttaten sich berechtigt glaubte. Wehe dem schwedischen Soldaten, der einem Haufen dieser Wilden einzeln in die Hände fiel! Alle Martern, welche die erfinderische Wuth nur erdenken mag, wurden an diesen unglücklichen Schlachtopfern ausgeübt, und der Anblick ihrer verstümmelten Körper entflammte die Armee zu einer schrecklichen Wiedervergeltung. Nur Gustav Adolph befleckte durch keine Handlung der Rache seinen Heldencharakter, und das schlechte Vertrauen der Bayern zu seinem Christentum, weit entfernt, ihn von den Vorschriften der Menschlichkeit gegen dieses unglückliche Volk zu entbinden, machte es ihm vielmehr zu der heiligsten Pflicht, durch eine desto strengere Mäßigung seinen Glauben zu ehren.

Die Annäherung des Königs verbreitete Schrecken und Furcht in der Hauptstadt, die, von Verteidigern entblößt und von den vornehmsten Einwohnern verlassen, bei der Großmuth des Siegers allein ihre Rettung suchte. Durch eine unbedingte freiwillige Unterwerfung hoffte sie seinen Zorn zu besänftigen und schickte schon bis Freysingen Deputierte voraus, ihm ihre Thorschlüssel zu Füßen zu legen. Wie sehr auch der König durch die Unmenschlichkeit der Bayern und durch die feindselige Gesinnung ihres Herrn zu einem grausamen Gebrauch seiner Eroberungsrechte gereizt, wie dringend er, selbst von Deutschen, bestürmt wurde, Magdeburgs Schicksal an der Residenz ihres Zerstörers zu ahnden, so verachtete doch sein großes Herz diese niedrige Rache, und die Wehrlosigkeit des Feindes entwaffnete seinen Grimm. Zufrieden mit dem edlern Triumph, den Pfalzgrafen Friedrich mit siegreichem Pomp in die Residenz desselben Fürsten zu führen, der das vornehmste Werkzeug seines Falls und der Räuber seiner Staaten war, erhöhte er die Pracht seines Einzugs durch den schöneren Glanz der Mäßigung und der Milde.

Der König fand in München nur einen verlassenen Palast, denn die Schätze des Kurfürsten hatte man nach Werfen geflüchtet. Die Pracht des kurfürstlichen Schlosses setzte ihn in Erstaunen, und er fragte den Aufseher, der ihm die Zimmer zeigte, nach dem Namen des Baumeisters. »Es ist kein anderer«, versetzte dieser, »als der Kurfürst selbst.« – »Ich möchte ihn haben, diesen Baumeister«, erwiederte der König, »um ihn nach Stockholm zu schicken.« – »Davor«, antwortete jener, »wird sich der Baumeister zu hüten wissen.« – Als man das Zeughaus durchsuchte, fanden sich bloße Lafetten, zu denen die Kanonen fehlten. Die letztern hatte man so künstlich unter dem Fußboden eingescharrt, daß sich keine Spur davon zeigte, und ohne die Verrätherei eines Arbeiters hätte man den Betrug nie erfahren. »Stehet auf von den Todten«, rief der König, »und kommet zu Gericht!« – Der Boden ward aufgerissen, und man entdeckte gegen hundert und vierzig Stücke, manche von außerordentlicher Größe, welche größtenteils aus der Pfalz und aus Böhmen erbeutet waren. Ein Schatz von dreißigtausend Dukaten in Golde, der in einem der größern versteckt war, machte das Vergnügen vollkommen, womit dieser kostbare Fund den König überraschte.

Aber eine weit willkommnere Erscheinung würde die bayerische Armee selbst ihm gewesen sein, welche aus ihren Verschanzungen hervorzulocken, er ins Herz von Bayern gedrungen war. In dieser Erwartung sah sich der König betrogen. Kein Feind erschien, keine noch so dringende Aufforderung seiner Unterthanen konnte den Kurfürsten vermögen, den letzten Überrest seiner Macht in einer Feldschlacht aufs Spiel zu setzen. In Regensburg eingeschlossen, harrte er auf die Hilfe, welche ihm der Herzog von Friedland von Böhmen aus zuführen sollte, und versuchte einstweilen, bis der erwartete Beistand erschien, durch Erneuerung der Neutralitäts-Unterhandlungen seinen Feind außer Thätigkeit zu setzen. Aber das zu oft gereizte Mißtrauen des Monarchen vereitelte diesen Zweck, und die vorsätzliche Zögerung Wallensteins ließ Bayern unterdessen den Schweden zum Raub werden.

So weit war Gustav Adolph von Sieg zu Sieg, von Eroberung zu Eroberung fortgeschritten, ohne auf seinem Weg einen Feind zu finden, der ihm gewachsen gewesen wäre. Ein Theil von Bayern und Schwaben, Frankens Bisthümer, die untere Pfalz, das Erzstift Mainz lagen bezwungen hinter ihm; bis an die Schwelle der österreichischen Monarchie hatte ein nie unterbrochenes Glück ihn begleitet und ein glänzender Erfolg den Operationsplan gerechtfertigt, den er sich nach dem Breitenfelder Sieg vorgezeichnet hatte. Wenn es ihm gleich nicht, wie er wünschte, gelungen war, die gehoffte Vereinigung unter den protestantischen Reichsständen durchzusetzen, so hatte er doch die Glieder der katholischen Ligue entwaffnet oder geschwächt, den Krieg größtenteils auf ihre Kosten bestritten, die Hilfsquellen des Kaisers vermindert, den Muth der schwächern Stände gestärkt und durch die gebrandschatzten Länder der kaiserlichen Alliierten einen Weg nach den österreichischen Staaten gefunden. Wo er durch die Gewalt der Waffen keinen Gehorsam erpressen konnte, da leistete ihm die Freundschaft der Reichsstädte, die er durch die vereinigten Bande der Politik und Religion an sich zu fesseln gewußt hatte, die wichtigsten Dienste, und er konnte, so lange er die Überlegenheit im Felde behielt, alles von ihrem Eifer erwarten. Durch seine Eroberungen am Rhein waren die Spanier von der Unterpfalz abgeschnitten, wenn ihnen der niederländische Krieg auch noch Kräfte ließ, Theil an dem deutschen zu nehmen; auch der Herzog von Lothringen hatte nach seinem verunglückten Feldzuge die Neutralität vorgezogen. Noch so viele längs seines Zuges durch Deutschland zurückgelassene Besatzungen hatten sein Heer nicht vermindert, und noch eben so frisch, als es diesen Zug angetreten hatte, stand es jetzt mitten in Bayern, entschlossen und gerüstet, den Krieg in das Innerste von Österreich zu wälzen.

Während daß Gustav Adolph den Krieg im Reiche mit solcher Überlegenheit führte, hatte das Glück seinen Bundesgenossen, den Kurfürsten von Sachsen, auf einem andern Schauplatz nicht weniger begünstigt. Man erinnert sich, daß bei der Beratschlagung, welche nach der Leipziger Schlacht zwischen beiden Fürsten zu Halle angestellt worden, die Eroberung Böhmens dem Kurfürsten von Sachsen zum Antheil fiel, indem der König für sich selbst den Weg nach den liguistischen Ländern erwählte. Die erste Frucht, welche der Kurfürst von dem Siege bei Breitenfeld erntete, war die Wiedereroberung von Leipzig, worauf in kurzer Zeit die Befreiung des ganzen Kreises von den kaiserlichen Besatzungen folgte. Durch die Mannschaft verstärkt, welche von der feindlichen Garnison zu ihm übertrat, richtete der sächsische General von Arnheim seinen Marsch nach der Lausitz, welche Provinz ein kaiserlicher General, Rudolph von Tiefenbach, mit einer Armee überschwemmt hatte, den Kurfürsten von Sachsen wegen seines Übertritts zu der Partei des Feindes zu züchtigen. Schon hatte er in dieser schlecht verteidigten Provinz die gewöhnlichen Verwüstungen angefangen, mehrere Städte erobert und Dresden selbst durch seine drohende Annäherung erschreckt. Aber diese reißenden Fortschritte hemmte plötzlich ein ausdrücklicher wiederholter Befehl des Kaisers, alle sächsischen Besitzungen mit Krieg zu verschonen.

Zu spät erkannte Ferdinand die fehlerhafte Politik, die ihn verleitet hatte, den Kurfürsten von Sachsen aufs Äußerste zu bringen und dem König von Schweden diesen wichtigen Bundesgenossen gleichsam mit Gewalt zuzuführen. Was er durch einen unzeitigen Trotz verdarb, wollte er jetzt durch eine eben so übel angebrachte Mäßigung wieder gut machen, und er beging einen zweiten Fehler, indem er den ersten verbessern wollte. Seinem Feind einen so mächtigen Alliierten zu rauben, erneuerte er durch Vermittlung der Spanier die Unterhandlungen mit dem Kurfürsten, und den Fortgang derselben zu erleichtern, mußte Tiefenbach sogleich alle sächsischen Länder verlassen. Aber diese Demüthigung des Kaisers, weit entfernt, die gehoffte Wirkung hervorzubringen, entdeckte dem Kurfürsten nur die Verlegenheit seines Feindes und seine eigene Wichtigkeit und ermunterte ihn vielmehr, die errungenen Vortheile desto lebhafter zu verfolgen. Wie konnte er auch, ohne sich durch den schändlichsten Undank verächtlich zu machen, einem Alliierten entsagen, dem er die heiligsten Versicherungen seiner Treue gegeben, dem er für die Rettung seiner Staaten, ja selbst seines Kurhuts verpflichtet war?

Die sächsische Armee, des Zugs nach der Lausitz überhoben, nahm also ihren Weg nach Böhmen, wo ein Zusammenfluß günstiger Ereignisse ihr im Voraus den Sieg zu versichern schien. Noch immer glimmte in diesem Königreiche, dem ersten Schauplatz dieses verderblichen Kriegs, das Feuer der Zwietracht unter der Asche, und durch den fortgesetzten Druck der Tyrannei wurde dem Unwillen der Nation mit jedem Tag neue Nahrung gegeben. Wohin man die Augen richtete, zeigte dieses unglückliche Land Spuren der traurigsten Veränderung. Ganze Ländereien hatten ihre Besitzer gewechselt und seufzten unter dem verhaßten Joche katholischer Herren, welche die Gunst des Kaisers und der Jesuiten mit dem Raube der vertriebenen Protestanten bekleidet hatte. Andere hatten das öffentliche Elend benutzt, die eingezogenen Güter der Verwiesenen um geringe Preise an sich zu kaufen. Das Blut der vornehmsten Freiheitsverfechter war auf Henkerbühnen verspritzt worden, und welche durch eine zeitige Flucht dem Verderben entrannen, irrten ferne von ihrer Heimath im Elend umher, während daß die geschmeidigen Sklaven des Despotismus ihr Erbe verschwelgten. Unerträglicher als der Druck dieser kleinen Tyrannen war der Gewissenszwang, welcher die ganze protestantische Partei dieses Königreichs ohne Unterschied belastete. Keine Gefahr von außen, keine noch so ernstliche Widersetzung der Nation, keine noch so abschreckende Erfahrung hatte dem Bekehrungseifer der Jesuiten ein Ziel setzen können: wo der Weg der Güte nichts fruchtete, bediente man sich soldatischer Hilfe, die Verirrten in den Schafstall der Kirche zurück zu ängstigen. Am härtesten traf dieses Schicksal die Bewohner des Joachimsthals, im Grenzgebirge zwischen Böhmen und Meißen. Zwei kaiserliche Commissarien, durch eben so viele Jesuiten und fünfzehn Musketiere unterstützt, zeigten sich in diesem friedlichen Thale, das Evangelium den Ketzern zu predigen. Wo die Beredsamkeit der Erstern nicht zulangte, suchte man durch gewaltsame Einquartierung der Letztern in die Häuser, durch angedrohte Verbannung, durch Geldstrafen seinen Zweck durchzusetzen. Aber für diesmal siegte die gute Sache, und der herzhafte Widerstand dieses kleinen Volks nöthigte den Kaiser, sein Bekehrungsmandat schimpflich zurückzunehmen. Das Beispiel des Hofes diente den Katholiken des Königreichs zur Richtschnur ihres Betragens und rechtfertigte alle Arten der Unterdrückung, welche ihr Übermuth gegen die Protestanten auszuüben versucht war. Kein Wunder, wenn diese schwer verfolgte Partei einer

Veränderung günstig wurde und ihrem Befreier, der sich jetzt an der Grenze zeigte, mit Sehnsucht entgegen sah.

Schon war die sächsische Armee im Anzuge gegen Prag. Aus allen Plätzen, vor denen sie erschien, waren die kaiserlichen Besatzungen gewichen, Schlöckenau, Tetschen, Außig, Leitmeritz fielen schnell nach einander in Feindes Hand, jeder katholische Ort wurde der Plünderung preisgegeben. Schrecken ergriff alle Papisten des Königreichs, und eingedenk der Mißhandlung, welche sie an den Evangelischen ausgeübt hatten, wagten sie es nicht, die rächende Ankunft eines protestantischen Heers zu erwarten. Alles, was katholisch war und etwas zu verlieren hatte, eilte vom Lande nach der Hauptstadt, um auch die Hauptstadt eben so schnell wieder zu verlassen. Prag selbst war auf keinen Angriff bereitet und an Mannschaft zu arm, um eine lange Belagerung aushalten zu können. Zu spät hatte man sich am Hofe des Kaisers entschlossen, den Feldmarschall Tiefenbach zu Verteidigung dieser Hauptstadt herbei zu rufen. Ehe der kaiserliche Befehl die Standquartiere dieses Generals in Schlesien erreichte, waren die Sachsen nicht ferne mehr von Prag, die halb protestantische Bürgerschaft versprach wenig Eifer, und die schwache Garnison ließ keinen langen Widerstand hoffen. In dieser schrecklichen Bedrängniß erwarteten die katholischen Einwohner ihre Rettung von Wallenstein, der in den Mauern dieser Stadt als Privatmann lebte. Aber weit entfernt, seine Kriegserfahrung und das Gewicht seines Ansehens zu Erhaltung der Stadt anzuwenden, ergriff er vielmehr den willkommenen Augenblick, seine Rache zu befriedigen. Wenn er es auch nicht war, der die Sachsen nach Prag lockte, so war es doch gewiß sein Betragen, was ihnen die Einnahme dieser Stadt erleichterte. Wie wenig sie auch zu einem langen Widerstande geschickt war, so fehlte es ihr dennoch nicht an Mitteln, sich bis zur Ankunft eines Entsatzes zu behaupten; und ein kaiserlicher Oberster, Graf Maradas, bezeigte wirklich Lust, ihre Verteidigung zu übernehmen. Aber ohne Commando und durch nichts als seinen Eifer und seine Tapferkeit zu diesem Wagestück aufgefordert, unterstand er sich nicht, es auf eigene Gefahr, ohne die Beistimmung eines Höhern, ins Werk zu setzen. Er suchte also Rath bei dem Herzog von Friedland, dessen Billigung den Mangel einer kaiserlichen Vollmacht ersetzte und an den die böhmische Generalität durch einen ausdrücklichen Befehl vom Hof in dieser Extremität angewiesen war. Aber arglistig hüllte sich dieser in seine Dienstlosigkeit und seine gänzliche Zurückziehung von der politischen Bühne und schlug die Entschlossenheit des Subalternen durch die Bedenklichkeiten darnieder, die er, als der Mächtige, blicken ließ. Die Mutlosigkeit allgemein und vollkommen zu machen, verließ er endlich gar mit seinem ganzen Hofe die Stadt, so wenig er auch bei Einnahme derselben von dem Feinde zu fürchten hatte; und sie ging eben dadurch verloren, daß er sie durch seinen Abzug verloren gab. Seinem Beispiele folgte der ganze katholische Adel, die Generalität mit den Truppen, die Geistlichkeit, alle Beamten der Krone; die ganze Nacht brachte man damit zu, seine Personen, seine Güter zu flüchten. Alle Straßen bis Wien waren mit Fliehenden angefüllt, die sich nicht eher als in der Kaiserstadt von ihrem Schrecken erholten. Maradas selbst, an Prags Errettung verzweifelnd, folgte den Übrigen und führte seine kleine Mannschaft bis Tabor, wo er den Ausgang erwarten wollte.

Tiefe Stille herrschte in Prag, als die Sachsen am andern Morgen davor erschienen; keine Anstalt zur Verteidigung, nicht ein einziger Schuß von den Wällen, der eine Gegenwehr der Bewohner verkündigte. Vielmehr sammelte sich eine Menge von Zuschauern um sie her, welche die Neugier aus der Stadt gelockt hatte, das feindliche Heer zu betrachten; und die friedliche Vertraulichkeit, womit sie sich näherten, glich vielmehr einer freundschaftlichen Begrüßung, als einem feindlichen Empfange. Aus dem übereinstimmenden Bericht dieser Leute erfuhr man, daß die Stadt leer an Soldaten und die Regierung nach Budweiß geflüchtet sei. Dieser unerwartete, unerklärbare Mangel an Widerstand erregte Arnheims Mißtrauen um so mehr, da ihm die eilfertige Annäherung des Entsatzes aus Schlesien kein Geheimniß und die sächsische Armee mit Belagerungswerkzeugen zu wenig versehen, auch an Anzahl bei weitem zu schwach war, um eine so große Stadt zu bestürmen. Vor einem Hinterhalt bange, verdoppelte er seine Wachsamkeit; und er schwebte in dieser Furcht, bis ihm der Haushofmeister des Herzogs von Friedland, den er unter dem Haufen entdeckte, diese unglaubliche Nachricht bekräftigte. »Die Stadt ist ohne Schwertstreich unser«, rief er jetzt voll Verwunderung seinen Obersten zu und ließ sie unverzüglich durch einen Trompeter auffordern.

Die Bürgerschaft von Prag, von ihren Verteidigern schimpflich im Stich gelassen, hatte ihren Entschluß längst gefaßt, und es kam bloß darauf an, Freiheit und Eigenthum durch eine vorteilhafte Capitulation in Sicherheit zu setzen. Sobald diese von dem sächsischen General im Namen seines Herrn unterzeichnet war, öffnete man ihm ohne Widersetzung die Thore, und die Armee hielt am 11ten November des Jahres 1631 ihren triumphierenden Einzug. Bald folgte der Kurfürst selbst nach, um die Huldigung seiner neuen Schutzbefohlenen in Person zu empfangen; denn nur unter diesem Namen hatten sich ihm die drei Prager Städte ergeben; ihre Verbindung mit der österreichischen Monarchie sollte durch diesen Schritt nicht zerrissen sein. So übertrieben groß die Furcht der Papisten vor den Repressalien der Sachsen gewesen war, so angenehm überraschte sie die Mäßigung des Kurfürsten und die gute Mannszucht der Truppen. Besonders legte der Feldmarschall von Arnheim seine Ergebenheit gegen den Herzog von Friedland bei dieser Gelegenheit an den Tag. Nicht zufrieden, alle Ländereien desselben auf seinem Hermarsch verschont zu haben, stellte er jetzt noch Wachen an seinen Palast, damit ja nichts daraus entwendet würde. Die Katholiken der Stadt erfreuten sich der vollkommensten Gewissensfreiheit, und von allen Kirchen, welche sie den Protestanten entrissen hatten, wurden diesen nur vier zurückgegeben. Die Jesuiten allein, welchen die allgemeine Stimme alle bisherigen Bedrückungen Schuld gab, waren von dieser Duldung ausgeschlossen und mußten das Königreich meiden.

Johann Georg verleugnete selbst als Sieger die Demuth und Unterwürfigkeit nicht, die ihm der kaiserliche Name einflößte, und was sich ein kaiserlicher General, wie Tilly und Wallenstein, zu Dresden gegen ihn unfehlbar würde herausgenommen haben, erlaubte er sich zu Prag nicht gegen den Kaiser. Sorgfältig unterschied er den Feind, mit dem er Krieg führte, von dem Reichsoberhaupt, dem er Ehrfurcht schuldig war. Er unterstand sich nicht, das Hausgeräthe des Letztern zu berühren, indem er sich ohne Bedenken die Kanonen des Erstern als gute Beute zueignete und nach Dresden bringen ließ. Nicht im kaiserlichen Palast, sondern im Lichtensteinischen Hause nahm er seine Wohnung, zu bescheiden, die Zimmer Desjenigen zu beziehen, dem er ein Königreich entriß. Würde uns dieser Zug von einem großen Mann und einem Helden berichtet, er würde uns mit Recht zur Bewunderung hinreißen. Der Charakter des Fürsten, bei dem er gefunden wird, berechtigt uns zu dem Zweifel, ob wir in dieser Enthaltung mehr den schönen Sieg der Bescheidenheit ehren, oder die kleinliche Gesinnung des schwachen Geistes bemitleiden sollen, den das Glück selbst nie kühn macht und die Freiheit selbst nie der gewohnten Fesseln entledigt.

Die Einnahme von Prag, auf welche in kurzer Zeit die Unterwerfung der mehrsten Städte folgte, bewirkte eine schnelle und große Veränderung in dem Königreiche. Viele von dem protestantischen Adel, welche bisher im Elend herum geirrt waren, fanden sich wieder in ihrem Vaterlande ein, und der Graf von Thurn, der berüchtigte Urheber des böhmischen

Aufruhrs, erlebte die Herrlichkeit, auf dem ehemaligen Schauplatze seines Verbrechens und seiner Verurtheilung sich als Sieger zu zeigen. Über dieselbe Brücke, wo ihm die aufgespießten Köpfe seiner Anhänger das ihn selbst erwartende Schicksal furchtbar vor Augen malten, hielt er jetzt seinen triumphierenden Einzug, und sein erstes Geschäft war, diese Schreckbilder zu entfernen. Die Verwiesenen setzten sich sogleich in Besitz ihrer Güter, deren jetzige Eigentümer die Flucht ergriffen hatten. Unbekümmert, wer diesen die aufgewandten Summen erstatten würde, rissen sie alles, was ihre gewesen war, an sich, auch wenn sie selbst den Kaufpreis dafür gezogen hatten, und Mancher unter ihnen fand Ursache, die gute Wirthschaft der bisherigen Verwalter zu rühmen. Felder und Heerden hatten unterdessen in der zweiten Hand vortrefflich gewuchert. Mit dem kostbarsten Hausrath waren die Zimmer geschmückt, die Keller, welche sie leer verlassen hatten, reichlich gefüllt, die Ställe bevölkert, die Magazine beladen. Aber mißtrauisch gegen ein Glück, das so unverhofft auf sie hereinstürmte, eilten sie, diese unsichern Besitzungen wieder loszuschlagen und den unbeweglichen Segen in bewegliche Güter zu verwandeln.

Die Gegenwart der Sachsen belebte den Muth aller Protestantischgesinnten des Königreichs, und auf dem Lande wie in der Hauptstadt sah man ganze Schaaren zu den neu eröffneten evangelischen Kirchen eilen. Viele, welche nur die Furcht im Gehorsam gegen das Papstthum erhalten hatte, wandten sich jetzt öffentlich zu der neuen Lehre, und manche der neubekehrten Katholiken schwuren freudig ein erzwungenes Bekenntniß ab, um ihren früheren Überzeugungen zu folgen. Alle bewiesene Duldsamkeit der neuen Regierung konnte den Ausbruch des gerechten Unwillens nicht verhindern, den dieses mißhandelte Volk die Unterdrücker seiner heiligsten Freiheit empfinden ließ. Fürchterlich bediente es sich seiner wieder erlangten Rechte, und seinen Haß gegen die aufgedrungene Religion stillte an manchen Orten nur das Blut ihrer Verkündiger.

Unterdessen war der Succurs, den die kaiserlichen Generale von Götz und von Tiefenbach aus Schlesien herbeiführten, in Böhmen angelangt, wo einige Regimenter des Grafen Tilly aus der obern Pfalz zu ihm stießen. Ihn zu zerstreuen, ehe sich seine Macht vermehrte, rückte Arnheim mit einem Theil der Armee aus Prag ihm entgegen und that bei Nimburg an der Elbe einen muthigen Angriff auf seine Verschanzungen. Nach einem hitzigen Gefechte schlug er endlich, nicht ohne großen Verlust, die Feinde aus ihrem befestigten Lager und zwang sie durch die Heftigkeit seines Feuers, den Rückweg über die Elbe zu nehmen und die Brücke abzubrechen, die sie herüber gebracht hatte. Doch konnte er nicht verhindern, daß ihm die Kaiserlichen nicht in mehrern kleinen Gefechten Abbruch thaten und die Kroaten selbst bis an die Thore von Prag ihre Streifereien erstreckten. Wie glänzend und viel versprechend auch die Sachsen den böhmischen Feldzug eröffnet hatten, so rechtfertigte der Erfolg doch keineswegs Gustav Adolphs Erwartungen. Anstatt mit unaufhaltsamer Gewalt die errungenen Vortheile zu verfolgen, durch das bezwungene Böhmen sich zu der schwedischen Armee durchzuschlagen und in Vereinigung mit ihr den Mittelpunkt der kaiserlichen Macht anzugreifen, schwächten sie sich in einem anhaltenden kleinen Krieg mit dem Feinde, wobei der Vortheil nicht immer auf ihrer Seite war und die Zeit für eine größere Unternehmung fruchtlos verschwendet wurde. Aber Johann Georgs nachfolgendes Betragen deckte die Triebfedern auf, welche ihn abgehalten hatten, sich seines Vortheils über den Kaiser zu bedienen und die Entwürfe des Königs von Schweden durch eine zweckmäßige Wirksamkeit zu befördern.

Der größte Theil von Böhmen war jetzt für den Kaiser verloren und die Sachsen von dieser Seite her gegen Österreich im Anzug, während daß der schwedische Monarch durch Franken, Schwaben und Bayern nach den kaiserlichen Erbstaaten einen Weg sich bahnte. Ein langer Krieg hatte die Kräfte der österreichischen Monarchie verzehrt, die Länder erschöpft, die Armeen vermindert. Dahin war der Ruhm ihrer Siege, das Vertrauen auf Unüberwindlichkeit, der Gehorsam, die gute Mannszucht der Truppen, welche dem schwedischen Heerführer eine so entschiedene Überlegenheit im Felde verschaffte. Entwaffnet waren die Bundesgenossen des Kaisers, oder die auf sie selbst hereinstürmende Gefahr hatte ihre Treue erschüttert. Selbst Maximilian von Bayern, Österreichs mächtigste Stütze, schien den verführerischen Einladungen zur Neutralität nachzugeben; die verdächtige Allianz dieses Fürsten mit Frankreich hatte den Kaiser längst schon mit Besorgnissen erfüllt. Die Bischöfe von Würzburg und Bamberg, der Kurfürst von Mainz, der Herzog von Lothringen waren aus ihren Ländern vertrieben, oder doch gefährlich bedroht; Trier stand im Begriff, sich unter französischen Schutz zu begeben. Spaniens Waffen beschäftigte die Tapferkeit der Holländer in den Niederlanden, während daß Gustav Adolph sie vom Rheinstrom zurückschlug; Polen fesselte noch der Stillstand mit diesem Fürsten. Die ungarischen Grenzen bedrohte der siebenbürgische Fürst Ragotzy, ein Nachfolger Bethlen Gabors und der Erbe seines unruhigen Geistes; die Pforte selbst machte bedenkliche Zürüstungen, den günstigen Zeitpunkt zu nutzen. Die mehresten protestantischen Reichsstände, kühn gemacht durch das Waffenglück ihres Beschützers, hatten öffentlich und thätlich gegen den Kaiser Partei ergriffen. Alle Hilfsquellen, welche sich die Frechheit eines Tilly und Wallenstein durch gewaltsame Erpressungen in diesen Ländern geöffnet hatte, waren nunmehr vertrocknet, alle diese Werbeplätze, diese Magazine, diese Zufluchtsörter für den Kaiser verloren, und der Krieg konnte nicht mehr wie vormals auf fremde Kosten bestritten werden. Seine Bedrängnisse vollkommen zu machen, entzündet sich im Land ob der Enns ein gefährlicher Aufruhr; der unzeitige Bekehrungseifer der Regierung bewaffnet das protestantische Landvolk, und der Fanatismus schwingt seine Fackel, indem der Feind schon an den Pforten des Reichs stürmt. Nach einem so langen Glücke, nach einer so glänzenden Reihe von Siegen, nach so herrlichen Eroberungen, nach so viel unnütz verspritztem Blute sieht sich der österreichische Monarch zum zweitenmal an denselben Abgrund geführt, in den er beim Antritt seiner Regierung zu stürzen drohte. Ergriff Bayern die Neutralität, widerstand Kursachsen der Verführung und entschloß sich Frankreich, die spanische Macht zugleich in den Niederlanden, in Italien und Catalonien anzufallen, so stürzte der stolze Bau von Österreichs Größe zusammen, die alliierten Kronen theilten sich in seinen Raub, und der deutsche Staatskörper sah einer gänzlichen Verwandlung entgegen.

Die ganze Reihe dieser Unglücksfälle begann mit der Breitenfelder Schlacht, deren unglücklicher Ausgang den längst schon entschiedenen Verfall der österreichischen Macht, den bloß der täuschende Schimmer eines großen Namens versteckt hatte, sichtbar machte. Ging man zu den Ursachen zurück, welche den Schweden eine so furchtbare Überlegenheit im Felde verschafften, so fand man sie größtenteils in der unumschränkten Gewalt ihres Anführers, der alle Kräfte seiner Partei in einem einzigen Punkte vereinigte und, durch keine höhere Autorität in seinen Unternehmungen gefesselt, vollkommener Herr jedes günstigen Augenblicks, alle Mittel zu seinem Zwecke beherrschte und von Niemand als sich selbst Gesetze empfing. Aber seit Wallensteins Abdankung und Tillys Niederlage zeigte sich auf Seiten des Kaisers und der Ligue von diesem allen gerade das Widerspiel. Den Generalen gebrach es an Ansehen bei den Truppen und an der so nöthigen Freiheit, zu handeln, den Soldaten an Gehorsam und Mannszucht, den zerstreuten Corps an übereinstimmender Wirksamkeit, den Ständen an gutem Willen, den Oberhäuptern an Eintracht, an Schnelligkeit des Entschlusses und an Festigkeit bei Vollstreckung desselben. Nicht ihre größere Macht, nur der bessere Gebrauch, den sie von ihren Kräften zu machen wußten, war es, was den Feinden des Kaisers ein so entschiedenes Übergewicht gab. Nicht an Mitteln, nur an einem Geiste, der sie anzuwenden Fähigkeit und Vollmacht besaß, fehlte es der Ligue und dem Kaiser. Hätte Graf Tilly auch nie seinen Ruhm verloren, so ließ das Mißtrauen gegen Bayern doch nicht zu, das Schicksal der Monarchie in die Hände eines Mannes zu geben, der seine Anhänglichkeit an das bayerische Haus nie verleugnete. Ferdinands dringendstes Bedürfniß war also ein Feldherr, der gleich viel Erfahrenheit besaß, eine Armee zu bilden und anzuführen, und der seine Dienste dem österreichischen Hause mit blinder Ergebenheit widmete.

Die Wahl eines solchen war es, was nunmehr den geheimen Rath des Kaisers beschäftigte und die Mitglieder desselben unter einander entzweite. Einen König dem andern gegenüber zu stellen und durch die Gegenwart ihres Herrn den Muth der Truppen zu entflammen, stellte sich Ferdinand im ersten Feuer des Affekts selbst als den Führer seiner Armee dar; aber es kostete wenig Mühe, einen Entschluß umzustoßen, den nur Verzweiflung eingab und das erste ruhige Nachdenken widerlegte. Doch was dem Kaiser seine Würde und die Last des Regentenamts verbot, erlaubten die Umstände seinem Sohne, einem Jüngling von Fähigkeit und Muth, auf den die österreichischen Unterthanen mit frohen Hoffnungen blickten. Schon durch seine Geburt zur Vertheidigung einer Monarchie aufgefordert, von deren Kronen er zwei schon auf seinem Haupte trug, verband Ferdinand der Dritte, König von Böhmen und Ungarn, mit der natürlichen Würde des Thronfolgers die Achtung der Armeen und die volle Liebe der Völker, deren Beistand ihm zu Führung des Kriegs so unentbehrlich war. Der geliebte Thronfolger allein durfte es wagen, dem hartbeschwerten Unterthan neue Lasten aufzulegen; nur seiner persönlichen Gegenwart bei der Armee schien es aufbehalten zu sein, die verderbliche Eifersucht der Häupter zu ersticken und die erschlaffte Mannszucht der Truppen durch die Kraft seines Namens zu der vorigen Strenge zurückzuführen. Gebrach es auch dem Jünglinge noch an der nöthigen Reife des Urtheils, Klugheit und Kriegserfahrung, welche nur durch Übung erworben wird, so konnte man diesen Mangel durch eine glückliche Wahl von Rathgebern und Gehilfen ersetzen, die man unter der Hülle seines Namens mit der höchsten Autorität bekleidete.

So scheinbar die Gründe waren, womit ein Theil der Minister diesen Vorschlag unterstützte, so große Schwierigkeiten setzte ihm das Mißtrauen, vielleicht auch die Eifersucht des Kaisers und die verzweifelte Lage der Dinge entgegen. Wie gefährlich war es, das ganze Schicksal der Monarchie einem Jüngling anzuvertrauen, der fremder Führung selbst so bedürftig war! Wie gewagt, dem größten Feldherrn seines Jahrhunderts einen Anfänger entgegen zu stellen, dessen Fähigkeit zu diesem wichtigen Posten noch durch keine Unternehmung geprüft, dessen Name, von dem Ruhme noch nie genannt, viel zu kraftlos war, um der muthlosen Armee im Voraus den Sieg zu verbürgen! Welche neue Last zugleich für den Unterthan, den kostbaren Staat zu bestreiten, der einem königlichen Heerführer zukam und den der Wahn des Zeitalters mit seiner Gegenwart beim Heer unzertrennlich verknüpfte! Wie bedenklich endlich für den Prinzen selbst, seine politische Laufbahn mit einem Amte zu eröffnen, das ihn zur Geißel seines Volks und zum Unterdrücker der Länder machte, die er künftig beherrschen sollte!

Und dann war es noch nicht damit gethan, den Feldherrn für die Armee auszusuchen; man mußte auch die Armee für den Feldherrn finden. Seit Wallensteins gewaltsamer Entfernung hatte sich der Kaiser mehr mit liguistischer und bayerischer Hilfe als durch eigene Armeen vertheidigt, und eben diese Abhängigkeit von zweideutigen Freunden war es ja, der man durch Aufstellung eines eigenen Generals zu entfliehen suchte. Welche Möglichkeit aber, ohne die alles zwingende Macht des Goldes und ohne den begeisternden Namen eines siegreichen Feldherrn eine Armee aus dem Nichts hervorzurufen – und eine Armee, die es an Mannszucht, an kriegerischem Geist und an Fertigkeit mit den geübten Schaaren des nordischen Eroberers aufnehmen konnte? In ganz Europa war nur ein einziger Mann, der solch eine That gethan, und diesem Einzigen hatte man eine tödtliche Kränkung bewiesen.

Jetzt endlich war der Zeitpunkt herbeigerückt, der dem beleidigten Stolze des Herzogs von Friedland eine Genugthuung ohne Gleichen verschaffte. Das Schicksal selbst hatte sich zu seinem Rächer aufgestellt und eine ununterbrochene Reihe von Unglücksfällen, die seit dem Tage seiner Abdankung über Österreich hereinstürmte, dem Kaiser selbst das Geständniß entrissen, daß mit diesem Feldherrn sein rechter Arm ihm abgehauen worden sei. Jede Niederlage seiner Truppen erneuerte diese Wunde, jeder verlorene Platz warf dem betrogenen Monarchen seine Schwäche und seinen Undank vor. Glücklich genug, hätte er in dem beleidigten General nur einen Anführer seiner Heere, nur einen Vertheidiger seiner Staaten verloren – aber er fand in ihm einen Feind, und den gefährlichsten von allen, weil er gegen den Streich des Verräthers am wenigsten vertheidigt war.

Entfernt von der Kriegsbühne und zu einer folternden Unthätigkeit verurtheilt, während daß seine Nebenbuhler auf dem Felde des Ruhms sich Lorbeern sammelten, hatte der stolze Herzog dem Wechsel des Glücks mit verstellter Gelassenheit zugesehen und im schimmernden Gepränge eines Theaterhelden die düstern Entwürfe seines arbeitenden Geistes verborgen. Von einer glühenden Leidenschaft aufgerieben, während daß eine fröhliche Außenseite Ruhe und Müßiggang log, brütete er still die schreckliche Geburt der Rachbegierde und Ehrsucht zur Reife und näherte sich langsam, aber sicher dem Ziele. Erloschen war alles in seiner Erinnerung, was er durch den Kaiser geworden war; nur was er für den Kaiser gethan hatte, stand mit glühenden Zügen in sein Gedächtniß geschrieben. Seinem unersättlichen Durst nach Größe und Macht war der Undank des Kaisers willkommen, der seinen Schuldbrief zu zerreißen und ihn jeder Pflicht gegen den Urheber seines Glücks zu entbinden schien. Entsündigt und gerechtfertigt erschienen ihm jetzt die Entwürfe seiner Ehrsucht im Gewand einer rechtmäßigen Wiedervergeltung. In eben dem Maß, als sein äußerer Wirkungskreis sich verengte, erweiterte sich die Welt seiner Hoffnungen, und seine schwärmende Einbildungskraft verlor sich in unbegrenzten Entwürfen, die in jedem andern Kopf als dem seinigen nur der Wahnsinn erzeugen kann. So hoch, als der Mensch nur immer durch eigene Kraft sich zu erheben vermag, hatte sein Verdienst ihn emporgetragen; nichts von allem dem, was dem Privatmann und Bürger innerhalb seiner Pflichten erreichbar bleibt, hatte das Glück ihm verweigert. Bis auf den Augenblick seiner Entlassung hatten seine Ansprüche keinen Widerstand, sein Ehrgeiz keine Grenzen erfahren; der Schlag, der ihn auf dem Regensburger Reichstag zu Boden streckte, zeigte ihm den Unterschied zwischen ursprünglicher und übertragener Gewalt und den Abstand des Unterthans von dem Gebieter. Aus dem bisherigen Taumel seiner Herrschergröße durch diesen überraschenden Glückswechsel aufgeschreckt, verglich er die Macht, die er besessen, mit derjenigen, durch welche sie ihm entrissen wurde, und sein Ehrgeiz bemerkte die Stufe, die auf der Leiter des Glücks noch für ihn zu ersteigen war. Erst nachdem er das Gewicht der höchsten Gewalt mit schmerzhafter Wahrheit erfahren, streckte er lüstern die Hände darnach aus; der Raub, der an ihm selbst verübt wurde, machte ihn zum Räuber. Durch keine Beleidigung gereizt, hätte er folgsam seine Bahn um die Majestät des Thrones beschrieben, zufrieden mit dem Ruhme, der glänzendste seiner Trabanten zu sein; erst nachdem man ihn gewaltsam aus seinem Kreise stieß, verwirrte er das System, dem er angehörte, und stürzte sich zermalmend auf seine Sonne.

Gustav Adolph durchwanderte den deutschen Norden mit siegendem Schritte; ein Platz nach dem andern ging an ihn verloren; und bei Leipzig fiel der Kern der kaiserlichen Macht. Das Gerücht dieser Niederlagen drang bald auch zu Wallensteins Ohren, der, zu Prag in die Dunkelheit des Privatstandes zurückgeschwunden, aus ruhiger Ferne den tobenden Kriegssturm betrachtete. Was die Brust aller Katholiken mit Unruhe erfüllte, verkündigte ihm Größe und Glück; nur für ihn arbeitete Gustav Adolph. Kaum hatte der Letztere angefangen, sich durch seine Kriegsthaten in Achtung zu setzen, so verlor der Herzog von Friedland keinen Augenblick, seine Freundschaft zu suchen und mit diesem glücklichen Feinde Österreichs gemeine Sache zu machen. Der vertriebene Graf von Thurn, der dem Könige von Schweden schon längst seine Dienste gewidmet, übernahm es, dem Monarchen Wallensteins Glückwünsche zu überbringen und ihn zu einem engern Bündnisse mit dem Herzog einzuladen. Fünfzehntausend Mann begehrte Wallenstein von dem Könige, um mit Hilfe derselben und mit den Truppen, die er selbst zu werben sich anheischig machte, Böhmen und Mähren zu erobern, Wien zu überfallen und den Kaiser, seinen Herrn, bis nach Italien zu verjagen. So sehr das Unerwartete dieses Antrags und das Übertriebene der gemachten Versprechungen das Mißtrauen Gustav Adolphs erregte, so war er doch ein zu guter Kenner des Verdienstes, um einen so wichtigen Freund mit Kaltsinn zurückzuweisen. Nachdem aber Wallenstein, durch die günstige Aufnahme dieses ersten Versuchs ermuntert, nach der Breitenfelder Schlacht seinen Antrag erneuerte und auf eine bestimmte Erklärung drang, trug der vorsichtige Monarch Bedenken, an die chimärischen Entwürfe dieses verwegenen Kopfs seinen Ruhm zu wagen und der Redlichkeit eines Mannes, der sich ihm als Verräther ankündigte, eine so zahlreiche Mannschaft anzuvertrauen. Er entschuldigte sich mit der Schwäche seiner Armee, die auf ihrem Zug in das Reich durch eine so starke Verminderung leiden würde, und verscherzte aus übergroßer Vorsicht vielleicht die Gelegenheit, den Krieg auf das schnellste zu endigen. Zu spät versuchte er in der Folge, die zerrissenen Unterhandlungen zu erneuern; der günstige Moment war vorüber, und Wallensteins beleidigter Stolz vergab ihm diese Geringschätzung nie.

Aber diese Weigerung des Königs beschleunigte wahrscheinlich nur den Bruch, den die Form dieser beiden Charaktere ganz unvermeidlich machte. Beide geboren, Gesetze zu geben, nicht sie zu empfangen, konnten nimmermehr in einer Unternehmung vereinigt bleiben, die mehr als jede andere Nachgiebigkeit und gegenseitige Opfer nothwendig macht. Wallenstein war Nichts, wo er nicht Alles war; er mußte entweder gar nicht oder mit vollkommenster Freiheit handeln. Eben so herzlich haßte Gustav Adolph jede Abhängigkeit, und wenig fehlte, daß er selbst die so vorteilhafte Verbindung mit dem französischen Hofe nicht zerrissen hätte, weil die Anmaßungen desselben seinem selbsttätigen Geiste Fesseln anlegten. Jener war für die Partei verloren, die er nicht lenken durfte; dieser noch weit weniger dazu gemacht, dem Gängelbande zu folgen. Waren die gebieterischen Anmaßungen dieses Bundesgenossen dem Herzog von Friedland bei ihren gemeinschaftlichen Operationen schon so lästig, so mußten sie ihm unerträglich sein, wenn es dazu kam, sich in die Beute zu theilen. Der stolze Monarch konnte sich herablassen, den Beistand eines rebellischen Unterthans gegen den Kaiser anzunehmen und diesen wichtigen Dienst mit königlicher Großmuth belohnen; aber nie konnte er seine eigene und aller Könige Majestät so sehr aus den Augen setzen, um den Preis zu bestätigen, den die ausschweifende Ehrsucht des Herzogs darauf zu setzen wagte; nie eine nützliche Verrätherei mit einer Krone bezahlen. Von ihm also war, auch wenn ganz Europa schwieg, ein furchtbarer Widerspruch zu fürchten, sobald Wallenstein nach dem böhmischen Scepter die Hand ausstreckte – und er war auch in ganz Europa der Mann, der einem solchen Veto Kraft geben konnte. Durch den eignen Arm Wallensteins zum Diktator von Deutschland gemacht, konnte er gegen diesen selbst seine Waffen kehren und sich von jeder Pflicht der Erkenntlichkeit gegen einen Verräther für losgezählt halten. Neben einem solchen Alliierten hatte also kein Wallenstein Raum; und wahrscheinlich war es dies, nicht seine vermeintliche Absicht auf den Kaiserthron, worauf er anspielte, wenn er nach dem Tode des Königs in die Worte ausbrach: »Ein Glück für mich und ihn, daß er dahin ist! Das deutsche Reich konnte nicht zwei solche Häupter brauchen.«

Der erste Versuch zur Rache an dem Haus Österreich war fehlgeschlagen; aber fest stand der Vorsatz, und nur die Wahl der Mittel erlitt eine Veränderung. Was ihm bei dem König von Schweden mißlungen war, hoffte er mit minder Schwierigkeit und mehr Vortheil bei dem Kurfürsten von Sachsen zu erreichen, den er eben so gewiß war, nach seinem Willen zu lenken, als er bei Gustav Adolph daran verzweifelte. In fortdauerndem Einverständniß mit Arnheim, seinem alten Freunde, arbeitete er von jetzt an an einer Verbindung mit Sachsen, wodurch er dem Kaiser und dem König von Schweden gleich fürchterlich zu werden hoffte. Er konnte sich von einem Entwurfe, der, wenn er einschlug, den schwedischen Monarchen um seinen Einfluß in Deutschland brachte, desto leichter Eingang bei Johann Georg versprechen, je mehr die eifersüchtige Gemüthsart dieses Prinzen durch die Macht Gustav Adolphs gereizt und seine ohnehin schwache Neigung zu demselben durch die erhöhten Ansprüche des Königs erkältet ward. Gelang es ihm, Sachsen von dem schwedischen Bündniß zu trennen und in Verbindung mit demselben eine dritte Partei im Reiche zu errichten, so lag der Ausschlag des Krieges in seiner Hand, und er hatte durch diesen einzigen Schritt zugleich seine Rache an dem Kaiser befriedigt, seine verschmähte Freundschaft an dem schwedischen König gerächt und auf dem Ruin von beiden den Bau seiner eigenen Größe gegründet.

Aber auf welchem Wege er auch seinen Zweck verfolgte, so konnte er denselben ohne den Beistand einer ihm ganz ergebenen Armee nicht zur Ausführung bringen. Diese Armee konnte so geheim nicht geworben werden, daß am kaiserlichen Hofe nicht Verdacht geschöpft und der Anschlag gleich in seiner Entstehung vereitelt wurde. Diese Armee durfte ihre gesetzwidrige Bestimmung vor der Zeit nicht erfahren, indem schwerlich zu erwarten war, daß sie dem Ruf eines Verräthers gehorchen und gegen ihren rechtmäßigen Oberherrn dienen würde. Wallenstein mußte also unter kaiserlicher Autorität und öffentlich werben und von dem Kaiser selbst zur unumschränkten Herrschaft über die Truppen berechtigt sein. Wie konnte dies aber anders geschehen, als wenn ihm das entzogene Generalat aufs neue übertragen und die Führung des Kriegs unbedingt überlassen ward? Dennoch erlaubte ihm weder sein Stolz noch sein Vortheil, sich selbst zu diesem Posten zu drängen und als ein Bittender von der Gnade des Kaisers eine beschränkte Macht zu erflehen, die von der Furcht desselben uneingeschränkt zu ertrotzen stand. Um sich zum Herrn der Bedingungen zu machen, unter welchen das Commando von ihm übernommen würde, mußte er abwarten, bis es ihm von seinem Herrn aufgedrungen ward. – Dies war der Rath, den ihm Arnheim ertheilte, und dies das Ziel, wornach er mit tiefer Politik und rastloser Thätigkeit strebte.

Überzeugt, daß nur die äußerste Noth die Unentschlossenheit des Kaisers besiegen und den Widerspruch Bayerns und Spaniens, seiner beiden eifrigsten Gegner, unkräftig machen könne, bewies er sich von jetzt an geschäftig, die Fortschritte des Feindes zu befördern und die Bedrängnisse seines Herrn zu vermehren. Sehr wahrscheinlich geschah es auf seine Einladung und Ermunterung, daß die Sachsen, schon auf dem Wege nach der Lausitz und Schlesien, sich nach Böhmen wandten und dieses unvertheidigte Reich mit ihrer Macht überschwemmten; ihre schnellen Eroberungen in demselben waren nicht weniger sein Werk. Durch den Kleinmuth, den er heuchelte, erstickte er jeden Gedanken an Widerstand und überlieferte die Hauptstadt durch seinen voreiligen Abzug dem Sieger. Bei einer Zusammenkunft mit dem sächsischen General zu Kaunitz, wozu eine Friedensunterhandlung ihm den Vorwand darreichte, wurde wahrscheinlich das Siegel auf die Verschwörung gedrückt, und Böhmens Eroberung war die erste Frucht dieser Verabredung. Indem er selbst nach Vermögen dazu beitrug, die Unglücksfälle über Österreich zu häufen, und durch die raschen Fortschritte der Schweden am Rheinstrom aufs nachdrücklichste dabei unterstützt wurde, ließ er seine freiwilligen und gedungenen Anhänger in Wien über das öffentliche Unglück die heftigsten Klagen führen und die Absetzung des vorigen Feldherrn als den einzigen Grund der erlittenen Verluste abschildern. »Dahin hätte Wallenstein es nicht kommen lassen, wenn er am Ruder geblieben wäre!« riefen jetzt tausend Stimmen, und selbst im geheimen Rathe des Kaisers fand diese Meinung feurige Verfechter.

Es bedurfte ihrer wiederholten Bestürmung nicht, dem bedrängten Monarchen die Augen über die Verdienste seinem Generals und die begangene Übereilung zu öffnen. Bald genug ward ihm die Abhängigkeit von Bayern und der Ligue unerträglich; aber eben diese Abhängigkeit verstattete ihm nicht, sein Mißtrauen zu zeigen und durch Zurückberufung des Herzogs von Friedland den Kurfürsten aufzubringen. Jetzt aber, da die Noth mit jedem Tage stieg und die Schwäche des bayerischen Beistandes immer sichtbarer wurde, bedachte er sich nicht länger, den Freunden des Herzogs sein Ohr zu leihen und ihre Vorschläge wegen Zurückberufung dieses Feldherrn in Überlegung zu nehmen. Die unermeßlichen Reichthümer, die der Letztere besaß, die allgemeine Achtung, in der er stand, die Schnelligkeit, womit er sechs Jahre vorher ein Heer von vierzigtausend Streitern ins Feld gestellt, der geringe Kostenaufwand, womit er dieses zahlreiche Heer unterhalten, die Thaten, die er an der Spitze desselben verrichtet, der Eifer endlich und die Treue, die er für des Kaisers Ehre bewiesen hatte, lebten noch in dauerndem Andenken bei dem Monarchen und stellten ihm den Herzog als das schicklichste Werkzeug dar, das Gleichgewicht der Waffen zwischen den kriegführenden Mächten wiederherzustellen, Österreich zu retten und die katholische Religion aufrecht zu erhalten. Wie empfindlich auch der kaiserliche Stolz die Erniedrigung fühlte, ein so unzweideutiges Geständniß seiner ehemaligen Übereilung und seiner gegenwärtigen Noth abzulegen, wie sehr es ihn schmerzte, von der Höhe seiner Herrscherwürde zu Bitten herabzusteigen, wie verdächtig auch die Treue eines so bitter beleidigten und so unversöhnlichen Mannes war, wie laut und nachdrücklich endlich auch die spanischen Minister und der Kurfürst von Bayern ihr Mißfallen über diesen Schritt zu erkennen gaben, so siegte jetzt die dringende Noth über jede andre Betrachtung, und die Freunde des Herzogs erhielten den Auftrag, seine Gesinnungen zu erforschen und ihm die Möglichkeit seiner Wiederherstellung von ferne zu zeigen.

Unterrichtet von allem, was im Kabinet des Kaisers zu seinem Vortheil verhandelt wurde, gewann dieser Herrschaft genug über sich selbst, seinen innern Triumph zu verbergen und die Rolle des Gleichgültigen zu spielen. Die Zeit der Rache war gekommen, und sein stolzes Herz frohlockte, die erlittene Kränkung dem Kaiser mit vollen Zinsen zu erstatten. Mit kunstvoller Beredsamkeit verbreitete er sich über die glückliche Ruhe des Privatlebens, die ihn seit seiner Entfernung von dem politischen Schauplatz beselige. Zu lange, erklärte er, habe er die Reize der Unabhängigkeit und Muße gekostet, um sie dem nichtigen Phantom des Ruhms und der unsichern Fürstengunst aufzuopfern. Alle seine Begierden nach Größe und Macht seien ausgelöscht und Ruhe das einzige Ziel seiner Wünsche. Um ja keine Ungeduld zu verrathen, schlug er die Einladung an den Hof des Kaisers aus, rückte aber doch bis nach Znaim in Mähren vor, um die Unterhandlungen mit dem Hofe zu erleichtern.

Anfangs versuchte man, die Größe der Gewalt, welche ihm eingeräumt werden sollte, durch die Gegenwart eines Aufsehers zu beschränken und durch diese Auskunft den Kurfürsten von Bayern um so eher zum Stillschweigen zu bringen. Die Abgeordneten des Kaisers, von Questenberg und von Werdenberg, die, als alte Freunde des Herzogs, zu dieser schlüpfrigen Unterhandlung gebraucht wurden, hatten den Befehl, in ihrem Antrage an ihn des Königs von Ungarn zu erwähnen, der bei der Armee zugegen sein und unter Wallensteins Führung die Kriegskunst erlernen sollte. Aber schon die bloße Nennung dieses Namens drohte die ganze Unterhandlung zu zerreißen. »Nie und nimmermehr«, erklärte der Herzog, »würde er einen Gehilfen in seinem Amte dulden, und wenn es Gott selbst wäre, mit dem er das Commando theilen sollte.« Aber auch noch dann, als man von diesem verhaßten Punkt abgestanden war, erschöpfte der kaiserliche Günstling und Minister, Fürst von Eggenberg, Wallensteins standhafter Freund und Verfechter, den man in Person an ihn abgeschickt hatte, lange Zeit seine Beredsamkeit vergeblich, die verstellte Abneigung des Herzogs zu besiegen. »Der Monarch«, gestand der Minister, »habe mit Wallenstein den kostbarsten Stein aus seiner Krone verloren; aber nur gezwungen und widerstrebend habe er diesen, genug bereuten, Schritt gethan, und seine Hochachtung für den Herzog sei unverändert, seine Gunst ihm unverloren geblieben. Zum entscheidenden Beweise davon diene das ausschließende Vertrauen, das man jetzt in seine Treue und Fähigkeit setze, die Fehler seiner Vorgänger zu verbessern und die ganze Gestalt der Dinge zu verwandeln. Groß und edel würde es gehandelt sein, seinen gerechten Unwillen dem Wohl des Vaterlandes zum Opfer zu bringen; groß und seiner würdig, die übeln Nachreden seiner Gegner durch die verdoppelte Wärme seines Eifers zu widerlegen. Dieser Sieg über sich selbst«, schloß der Fürst, »würde seinen übrigen unerreichbaren Verdiensten die Krone aufsetzen und ihn zum größten Mann seiner Zeit erklären.«

So beschämende Geständnisse, so schmeichelhafte Versicherungen schienen endlich den Zorn des Herzogs zu entwaffnen; doch nicht eher, als bis sich sein volles Herz aller Vorwürfe gegen den Kaiser entladen, bis er den ganzen Umfang seiner Verdienste in prahlerischem Pomp ausgebreitet und den Monarchen, der jetzt seine Hilfe brauchte, aufs tiefste erniedrigt hatte, öffnete er sein Ohr den lockenden Anträgen des Ministers. Als ob er nur der Kraft dieser Gründe nachgäbe, bewilligte er mit stolzer Großmuth, was der feurigste Wunsch seiner Seele war, und begnadigte den Abgesandten mit einem Strahle von Hoffnung. Aber weit entfernt, die Verlegenheit des Kaisers durch eine unbedingte volle Gewährung auf einmal zu endigen, erfüllte er bloß einen Theil seiner Forderung, um einen desto größern Preis auf die übrige wichtigere Hälfte zu setzen. Er nahm das Commando an, aber nur auf drei Monate; nur um eine Armee auszurüsten, nicht sie selbst anzuführen. Bloß seine Fähigkeit und Macht wollte er durch diesen Schöpfungsakt kund thun und dem Kaiser die Größe der Hilfe in der Nähe zeigen, deren Gewährung in Wallensteins Händen stände. Überzeugt, daß eine Armee, die sein Name allein aus dem Nichts gezogen, ohne ihren Schöpfer in ihr Nichts zurückkehren würde, sollte sie ihm nur zur Lockspeise dienen, seinem Herrn desto wichtigere Bewilligungen zu entreißen; und doch wünschte Ferdinand sich Glück, daß auch nur so viel gewonnen war.

Nicht lange säumte Wallenstein, seine Zusage wahr zu machen, welche ganz Deutschland als chimärisch verlachte und Gustav Adolph selbst übertrieben fand. Aber lange schon war der Grund zu dieser Unternehmung gelegt, und er ließ jetzt nur die Maschinen spielen, die er seit mehreren Jahren zu diesem Endzweck in Gang gebracht hatte. Kaum verbreitete sich das Gerücht von Wallensteins Rüstung, als von allen Enden der österreichischen Monarchie Schaaren von Kriegern herbeieilten, unter diesem erfahrnen Feldherrn ihr Glück zu versuchen. Viele, welche schon ehedem unter seinen Fahnen gefochten hatten, seine Größe als Augenzeugen bewundert und seine Großmuth erfahren hatten, traten bei diesem Rufe aus der Dunkelheit hervor, zum zweitenmal Ruhm und Beute mit ihm zu theilen. Die Größe des versprochnen Soldes lockte Tausende herbei, und die reichliche Verpflegung, welche dem Soldaten auf Kosten des Landmanns zu Theil wurde, war für den letztern eine unüberwindliche Reizung, lieber selbst diesen Stand zu ergreifen, als unter dem Druck desselben zu erliegen. Alle österreichischen Provinzen strengte man an, zu dieser kostbaren Rüstung beizutragen; kein Stand blieb von Taxen verschont; von der Kopfsteuer befreite keine Würde, kein Privilegium. Der spanische Hof, wie der König von Ungarn, verstanden sich zu einer beträchtlichen Summe; die Minister machten ansehnliche Schenkungen, und Wallenstein selbst ließ es sich zweimalhundert tausend Thaler von seinem eigenen Vermögen kosten, die Ausrüstung zu beschleunigen. Die ärmeren Officiere unterstützte er aus seiner eigenen Kasse, und durch sein Beispiel, durch glänzende Beförderungen und noch glänzendere Versprechungen reizte er die Vermögenden, auf eigene Kosten Truppen anzuwerben. Wer mit eigenem Geld ein Corps aufstellte, war Commandeur desselben. Bei Anstellung der Officiere machte die Religion keinen Unterschied; mehr als der Glaube galten Reichthum, Tapferkeit und Erfahrung. Durch diese gleichförmige Gerechtigkeit gegen die verschiedenen Religionsverwandten, und mehr noch durch die Erklärung, daß die gegenwärtige Rüstung mit der Religion nichts zu schaffen habe, wurde der protestantische Unterthan beruhigt und zu gleicher Theilnahme an den öffentlichen Lasten bewogen. Zugleich versäumte der Herzog nicht, wegen Mannschaft und Geld in eigenem Namen mit auswärtigen Staaten zu unterhandeln. Den Herzog von Lothringen gewann er, zum zweitenmal für den Kaiser zu ziehen; Polen mußte ihm Kosaken, Italien Kriegsbedürfnisse liefern.

Noch ehe der dritte Monat verstrichen war, belief sich die Armee, welche in Mähren versammelt wurde, auf nicht weniger als vierzigtausend Köpfe, größtentheils aus dem Überrest Böhmens, aus Mähren, Schlesien und den deutschen Provinzen des Hauses Österreich gezogen. Was Jedem unausführbar geschienen, hatte Wallenstein, zum Erstaunen von ganz Europa, in dem kürzesten Zeitraume vollendet. So viele Tausende, als man vor ihm nicht Hunderte gehofft hatte zusammen zu bringen, hatte die Zauberkraft seines Namens, seines Goldes und seines Genies unter die Waffen gerufen. Mit allen Erfordernissen bis zum Überfluß ausgerüstet, von kriegsverständigen Officieren befehligt, von einem siegversprechenden Enthusiasmus entflammt, erwartete diese neugeschaffne Armee nur den Wink ihres Anführers, um sich durch Thaten der Kühnheit seiner würdig zu zeigen.

Sein Versprechen hatte der Herzog erfüllt, und die Armee stand fertig im Felde; jetzt trat er zurück und überließ dem Kaiser, ihr einen Führer zu geben. Aber es würde eben so leicht gewesen sein, noch eine zweite Armee, wie diese war, zu errichten, als einen andern Chef, außer Wallenstein, für sie aufzufinden. Dieses vielversprechende Heer, die letzte Hoffnung des Kaisers, war nichts als ein Blendwerk, sobald der Zauber sich löste, der es ins Dasein rief; durch Wallenstein ward es, ohne ihn schwand es, wie eine magische Schöpfung, in sein voriges Nichts dahin. Die Officiere waren ihm entweder als seine Schuldner verpflichtet oder als seine Gläubiger aufs engste an sein Interesse, an die Fortdauer seiner Macht geknüpft; die Regimenter hatte er seinen Verwandten, seinen Geschöpfen, seinen Günstlingen untergeben. Er und kein Anderer war der Mann, den Truppen die ausschweifenden Versprechungen zu halten, wodurch er sie in seinen Dienst gelockt hatte. Sein gegebenes Wort war die einzige Sicherheit für die kühnen Erwartungen Aller; blindes Vertrauen auf seine Allgewalt das einzige Band, das die verschieden Antriebe ihres Eifers in einem lebendigen Gemeingeist zusammenhielt. Geschehen war es um das Glück jedes Einzelnen, sobald Derjenige zurücktrat, der sich für die Erfüllung desselben verbürgte.

So wenig es dem Herzog mit seiner Weigerung Ernst war, so glücklich bediente er sich dieses Schreckmittels, dem Kaiser die Genehmigung seiner übertriebenen Bedingungen abzuängstigen. Die Fortschritte des Feindes machten die Gefahr mit jedem Tage dringender, und die Hilfe war so nahe; von einem Einzigen hing es ab, der allgemeinen Noth ein geschwindes Ende zu machen. Zum dritten und letzten Mal erhielt also der Fürst von Eggenberg Befehl, seinen Freund, welch hartes Opfer es auch kosten möchte, zu Übernehmung des Commando zu bewegen.

Zu Znaim in Mähren fand er ihn, von den Truppen, nach deren Besitz er den Kaiser lüstern machte, prahlerisch umgeben. Wie einen Flehenden empfing der stolze Unterthan den Abgesandten seines Gebieters. »Nimmermehr«, gab er zur Antwort, »könne er einer Wiederherstellung trauen, die er einzig nur der Extremität, nicht der Gerechtigkeit des Kaisers verdanke. Jetzt zwar suche man ihn auf, da die Noth aufs höchste gestiegen und von seinem Arme allein noch Rettung zu hoffen sei; aber der geleistete Dienst werde seinen Urheber bald in Vergessenheit bringen und die vorige Sicherheit den vorigen Undank zurückführen. Sein ganzer Ruhm stehe auf dem Spiele, wenn er die von ihm geschöpften Erwartungen täusche, sein Glück und seine Ruhe, wenn es ihm gelänge, sie zu befriedigen. Bald würde der alte Neid gegen ihn aufwachen und der abhängige Monarch kein Bedenken tragen, einen entbehrlichen Diener zum zweitenmal der Convenienz aufzuopfern. Besser für ihn, er verlasse gleich jetzt und aus freier Wahl einen Posten, von welchem früher oder später die Kabalen seiner Gegner ihn doch herabstürzen würden. Sicherheit und Zufriedenheit erwarte er nur im Schooße des Privatlebens, und bloß um den Kaiser zu verbinden, habe er sich auf eine Zeit lang, ungern genug, seiner glücklichen Stille entzogen.«

Des langen Gaukelspiels müde, nahm der Minister jetzt einen ernsthaftern Ton an und bedrohte den Halsstarrigen mit dem ganzen Zorne des Monarchen, wenn er auf seiner Widersetzung beharren würde. »Tief genug«, erklärte er, »habe sich die Majestät des Kaisers erniedrigt und, anstatt durch ihre Herablassung seine Großmuth zu rühren, nur seinen Stolz gekitzelt, nur seinen Starrsinn vermehrt. Sollte sie dieses große Opfer vergeblich gebracht haben, so stehe er nicht dafür, daß sich der Flehende nicht in den Herrn verwandle und der Monarch seine beleidigte Würde nicht an dem rebellischen Unterthan räche. Wie sehr auch Ferdinand gefehlt haben möge, so könne der Kaiser Unterwürfigkeit fordern; irren könne der Mensch, aber der Herrscher nie seinen Fehltritt bekennen. Habe der Herzog von Friedland durch ein unverdientes Urtheil gelitten, so gebe es einen Ersatz für jeden Verlust, und Wunden, die sie selbst geschlagen, könne die Majestät wieder heilen. Fordere er Sicherheit für seine Person und seine Würden, so werde die Billigkeit des Kaisers ihm keine gerechte Forderung verweigern. Die verachtete Majestät allein lasse sich durch keine Büßung versöhnen, und der Ungehorsam gegen ihre Befehle vernichte auch das glänzendste Verdienst. Der Kaiser bedürfe seiner Dienste, und als Kaiser fordere er sie. Welchen Preis er auch darauf setzen möge, der Kaiser werde ihn eingehen. Aber Gehorsam verlange er, oder das Gewicht seines Zorns werde den widerspenstigen Diener zermalmen.«

Wallenstein, dessen weitläuftige Besitzungen, in die österreichische Monarchie eingeschlossen, der Gewalt des Kaisers jeden Augenblick bloßgestellt waren, fühlte lebhaft, daß diese Drohung nicht eitel sei; aber nicht Furcht war es, was seine verstellte Hartnäckigkeit endlich besiegte. Gerade dieser gebieterische Ton verrieth ihm nur zu deutlich die Schwäche und Verzweiflung, woraus er stammte, und die Willfährigkeit des Kaisers, jede seiner Forderungen zu genehmigen, überzeugte ihn, daß er am Ziel seiner Wünsche sei. Jetzt also gab er sich der Beredsamkeit Eggenbergs überwunden und verließ ihn, um seine Forderungen aufzusetzen.

Nicht ohne Bangigkeit sah der Minister einer Schrift entgegen, worin der stolzeste der Diener dem stolzesten der Fürsten Gesetze zu geben sich erdreistete. Aber wie klein auch das Vertrauen war, das er in die Bescheidenheit seines Freundes setzte, so überstieg doch der ausschweifende Inhalt dieser Schrift bei weitem seine bängsten Erwartungen. Eine unumschränkte Oberherrschaft verlangte Wallenstein über alle deutschen Armeen des österreichischen und spanischen Hauses und unbegrenzte Vollmacht, zu strafen und zu belohnen. Weder dem König von Ungarn, noch dem Kaiser selbst solle es vergönnt sein, bei der Armee zu erscheinen, noch weniger eine Handlung der Autorität darin auszuüben. Keine Stelle solle der Kaiser bei der Armee zu vergeben, keine Belohnung zu verleihen haben, kein Gnadenbrief desselben ohne Wallensteins Bestätigung gültig sein. Über alles, was im Reiche confisciert und erobert werde, solle der Herzog von Friedland allein, mit Ausschließung aller kaiserlichen und Reichsgerichte, zu verfügen haben. Zu seiner ordentlichen Belohnung müsse ihm ein kaiserliches Erbland und noch ein anderes der im Reiche eroberten Länder zum außerordentlichen Geschenk überlassen werden. Jede österreichische Provinz solle ihm, sobald er derselben bedürfen würde, zur Zuflucht geöffnet sein. Außerdem verlangte er die Versicherung des Herzogtums Mecklenburg bei einem künftigen Frieden und eine förmliche frühzeitige Aufkündigung, wenn man für nöthig finden sollte, ihn zum zweitenmal des Generalats zu entsetzen.

Umsonst bestürmte ihn der Minister, diese Forderungen zu mäßigen, durch welche der Kaiser aller seiner Souveränetätsrechte über die Truppen beraubt und zu einer Kreatur seines Feldherrn erniedrigt würde. Zu sehr hatte man ihm die Unentbehrlichkeit seiner Dienste verrathen, um jetzt noch des Preises Meister zu sein, womit sie erkauft werden sollten. Wenn der Zwang der Umstände den Kaiser nöthigte, diese Forderungen einzugehen, so war es nicht bloßer Antrieb der Rachsucht und des Stolzes, der den Herzog veranlaßte, sie zu machen. Der Plan zur künftigen Empörung war entworfen, und dabei konnte keiner der Vortheile gemißt werden, deren sich Wallenstein in seinem Vergleich mit dem Hofe zu bemächtigen suchte. Dieser Plan erforderte, daß dem Kaiser alle Autorität in Deutschland entrissen und seinem General in die Hände gespielt würde; dies war erreicht, sobald Ferdinand jene Bedingungen unterzeichnete. Der Gebrauch, den Wallenstein von seiner Armee zu machen gesonnen war – von dem Zwecke freilich unendlich verschieden, zu welchem sie ihm untergeben ward – erlaubte keine getheilte Gewalt, und noch weit weniger eine höhere Autorität bei dem Heere, als die seinige war. Um der alleinige Herr ihres Willens zu sein, mußte er den Truppen als der alleinige Herr ihres Schicksals erscheinen; um seinem Oberhaupte unvermerkt sich selbst unterzuschieben und auf seine eigene Person die Souveränetätsrechte übertragen, die ihm von der höchsten Gewalt nur geliehen waren, mußte er die letztere sorgfältig aus den Augen der Truppen entfernen. Daher seine hartnäckige Weigerung, keinen Prinzen des Hauses Österreich bei dem Heere zu dulden. Die Freiheit, über alle im Reich eingezogenen und eroberten Güter nach Gutdünken zu verfügen, reichte ihm furchtbare Mittel dar, sich Anhänger und dienstbare Werkzeuge zu erkaufen und mehr, als je ein Kaiser in Friedenszeiten sich herausnahm, den Diktator in Deutschland zu spielen. Durch das Recht, sich der österreichischen Länder im Nothfall zu einem Zufluchtsort zu bedienen, erhielt er freie Gewalt, den Kaiser in seinem eigenen Reich und durch seine eigene Armee so gut als gefangen zu halten, das Mark dieser Länder auszusaugen und die österreichische Macht in ihren Grundfesten zu unterwühlen. Wie das Loos nun auch fallen mochte, so hatte er durch die Bedingungen, die er von dem Kaiser erpreßte, gleich gut für seinen Vortheil gesorgt. Zeigten sich die Vorfälle seinen verwegnen Entwürfen günstig, so machte ihm dieser Vertrag mit dem Kaiser ihre Ausführung leichter; widerriethen die Zeitläufte die Vollstreckung derselben, so hatte dieser nämliche Vertrag ihn aufs glänzendste entschädigt. Aber wie konnte er einen Vertrag für gültig halten, der seinem Oberherrn abgetrotzt und auf ein Verbrechen gegründet war? Wie konnte er hoffen, den Kaiser durch eine Vorschrift zu binden, welche Denjenigen, der so vermessen war, sie zu geben, zum

Tode verdammte? Doch dieser todeswürdige Verbrecher war jetzt der unentbehrlichste Mann in der Monarchie, und Ferdinand, im Verstellen geübt, bewilligte ihm alles, was er verlangte.

Endlich also hatte die kaiserliche Kriegsmacht ein Oberhaupt, das diesen Namen verdiente. Alle andere Gewalt in der Armee, selbst des Kaisers, hörte in demselben Augenblick auf, da Wallenstein den Commandostab in die Hand nahm, und ungültig war alles, was von ihm nicht ausfloß. Von den Ufern der Donau bis an die Weser und den Oderstrom empfand man den belebenden Aufgang des neuen Gestirns. Ein neuer Geist fängt an, die Soldaten des Kaisers zu beseelen, eine neue Epoche des Krieges beginnt. Frische Hoffnungen schöpfen die Papisten, und die protestantische Welt blickt mit Unruhe dem veränderten Laufe der Dinge entgegen.

Je größer der Preis war, um den man den neuen Feldherrn hatte erkaufen müssen, zu so größern Erwartungen glaubte man sich am Hofe des Kaisers berechtigt; aber der Herzog übereilte sich nicht, diese Erwartungen in Erfüllung zu bringen. In der Nähe von Böhmen mit einem furchtbaren Heere, durfte er sich nur zeigen, um die geschwächte Macht der Sachsen zu überwältigen und mit der Wiedereroberung dieses Königreichs seine neue Laufbahn glänzend zu eröffnen. Aber zufrieden, durch nichts entscheidende Kroatengefechte den Feind zu beunruhigen, ließ er ihm den besten Theil dieses Reichs zum Raube und ging mit abgemessenem stillem Schritt seinem selbstischen Ziel entgegen. Nicht die Sachsen zu bezwingen – sich mit ihnen zu vereinigen, war sein Plan. Einzig mit diesem wichtigen Werke beschäftigt, ließ er vor der Hand seine Waffen ruhn, um desto sicher auf dem Wege der Unterhandlung zu siegen. Nichts ließ er unversucht, den Kurfürsten von der schwedischen Allianz loszureißen, und Ferdinand selbst, noch immer zum Frieden mit diesem Prinzen geneigt, billigte dies Verfahren. Aber die große Verbindlichkeit, die man den Schweden schuldig war, lebte noch in zu frischem Andenken bei den Sachsen, um eine so schändliche Untreue zu erlauben; und hätte man sich auch wirklich dazu versucht gefühlt, so ließ der zweideutige Charakter Wallensteins und der schlimme Ruf der österreichischen Politik zu der Aufrichtigkeit seiner Versprechungen kein Vertrauen fassen. Zu sehr als betrügerischer Staatsmann bekannt, fand er in dem einzigen Falle keinen Glauben, wo er es wahrscheinlich redlich meinte; und noch erlaubten ihm die Zeitumstände nicht, die Aufrichtigkeit seiner Gesinnung durch Aufdeckung seiner wahren Beweggründe außer Zweifel zu setzen. Ungern also entschloß er sich, durch die Gewalt der Waffen zu erzwingen, was auf dem Wege der Unterhandlung mißlungen war. Schnell zog er seine Truppen zusammen und stand vor Prag. ehe die Sachsen diese Hauptstadt entsetzen konnten. Nach einer kurzen Gegenwehr der Belagerten öffnete die Verrätherei der Kapuziner einem von seinen Regimentern den Eingang, und die ins Schloß geflüchtete Besatzung streckte unter schimpflichen Bedingungen das Gewehr. Meister von der Hauptstadt, versprach er seinen Unterhandlungen am sächsischen Hofe einen günstigern Eingang, versäumte aber dabei nicht, zu eben der Zeit, als er sie bei dem General von Arnheim erneuerte, den Nachdruck derselben durch einen entscheidenden Streich zu verstärken. Er ließ in aller Eile die engen Pässe zwischen Außig und Pirna besetzen, um der sächsischen Armee den Rückzug in ihr Land abzuschneiden; aber Arnheims Geschwindigkeit entriß sie noch glücklich der Gefahr. Nach dem Abzuge dieses Generals ergaben sich die letzten Zufluchtsörter der Sachsen, Eger und Leitmeritz, an den Sieger, und schneller, als es verloren gegangen war, war das Königreich wieder seinem rechtmäßigen Herrn unterworfen.

Weniger mit dem Vortheile seines Herrn, als mit Ausführung seiner eigenen Entwürfe beschäftigt, gedachte jetzt Wallenstein den Krieg nach Sachsen zu spielen, um den Kurfürsten durch Verheerung seines Landes zu einem Privatvergleich mit dem Kaiser, oder vielmehr mit dem Herzog von Friedland zu nöthigen. Aber wie wenig er auch sonst gewohnt war, seinen Willen dem Zwang der Umstände zu unterwerfen, so begriff er doch jetzt die Notwendigkeit, seinen Lieblingsentwurf einem dringenden Geschäfte nachzusetzen. Während daß er die Sachsen aus Böhmen schlug, hatte Gustav Adolph die bisher erzählten Siege am Rhein und an der Donau erfochten und durch Franken und Schwaben den Krieg schon an Bayerns Grenzen gewälzt. Am Lechstrom geschlagen und durch den Tod des Grafen Tilly seiner besten Stütze beraubt, lag Maximilian dem Kaiser dringend an, ihm den Herzog von Friedland aufs schleunigste von Böhmen aus zu Hilfe zu schicken und durch Bayerns Vertheidigung von Österreich selbst die Gefahr zu entfernen. Er wandte sich mit dieser Bitte an Wallenstein selbst und forderte ihn aufs angelegentlichste auf, ihm, bis er selbst mit der Hauptarmee nachkäme, einstweilen nur einige Regimenter zum Beistand zu senden. Ferdinand unterstützte mit seinem ganzen Ansehen diese Bitte, und ein Eilbote nach dem andern ging an Wallenstein ab, ihn zum Marsch nach der Donau zu vermögen.

Aber jetzt ergab es sich, wie viel der Kaiser von seiner Autorität aufgeopfert hatte, da er die Gewalt über seine Truppen und die Macht zu befehlen aus seinen Händen gab. Gleichgültig gegen Maximilians Bitten, taub gegen die wiederholten Befehle des Kaisers, blieb Wallenstein müßig in Böhmen stehen und überließ den Kurfürsten seinem Schicksale. Das Andenken der schlimmen Dienste, welche ihm Maximilian ehedem auf dem Regensburger Reichstage bei dem Kaiser geleistet, hatte sich tief in das unversöhnliche Gemüth des Herzogs geprägt, und die neuerlichen Bemühungen des Kurfürsten, seine Wiedereinsetzung zu verhindern, waren ihm kein Geheimniß geblieben. Jetzt war der Augenblick da, diese Kränkung zu rächen, und schwer empfand es der Kurfürst, daß er den rachgierigsten der Menschen sich zum Feinde gemacht hatte. Böhmen, erklärte dieser, dürfe nicht unvertheidigt bleiben, und Österreich könne nicht besser geschützt werden, als wenn sich die schwedische Armee vor den bayerischen Festungen schwäche. So züchtigte er durch den Arm der Schweden seinen Feind, und während daß ein Platz nach dem andern in ihre Hände fiel, ließ er den Kurfürsten zu Regensburg vergebens nach seiner Ankunft schmachten. Nicht eher, als bis die völlige Unterwerfung Böhmens ihm keine Entschuldigungsgründe mehr übrigließ und die Eroberungen Gustav Adolphs in Bayern Österreich selbst mit naher Gefahr bedrohten, gab er den Bestürmungen des Kurfürsten und des Kaisers nach und entschloß sich zu der lange gewünschten Vereinigung mit dem Erstern, welche, nach der allgemeinen Erwartung der Katholischen, das Schicksal des ganzen Feldzugs entscheiden sollte.

Gustav Adolph selbst, zu schwach an Truppen, um es auch nur mit der Wallensteinischen Armee allein aufzunehmen, fürchtete die Vereinigung zweier so mächtigen Heere, und mit Recht erstaunt man, daß er nicht mehr Thätigkeit bewiesen hat, sie zu hindern. Zu sehr, scheint es, rechnete er auf den Haß, der beide Anführer unter sich entzweite und keine Verbindung ihrer Waffen zu einem gemeinschaftlichen Zwecke hoffen ließ; und es war zu spät, diesen Fehler zu verbessern, als der Erfolg seine Muthmaßung widerlegte. Zwar eilte er auf die erste sichre Nachricht, die er von ihren Absichten erhielt, nach der Oberpfalz, um dem Kurfürsten den Weg zu versperren; aber schon war ihm dieser zuvorgekommen und die Vereinigung bei Eger geschehen.

Diesen Grenzort hatte Wallenstein zum Schauplatz des Triumphes bestimmt, den er im Begriff war über seinen stolzen Gegner zu feiern. Nicht zufrieden, ihn einem Flehenden gleich zu seinen Füßen zu sehen, legte er ihm noch das harte Gesetz auf, seine Länder hilflos hinter sich zu lassen, aus weiter Entfernung seinen Beschützer einzuholen und durch diese weite Entgegenkunft ein erniedrigendes Geständniß seiner Noth und Bedürftigkeit abzulegen. Auch dieser Demüthigung unterwarf sich der stolze Fürst mit Gelassenheit. Einen harten Kampf hatte es ihn gekostet, Demjenigen seine Rettung zu verdanken, der, wenn es nach seinem Wunsche ging, nimmermehr diese Macht haben sollte; aber, einmal entschlossen, war er auch Mann genug, jede Kränkung zu ertragen, die von seinem Entschluß unzertrennlich war, und Herr genug seiner selbst, um kleinere Leiden zu verachten, wenn es darauf ankam, einen großen Zweck zu verfolgen.

Aber so viel es schon gekostet hatte, diese Vereinigung nur möglich zu machen, so schwer ward es, sich über die Bedingungen zu vergleichen, unter welchen sie stattfinden und Bestand haben sollte. Einem Einzigen mußte die vereinigte Macht zu Gebote stehen, wenn der Zweck der Vereinigung erreicht werden sollte, und auf beiden Seiten war gleich wenig Neigung da, sich der höheren Autorität des Andern zu unterwerfen. Wenn sich Maximilian auf seine Kurfürstenwürde, auf den Glanz seines Geschlechts, auf sein Ansehen im Reiche stützte, so gründete Wallenstein nicht geringere Ansprüche auf seinen Kriegsruhm und auf die uneingeschränkte Macht, welche der Kaiser ihm übergeben hatte. So sehr es den Fürstenstolz des Erstern empörte, unter den Befehlen eines kaiserlichen Dieners zu stehen, so sehr fand sich der Hochmuth des Herzogs durch den Gedanken geschmeichelt, einem so gebieterischen Geiste Gesetze vorzuschreiben. Es kam darüber zu einem hartnäckigen Streite, der sich aber durch eine wechselseitige Übereinkunft zu Wallensteins Vortheil endigte. Diesem wurde das Obercommando über beide Armeen, besonders am Tage einer Schlacht, ohne Einschränkung zugestanden und dem Kurfürsten alle Gewalt abgesprochen, die Schlachtordnung oder auch nur die Marschroute der Armee abzuändern. Nichts behielt er sich vor, als das Recht der Strafen und Belohnungen über seine eignen Soldaten und den freien Gebrauch derselben, sobald sie nicht mit den kaiserlichen Truppen vereinigt agierten.

Nach diesen Vorbereitungen wagte man es endlich, einander unter die Augen zu treten, doch nicht eher, als bis eine gänzliche Vergessenheit alles Vergangenen zugesagt und die äußern Formalitäten des Versöhnungsakts aufs genaueste berichtigt waren. Der Verabredung gemäß umarmten sich beide Prinzen im Angesicht ihrer Truppen und gaben einander gegenseitige Versicherungen der Freundschaft, indeß die Herzen von Haß überflossen. Maximilian zwar, in der Verstellungskunst ausgelernt, besaß

Herrschaft genug über sich selbst, um seine wahren Gefühle auch nicht durch einen einzigen Zug zu verrathen; aber in Wallensteins Augen funkelte eine hämische Siegesfreude, und der Zwang, der in allen seinen Bewegungen sichtbar war, entdeckte die Macht des Affekts, der sein stolzes Herz übermeisterte.

Die vereinigten kaiserlich-bayerischen Truppen machten nun eine Armee von beinahe sechzigtausend größtenteils bewährten Soldaten aus, vor welcher der schwedische Monarch es nicht wagen durfte sich im Felde zu zeigen. Eilfertig nahm er also, nachdem der Versuch, ihre Vereinigung zu hindern, mißlungen war, seinen Rückzug nach Franken und erwartete nunmehr eine entscheidende Bewegung des Feindes, um seine Entschließung zu fassen. Die Stellung der vereinigten Armee zwischen der sächsischen und bayerischen Grenze ließ es eine Zeit lang noch ungewiß, ob sie den Schauplatz des Kriegs nach dem erstern der beiden Länder verpflanzen oder suchen würde, die Schweden von der Donau zurückzutreiben und Bayern in Freiheit zu setzen. Sachsen hatte Arnheim von Truppen entblößt, um in Schlesien Eroberungen zu machen; nicht ohne die geheime Absicht, wie ihm von Vielen Schuld gegeben wird, dem Herzog von Friedland den Eintritt in das Kurfürstenthum zu erleichtern und dem unentschlossenen Geiste Johann Georgs einen dringendern Sporn zum Vergleich mit dem Kaiser zu geben. Gustav Adolph selbst, in der gewissen Erwartung, daß die Absichten Wallensteins gegen Sachsen gerichtet seien, schickte eilig, um seinen Bundesgenossen nicht hilflos zu lassen, eine ansehnliche Verstärkung dahin, fest entschlossen, sobald die Umstände es erlaubten, mit seiner ganzen Macht nachzufolgen. Aber bald entdeckten ihm die Bewegungen der Friedländischen Armee, daß sie gegen ihn selbst im Anzug begriffen sei. und der Marsch des Herzogs durch die Oberpfalz setzte dies außer Zweifel. Jetzt galt es, auf seine eigne Sicherheit zu denken, weniger um die Oberherrschaft als um seine Existenz in Deutschland zu fechten und von der Fruchtbarkeit seines Genies Mittel zur Rettung zu entlehnen. Die Annäherung des Feindes überraschte ihn, ehe er Zeit gehabt hatte, seine durch ganz Deutschland zerstreuten Truppen an sich zu ziehen und die alliierten Fürsten zum Beistand herbeizurufen. An Mannschaft viel zu schwach, um den anrückenden Feind damit aufhalten zu können, hatte er keine andere Wahl, als sich entweder in Nürnberg zu werfen und Gefahr zu laufen, von der Wallensteinischen Macht in dieser Stadt eingeschlossen und durch Hunger besiegt zu werden – oder diese Stadt aufzuopfern und unter den Kanonen von Donauwörth eine Verstärkung an

Truppen zu erwarten. Gleichgültig gegen alle Beschwerden und Gefahren, wo die Menschlichkeit sprach und die Ehre gebot, erwählte er ohne Bedenken das Erste, fest entschlossen, lieber sich selbst mit seiner ganzen Armee unter den Trümmern Nürnbergs zu begraben, als auf den Untergang dieser bundesverwandten Stadt seine Rettung zu gründen.

Sogleich ward Anstalt gemacht, die Stadt mit allen Vorstädten in eine Verschanzung einzuschließen und innerhalb derselben ein festes Lager anzuschlagen. Viele tausend Hände setzten sich alsbald zu diesem weitläuftigen Werk in Bewegung, und alle Einwohner Nürnbergs beseelte ein heroischer Eifer, für die gemeine Sache Blut, Leben und Eigenthum zu wagen. Ein acht Fuß tiefer und zwölf Fuß breiter Graben umschloß die ganze Verschanzung; die Linien wurden durch Redouten und Bastionen, die Eingänge durch halbe Monde beschützt. Die Pegnitz, welche Nürnberg durchschneidet, theilte das ganze Lager in zwei Halbzirkel ab, die durch viele Brücken zusammenhingen. Gegen dreihundert Stücke spielten von den Wällen der Stadt und von den Schanzen des Lagers. Das Landvolk aus den benachbarten Dörfern und die Bürger von Nürnberg legten mit den schwedischen Soldaten gemeinschaftlich Hand an, daß schon am siebenten Tage die Armee das Lager beziehen konnte und am vierzehnten die ganze ungeheure Arbeit vollendet war.

Indem dies außerhalb der Mauern vorging, war der Magistrat der Stadt Nürnberg beschäftigt, die Magazine zu füllen und sich mit allen Kriegs- und Mundbedürfnissen für eine langwierige Belagerung zu versehen. Dabei unterließ er nicht, für die Gesundheit der Einwohner, die der Zusammenfluß so vieler Menschen leicht in Gefahr setzen konnte, durch strenge Reinlichkeitsanstalten Sorge zu tragen. Den König auf den Nothfall unterstützen zu können, wurde aus den Bürgern der Stadt die junge Mannschaft ausgehoben und in den Waffen geübt, die schon vorhandene Stadtmiliz beträchtlich verstärkt und ein neues Regiment von vier und zwanzig Namen nach den Buchstaben des alten Alphabets ausgerüstet. Gustav selbst hatte unterdessen seine Bundesgenossen, den Herzog Wilhelm von Weimar und den Landgrafen von Hessen-Kassel, zum Beistand aufgeboten und seine Generale am Rheinstrom, in Thüringen und Niedersachsen beordert, sich schleunig in Marsch zu setzen und mit ihren Truppen bei Nürnberg zu ihm zu stoßen. Seine Armee, welche innerhalb der Linien dieser Reichsstadt gelagert stand, betrug nicht viel über sechszehntausend Mann, also nicht einmal den dritten Theil des feindlichen Heers.

Dieses war unterdessen in langsamem Zuge bis gegen Neumarkt herangerückt, wo der Herzog von Friedland eine allgemeine Musterung anstellte. Vom Anblick dieser furchtbaren Macht hingerissen, konnte er sich einer jugendlichen Prahlerei nicht enthalten. »Binnen vier Tagen soll sich ausweisen«, rief er, »wer von uns Beiden, der König von Schweden oder ich, Herr der Welt sein wird.« Dennoch that er, seiner großen Überlegenheit ungeachtet, nichts, diese stolze Versicherung wahr zu machen, und vernachlässigte sogar die Gelegenheit, seinen Feind auf das Haupt zu schlagen, als dieser verwegen genug war, sich außerhalb seiner Linien ihm entgegen zu stellen. »Schlachten hat man genug geliefert«, antwortete er Denen, welche ihn zum Angriff ermunterten, »es ist Zeit, einmal einer andern Methode zu folgen.« Hier schon entdeckte sich, wie viel mehr bei einem Feldherrn gewonnen worden, dessen schon gegründeter Ruhm der gewagten Unternehmungen nicht benöthigt war, wodurch andere eilen müssen, sich einen Namen zu machen. Überzeugt, daß der verzweifelte Muth des Feindes den Sieg auf das theuerste verkaufen, eine Niederlage aber, in diesen Gegenden erlitten, die Angelegenheiten des Kaisers unwiederbringlich zu Grunde richten würde, begnügte er sich damit, die kriegerische Hitze seines Gegners durch eine langwierige Belagerung zu verzehren und, indem er demselben alle Gelegenheit abschnitt, sich dem Ungestüm seines Muths zu überlassen, ihm gerade denjenigen Vortheil zu rauben, wodurch er bisher so unüberwindlich gewesen war. Ohne also das Geringste zu unternehmen, bezog er jenseits der Rednitz, Nürnberg gegenüber, ein stark befestigtes Lager und entzog durch diese wohlgewählte Stellung der Stadt sowohl als dem Lager jede Zufuhr aus Franken, Schwaben und Thüringen. So hielt er den König zugleich mit der Stadt belagert und schmeichelte sich, den Muth seines Gegners, den er nicht lüstern war in offener Schlacht zu erproben, durch Hunger und Seuchen langsam, aber desto sicherer zu ermüden.

Aber zu wenig mit den Hilfsquellen und Kräften seines Gegners bekannt, hatte er nicht genugsam dafür gesorgt, sich selbst vor dem Schicksale zu bewahren, das er jenem bereitete. Aus dem ganzen benachbarten Gebiete hatte sich das Landvolk mit seinen Vorräthen weggeflüchtet, und um den wenigen Überrest mußten sich die Friedländischen Fouragierer mit den schwedischen schlagen. Der König schonte die Magazine der Stadt, so lange noch Möglichkeit da war, sich aus der Nachbarschaft mit Proviant zu versehen, und diese wechselseitigen Streifereien unterhielten einen immerwährenden Krieg zwischen den Kroaten und dem schwedischen

Volke, davon die ganze umliegende Landschaft die traurigsten Spuren zeigte. Mit dem Schwert in der Hand mußte man sich die Bedürfnisse des Lebens erkämpfen, und ohne zahlreiches Gefolge durften sich die Parteien nicht mehr aufs Fouragieren wagen. Dem König zwar öffnete, sobald der Mangel sich einstellte, die Stadt Nürnberg ihre Vorrathshäuser, aber Wallenstein mußte seine Truppen aus weiter Ferne versorgen. Ein großer, in Bayern aufgekaufter Transport war an ihn auf dem Wege, und tausend Mann wurden abgeschickt, ihn sicher ins Lager zu geleiten. Gustav Adolph, davon benachrichtigt, sandte sogleich ein Kavallerieregiment aus, sich dieser Lieferung zu bemächtigen, und die Dunkelheit der Nacht begünstigte die Unternehmung. Der ganze Transport fiel mit der Stadt, worin er hielt, in der Schweden Hände; die kaiserliche Bedeckung wurde niedergehauen, gegen zwölfhundert Stück Vieh hinweg getrieben und tausend mit Brod bepackte Wagen, die nicht gut fortgebracht werden konnten, in Brand gesteckt. Sieben Regimenter, welche der Herzog von Friedland gegen Altdorf vorrücken ließ, dem sehnlich erwarteten Transport zur Bedeckung zu dienen, wurden von dem Könige, der ein Gleiches gethan hatte, den Rückzug der Seinigen zu decken, nach einem hartnäckigen Gefechte auseinander gesprengt und mit Hinterlassung von vierhundert Todten in das kaiserliche Lager zurückgetrieben. So viele Widerwärtigkeiten und eine so wenig erwartete Standhaftigkeit des Königs ließen den Herzog von Friedland bereuen, daß er die Gelegenheit zu einem Treffen ungenützt hatte vorbeistreichen lassen. Jetzt machte die Festigkeit des schwedischen Lagers jeden Angriff unmöglich, und Nürnbergs bewaffnete Jugend diente dem Monarchen zu einer fruchtbaren Kriegerschule, woraus er jeden Verlust an Mannschaft auf das schnellste ersetzen konnte. Der Mangel an Lebensmitteln, der sich im kaiserlichen Lager nicht weniger als im schwedischen einstellte, machte es zum mindesten sehr ungewiß, welcher von beiden Theilen den andern zuerst zum Aufbruche zwingen würde.

Fünfzehn Tage schon hatten beide Armeen, durch gleich unersteigliche Verschanzungen gedeckt, einander im Gesichte gestanden, ohne etwas mehr als leichte Streifereien und unbedeutende Scharmützel zu wagen. Auf beiden Seiten hatten ansteckende Krankheiten, natürliche Folgen der schlechten Nahrungsmittel und der eng zusammengepreßten Volksmenge, mehr als das Schwert des Feindes die Mannschaft vermindert, und mit jedem Tage stieg diese Noth. Endlich erschien der längst erwartete Succurs im schwedischen Lager, und die beträchtliche Machtverstärkung des Königs erlaubte ihm jetzt, seinem natürlichen Muth zu gehorchen und die Fessel zu zerbrechen, die ihn bisher gebunden hielt.

Seiner Aufforderung gemäß, hatte Herzog Wilhelm von Weimar aus den Besatzungen in Niedersachsen und Thüringen in aller Eilfertigkeit ein Corps aufgerichtet, welches bei Schweinfurt in Franken vier sächsische Regimenter und bald darauf bei Kitzingen die Truppen vom Rheinstrom an sich zog, die Landgraf Wilhelm von Hessen-Kassel und der Pfalzgraf von Birkenfeld dem König zu Hilfe schickten. Der Reichskanzler Oxenstierna übernahm es, diese vereinigte Armee an den Ort ihrer Bestimmung zu führen. Nachdem er sich zu Windsheim noch mit dem Herzog Bernhard von Weimar und dem schwedischen General Banner vereinigt hatte, rückte er in beschleunigten Märschen bis Bruck und Eltersdorf, wo er die Regnitz passierte und glücklich in das schwedische Lager kam. Dieser Succurs zählte beinahe fünfzigtausend Mann und führte sechzig Stücke Geschütz und viertausend Bagagewagen bei sich. So sah sich denn Gustav Adolph an der Spitze von beinahe siebenzigtausend Streitern, ohne noch die Miliz der Stadt Nürnberg zu rechnen, welche im Nothfalle dreißigtausend rüstige Bürger ins Feld stellen konnte. Eine furchtbare Macht, die einer andern nicht minder furchtbaren gegenüberstand! Der ganze Krieg schien jetzt zusammengepreßt in eine einzige Schlacht, um hier endlich seine letzte Entscheidung zu erhalten. Angstvoll blickte das getheilte Europa auf diesen Kampfplatz hin, wo sich die Kraft beider streitenden Mächte, wie in ihrem Brennpunkt, fürchterlich sammelte.

Aber hatte man schon vor der Ankunft des Succurses mit Brodmangel kämpfen müssen, so wuchs dieses Übel nunmehr in beiden Lagern (denn auch Wallenstein hatte neue Verstärkungen aus Bayern an sich gezogen) zu einem schrecklichen Grade an. Außer den hundert und zwanzigtausend Kriegern, die einander bewaffnet gegenüberstanden, außer einer Menge von mehr als fünfzigtausend Pferden in beiden Armeen, außer den Bewohnern Nürnbergs, welche das schwedische Heer an Anzahl weit übertrafen, zählte man allein in dem Wallensteinischen Lager fünfzehntausend Weiber und eben so viel Fuhrleute und Knechte, nicht viel weniger in dem schwedischen. Die Gewohnheit jener Zeiten erlaubte dem Soldaten, seine Familie mit in das Feld zu führen. Bei den Kaiserlichen schloß sich eine unzählige Menge gutwilliger Frauenspersonen an den Heereszug an, und die strenge Wachsamkeit über die Sitten im schwedischen Lager, welche keine Ausschweifung duldete, beförderte eben darum die rechtmäßigen Ehen. Für die junge Generation, welche dies Lager zum Vaterland hatte, waren ordentliche Feldschulen errichtet und eine treffliche Zucht von Kriegern daraus gezogen, daß die Armeen bei einem langwierigen Kriege sich durch sich selbst rekrutieren konnten. Kein Wunder, wenn diese wandelnden Nationen jeden Landstrich aushungerten, auf dem sie verweilten, und die Bedürfnisse des Lebens durch diesen entbehrlichen Troß übermäßig im Preise gesteigert wurden. Alle Mühlen um Nürnberg reichten nicht zu, das Korn zu mahlen, das jeder Tag verschlang, und fünfzigtausend Pfund Brod, welche die Stadt täglich ins Lager lieferte, reizten den Hunger bloß, ohne ihn zu befriedigen. Die wirklich bewundernswerte Sorgfalt des Nürnberger Magistrats konnte nicht verhindern, daß nicht ein großer Theil der Pferde aus Mangel an Fütterung umfiel und die zunehmende Wuth der Seuchen mit jedem Tage über hundert Menschen ins Grab streckte.

Dieser Noth ein Ende zu machen, verließ endlich Gustav Adolph, voll Zuversicht auf seine überlegene Macht, am fünfundfünfzigsten Tage seine Linien, zeigte sich in voller Bataille dem Feind und ließ von drei Batterieen, welche am Ufer der Rednitz errichtet waren, das Friedländische Lager beschießen. Aber unbeweglich stand der Herzog in seinen Verschanzungen und begnügte sich, diese Ausforderung durch das Feuer der Musketen und Kanonen von ferne zu beantworten. Den König durch Unthätigkeit aufzureiben und durch die Macht des Hungers seine Beharrlichkeit zu besiegen, war sein überlegter Entschluß, und keine Vorstellung Maximilians, keine Ungeduld der Armee, kein Spott des Feindes konnte diesen Vorsatz erschüttern. In seiner Hoffnung getäuscht und von der wachsenden Noth gedrungen, wagte sich Gustav Adolph nun an das Unmögliche, und der Entschluß wurde gefaßt, das durch Natur und Kunst gleich unbezwingliche Lager zu stürmen.

Nachdem er das seinige dem Schutz der Nürnbergischen Miliz übergeben, rückte er am Bartholomäustage, dem achtundfünfzigsten, seitdem die Armee ihre Verschanzungen bezogen, in voller Schlachtordnung heraus und passierte die Rednitz bei Fürth, wo er die feindlichen Vorposten mit leichter Mühe zum Weichen brachte. Auf den steilen Anhöhen zwischen der Biber und Rednitz, die alte Feste und Altenberg genannt, stand die Hauptmacht des Feindes, und das Lager selbst, von diesen Hügeln beherrscht, breitete sich unabsehbar durch das Gefilde. Die ganze Stärke des Geschützes war auf diesen Hügeln versammelt. Tiefe Gräben umschlossen unersteigliche Schanzen, dichte Verhacke und stachelige Palissaden versammelten die Zugänge zu dem steil anlaufenden Berge, von dessen Gipfel

Wallenstein, ruhig und sicher wie ein Gott, durch schwarze Rauchwolken seine Blitze versendete. Hinter den Brustwehren lauerte der Musketen tückisches Feuer, und ein gewisser Tod blickte aus hundert offnen Kanonenschlünden dem verwegenen Stürmer entgegen. Auf diesen gefahrvollen Posten richtete Gustav Adolph den Angriff, und fünfhundert Musketiere, durch weniges Fußvolk unterstützt (mehrere zugleich konnten auf dem engen Kampfboden nicht zum Fechten kommen), hatten den unbeneideten Vorzug, sich zuerst in den offenen Rachen des Todes zu werfen. Wüthend war der Andrang, der Widerstand fürchterlich; der ganzen Wuth des feindlichen Geschützes ohne Brustwehr dahin gegeben, grimmig durch den Anblick des unvermeidlichen Todes, laufen diese entschlossenen Krieger gegen den Hügel Sturm, der sich in Einem Moment in den flammenden Hekla verwandelt und einen eisernen Hagel donnernd auf sie herunter speit. Zugleich dringt die schwere Cavallerie in die Lücken ein, welche die feindlichen Ballen in die gedrängte Schlachtordnung reißen, die festgeschlossenen Glieder trennen sich, und die standhafte Heldenschaar, von der gedoppelten Macht der Natur und der Menschen bezwungen, wendet sich nach hundert zurückgelassenen Todten zur Flucht. Deutsche waren es, denen Gustavs Parteilichkeit die tödtliche Ehre des ersten Angriffs bestimmte; über ihren Rückzug ergrimmt, führte er jetzt seine Finnländer zum Sturm, durch ihren nordischen Muth die deutsche Feigheit zu beschämen. Auch seine Finnländer, durch einen ähnlichen Feuerregen empfangen, weichen der überlegenen Macht, und ein frisches Regiment tritt an ihre Stelle, mit gleich schlechtem Erfolg den Angriff zu erneuern. Dieses wird von einem vierten und fünften und sechsten abgelöst, daß während des zehnstündigen Gefechts alle Regimenter zum Angriff kommen und alle blutend und zerrissen von dem Kampfplatz zurückkehren. Tausend verstümmelte Körper bedecken das Feld, und unbesiegt setzt Gustav den Angriff fort, und unerschütterlich behauptet Wallenstein seine Feste.

Indessen hat sich zwischen der kaiserlichen Reiterei und dem linken Flügel der Schweden, der in einem Busch an der Rednitz postirt war, ein heftiger Kampf entzündet, wo mit abwechselndem Glück der Feind bald Besiegter, bald Sieger bleibt und auf beiden Seiten gleich viel Blut fließt, gleich tapfere Thaten geschehen. Dem Herzog von Friedland und dem Prinzen Bernhard von Weimar werden die Pferde unter dem Leibe erschossen; dem König selbst reißt eine Stückkugel die Sohle von dem Stiefel. Mit ununterbrochener Wuth erneuern sich Angriff und Widerstand, bis endlich die eintretende Nacht das Schlachtfeld verfinstert und die erbitterten Kämpfer zur Ruhe winkt. Jetzt aber sind die Schweden schon zu weit vorgedrungen, um den Rückzug ohne Gefahr unternehmen zu können. Indem der König einen Officier zu entdecken sucht, den Regimentern durch ihn den Befehl zum Rückzug zu übersenden, stellt sich ihm der Oberste Hebron, ein tapferer Schottländer, dar, den bloß sein natürlicher Muth aus dem Lager getrieben hatte, die Gefahr dieses Tages zu theilen. Über den König erzürnt, der ihm unlängst bei einer gefahrvollen Aktien einen jüngern Obersten vorgezogen, hatte er das rasche Gelübde gethan, seinen Degen nie wieder für den König zu ziehen. An ihn wendet sich jetzt Gustav Adolph, und seinen Heldenmuth lobend, ersucht er ihn, die Regimenter zum Rückzug zu commandieren. »Sire«, erwidert der tapfere Soldat, »das ist der einzige Dienst, den ich Euer Majestät nicht verweigern kann, denn es ist etwas dabei zu wagen;« und sogleich sprengt er davon, den erhaltenen Auftrag ins Werk zu richten. Zwar hatte sich Herzog Bernhard von Weimar in der Hitze des Gefechts einer Anhöhe über der alten Feste bemächtigt, von wo aus man den Berg und das ganze Lager bestreichen konnte. Aber ein heftiger Platzregen, der in derselben Nacht einfiel, machte den Abhang so schlüpfrig, daß es unmöglich war, die Kanonen hinaufzubringen, und so mußte man von freien Stücken diesen mit Strömen Bluts errungenen Posten verloren geben. Mißtrauisch gegen das Glück, das ihn an diesem entscheidenden Tage verlassen hatte, getraute der König sich nicht, mit erschöpften Truppen am folgenden Tage den Sturm fortzusetzen, und zum erstenmal überwunden, weil er nicht Überwinder war, führte er seine Truppen über die Rednitz zurück. Zweitausend Todte, die er auf dem Wahlplatz zurückließ, bezeugten seinen Verlust, und unüberwunden stand der Herzog von Friedland in seinen Linien.

Noch ganze vierzehn Tage nach dieser Aktion blieben die Armeen einander gegenüber gelagert, jede in der Erwartung, die andere zuerst zum Aufbruch zu nöthigen. Je mehr mit jedem Tage der kleine Vorrath an Lebensmitteln schmolz, desto schrecklicher wuchsen die Drangsale des Hungers, desto mehr verwilderte der Soldat, und das Landvolk umher ward das Opfer seiner thierischen Raubsucht. Die steigende Noth löste alle Bande der Zucht und der Ordnung im schwedischen Lager auf, und besonders zeichneten sich die deutschen Regimenter durch die Gewaltthätigkeiten aus, die sie gegen Freund und Feind ohne Unterschied verübten. Die schwache Hand eines Einzigen vermochte nicht, einer Gesetzlosigkeit zu steuern, die durch das Stillschweigen der untern Befehlshaber eine scheinbare Billigung und oft durch ihr eigenes verderbliches Beispiel Ermunterung erhielt. Tief schmerzte den Monarchen dieser schimpfliche Verfall der Kriegszucht, in die er bis jetzt einen so gegründeten Stolz gesetzt hatte, und der Nachdruck, womit er den deutschen Officieren ihre Nachlässigkeit verweist, bezeugt die Heftigkeit seiner Empfindungen. »Ihr Deutschen«, rief er aus, »ihr, ihr selbst seid es, die ihr euer eigenes Vaterland bestehlt und gegen eure eigenen Glaubensgenossen wüthet. Gott sei mein Zeuge, ich verabscheue euch, ich habe einen Ekel an euch, und das Herz gällt mir im Leibe, wenn ich euch anschaue. Ihr übertretet meine Verordnungen, ihr seid Ursache, daß die Welt mich verflucht, daß mich die Thränen der schuldlosen Armuth verfolgen, daß ich öffentlich hören muß: der König, unser Freund, thut uns mehr Übels an, als unsre grimmigsten Feinde. Euretwegen habe ich meine Krone ihres Schatzes entblößt und über vierzig Tonnen Goldes aufgewendet, von eurem deutschen Reich aber nicht erhalten, wovon ich mich schlecht bekleiden könnte. Euch gab ich alles, was Gott mir zutheilte, und hättet ihr meine Gesetze geachtet, alles, was er mir künftig noch geben mag, würde ich mit Freuden unter euch ausgetheilt haben. Eure schlechte Mannszucht überzeugt mich, daß ihr's böse meint, wie sehr ich auch Ursache haben mag, eure Tapferkeit zu loben.«

Nürnberg hatte sich über Vermögen angestrengt, die ungeheure Menschenmenge, welche in seinem Gebiet zusammengepreßt war, eilf Wochen lang zu ernähren; endlich aber versiegten die Mittel. und der König, als der zahlreichere Theil, mußte sich eben darum zuerst zum Abzug entschließen. Mehr als zehntausend seiner Einwohner hatte Nürnberg begraben, und Gustav Adolph gegen zwanzigtausend seiner Soldaten durch Krieg und Seuchen eingebüßt. Zertreten lagen alle umliegenden Felder, die Dörfer in Asche, das beraubte Landvolk verschmachtete auf den Straßen, Modergerüche verpesteten die Luft, verheerende Seuchen, durch die kümmerliche Nahrung, durch den Qualm eines so bevölkerten Lagers und so vieler verwesenden Leichname, durch die Gluth der Hundstage ausgebrütet, wütheten unter Menschen und Thieren, und noch lange nach dem Abzug der Armeen drückten Mangel und Elend das Land. Gerührt von dem allgemeinen Jammer und ohne Hoffnung, die Beharrlichkeit des Herzogs von Friedland zu besiegen, hob der König am achten September sein Lager auf und verließ Nürnberg, nachdem er es zur Fürsorge mit einer hinlänglichen Besatzung versehen hatte. In völliger Schlachtordnung zog er an dem Feinde vorüber, der unbeweglich blieb und nicht das Geringste unternahm, seinen Abzug zu stören. Er richtete seinen Marsch nach Neustadt an der Aisch und Windsheim, wo er fünf Tage stehen blieb, um seine Truppen zu erquicken und Nürnberg nahe zu sein, wenn der Feind etwas gegen diese Stadt unternehmen sollte. Aber Wallenstein, der Erholung nicht weniger bedürftig, hatte auf den Abzug der Schweden nur gewartet, um den seinigen antreten zu können. Fünf Tage später verließ auch er sein Lager bei Zirndorf und übergab es den Flammen. Hundert Rauchsäulen, die aus den eingeäscherten Dörfern in der ganzen Runde zum Himmel stiegen, verkündigten seinen Abschied und zeigten der getrösteten Stadt, welchem Schicksale sie selbst entgangen war. Seinen Marsch, der gegen Forchheim gerichtet war, bezeichnete die schrecklichste Verheerung; doch war er schon zu weit vorgerückt, um von dem König noch eingeholt zu werden. Dieser trennte nun seine Armee, die das erschöpfte Land nicht ernähren konnte, um mit einem Theile derselben Franken zu behaupten und mit dem andern seine Eroberungen in Bayern in eigner Person fortzusetzen.

Unterdessen war die kaiserlich-bayerische Armee in das Bisthum Bamberg gerückt, wo der Herzog von Friedland eine zweite Musterung darüber anstellte. Er fand diese sechstausend Mann starke Macht durch Desertion, Krieg und Seuchen bis auf vierundzwanzigtausend Mann vermindert, von denen der vierte Theil aus bayerischen Truppen bestand. Und so hatte das Lager von Nürnberg beide Theile mehr als zwei verlorne große Schlachten entkräftet, ohne den Krieg seinem Ende auch nur um etwas genähert oder die gespannten Erwartungen der europäischen Welt durch einen einzigen entscheidenden Vorfall befriedigt zu haben. Den Eroberungen des Königs in Bayern wurde zwar auf eine Zeit lang durch die Diversion bei Nürnberg ein Ziel gesteckt und Österreich selbst vor einem feindlichen Einfall gesichert; aber durch den Abzug von dieser Stadt gab man ihm auch die völlige Freiheit zurück, Bayern aufs neue zum Schauplatz des Krieges zu machen. Unbekümmert um das Schicksal dieses Landes und des Zwanges müde, den ihm die Verbindung mit dem Kurfürsten auferlegte, ergriff der Herzog von Friedland begierig die Gelegenheit, sich von diesem lästigen Gefährten zu trennen und seine Lieblingsentwürfe mit erneuertem Ernst zu verfolgen. Noch immer seiner ersten Maxime getreu, Sachsen von Schweden zu trennen, bestimmte er dieses Land zum Winteraufenthalt seiner Truppen und hoffte, durch seine verderbliche Gegenwart den Kurfürsten um so eher zu einem besondern Frieden zu zwingen.

Kein Zeitpunkt konnte diesem Unternehmen günstiger sein. Die Sachsen waren in Schlesien eingefallen, wo sie, in Vereinigung mit brandenburgischen und schwedischen Hilfsvölkern, einen Vorteil nach dem andern über die Truppen des Kaisers erfochten. Durch eine Diversion, welche man dem Kurfürsten in seinen eigenen Staaten machte, rettete man Schlesien; und das Unternehmen war desto leichter, da Sachsen durch den schlesischen Krieg von Verteidigern entblößt und dem Feinde von allen Seiten geöffnet war. Die Notwendigkeit, ein österreichisches Erbland zu retten, schlug alle Einwendungen des Kurfürsten von Bayern darnieder, und unter der Maske eines patriotischen Eifers für das Beste des Kaisers konnte man ihn mit um so weniger Bedenklichkeit aufopfern. Indem man dem König von Schweden das reiche Bayern zum Raube ließ, hoffte man in der Unternehmung auf Sachsen von ihm nicht gestört zu werden, und die zunehmende Kaltsinnigkeit zwischen diesem Monarchen und dem sächsischen Hofe ließ ohnehin von seiner Seite wenig Eifer zu Befreiung Johann Georgs befürchten. Aufs neue also von seinem arglistigen Beschützer im Stich gelassen, trennte sich der Kurfürst zu Bamberg von Wallenstein, um mit dem kleinen Überrest seiner Truppen sein hilfloses Land zu vertheidigen, und die kaiserliche Armee richtete unter Friedlands Anführung ihren Marsch durch Baireuth und Koburg nach dem Thüringer Walde.

Ein kaiserlicher General, von Holk, war bereits mit sechstausend Mann in das Voigtland vorausgeschickt worden, diese wehrlose Provinz mit Feuer und Schwert zu verheeren. Ihm wurde bald darauf Gallas nachgeschickt, ein zweiter Feldherr des Herzogs und ein gleich treues Werkzeug seiner unmenschlichen Befehle. Endlich wurde auch noch Graf Pappenheim aus Niedersachsen herbeigerufen, die geschwächte Armee des Herzogs zu verstärken und das Elend Sachsens vollkommen zu machen. Zerstörte Kirchen, eingeäscherte Dörfer, verwüstete Ernten, beraubte Familien, ermordete Unterthanen bezeichnete den Marsch dieser Barbarenheere; das ganze Thüringen, Voigtland und Meißen erlagen unter dieser dreifachen Geißel. Aber sie waren nur die Vorläufer eines größern Elends, mit welchem der Herzog selbst, an der Spitze der Hauptarmee, das unglückliche Sachsen bedrohte. Nachdem dieser auf seinem Zuge durch Franken und Thüringen die schauderhaftesten Denkmäler seiner Wuth hinterlassen, erschien er mit seiner ganzen Macht in dem Leipziger Kreise und zwang nach einer kurzen Belagerung die Stadt Leipzig zur Übergabe. Seine Absicht war, bis nach Dresden vorzudringen und durch Unterwerfung des ganzen

Landes dem Kurfürsten Gesetze vorzuschreiben. Schon näherte er sich der Mulde, um die sächsische Armee, die bis Torgau ihm entgegen gerückt war, mit seiner überlegenen Macht aus dem Felde zu schlagen, als die Ankunft des Königs von Schweden zu Erfurt seinen Eroberungsplanen eine unerwartete Grenze setzte. Im Gedränge zwischen der sächsischen und schwedischen Macht, welche Herzog Georg von Lüneburg von Niedersachsen aus noch zu verstärken drohte, wich er eilfertig gegen Merseburg zurück, um sich dort mit dem Grafen von Pappenheim zu vereinigen und die eindringenden Schweden mit Nachdruck zurückzutreiben.

Nicht ohne große Unruhe hatte Gustav Adolph den Kunstgriffen zugesehen, welche Spanien und Österreich verschwendeten, um seinen Alliierten von ihm abtrünnig zu machen. So wichtig ihm das Bündniß mit Sachsen war, so viel mehr Ursache hatte er, vor dem unbeständigen Gemüthe Johann Georgs zu zittern. Nie hatte zwischen ihm und dem Kurfürsten ein aufrichtiges freundschaftliches Verhältniß statt gefunden. Einem Prinzen, der auf seine politische Wichtigkeit stolz und gewohnt war, sich als das Haupt seiner Partei zu betrachten, mußte die Einmischung einer fremden Macht in die Reichsangelegenheiten bedenklich und drückend sein, und den Widerwillen, womit er die Fortschritte dieses unwillkommnen Fremdlings betrachtete, hatte nur die äußerste Noth seiner Staaten auf eine Zeit lang besiegen können. Das wachsende Ansehen des Königs in Deutschland, sein überwiegender Einfluß auf die protestantischen Stände, die nicht sehr zweideutigen Beweise seiner ehrgeizigen Absichten, bedenklich genug, die ganze Wachsamkeit der Reichsstände aufzufordern, machten bei dem Kurfürsten tausend Besorgnisse rege, welche die kaiserlichen Unterhändler geschickt zu nähren und zu vergrößern wußten. Jeder eigenmächtige Schritt des Königs, jede auch noch so billige Forderung, die er an die Reichsfürsten machte, gaben dem Kurfürsten Anlaß zu bittern Beschwerden, die einen nahen Bruch zu verkündigen schienen. Selbst unter den Generalen beider Theile zeigten sich, so oft sie vereinigt agieren sollten, vielfache Spuren der Eifersucht, welche ihre Beherrscher entzweite. Johann Georgs natürliche Abneigung vor dem Krieg und seine noch immer nicht unterdrückte Ergebenheit gegen Österreich begünstigte Arnheims Bemühungen, der, in beständigem Einverständnisse mit Wallenstein, unermüdet daran arbeitete, seinen Herrn zu einem Privatvergleich mit dem Kaiser zu vermögen; und fanden seine Vorstellungen auch lange Zeit keinen Eingang, so lehrte doch zuletzt der Erfolg, daß sie nicht ganz ohne Wirkung geblieben waren.

Gustav Adolph, mit Recht vor den Folgen bange, die der Abfall eines so wichtigen Bundesgenossen von seiner Partei für seine ganze künftige Existenz in Deutschland haben mußte, ließ kein Mittel unversucht, diesen bedenklichen Schritt zu verhindern, und bis jetzt hatten seine Vorstellungen ihren Eindruck auf den Kurfürsten nicht ganz verfehlt. Aber die fürchterliche Macht, womit der Kaiser seine verführerischen Vorschläge unterstützte, und die Drangsale, die er bei längerer Weigerung über Sachsen zu häufen drohte, konnten endlich doch, wenn man ihn seinen Feinden hilflos dahingab, die Standhaftigkeit des Kurfürsten überwinden und diese Gleichgültigkeit gegen einen so wichtigen Bundesgenossen das Vertrauen aller übrigen Alliierten Schwedens zu ihrem Beschützer auf immer darnieder schlagen. Diese Betrachtung bewog den König, den dringenden Einladungen, welche der hart bedrohte Kurfürst an ihn ergehen ließ, zum zweitenmal nachzugeben und der Rettung dieses Bundesgenossen alle seine glänzenden Hoffnungen aufzuopfern. Schon hatte er einen zweiten Angriff auf Ingolstadt beschlossen, und die Schwäche des Kurfürsten von Bayern rechtfertigte seine Hoffnung, diesem erschöpften Feinde doch endlich noch die Neutralität aufzudringen. Der Aufstand des Landvolks in Oberösterreich öffnete ihm dann den Weg in dieses Land, und der Sitz des Kaiserthrons konnte in seinen Händen sein, ehe Wallenstein Zeit hatte, mit Hilfe herbeizueilen. Alle diese schimmernden Hoffnungen setzte er dem Wohl eines Alliierten nach, den weder Verdienste noch guter Wille dieses Opfers werth machten; der, bei den dringendsten Aufforderungen des Gemeingeistes, nur seinem eigenen Vortheil mit kleinlicher Selbstsucht diente; der nicht durch die Dienste, die man sich von ihm versprach, nur durch den Schaden, den man von ihm besorgte, bedeutend war. Und wer erwehrt sich nun des Unwillens, wenn er hört, daß auf dem Wege, den Gustav Adolph jetzt zur Befreiung dieses Fürsten antritt, der große König das Ziel seiner Thaten findet?

Schnell zog er seine Truppen im fränkischen Kreise zusammen und folgte dem Wallensteinischen Heere durch Thüringen nach. Herzog Bernhard von Weimar, der gegen Pappenheim war vorausgeschickt worden, stieß bei Arnstadt zu dem Könige, der sich jetzt an der Spitze von zwanzigtausend Mann geübter Truppen erblickte. Zu Erfurt trennte er sich von seiner Gemahlin, die ihn nicht eher als zu Weißenfels im Sarge wieder sehen sollte; der bange gepreßte Abschied deutete auf eine ewige Trennung. Er erreichte Naumburg am ersten November des Jahrs 1632, ehe die dahin detachierten Corps des Herzogs von Friedland sich dieses Platzes bemächtigen konnten. Schaarenweise strömte alles Volk aus der umliegenden Gegend herbei, den Helden, den Rächer, den großen König anzustaunen, der ein Jahr vorher auf eben diesem Boden als ein rettender Engel erschienen war. Stimmen der Freude umtönten ihn, wo er sich sehen ließ; anbetend stürzte sich alles vor ihm auf die Kniee; man stritt sich um die Gunst, die Scheide seines Schwerts, den Saum seines Kleides zu berühren. Den bescheidenen Helden empörte dieser unschuldige Tribut, den ihm die aufrichtigste Dankbarkeit und Bewunderung zollte. »Ist es nicht, als ob dieses Volk mich zum Gott mache?« sagte er zu seinen Begleitern. »Unsere Sachen stehen gut; aber ich fürchte, die Rache des Himmels wird mich für dieses verwegene Gaukelspiel strafen und diesem thörichten Haufen meine schwache sterbliche Menschheit früh genug offenbaren.« Wie liebenswürdig zeigt sich uns Gustav, eh er auf ewig von uns Abschied nimmt! Auch in der Fülle seines Glücks die richtende Nemesis ehrend, verschmäht er eine Huldigung, die nur den Unsterblichen gebührt, und sein Recht auf unsere Thränen verdoppelt sich, eben da er dem Augenblick nahe ist, sie zu erregen.

Unterdessen war der Herzog von Friedland dem anrückenden König bis Weißenfels entgegen gezogen, entschlossen, die Winterquartiere in Sachsen, auch wenn es eine Schlacht kosten sollte, zu behaupten. Seine Unthätigkeit vor Nürnberg hatte ihn dem Verdacht ausgesetzt, als ob er sich mit dem nordischen Helden nicht zu messen wagte, und sein ganzer Ruhm war in Gefahr, wenn er die Gelegenheit zu schlagen zum zweitenmal entwischen ließ. Seine Überlegenheit an Truppen, wiewohl weit geringer, als sie in der ersten Zeit des Nürnbergischen Lagers gewesen, machte ihm die wahrscheinlichste Hoffnung zum Sieg, wenn er den König, vor der Vereinigung desselben mit den Sachsen, in ein Treffen verwickeln konnte. Aber seine jetzige Zuversicht war nicht sowohl auf seine größere Truppenzahl als auf die Versicherungen seines Astrologen Seni gegründet, welcher in den Sternen gelesen hatte, daß das Glück des schwedischen Monarchen im November untergehen würde. Überdies waren zwischen Kamburg und Weißenfels enge Pässe, von einer fortlaufenden Bergkette und der nahe strömenden Saale gebildet, welche es der schwedischen Armee äußerst schwer machten, vorzudringen, und mit Hilfe weniger Truppen gänzlich geschlossen werden konnten. Dem König blieb dann keine andere Wahl, als sich mit größter Gefahr durch diese Defileen zu winden, oder einen beschwerlichen Rückzug durch Thüringen zu nehmen und in einem verwüsteten Lande, wo es an jeder Nothdurft gebrach, den größten Theil seiner Truppen einzubüßen. Die Geschwindigkeit, mit der Gustav Adolph von Naumburg Besitz nahm, vernichtete diesen Plan, und jetzt war es Wallenstein selbst, der den Angriff erwartete.

Aber in dieser Erwartung sah er sich getäuscht, als der König, anstatt ihm bis Weißenfels entgegen zu rücken, alle Anstalten traf, sich bei Naumburg zu verschanzen und hier die Verstärkungen zu erwarten, welche der Herzog von Lüneburg im Begriff war ihm zuzuführen. Unschlüssig, ob er dem König durch die engen Pässe zwischen Weißenfels und Naumburg entgegen gehen, oder in seinem Lager unthätig stehen bleiben sollte, versammelte er seinen Kriegsrath, um die Meinung seiner erfahrensten Generale zu vernehmen. Keiner von allen fand es rathsam, den König in seiner vorteilhaften Stellung anzugreifen, und die Vorkehrungen, welche dieser zu Befestigung seines Lagers traf, schienen deutlich anzuzeigen, daß er gar nicht Willens sei, es so bald zu verlassen. Aber eben so wenig erlaubte der eintretende Winter, den Feldzug zu verlängern und eine der Ruhe so sehr bedürftige Armee durch fortgesetzte Campierung zu ermüden. Alle Stimmen erklärten sich für die Endigung des Feldzugs, um so mehr, da die wichtige Stadt Köln am Rhein von holländischen Truppen gefährlich bedroht war und die Fortschritte des Feindes in Westphalen und am Unterrhein die nachdrücklichste Hilfe in diesen Gegenden erheischten. Der Herzog von Friedland erkannte das Gewicht dieser Gründe, und beinahe überzeugt, daß von dem König für diese Jahrszeit kein Angriff mehr zu befürchten sei, bewilligte er seinen Truppen die Winterquartiere, doch so, daß sie aufs schnellste versammelt waren, wenn etwa der Feind gegen alle Erwartung noch einen Angriff wagte. Graf Pappenheim wurde mit einem großen Theile des Heers entlassen, um der Stadt Köln zu Hilfe zu eilen und auf dem Wege dahin die Hallische Festung Morizburg in Besitz zu nehmen. Einzelne Corps bezogen in den schicklichsten Städten umher ihre Winterquartiere, um die Bewegungen des Feindes von allen Seiten beobachten zu können, Graf Colloredo bewachte das Schloß zu Weißenfels, und Wallenstein selbst blieb mit dem Überrest unweit Merseburg zwischen dem Floßgraben und der Saale stehen, von wo er gesonnen war seinen Marsch über Leipzig zu nehmen und die Sachsen von dem schwedischen Heer abzuschneiden.

Kaum aber hatte Gustav Adolph Pappenheims Abzug vernommen, so verließ er plötzlich sein Lager bei Naumburg und eilte, den um die Hälfte geschwächten Feind mit seiner ganzen Macht anzufallen. In beschleunigtem Marsche rückte er gegen Weißenfels vor, von wo aus sich das Gerücht von seiner Ankunft schnell bis zum Feinde verbreitete und den Herzog von Friedland in die höchste Verwunderung setzte. Aber es galt jetzt einen schnellen Entschluß, und der Herzog hatte seine Maßregeln bald genommen. Obgleich man dem zwanzigtausend Mann starken Feinde nicht viel über zwölftausend entgegenzusetzen hatte, so konnte man doch hoffen, sich bis zu Pappenheims Rückkehr zu behaupten, der sich höchstens fünf Meilen weit, bis Halle, entfernt haben konnte. Schnell flogen Eilboten ab, ihn zurückzurufen, und zugleich zog sich Wallenstein in die weite Ebene zwischen dem Floßgraben und Lützen, wo er in völliger Schlachtordnung den König erwartete und ihn durch diese Stellung von Leipzig und den sächsischen Völkern trennte.

Drei Kanonenschüsse, welche Graf Colloredo von dem Schlosse zu Weißenfels abbrannte, verkündigten den Marsch des Königs, und auf dieses verabredete Signal zogen sich die friedländischen Vortruppen unter dem Commando des Kroatengenerals Isolani zusammen, die an der Rippach gelegenen Dörfer zu besetzen. Ihr schwacher Widerstand hielt den anrückenden Feind nicht auf, der bei dem Dorfe Rippach über das Wasser dieses Namens setzte und sich unterhalb Lützen der kaiserlichen Schlachtordnung gegenüber stellte. Die Landstraße, welche von Weißenfels nach Leipzig führt, wird zwischen Lützen und Markranstädt von dem Floßgraben durchschnitten, der sich von Zeitz nach Merseburg erstreckt und die Elster mit der Saale verbindet. An diesen Kanal lehnte sich der linke Flügel der Kaiserlichen und der rechte des Königs von Schweden, doch so, daß sich die Reiterei beider Theile noch jenseits desselben verbreitete. Nordwärts hinter Lützen hatte sich Wallensteins rechter Flügel und südwärts von diesem Städtchen der linke Flügel des schwedischen Heers gelagert. Beide Armeen kehrten der Landstraße ihre Fronte zu, welche mitten durch sie hinging und eine Schlachtordnung von der andern absonderte. Aber eben dieser Landstraße hatte sich Wallenstein am Abend vor der Schlacht zum großen Nachtheil seines Gegners bemächtigt, die zu beiden Seiten derselben fortlaufenden Gräben vertiefen und durch Musketiere besetzen lassen, daß der Übergang ohne Beschwerlichkeit und Gefahr nicht zu wagen war. Hinter denselben ragte eine Batterie von sieben großen Kanonen hervor, das Musketenfeuer aus den Gräben zu unterstützen, und an den Windmühlen, nahe hinter Lützen, waren vierzehn kleinere Feldstücke auf einer Anhöhe aufgepflanzt, von der man einen großen Theil der Ebene bestreichen konnte. Die Infanterie, in nicht mehr als fünf große und unbehilfliche Brigaden vertheilt, stand in einer Entfernung von dreihundert Schritten hinter der Landstraße in Schlachtordnung, und die Reiterei bedeckte die Flanken. Alles Gepäcke ward nach Leipzig geschickt, um die Bewegungen des Heeres nicht zu hindern, und bloß die Munitionswagen hielten hinter dem Treffen. Um die Schwäche der Armee zu verbergen, mußten alle Troßjungen und Knechte zu Pferde sitzen und sich an den linken Flügel anschließen; doch nur so lange, bis die Pappenheimischen Völker anlangten. Diese ganze Anordnung geschah in der Finsterniß der Nacht, und ehe der Tag graute, war alles zum Empfang des Feindes bereitet.

Noch an eben diesem Abend erschien Gustav Adolph auf der gegenüberliegenden Ebene und stellte seine Völker zum Treffen. Die Schlachtordnung war dieselbe, wodurch er das Jahr vorher bei Leipzig gesiegt hatte. Durch das Fußvolk wurden kleine Schwadronen verbreitet, unter die Reiterei hin und wieder eine Anzahl Musketiere vertheilt. Die ganze Armee stand in zwei Linien, den Floßgraben zur Rechten und hinter sich, vor sich die Landstraße und die Stadt Lützen zur Linken. In der Mitte hielt das Fußvolk unter des Grafen von Brahe Befehlen, die Reiterei auf den Flügeln und vor der Fronte das Geschütz. Einem deutschen Helden, dem Herzog Bernhard von Weimar, war die deutsche Reiterei des linken Flügels untergeben, und auf dem rechten führte der König selbst seine Schweden an, die Eifersucht beider Völker zu einem edeln Wettkampfe zu erhitzen. Auf ähnliche Art war das zweite Treffen geordnet, und hinter demselben hielt ein Reservecorps unter Hendersons, eines Schottländers, Commando.

Also gerüstet erwartete man die blutige Morgenröthe, um einen Kampf zu beginnen, den mehr der lange Aufschub als die Wichtigkeit der möglichen Folgen, mehr die Auswahl als die Anzahl der Truppen furchtbar und merkwürdig machten. Die gespannten Erwartungen Europens, die man im Lager vor Nürnberg hinterging, sollten nun in den Ebenen Lützens befriedigt werden. Zwei solche Feldherrn, so gleich an Ansehen, an Ruhm und an Fähigkeit, hatten im ganzen Laufe dieses Kriegs noch in keiner offenbaren Schlacht ihre Kräfte gemessen, eine so hohe Wette noch nie die Kühnheit geschreckt, ein so wichtiger Preis noch nie die Hoffnung begeistert. Der morgende Tag sollte Europa seinen ersten Kriegsfürsten kennen lehren und einen Überwinder dem nie Überwundenen geben. Ob am Lechstrom und bei Leipzig Gustav Adolphs Genie oder nur die Ungeschicklichkeit seines Gegners den Ausschlag bestimmte, mußte der morgende Tag außer Zweifel setzen. Morgen mußte Friedlands Verdienst die

Wahl des Kaisers rechtfertigen und die Größe des Mannes die Größe des Preises aufwägen, um den er erkauft worden war. Eifersüchtig theilte jeder einzelne Mann im Heer seines Führers Ruhm, und unter jedem Harnische wechselten die Gefühle, die den Busen der Generale durchflammten. Zweifelhaft war der Sieg, gewiß die Arbeit und das Blut, das er dem Überwinder wie dem Überwundenen kosten mußte. Man kannte den Feind vollkommen, dem man jetzt gegenüber stand, und die Bangigkeit, die man vergeblich bekämpfte, zeugte glorreich für seine Stärke.

Endlich erscheint der gefürchtete Morgen; aber ein undurchdringlicher Nebel, der über das ganze Schlachtfeld verbreitet liegt, verzögert den Angriff noch bis zur Mittagsstunde. Vor der Fronte knieend hält der König seine Andacht; die ganze Armee, auf die Knie hingestürzt, stimmt zu gleicher Zeit ein rührendes Lied an, und die Feldmusik begleitet den Gesang. Dann steigt der König zu Pferde, und bloß mit einem ledernen Goller und einem Tuchrock bekleidet (eine vormals empfangene Wunde erlaubte ihm nicht mehr, den Harnisch zu tragen), durchreitet er die Glieder, den Muth der Truppen zu einer frohen Zuversicht zu entflammen, die sein eigner ahnungsvoller Busen verleugnet. »Gott mit uns!« war das Wort der Schweden; das der Kaiserlichen: »Jesus Maria.« Gegen eilf Uhr fängt der Nebel an, sich zu zertheilen, und der Feind wird sichtbar. Zugleich sieht man Lützen in Flammen stehen, auf Befehl des Herzogs in Brand gesteckt, damit er von dieser Seite nicht überflügelt würde. Jetzt tönt die Losung, die Reiterei sprengt gegen den Feind, und das Fußvolk ist im Anmarsch gegen die Gräben.

Von einem fürchterlichen Feuer der Musketen und des dahinter gepflanzten groben Geschützes empfangen, setzen diese tapfern Bataillons mit unerschrockenem Muth ihren Angriff fort, die feindlichen Musketiere verlassen ihren Posten, die Gräben sind übersprungen, die Batterie selbst wird erobert und sogleich gegen den Feind gerichtet. Sie dringen weiter mit unaufhaltsamer Gewalt, die erste der fünf friedländischen Brigaden wird niedergeworfen, gleich darauf die zweite, und schon wendet sich die dritte zur Flucht; aber hier stellt sich der schnell gegenwärtige Geist des Herzogs ihrem Andrang entgegen. Mit Blitzesschnelligkeit ist er da, der Unordnung seines Fußvolkes zu steuern, und seinem Machtwort gelingt's, die Fliehenden zum Stehen zu bewegen. Von drei Cavallerieregimentern unterstützt, machen die schon geschlagenen Brigaden aufs neue Fronte gegen den Feind und dringen mit Macht in seine zerrissenen Glieder. Ein mörderischer Kampf erhebt sich, der nahe Feind gibt dem Schießgewehr keinen Raum, die Wuth des Angriffs keine Frist mehr zur Ladung, Mann ficht gegen Mann, das unnütze Feuerrohr macht dem Schwert und der Pike Platz, und die Kunst der Erbitterung. Überwältigt von der Menge, weichen endlich die ermatteten Schweden über die Gräben zurück, und die schon eroberte Batterie geht bei diesem Rückzug verloren. Schon bedecken tausend verstümmelte Leichen das Land, und noch ist kein Fuß breit Erde gewonnen.

Indessen hat der rechte Flügel des Königs, von ihm selbst angeführt, den linken des Feindes angefallen. Schon der erste machtvolle Andrang der schweren finnländischen Kürassiere zerstreute die leicht berittenen Polen und Kroaten, die sich an diesen Flügel anschlossen, und ihre unordentliche Flucht theilte auch der übrigen Reiterei Furcht und Verwirrung mit. In diesem Augenblick hinterbringt man dem König, daß seine Infanterie über die Gräben zurückweiche und auch sein linker Flügel durch das feindliche Geschütz von den Windmühlen aus furchtbar geängstigt und schon zum Weichen gebracht werde. Mit schneller Besonnenheit überträgt er dem General von Horn, den schon geschlagenen linken Flügel des Feindes zu verfolgen, und er selbst eilt an der Spitze des Stenbockischen Regiments davon, der Unordnung seines eigenen linken Flügels abzuhelfen. Sein edles Roß trägt ihn pfeilschnell über die Gräben; aber schwerer wird den nachfolgenden Schwadronen der Übergang, und nur wenige Reiter, unter denen Franz Albert, Herzog von Sachsen-Lauenburg, genannt wird, waren behend genug, ihm zur Seite zu bleiben. Er sprengte geraden Wegs demjenigen Orte zu, wo sein Fußvolk am gefährlichsten bedrängt war, und indem er seine Blicke umhersendet, irgend eine Blöße des feindlichen Heeres auszuspähen, auf die er den Angriff richten könnte, führt ihn sein kurzes Gesicht zu nah an dasselbe. Ein kaiserlicher Gefreiter bemerkt, daß dem Vorübersprengenden alles ehrfurchtsvoll Platz macht, und schnell befiehlt er einem Musketier, auf ihn anzuschlagen. »Auf Den dort schieße«, ruft er, »das muß ein vornehmer Mann sein.« Der Soldat drückt ab, und dem König wird der linke Arm zerschmettert. In diesem Augenblick kommen seine Schwadronen dahergesprengt, und ein verwirrtes Geschrei. »Der König blutet! – Der König ist erschossen!« breitet unter den Ankommenden Schrecken und Entsetzen aus. »Es ist nichts – folgt mir!« ruft der König, seine ganze Stärke zusammenraffend; aber überwältigt von Schmerz und der Ohnmacht nahe, bittet er in französischer Sprache den Herzog von Lauenburg, ihn ohne Aufsehen aus dem Gedränge zu schaffen. Indem der letztere auf einem weiten Umweg, um der muthlosen

Infanterie diesen niederschlagenden Anblick zu entziehen, nach dem rechten Flügel mit dem Könige umwendet, erhält dieser einen zweiten Schuß durch den Rücken, der ihm den letzten Rest seiner Kräfte raubt. »Ich habe genug, Bruder!« ruft er mit sterbender Stimme; »suche du nur dein Leben zu retten.« Zugleich sank er vom Pferd, und von noch mehrern Schüssen durchbohrt, von allen seinen Begleitern verlassen, verhauchte er unter den räuberischen Händen der Kroaten sein Leben. Bald entdeckte sein ledig fliehendes, in Blute gebadetes Roß der schwedischen Reiterei ihres Königs Fall, und wüthend dringt sie herbei, dem gierigen Feind diese heilige Beute zu entreißen. Um seinen Leichnam entbrennt ein mörderisches Gefecht, und der entstellte Körper wird unter einem Hügel von Todten begraben.

Die Schreckenspost durcheilt in kurzer Zeit das ganze schwedische Heer; aber anstatt den Muth dieser tapfern Schaaren zu ertödten, entzündet sie ihn vielmehr zu einem neuen, wilden, verzehrenden Feuer. Das Leben fällt in seinem Preise, da das heiligste aller Leben dahin ist, und der Tod hat für den Niedrigen keine Schrecken mehr, seitdem er das gekrönte Haupt nicht verschonte. Mit Löwengrimm werfen sich die upländischen, smaländischen, finnischen, ost- und westgothischen Regimenter zum zweitenmal auf den linken Flügel des Feindes, der dem General von Horn nur noch schwachen Widerstand leistet und jetzt völlig aus dem Felde geschlagen wird. Zugleich gibt Herzog Bernhard von Weimar dem verwaisten Heere der Schweden in seiner Person ein fähiges Oberhaupt, und der Geist Gustav Adolphs führt von neuem seine siegreichen Schaaren. Schnell ist der linke Flügel wieder geordnet, und mit Macht dringt er auf den rechten der Kaiserlichen ein. Das Geschütz an den Windmühlen, das ein so mörderisches Feuer auf die Schweden geschleudert hatte, fällt in seine Hand, und auf die Feinde selbst werden jetzt diese Donner gerichtet. Auch der Mittelpunkt des schwedischen Fußvolks setzt unter Bernhards und Kniphausens Anführung aufs neue gegen die Gräben an, über die er sich glücklich hinwegschwingt und zum zweitenmal die Batterie der sieben Kanonen erobert. Auf die schweren Bataillons des feindlichen Mittelpunkts wird jetzt mit gedoppelter Wuth der Angriff erneuert, immer schwächer und schwächer widerstehen sie, und der Zufall selbst verschwört sich mit der schwedischen Tapferkeit, ihre Niederlage zu vollenden. Feuer ergreift die kaiserlichen Pulverwagen; und unter schrecklichem Donnerknalle sieht man die aufgehäuften Granaten und Bomben in die Lüfte fliegen. Der in Bestürzung gesetzte Feind wähnt sich von hinten angefallen, indem die schwedischen Brigaden von vorn ihm entgegenstürmen. Der Muth entfällt ihm. Er sieht seinen linken Flügel geschlagen, seinen rechten im Begriff, zu erliegen, sein Geschütz in des Feindes Hand. Es neigt sich die Schlacht zu ihrer Entscheidung, das Schicksal des Tages hängt nur noch an einem einzigen Augenblick – da erscheint Pappenheim auf dem Schlachtfelde mit Kürassieren und Dragonern; alle erhaltenen Vortheile sind verloren, und eine ganz neue Schlacht fängt an.

Der Befehl, welcher diesen General nach Lützen zurückrief, hatte ihn zu Halle erreicht, eben da seine Völker mit Plünderung dieser Stadt noch beschäftigt waren. Unmöglich war's, das zerstreute Fußvolk mit der Schnelligkeit zu sammeln, als die dringende Ordre und die Ungeduld dieses Kriegers verlangten. Ohne es zu erwarten, ließ er acht Regimenter Cavallerie aufsitzen und eilte an der Spitze derselben spornstreichs auf Lützen zu, an dem Feste der Schlacht Theil zu nehmen. Er kam noch eben recht, um die Flucht des kaiserlichen linken Flügels, den Gustav Horn aus dem Felde schlug, zu bezeugen und sich anfänglich selbst darein verwickelt zu sehen. Aber mit schneller Gegenwart des Geistes sammelt er diese flüchtigen Völker wieder und führt sie aufs neue gegen den Feind. Fortgerissen von seinem wilden Muth und voll Ungeduld, dem König selbst, den er an der Spitze dieses Flügels vermuthet, gegenüber zu fechten, bricht er fürchterlich in die schwedischen Schaaren, die, ermattet vom Sieg und an Anzahl zu schwach, dieser Fluth von Feinden nach dem männlichsten Widerstand unterliegen. Auch den erlöschenden Muth des kaiserlichen Fußvolks ermuntert Pappenheims nicht mehr gehoffte Erscheinung, und schnell benutzt der Herzog von Friedland den günstigen Augenblick, das Treffen aufs neue zu formieren. Die dicht geschlossenen schwedischen Bataillons werden unter einem mörderischen Gefechte über die Gräben zurückgetrieben und die zweimal verlornen Kanonen zum zweitenmal ihren Händen entrissen. Das ganze gelbe Regiment, als das trefflichste von allen, die an diesem blutigen Tage Beweise ihres Heldenmuths gaben, lag todt dahin gestreckt und bedeckte noch in derselben schönen Ordnung den Wahlplatz, den es lebend mit so standhaftem Muthe behauptet hatte. Ein ähnliches Loos traf ein anderes blaues Regiment, welches Graf Piccolomini mit der kaiserlichen Reiterei nach dem wüthendsten Kampfe zu Boden warf. Zu sieben verschiedenen Malen wiederholte dieser treffliche General den Angriff; sieben Pferde wurden unter ihm erschossen, und sechs Musketenkugeln durchbohrten ihn. Dennoch verließ er das Schlachtfeld nicht eher, als bis ihn der Rückzug des ganzen Heeres mit fortriß. Den Herzog selbst sah man, mitten unter dem feindlichen Kugelregen, mit kühler Seele seine Truppen durchreiten, dem Notleidenden nahe mit Hilfe, dem Tapfern mit Beifall, dem Verzagten mit seinem strafenden Blick. Um und neben ihm stürzen seine Völker entseelt dahin, und sein Mantel wird von vielen Kugeln durchlöchert. Aber die Rachegötter beschützen heute seine Brust, für die schon ein anderes Eisen geschliffen ist; auf dem Bette, wo Gustav erblaßte, sollte Wallenstein den schuldbefleckten Geist nicht verhauchen.

Nicht so glücklich war Pappenheim, der Telamonier des Heers, der furchtbarste Soldat des Hauses Österreich und der Kirche. Glühende Begier, dem König selbst im Kampfe zu begegnen, riß den Wüthenden mitten in das blutigste Schlachtgewühl, wo er seinen edeln Feind am wenigsten zu verfehlen hoffte. Auch Gustav hatte den feurigen Wunsch gehegt, diesen geachteten Gegner von Angesicht zu sehen, aber die feindselige Sehnsucht blieb ungestillt, und erst der Tod führte die versöhnten Helden zusammen. Zwei Musketenkugeln durchbohrten Pappenheims narbenvolle Brust, und gewaltsam mußten ihn die Seinen aus dem Mordgewühl tragen. Indem man beschäftigt war, ihn hinter das Treffen zu bringen, drang ein Gemurmel zu seinen Ohren, daß Der, den er suchte, entseelt auf dem Wahlplatz liege. Als man ihm die Wahrheit dieses Gerüchtes bekräftigte, erheiterte sich sein Gesicht, und das letzte Feuer blitzte in seinen Augen. »So hinterbringe man denn dem Herzog von Friedland«, rief er aus, »daß ich ohne Hoffnung zum Leben darnieder liege, aber fröhlich dahin scheide, da ich weiß, daß dieser unversöhnliche Feind meines Glaubens an Einem Tage mit mir gefallen ist.«

Mit Pappenheim verschwand das Glück der Kaiserlichen von dem Schlachtfelde. Nicht sobald vermißte die schon einmal geschlagene und durch ihn allein wieder hergestellte Reiterei des linken Flügels ihren sieghaften Führer, als sie alles verloren gab und mit muthloser Verzweiflung das Weite suchte. Gleiche Bestürzung ergriff auch den rechten Flügel, wenige Regimenter ausgenommen, welche die Tapferkeit ihrer Obersten, Götz, Terzky, Colloredo und Piccolomini, nöthigte, Stand zu halten. Die schwedische Infanterie benutzt mit schneller Entschlossenheit die Bestürzung des Feindes. Um die Lücken zu ergänzen, welche der Tod in ihr Vordertreffen gerissen, ziehen sich beide Linien in Eine zusammen, die den letzten entscheidenden Angriff wagt. Zum drittenmal setzt sie über die Gräben, und zum drittenmal werden die dahinter gepflanzten Stücke erobert. Die Sonne neigt sich eben zum Untergang, indem beide

Schlachtordnungen auf einander treffen. Heftiger erhitzt sich der Streit an seinem Ende, die letzte Kraft ringt mit der letzten Kraft, Geschicklichkeit und Wuth thun ihr Äußerstes, in den letzten theuren Minuten den ganzen verlorenen Tag nachzuholen. Umsonst, die Verzweiflung erhebt jede über sich selbst, keine versteht zu siegen, keine zu weichen, und die Taktik erschöpft hier ihre Wunder nur, um dort neue, nie gelernte, nie in Übung gebrachte Meisterstücke der Kunst zu entwickeln. Endlich setzen Nebel und Nacht dem Gefecht eine Grenze, dem die Wuth keine setzen will, und der Angriff hört auf, weil man seinen Feind nicht mehr findet. Beide Kriegsheere scheiden mit stillschweigender Übereinkunft aus einander, die erfreuenden Trompeten ertönen, und jedes, für unbesiegt sich erklärend, verschwindet aus dem Gefilde.

Die Artillerie beider Theile blieb, weil die Rosse sich verlaufen, die Nacht über auf dem Wahlplatze verlassen stehen – zugleich der Preis und die Urkunde des Sieges für Den, der die Wahlstatt eroberte. Aber über der Eilfertigkeit, mit der er von Leipzig und Sachsen Abschied nahm, vergaß der Herzog von Friedland, seinen Antheil daran von dem Schlachtfelde abzuholen. Nicht lange nach geendigtem Treffen erschien das Pappenheimische Fußvolk, das seinem vorauseilenden General nicht schnell genug hatte folgen können, sechs Regimenter stark, auf dem Wahlplatz; aber die Arbeit war gethan. Wenige Stunden früher würde diese beträchtliche Verstärkung die Schlacht wahrscheinlich zum Vortheil des Kaisers entschieden und selbst noch jetzt durch Eroberung des Schlachtfeldes die Artillerie des Herzogs gerettet und die schwedische erbeutet haben. Aber keine Ordre war da, ihr Verhalten zu bestimmen, und zu ungewiß über den Ausgang der Schlacht, nahm sie ihren Weg nach Leipzig, wo sie das Hauptheer zu finden hoffte.

Dahin hatte der Herzog von Friedland seinen Rückzug genommen, und ohne Geschütz, ohne Fahnen und beinahe ohne alle Waffen folgte ihm am andern Morgen der zerstreute Überrest seines Heers. Zwischen Lützen und Weißenfels, scheint es, ließ Herzog Bernhard die schwedische Armee von den Anstrengungen dieses blutigen Tages sich erholen, nahe genug an dem Schlachtfeld, um jeden Versuch des Feindes zu Eroberung desselben sogleich vereiteln zu können. Von beiden Armeen lagen über neuntausend Mann todt auf dem Wahlplatze; noch weit größer war die Zahl der Verwundeten, und unter den Kaiserlichen besonders fand sich kaum Einer, der unverletzt aus dem Treffen zurückgekehrt wäre. Die ganze Ebene von Lützen bis an den Floßgraben war mit Verwundeten, mit

Sterbenden, mit Todten bedeckt. Viele von dem vornehmsten Adel waren auf beiden Seiten gefallen; auch der Abt von Fulda, der sich als Zuschauer in die Schlacht gemischt hatte, büßte seine Neugier und seinen unzeitigen Glaubenseifer mit dem Tode. Von Gefangenen schweigt die Geschichte; ein Beweis mehr für die Wuth der Armeen, die keinen Pardon gab oder keinen verlangte.

Pappenheim starb gleich am folgenden Tage zu Leipzig an seinen Wunden; ein unersetzlicher Verlust für das kaiserliche Heer, das dieser treffliche Krieger so oft zum Sieg geführt hatte. Die Prager Schlacht, der er zugleich mit Wallenstein als Oberster beiwohnte, öffnete seine Heldenbahn. Gefährlich verwundet, warf er durch das Ungestüm seines Muths mit wenigen Truppen ein feindliches Regiment darnieder und lag viele Stunden lang, mit andern Todten verwechselt, unter der Last seines Pferdes auf der Wahlstatt, bis ihn die Seinigen bei Plünderung des Schlachtfelds entdeckten. Mit wenigem Volk überwand er die Rebellen in Oberösterreich, vierzigtausend an der Zahl, in drei verschiedenen Schlachten, hielt in dem Treffen bei Leipzig die Niederlage des Tilly lange Zeit durch seine Tapferkeit auf und machte die Waffen des Kaisers an der Elbe und an dem Weserstrom siegen. Das wilde stürmische Feuer seines Muths, den auch die entschiedenste Gefahr nicht schreckte und kaum das Unmögliche bezwang, machte ihn zum furchtbarsten Arm des Feldherrn, aber untüchtig zum Oberhaupt des Heers; das Treffen bei Leipzig ging, wenn man dem Ausspruch Tillys glauben darf, durch seine ungestüme Hitze verloren. Auch er tauchte bei Magdeburgs Zerstörung seine Hand in Blut; sein Geist, durch frühen jugendlichen Fleiß und vielfältige Reisen zur schönsten Blüthe entfaltet, verwilderte unter den Waffen. Auf seiner Stirne erblickte man zwei rothe Striemen, Schwertern ähnlich, womit die Natur schon bei der Geburt ihn gezeichnet hatte. Auch noch in spätern Jahren erschienen diese Flecken, so oft eine Leidenschaft sein Blut in Bewegung brachte, und der Aberglaube überredete sich leicht, daß der künftige Beruf des Mannes schon auf der Stirne des Kindes angedeutet worden sei. Ein solcher Diener hatte auf die Dankbarkeit beider österreichischen Linien den gegründetsten Anspruch; aber den glänzendsten Beweis derselben erlebte er nicht mehr. Schon war der Eilbote auf dem Wege, der ihm das goldene Vließ von Madrid überbringen sollte, als der Tod ihn zu Leipzig dahinraffte.

Ob man gleich in allen österreichischen und spanischen Landen über den erfochtenen Sieg das Te Deum anstimmte, so gestand doch Wallenstein selbst durch die Eilfertigkeit, mit der er Leipzig und bald darauf ganz Sachsen verließ und auf die Winterquartiere in diesem Lande Verzicht that, öffentlich und laut seine Niederlage. Zwar that er noch einen schwachen Versuch, die Ehre des Siegs gleichsam im Flug wegzuhaschen, und schickte am andern Morgen seine Kroaten aus, das Schlachtgefild zu umschwärmen; aber der Anblick des schwedischen Heers, das in Schlachtordnung dastand, verscheuchte im Augenblick diese flüchtigen Schaaren, und Herzog Bernhard nahm durch Eroberung der Wahlstatt, auf welche bald nachher die Einnahme Leipzigs folgte, unbestrittenen Besitz von allen Rechten des Siegers.

Aber ein theurer Sieg, ein trauriger Triumph! Jetzt erst, nachdem die Wuth des Kampfes erkaltet ist, empfindet man die ganze Größe des erlittenen Verlustes, und das Jubelgeschrei der Überwinder erstirbt in einer stummen, finstern Verzweiflung. Er, der sie in den Streit herausgeführt hatte, ist nicht mit zurückgekehrt. Draußen liegt er in seiner gewonnenen Schlacht, mit dem gemeinen Haufen niedriger Todten verwechselt. Nach langem vergeblichen Suchen entdeckt man endlich den königlichen Leichnam, unfern dem großen Steine, der schon hundert Jahre vorher zwischen dem Floßgraben und Lützen gesehen worden, aber von dem merkwürdigen Unglücksfalle dieses Tages den Namen des Schwedensteines führt. Von Blut und Wunden bis zum Unkenntlichen entstellt, von den Hufen der Pferde zertreten und durch räuberische Hände seines Schmucks, seiner Kleider beraubt, wird er unter einem Hügel von Todten hervorgezogen, nach Weißenfels gebracht und dort dem Wehklagen seiner Truppen, den letzten Umarmungen seiner Gemahlin überliefert. Den ersten Tribut hatte die Rache geheischt, und Blut mußte dem Monarchen zum Sühnopfer strömen; jetzt tritt die Liebe in ihre Rechte ein, und milde Thränen fließen – um den Menschen. Der gemeine Schmerz verschlingt jedes einzelne Leiden. Von dem betäubenden Schlag noch besinnungslos, stehen die Anführer in dumpfer Erstarrung um seine Bahre, und keiner getraut sich noch den ganzen Umfang dieses Verlustes zu denken.

Der Kaiser, erzählt uns Khevenhiller, zeigte beim Anblick des blutigen Gollers, den man dem Könige in der Schlacht abgenommen und nach Wien geschickt hatte, eine anständige Rührung, die ihm wahrscheinlich auch von Herzen ging. »Gern«, rief er aus, »hätte ich dem Unglücklichen ein längeres Leben und eine fröhliche Rückkehr in sein Königreich gegönnt, wenn nur in Deutschland Friede geworden wäre!« Aber wenn ein neuerer katholischer Schriftsteller von anerkanntem Verdienst diesen Beweis eines nicht ganz unterdrückten Menschengefühls, den selbst schon der äußere Anstand fordert, den auch die bloße Selbstliebe dem fühllosesten Herzen abnöthigt. und dessen Gegentheil nur in der rohesten Seele möglich werden kann, der höchsten Lobpreisung würdig findet und gar dem Edelmuth Alexanders gegen das Andenken des Darius an die Seite setzt, so erweckt er uns ein schlechtes Vertrauen zu dem übrigen Werth seines Helden oder, was noch schlimmer wäre, zu seinem eigenen Ideale von sittlicher Würde. Aber auch ein solches Lob ist bei Demjenigen schon viel, den man von dem Verdacht eines Königsmordes zu reinigen sich genöthigt findet!

Es war wohl kaum zu erwarten, daß der mächtige Hang der Menschen zum Außerordentlichen dem gewöhnlichen Laufe der Natur den Ruhm lassen würde, das wichtige Leben eines Gustav Adolphs geendigt zu haben. Der Tod dieses furchtbaren Gegners war für den Kaiser eine zu wichtige Begebenheit, um nicht bei einer feindseligen Partei den so leicht sich darbietenden Gedanken zu erregen, daß das, was ihm nützte, von ihm veranlaßt worden sei. Aber der Kaiser bedurfte zu Ausführung dieser schwarzen That eines fremden Armes, und auch diesen glaubte man in der Person Franz Alberts, Herzogs von Sachsen-Lauenburg, gefunden zu haben. Diesem erlaubte sein Rang einen freien unverdächtigen Zutritt zu dem Monarchen, und eben diese ehrenvolle Würde diente dazu, ihn über den Verdacht einer schändlichen Handlung hinweg zu setzen. Es braucht nun gezeigt zu werden, daß dieser Prinz einer solchen Abscheulichkeit fähig, und daß er hinlänglich dazu aufgefordert war, sie wirklich zu ver-üben.

Franz Albert, der jüngste von vier Söhnen Franz' des Zweiten, Herzogs von Lauenburg, und durch seine Mutter verwandt mit dem Wasaischen Fürstengeschlechte, hatte in jüngern Jahren am schwedischen Hofe eine freundschaftliche Aufnahme gefunden. Eine Unanständigkeit, die er sich im Zimmer der Königin Mutter gegen Gustav Adolph erlaubte, wurde, wie man sagt, von diesem feurigen Jüngling mit einer Ohrfeige geahndet, die, obgleich im Augenblick bereut und durch die vollständigste Genugtu-ung gebüßt, in dem rachgierigen Gemüth des Herzogs den Grund zu einer unversöhnlichen Feindschaft legte. Franz Albert trat in der Folge in kai-serliche Dienste, wo er ein Regiment anzuführen bekam, mit dem Herzog von Friedland in die engste Verbindung trat und sich zu einer heimlichen Unterhandlung am sächsischen Hofe gebrauchen ließ, die seinem Rang wenig Ehre machte. Ohne eine erhebliche Ursache davon angeben zu können, verläßt er unvermuthet die österreichischen Fahnen und erscheint zu Nürnberg im Lager des Königs, ihm seine Dienste als Volontär anzubieten. Durch seinen Eifer für die protestantische Sache und ein zuvorkommendes einschmeichelndes Betragen gewinnt er des Königs Herz, der, von Oxenstierna vergeblich gewarnt, seine Gunst und Freundschaft an den verdächtigen Ankömmling verschwendet. Bald darauf kommt es bei Lützen zur Schlacht, in welcher Franz Albert dem Monarchen wie ein böser Dämon beständig zur Seite bleibt und erst, nachdem der König schon gefallen ist, von ihm scheidet. Mitten unter den Kugeln der Feinde bleibt er unverletzt, weil er eine grüne Binde, die Farbe der Kaiserlichen, um den Leib trägt. Er ist der Erste, der dem Herzog von Friedland, seinem Freunde, den Fall des Königs hinterbringt. Er vertauscht gleich nach dieser Schlacht die schwedischen Dienste mit den sächsischen, und bei der Ermordung Wallensteins als ein Mitschuldiger dieses Generals eingezogen, entgeht er nur durch Abschwörung seines Glaubens dem Schwerte des Nachrichters. Endlich erscheint er aufs neue als Befehlshaber einer kaiserlichen Armee in Schlesien und stirbt vor Schweidnitz an empfangenen Wunden. Es erfordert wirklich einige Selbstüberwindung, sich der Unschuld eines Menschen anzunehmen, der einen Lebenslauf, wie diesen, gelebt hat; aber wenn die moralische und physische Möglichkeit einer so verabscheuungswerthen That auch noch so sehr aus den angeführten Gründen erhellte, so zeigt schon der erste Blick, daß sie auf die wirkliche Begehung derselben keinen rechtmäßigen Schluß erlauben. Es ist bekannt, daß Gustav Adolph, wie der gemeinste Soldat in seinem Heer, sich der Gefahr bloßstellte, und wo Tausende fielen, konnte auch er seinen Untergang finden. Wie er ihn fand, bleibt in undurchdringliches Dunkel verhüllt; aber mehr als irgendwo gilt hier die Maxime, da, wo der natürliche Lauf der Dinge zu einem vollkommnen Erklärungsgrund hinreicht, die Würde der menschlichen Natur durch keine moralische Beschuldigung zu entehren.

Aber durch welche Hand er auch mag gefallen sein, so muß uns dieses außerordentliche Schicksal als eine That der großen Natur erscheinen. Die Geschichte, so oft nur auf das freudenlose Geschäft eingeschränkt, das einförmige Spiel der menschlichen Leidenschaft aus einander zu legen, sieht sich zuweilen durch Erscheinungen belohnt, die gleich einem kühnen Griff aus den Wolken in das berechnete Uhrwerk der menschlichen Unternehmungen fallen und den nachdenkenden Geist auf eine höhere Ordnung der Dinge verweisen. So ergreift uns Gustav Adolphs schnelle Verschwindung vom Schauplatz, die das ganze Spiel des politischen Uhrwerks mit einemmal hemmt und alle Berechnungen der menschlichen Klugheit vereitelt. Gestern noch der belebende Geist, der große und einzige Beweger seiner Schöpfung – heute in seinem Adlerfluge unerbittlich dahingestürzt, herausgerissen aus einer Welt von Entwürfen, von der reifenden Saat seiner Hoffnungen ungestüm abgerufen, läßt er seine verwaiste Partei trostlos hinter sich, und in Trümmern fällt der stolze Bau seiner vergänglichen Größe. Schwer entwöhnt sich die protestantische Welt von den Hoffnungen, die sie auf diesen unüberwindlichen Anführer setzte, und mit ihm fürchtet sie ihr ganzes voriges Glück zu begraben. Aber es war nicht mehr der Wohlthäter Deutschlands, der bei Lützen sank; die wohlthätige Hälfte seiner Laufbahn hatte Gustav Adolph geendigt, und der größte Dienst, den er der Freiheit des deutschen Reichs noch erzeigen kann, ist – zu sterben. Die alles verschlingende Macht des Einzigen zerfällt, und Viele versuchen ihre Kräfte; der zweideutige Beistand eines übermächtigen Beschützers macht der rühmlichen Selbsthilfe der Stände Platz, und vorher nur die Werkzeuge zu seiner Vergrößerung, fangen sie erst jetzt an, für sich selbst zu arbeiten. In ihrem eigenen Muthe suchen sie nunmehr die Rettungsmittel auf, die von der Hand des Mächtigen ohne Gefahr nicht empfangen werden, und die schwedische Macht, außer Stand gesetzt, in eine Unterdrückerin auszuarten, tritt in die bescheidenen Grenzen einer Alliierten zurück.

Unverkennbar strebte der Ehrgeiz des schwedischen Monarchen nach einer Gewalt in Deutschland, die mit der Freiheit der Stände unvereinbar war, und nach einer bleibenden Besitzung im Mittelpunkte dieses Reiches. Sein Ziel war der Kaiserthron, und diese Würde, durch seine Macht unterstützt und geltend gemacht durch seine Thätigkeit, war in seiner Hand einem weit größern Mißbrauch ausgesetzt, als man von dem österreichischen Geschlechte zu befürchten hatte. Geboren im Ausland, in den Maximen der Alleinherrschaft auferzogen und aus frommer Schwärmerei ein abgesagter Feind der Papisten, war er nicht wohl geschickt, das Heiligthum deutscher Verfassung zu bewahren und vor der Freiheit der Stände Achtung zu tragen. Die anstößige Huldigung, welche außer mehrern andern Städten die Reichsstadt Augsburg der schwedischen Krone zu leisten vermocht wurde, zeigte weniger den Beschützer des Reichs, als den Eroberer; und diese Stadt, stolzer auf den Titel einer Königsstadt, als auf den rühmlicheren Vorzug der Reichsfreiheit, schmeichelte sich schon im Voraus, der Sitz seines neuen Reichs zu werden. Seine nicht genug verhehlten Absichten auf das Erzstift Mainz, welches er anfangs dem Kurprinzen von Brandenburg als Mitgift seiner Tochter Christina und nachher seinem Kanzler und Freund Oxenstierna bestimmte, legte deutlich an den Tag, wie viel er sich gegen die Verfassung des Reichs zu erlauben fähig war. Die mit ihm verbundenen protestantischen Fürsten machten Ansprüche an seine Dankbarkeit, die nicht anders, als auf Unkosten ihrer Mitstände, und besonders der unmittelbaren geistlichen Stifter, zu befriedigen waren; und vielleicht war der Entwurf schon gemacht, die eroberten Provinzen nach Art jener alten barbarischen Horden, die das alte Römerreich überschwemmten, unter seine deutschen und schwedischen Kriegsgenossen, wie einen gemeinschaftlichen Raub, zu vertheilen. In seinem Betragen gegen den Pfalzgrafen Friedrich verleugnete er ganz die Großmuth des Helden und den heiligen Charakter eines Beschützers. Die Pfalz war in seinen Händen, und die Pflichten sowohl der Gerechtigkeit als der Ehre forderten ihn auf, diese den Spaniern entrissene Provinz ihrem rechtmäßigen Eigentümer in vollkommenem Stande zurückzugeben. Aber durch eine Spitzfindigkeit, die eines großen Mannes nicht würdig ist und den ehrwürdigen Namen eines Verteidigers der Unterdrückten schändet, wußte er dieser Verbindlichkeit zu entschlüpfen. Er betrachtete die Pfalz als eine Eroberung, die aus Feindeshänden an ihn gekommen sei, und glaubte daraus ein Recht abzuleiten, nach Willkür darüber zu verfügen. Aus Gnade also, und nicht aus Pflichtgefühl, trat er sie dem Pfalzgrafen ab, und zwar als ein Lehen der schwedischen Krone, unter Bedingungen, die den Werth derselben um die Hälfte verringerten und diesen Fürsten zu einem verächtlichen Vasallen Schwedens herabsetzten. Eine dieser Bedingungen, welche dem Pfalzgrafen vorschreibt, »nach geendigtem Kriege einen Theil der schwedischen Kriegsmacht, dem Beispiel der übrigen Fürsten gemäß, unterhalten zu helfen«, läßt uns einen ziemlich hellen Blick in das Schicksal thun, welches Deutschland bei fortdauerndem Glück des Königs erwartete. Sein schneller Abschied von der Welt sicherte dem deutschen Reiche die Freiheit und ihm selbst seinen schönsten Ruhm, wenn er ihm nicht gar die Kränkung ersparte, seine eigenen Bundesgenossen gegen ihn gewaffnet zu sehen und alle Früchte seiner Siege in einem nachtheiligen Frieden zu verlieren. Schon neigte sich Sachsen zum Abfall von seiner Partei; Dänemark betrachtete seine Größe mit Unruh und Neide; und selbst Frankreich, sein wichtigster Alliierter, aufgeschreckt durch das furchtbare Wachsthum seiner Macht und durch den stolzeren Ton, den er führte, sah sich schon damals, als er den Lechstrom passierte, nach fremden Bündnissen um, den sieghaften Lauf des Gothen zu hemmen und das Gleichgewicht der Macht in Europa wieder herzustellen.

Viertes Buch

Das schwache Band der Eintracht, wodurch Gustav Adolph die protestantischen Glieder des Reichs mühsam zusammenhielt, zerriß mit seinem Tode; die Verbundenen traten in ihre vorige Freiheit zurück, oder sie mußten sich in einem neuen Bunde verknüpfen. Durch das Erste verloren sie alle Vortheile, welche sie mit so vielem Blut errungen hatten, und setzten sich der unvermeidlichen Gefahr aus, der Raub eines Feindes zu werden, dem sie durch ihre Vereinigung allein gewachsen und überlegen gewesen waren. Einzeln konnte es weder Schweden noch irgend ein Reichsstand mit der Ligue und dem Kaiser aufnehmen, und bei einem Frieden, den man unter solchen Umständen suchte, würde man gezwungen gewesen sein, von dem Feinde Gesetze zu empfangen. Vereinigung war also die gleich notwendige Bedingung, sowohl um einen Frieden zu schließen, als um den Krieg fortzusetzen. Aber ein Frieden, in der gegenwärtigen Lage gesucht, konnte nicht wohl anders als zum Nachtheil der verbundenen Mächte geschlossen werden. Mit dem Tode Gustav Adolphs schöpfte der Feind neue Hoffnung, und wie nachtheilig auch seine Lage nach dem Treffen bei Lützen sein mochte, so war dieser Tod seines gefährlichsten Gegners eine zu nachtheilige Begebenheit für die Verbundenen und eine zu glückliche für den Kaiser, um ihn nicht zu den glänzendsten Erwartungen zu berechtigen und zu Fortsetzung des Kriegs einzuladen. Die Trennung unter den Alliierten mußte, für den Augenblick wenigstens, die unvermeidliche Folge desselben sein; und wie viel gewann der Kaiser, gewann die Ligue bei einer solchen Trennung der Feinde! So große Vortheile, als ihm die jetzige Wendung der Dinge versprach, konnte er also nicht wohl für einen Frieden aufopfern, bei dem er nicht das Meiste gewann; und einen solchen Frieden konnten die Verbundenen nicht zu schließen wünschen. Der natürlichste Schluß fiel also auf Fortsetzung des Krieges, so wie Vereinigung für das unentbehrlichste Mittel dazu erkannt wurde.

Aber wie diese Vereinigung erneuern, und wo zu Fortsetzung des Kriegs die Kräfte hernehmen? Nicht die Macht des schwedischen Reiches, nur der Geist und das persönliche Ansehen seines verstorbenen Beherrschers hatten ihm den überwiegenden Einfluß in Deutschland und eine so große Herrschaft über die Gemüther erworben; und auch ihm war es erst nach unendlichen Schwierigkeiten gelungen, ein schwaches und unsicheres Band der Vereinigung unter den Ständen zu knüpfen. Mit ihm verschwand alles, was nur durch ihn, durch seine persönlichen Eigenschaften möglich geworden, und die Verbindlichkeit der Stände hörte zugleich mit den Hoffnungen auf, auf die sie gegründet worden war. Mehrere unter den Ständen werfen ungeduldig das Joch ab, das sie nicht ohne Widerwillen trugen; andere eilen, sich selbst des Ruders zu bemächtigen, das sie ungern genug in Gustavs Händen gesehen, aber nicht Macht gehabt hatten, ihm bei seinen Lebzeiten streitig zu machen. Andere werden von dem Kaiser durch verführerische Versprechungen in Versuchung geführt, den allgemeinen Bund zu verlassen; andere, von den Drangsalen des vierzehnjährigen Krieges zu Boden gedrückt, sehnen sich kleinmüthig nach einem, wenn auch verderblichen Frieden. Die Anführer der Armeen, zum Theil deutsche Fürsten, erkennen kein gemeinschaftliches Oberhaupt, und keiner will sich erniedrigen, von dem andern Befehle zu empfangen. Die Eintracht verschwindet aus dem Kabinet und aus dem Felde, und das gemeine Wesen ist in Gefahr, durch diesen Geist der Trennung ins Verderben zu sinken.

Gustav hatte dem schwedischen Reiche keinen männlichen Nachfolger hinterlassen; seine sechsjährige Tochter Christina war die natürliche Erbin seines Throns. Die unvermeidlichen Gebrechen einer vormundschaftlichen Regierung vertrugen sich mit dem Nachdruck und der Entschlossenheit nicht gut, welche Schweden in diesem mißlichen Zeitlaufe zeigen sollte. Gustav Adolphs hochfliegender Geist hatte diesem schwachen und unberühmten Staat unter den Mächten von Europa einen Platz angewiesen, den er ohne das Glück und den Geist seines Urhebers nicht wohl behaupten und von dem er doch ohne das schimpflichste Geständniß der Ohnmacht nicht mehr herabsteigen konnte. Wenn gleich der deutsche Krieg größtenteils mit Deutschlands Kräften bestritten wurde, so drückte doch schon der kleine Zuschuß, welchen Schweden aus seinen eigenen Mitteln an Geld und Mannschaft dazu gab, dieses dürftige Königreich zu Boden, und der Landmann erlag unter den Lasten, die man auf ihn zu häufen gezwungen war. Die in Deutschland gemachte Kriegsbeute bereicherte bloß Einzelne vom Adel und vom Soldatenstand, und Schweden selbst blieb arm wie zuvor. Eine Zeit lang zwar söhnte der Nationalruhm den geschmeichelten Unterthan mit diesen Bedrückungen aus, und man konnte die Abgaben, die man ihm entrichtete, als ein Darlehn betrachten, das in der glücklichen Hand Gustav Adolphs herrliche Zinsen trug und von diesem dankbaren Monarchen nach einem glorreichen Frieden mit

Wucher erstattet werden würde. Aber diese Hoffnung verschwand mit dem Tode des Königs, und das getäuschte Volk forderte nun mit furchtbarer Einhelligkeit Erleichterung von seinen Lasten.

Aber der Geist Gustav Adolphs ruhte noch auf den Männern, denen er die Verwaltung des Reichs anvertraute. Wie schrecklich auch die Post von seinem Tode sie überraschte, so beugte sie doch ihren männlichen Muth nicht, und der Geist des alten Roms unter Brennus und Hannibal beseelte diese edle Versammlung. Je theurer der Preis war, womit man die errungenen Vortheile erkauft hatte, desto weniger konnte man sich entschließen, ihnen freiwillig zu entsagen; nicht umsonst will man einen König eingebüßt haben. Der schwedische Reichsrath. gezwungen, zwischen den Drangsalen eines zweifelhaften, erschöpfenden Kriegs und einem nützlichen, aber schimpflichen Frieden zu wählen, ergreift muthig die Partei der Gefahr und der Ehre, und mit angenehmem Erstaunen sieht man diesen ehrwürdigen Senat sich mit der ganzen Rüstigkeit eines Jünglings erheben. Von innen und außen mit wachsamen Feinden umgeben und an allen Grenzen des Reichs von Gefahren umstürmt, waffnet er sich gegen alle mit so viel Klugheit als Heldenmuth und arbeitet an Erweiterung des Reichs, während daß er Mühe hat, die Existenz desselben zu behaupten.

Das Ableben des Königs und die Minderjährigkeit seiner Tochter Christina erweckte aufs neue die alten Ansprüche Polens auf den schwedischen Thron, und König Ladislaus, Sigismunds Sohn, sparte die Unterhandlungen nicht, sich eine Partei in diesem Reiche zu erwerben. Die Regenten verlieren aus diesem Grunde keinen Augenblick, die sechsjährige Königin in Stockholm als Beherrscherin auszurufen und die vormundschaftliche Verwaltung anzuordnen. Alle Beamten des Reichs werden angehalten, der neuen Fürstin zu huldigen, aller Briefwechsel nach Polen gehemmt und die Plakate der vorhergehenden Könige gegen die Sigismundischen Erben durch eine feierliche Akte bekräftigt. Die Freundschaft mit dem Czar von Moskau wird mit Vorsicht erneuert, um durch die Waffen dieses Fürsten das feindselige Polen desto besser im Zaum zu halten. Die Eifersucht Dänemarks hatte der Tod Gustav Adolphs gebrochen und die Besorgnisse weggeräumt, welche dem guten Vernehmen zwischen diesen beiden Nachbarn im Wege standen. Die Bemühungen der Feinde, Christian den Vierten gegen das schwedische Reich zu bewaffnen, fanden jetzt keinen Eingang mehr, und der lebhafte Wunsch, seinen Prinzen Ulrich mit der jungen Königin zu vermählen, vereinigte sich mit den Vorschriften einer besseren Staatskunst, ihn neutral zu erhalten. Zugleich kommen England,

Holland und Frankreich dem schwedischen Reichsrath mit den erfreulichsten Versicherungen ihrer fortdauernden Freundschaft und Unterstützung entgegen und ermuntern ihn mit vereinigter Stimme zu lebhafter Fortsetzung eines so rühmlich geführten Krieges. So viel Ursache man in Frankreich gehabt hatte, sich zu dem Tode des schwedischen Eroberers Glück zu wünschen, so sehr empfand man die Nothwendigkeit eines fortgesetzten Bündnisses mit den Schweden. Ohne sich selbst der größten Gefahr auszusetzen, durfte man diese Macht in Deutschland nicht sinken lassen. Mangel an eigenen Kräften nöthigte sie entweder zu einem schnellen und nachtheiligen Frieden mit Österreich, und dann waren alle Bemühungen verloren, die man angewendet hatte, diese gefährliche Macht zu beschränken; oder Noth und Verzweiflung lehrten die Armeen in den Ländern der katholischen Reichsfürsten die Mittel zu ihrem Unterhalt finden, und Frankreich wurde dann zum Verräther an diesen Staaten, die sich seinem mächtigen Schutz unterworfen hatten. Der Fall Gustav Adolphs, weit entfernt, die Verbindungen Frankreichs mit dem schwedischen Reiche zu vernichten, hatte sie vielmehr für beide Staaten notwendiger und für Frankreich um vieles nützlicher gemacht. Jetzt erst, nachdem Derjenige dahin war, der seine Hand über Deutschland gehalten und die Grenzen dieses Reichs gegen die französische Raubsucht gesichert hatte, konnte es seine Entwürfe auf das Elsaß ungehindert verfolgen und den deutschen Protestanten seinen Beistand um einen desto höheren Preis verkaufen.

Durch diese Allianzen gestärkt, gesichert von innen, von außen durch gute Grenzbesatzungen und Flotten vertheidigt, blieben die Regenten keinen Augenblick unschlüssig, einen Krieg fortzuführen, bei welchem Schweden wenig Eigenes zu verlieren und, wenn das Glück seine Waffen krönte, irgend eine deutsche Provinz, sei es als Kostenersatz oder als Eroberung, zu gewinnen hatte. Sicher in seinen Wassern, wagte es nicht viel mehr, wenn seine Armeen aus Deutschland herausgeschlagen wurden, als wenn sie sich freiwillig daraus zurückzogen; und jenes war eben so rühmlich, als dieses entehrend war. Je mehr Herzhaftigkeit man zeigte, desto mehr Vertrauen flößte man den Bundesgenossen, desto mehr Achtung den Feinden ein, desto günstigere Bedingungen waren bei einem Frieden zu erwarten. Fände man sich auch zu schwach, die weit aussehenden Entwürfe Gustavs zu vollführen, so war man doch seinem erhabenen Muster schuldig, das Äußerste zu thun und keinem andern Hinderniß als der Nothwendigkeit zu weichen. Schade, daß die Triebfeder des Eigennutzes an diesem rühmlichen Entschlusse zu viel Antheil hat, um ihn ohne Einschränkung bewundern zu können! Denen, welche von den Drangsalen des Kriegs für sich selbst nichts zu leiden hatten, ja sich vielmehr dabei bereicherten, war es freilich ein Leichtes, für die Fortdauer desselben zu stimmen – denn endlich war es doch nur das deutsche Reich, das den Krieg bezahlte, und die Provinzen, auf die man sich Rechnung machte, waren mit den wenigen Truppen, die man von jetzt an daran wendete, mit den Feldherren, die man an die Spitze der größtentheils deutschen Armeen stellte, und mit der ehrenvollen Aufsicht über den Gang der Waffen und Unterhandlungen wohlfeil genug erworben.

Aber eben diese Aufsicht vertrug sich nicht mit der Entlegenheit der schwedischen Regentschaft von dem Schauplatze des Kriegs und mit der Langsamkeit, welche die collegialische Geschäftsform nothwendig macht. Einem einzigen, vielumfassenden Kopfe mußte die Macht übertragen werden, in Deutschland selbst das Interesse des schwedischen Reichs zu besorgen und nach eigener Einsicht über Krieg und Frieden, über die nöthigen Bündnisse, wie über die gemachten Erwerbungen zu verfügen. Mit diktatorischer Gewalt und mit dem ganzen Ansehen der Krone, die er repräsentiert, mußte dieser wichtige Magistrat bekleidet sein, um die Würde derselben zu behaupten, um die gemeinschaftlichen Operationen in Übereinstimmung zu bringen, um seinen Anordnungen Nachdruck zu geben und so den Monarchen, dem er folgte, in jeder Rücksicht zu ersetzen. Ein solcher Mann fand sich in dem Reichskanzler Oxenstierna, dem ersten Minister und, was mehr sagen will, dem Freunde des verstorbenen Königs, der, eingeweiht in alle Geheimnisse seines Herrn, vertraut mit den deutschen Geschäften und aller europäischen Staatsverhältnisse kundig, ohne Widerspruch das tüchtigste Werkzeug war, den Plan Gustav Adolphs in seinem ganzen Umfange zu verfolgen.

Oxenstierna hatte eben eine Reise nach Oberdeutschland angetreten, um die vier obern Kreise zu versammeln, als ihn die Post von des Königs Tode zu Hanau überraschte. Dieser schreckliche Schlag, der das gefühlvolle Herz des Freundes durchbohrte, raubte dem Staatsmann alle Besinnungskraft; alles war ihm genommen, woran seine Seele hing. Schweden hatte nur einen König, Deutschland nur einen Beschützer, Oxenstierna den Urheber seines Glücks, den Freund seiner Seele, den Schöpfer seiner Ideale verloren. Aber von dem allgemeinen Unglück am härtesten getroffen, war er auch der Erste, der sich aus eigner Kraft darüber erhob, so wie er der Einzige war, der es wieder gut machen konnte. Sein durchdringender

Blick übersah alle Hindernisse, welche sich der Ausführung seiner Entwürfe entgegenstellten, die Muthlosigkeit der Stände, die Intriguen der feindlichen Höfe, die Trennung der Bundesgenossen, die Eifersucht der Häupter, die Abneigung der Reichsfürsten, sich fremder Führung zu unterwerfen. Aber eben dieser tiefe Blick in die damalige Lage der Dinge, der ihm die ganze Größe des Übels aufdeckte, zeigte ihm auch die Mittel, es zu besiegen. Es kam darauf an, den gesunkenen Muth der schwächeren Reichsstände aufzurichten, den geheimen Machinationen der Feinde entgegen zu wirken, die Eifersucht der mächtigern Alliierten zu schonen, die befreundeten Mächte, Frankreich besonders, zu thätiger Hilfleistung zu ermuntern, vor allem aber die Trümmer des deutschen Bundes zu sammeln und die getrennten Kräfte der Partei durch ein enges und dauerhaftes Band zu vereinigen. Die Bestürzung, in welche der Verlust ihres Oberhauptes die deutschen Protestanten versetzte, konnte sie eben so gut zu einem festern Bündnisse mit Schweden, als zu einem übereilten Frieden mit dem Kaiser antreiben, und nur von dem Betragen, das man beobachtete, hing es ab, welche von diesen beiden Wirkungen erfolgen sollte. Verloren war alles, sobald man Muthlosigkeit blicken ließ; nur die Zuversicht, die man selbst zeigte, konnte ein edles Selbstvertrauen bei den Deutschen entflammen. Alle Versuche des österreichischen Hofs, die letztern von der schwedischen Allianz abzuziehen, verfehlten ihren Zweck, sobald man ihnen die Augen über ihren wahren Vortheil eröffnete und sie zu einem öffentlichen und förmlichen Bruch mit dem Kaiser vermochte.

Freilich ging, ehe diese Maßregeln genommen und die nöthigen Punkte zwischen der Regierung und ihrem Minister berichtigt waren, eine kostbare Zeit für die Wirksamkeit der schwedischen Armee verloren, die von den Feinden aufs beste benutzt wurde. Damals stand es bei dem Kaiser, die schwedische Macht in Deutschland zu Grunde zu richten, wenn die weisen Rathschläge des Herzogs von Friedland Eingang bei ihm gefunden hätten. Wallenstein rieth ihm an, eine uneingeschränkte Amnestie zu verkündigen und den protestantischen Ständen mit günstigen Bedingungen entgegenzukommen. In dem ersten Schrecken, den Gustav Adolphs Fall bei der ganzen Partei verbreitete, würde eine solche Erklärung die entschiedenste Wirkung gethan und die geschmeidigeren Stände zu den Füßen des Kaisers zurückgeführt haben. Aber durch den unerwarteten Glücksfall verblendet und von spanischen Eingebungen bethört, erwartete er von den Waffen einen glänzendern Ausschlag, und anstatt den Mediationsvorschlägen Gehör zu schenken, eilte er, seine Macht zu vermehren. Spanien, durch den Zehenten der geistlichen Güter bereichert, den der Papst ihm bewilligte, unterstützte ihn mit beträchtlichen Vorschüssen, unterhandelte für ihn an dem sächsischen Hofe und ließ in Italien eilfertig Truppen werben, die in Deutschland gebraucht werden sollten. Auch der Kurfürst von Bayern verstärkte seine Kriegsmacht beträchtlich, und dem Herzog von Lothringen erlaubte sein unruhiger Geist nicht, bei dieser glücklichen Wendung des Schicksals sich müßig zu verhalten. Aber indem der Feind sich so geschäftig bewies, den Unfall der Schweden zu benutzen, versäumte Oxenstierna nichts, die schlimmen Folgen desselben zu vereiteln.

Weniger bange vor dem öffentlichen Feind, als vor der Eifersucht befreundeter Mächte, verließ er das obere Deutschland, dessen er sich durch die gemachten Eroberungen und Allianzen versichert hielt, und machte sich in Person auf den Weg, die Stände von Niederdeutschland von einem völligen Abfall oder einer Privatverbindung unter sich selbst, die für Schweden nicht viel weniger schlimm war, zurückzuhalten. Durch die Anmaßlichkeit beleidigt, mit der sich der Kanzler die Führung der Geschäfte zueignete, und im Innersten empört von dem Gedanken, von einem schwedischen Edelmann Vorschriften anzunehmen, arbeitete der Kurfürst von Sachsen aufs neue an einer gefährlichen Absonderung von den Schweden, und die Frage war bloß, ob man sich völlig mit dem Kaiser vergleichen oder sich zum Haupte der Protestanten aufwerfen und mit ihnen eine dritte Partei in Deutschland errichten sollte. Ähnliche Gesinnungen hegte der Herzog Ulrich von Braunschweig, und er legte sie laut genug an den Tag, indem er den Schweden die Werbungen in seinem Land untersagte und die niedersächsischen Stände nach Lüneburg einlud, ein Bündniß unter ihnen zu stiften. Der Kurfürst von Brandenburg allein, über den Einfluß neidisch, den Kursachsen in Niederdeutschland gewinnen sollte, zeigte einigen Eifer für das Interesse der schwedischen Krone, die er schon auf dem Haupte seines Sohnes zu erblicken glaubte. Oxenstierna fand zwar die ehrenvollste Aufnahme am Hofe Johann Georgs; aber schwankende Zusagen von fortdauernder Freundschaft waren alles, was er, der persönlichen Verwendung Kurbrandenburgs ungeachtet, von diesem Fürsten erhalten konnte. Glücklicher war er bei dem Herzog von Braunschweig, gegen den er sich eine kühnere Sprache erlaubte. Schweden hatte damals das Erzstift Magdeburg im Besitz, dessen Bischof die Befugniß hatte, den niedersächsischen Kreis zu versammeln. Der Kanzler behauptete das Recht seiner Krone, und durch dieses glückliche Machtwort vereitelte er für diesmal diese bedenkliche Versammlung. Aber die allgemeine Protestantenverbindung, der Hauptzweck seiner gegenwärtigen Reise und aller künftigen Bemühungen, mißlang ihm für jetzt und für immer, und er mußte sich mit einzelnen unsicheren Bündnissen in den sächsischen Kreisen und mit der schwächern Hilfe des obern Deutschlands begnügen.

Weil die Bayern an der Donau zu mächtig waren, so verlegte man die Zusammenkunft der vier obern Kreise, die zu Ulm hatte vor sich gehen sollen, nach Heilbronn, wo über zwölf Reichsstädte und eine glänzende Menge von Doctoren, Grafen und Fürsten sich einfanden. Auch die auswärtigen Mächte Frankreich, England und Holland beschickten diesen Convent, und Oxenstierna erschien auf demselben mit dem ganzen Pompe der Krone, deren Majestät er behaupten sollte. Er selbst führte das Wort, und der Gang der Beratschlagungen wurde durch seine Vorträge geleitet. Nachdem er von allen versammelten Ständen die Versicherung einer unerschütterlichen Treue, Beharrlichkeit und Eintracht erhalten, verlangte er von ihnen, daß sie den Kaiser und die Ligue förmlich und feierlich als Feinde erklären sollten. Aber so viel den Schweden daran gelegen war, das üble Vernehmen zwischen dem Kaiser und den Ständen zu einem förmlichen Bruch zu erweitern, so wenig Lust bezeigten die Stände, sich durch diesen entscheidenden Schritt alle Möglichkeit einer Aussöhnung abzuschneiden und eben dadurch den Schweden ihr ganzes Schicksal in die Hände zu geben. Sie fanden, daß eine förmliche Kriegserklärung, da die That selbst spreche, unnütz und überflüssig sei, und ihr standhafter Widerstand brachte den Kanzler zum Schweigen. Heftigere Kämpfe erregte der dritte und vornehmste Punkt der Beratschlagungen, durch welchen die Mittel zu Fortsetzung des Kriegs und die Beiträge der Stände zu Unterhaltung der Armeen bestimmt werden sollten. Oxenstiernas Maxime, von den allgemeinen Lasten so viel, als möglich war, auf die Stände zu wälzen, vertrug sich nicht mit dem Grundsatz der Stände, so wenig als möglich zu geben. Hier erfuhr der schwedische Kanzler, was dreißig Kaiser vor ihm mit herber Wahrheit empfunden, daß unter allen mißlichen Unternehmungen die allermißlichste sei, von den Deutschen Geld zu erheben. Anstatt ihm die nöthigen Summen für die neu zu errichtenden Armeen zu bewilligen, zählte man ihm mit beredter Zunge alles Unheil auf, welches die schon vorhandenen angerichtet, und forderte Erleichterung von den vorigen Lasten, wo man sich neuen unterziehen sollte. Die üble Laune, in welche die Geldforderung des Kanzlers die Stände versetzt hatte, brütete tausend Beschwerden aus, und die Ausschweifungen der Truppen bei Durchmärschen und Quartieren wurden mit schauderhafter Wahrheit gezeichnet.

Oxenstierna hatte im Dienst von zwei unumschränkten Fürsten wenig Gelegenheit gehabt, sich an die Förmlichkeiten und den bedächtlichen Gang republikanischer Verhandlungen zu gewöhnen und seine Geduld am Widerspruch zu üben. Fertig zum Handeln, sobald ihm die Nothwendigkeit einleuchtete, und eisern in seinem Entschluß, sobald er ihn einmal gefaßt hatte, begriff er die Inconsequenz der mehreren Menschen nicht, den Zweck zu begehren und die Mittel zu hassen. Durchfahrend und heftig von Natur, war er es bei dieser Gelegenheit noch aus Grundsatz; denn jetzt kam alles darauf an, durch eine feste zuversichtliche Sprache die Ohnmacht des schwedischen Reiches zu bedecken und durch den angenommenen Ton des Gebieters wirklich Gebieter zu werden. Kein Wunder also, wenn er bei solchen Gesinnungen unter deutschen Doctoren und Ständen ganz und gar nicht in seiner Sphäre war und durch die Umständlichkeit, welche den Charakter der Deutschen in allen ihren öffentlichen Verhandlungen ausmacht, zur Verzweiflung gebracht wurde. Ohne Schonung gegen eine Sitte, nach der sich auch die mächtigsten Kaiser hatten bequemen müssen, verwarf er alle schriftlichen Deliberationen, welche der deutschen Langsamkeit so zuträglich waren; er begriff nicht, wie man zehen Tage über einen Punkt sich besprechen konnte, der ihm schon durch den bloßen Vortrag so gut als abgethan war. So hart er aber auch die Stände behandelte, so gefällig und bereitwillig fand er sie, ihm seine vierte Motion, die ihn selbst betraf, zu bewilligen. Als er auf die Notwendigkeit kam, dem errichteten Bund einen Vorsteher und Direktor zu geben, sprach man Schweden einstimmig diese Ehre zu und ersuchte ihn unterthänig, der gemeinen Sache mit seinem erleuchteten Verstande zu dienen und die Last der Oberaufsicht auf seine Schultern zu nehmen. Um sich aber doch gegen einen Mißbrauch der großen Gewalt, die man durch diese Bestallung in seine Hände gab, zu verwahren, setzte man ihm, nicht ohne französischen Einfluß, unter dem Namen von Gehilfen eine bestimmte Anzahl von Aufsehern an die Seite, die die Kasse des Bundes verwalten und über die Werbungen, Durchzüge und Einquartierung der Truppen mitzusprechen haben sollten. Oxenstierna wehrte sich lebhaft gegen diese Einschränkung seiner Macht. wodurch man ihm die Ausführung jedes, Schnelligkeit oder Geheimniß fordernden Entwurfes erschwerte, und errang sich endlich mit Mühe die Freiheit, in Kriegssachen seiner eigenen Einsicht zu folgen. Endlich berührte der Kanzler auch den kitzlichen Punkt der Entschädigung, welche sich Schweden nach geendigtem Kriege von der Dankbarkeit seiner Alliierten zu versprechen hätte, und er schmeichelte sich mit der Hoffnung, auf Pommern angewiesen zu werden, worauf das Hauptaugenmerk Schwedens gerichtet war, und von den Ständen die Versicherung ihres kräftigen Beistands zu Erwerbung dieser Provinz zu erhalten. Aber es blieb bei einer allgemeinen und schwankenden Versicherung, daß man einander bei einem künftigen Frieden nicht im Stich lassen würde. Daß es nicht die Ehrfurcht für die Verfassung des Reiches war, was die Stände über diesen Punkt so behutsam machte, zeigte die Freigebigkeit, die man auf Unkosten der heiligsten Reichsgesetze gegen den Kanzler beweisen wollte. Wenig fehlte, daß man ihm nicht das Erzstift Mainz, welches er ohnehin als Eroberung inne hatte, zur Belohnung anbot, und nur mit Mühe hintertrieb der französische Abgesandte diesen eben so unpolitischen als entehrenden Schritt. Wieweit nun auch die Erfüllung hinter den Wünschen Oxenstiernas zurückblieb, so hatte er doch seinen vornehmsten Zweck, die Direktion des Ganzen, für seine Krone und für sich selbst erreicht, das Band zwischen den Ständen der vier obern Kreise enger und fester zusammengezogen und zu Unterhaltung der Kriegsmacht einen jährlichen Beitrag von dritthalb Millionen Thalern errungen.

So viel Nachgiebigkeit von Seiten der Stände war von Seiten Schwedens einer Erkenntlichkeit werth. Wenige Wochen nach Gustav Adolphs Tod hatte der Gram das unglückliche Leben des Pfalzgrafen Friedrich geendigt, nachdem dieser beklagenswerte Fürst acht Monate lang den Hofstaat seines Beschützers vermehrt und im Gefolge desselben den kleinen Überrest seines Vermögens verschwendet hatte. Endlich näherte er sich dem Ziele seiner Wünsche, und eine freudigere Zukunft that sich vor ihm auf, als der Tod seinen Beschützer dahin raffte. Was er als das höchste Unglück betrachtete, hatte die günstigsten Folgen für seinen Erben. Gustav Adolph durfte sich herausnehmen, mit der Zurückgabe seiner Länder zu zögern und dieses Geschenk mit drückenden Bedingungen zu beschweren; Oxenstierna, dem die Freundschaft Englands, Hollands und Brandenburgs und die gute Meinung der reformierten Stände überhaupt ungleich wichtiger war, mußte die Pflicht der Gerechtigkeit befolgen. Er übergab daher auf eben dieser Versammlung zu Heilbronn sowohl die schon eroberten als die noch zu erobernden pfälzischen Lande den Nachkommen Friedrichs, Mannheim allein ausgenommen, welches bis zu geschehener Kostenerstattung von den Schweden besetzt bleiben sollte. Der Kanzler schränkte seine

Gefälligkeit nicht bloß auf das pfälzische Haus ein; auch die andern alliierten Reichsfürsten erhielten, wiewohl einige Zeit später, Beweise von der Dankbarkeit Schwedens, welche dieser Krone eben so wenig von ihrem eigenen kosteten.

Die Pflicht der Unparteilichkeit, die heiligste des Geschichtschreibers, verbindet ihn zu einem Geständniß, das den Verfechtern der deutschen Freiheit eben nicht sehr zur Ehre gereicht. Wie viel sich auch die protestantischen Fürsten mit der Gerechtigkeit ihrer Sache und mit der Reinigkeit ihres Eifers wußten, so waren es doch größtenteils sehr eigennützige Triebfedern, aus denen sie handelten; und die Begierde zu rauben hatte wenigstens eben so viel Antheil an den angefangenen Feindseligkeiten, als die Furcht, sich beraubt zu sehen. Bald entdeckte Gustav Adolph, daß er sich von dieser unreinen Triebfeder weit mehr als von ihren patriotischen Empfindungen zu versprechen habe, und er unterließ nicht, sie zu benutzen. Jeder der mit ihm verbundenen Fürsten erhielt von ihm die Zusicherung irgend einer dem Feinde schon entrissenen oder noch zu entreißenden Besitzung, und nur der Tod hinderte ihn, seine Zusagen wahr zu machen. Was dem König die Klugheit rieth, gebot die Notwendigkeit seinem Nachfolger; und wenn diesem daran gelegen war, den Krieg zu verlängern, so mußte er die Beute mit den verbundenen Fürsten theilen und ihnen von der Verwirrung, die er zu nähren suchte, Vortheile versprechen. Und so sprach er dem Landgrafen von Hessen die Stifter Paderborn, Corvey, Münster und Fulda, dem Herzog Bernhard von Weimar die fränkischen Bisthümer, dem Herzog von Wirtenberg die in seinem Lande gelegenen geistlichen Güter und österreichischen Grafschaften zu, alles unter dem Namen schwedischer Lehen. Den Kanzler selbst befremdete dieses widersinnige, den Deutschen so wenig Ehre bringende Schauspiel, und kaum konnte er seine Verachtung verbergen. »Man lege es in unserm Archiv nieder«, sagte er einesmals, »zum ewigen Gedächtniß, daß ein deutscher Reichsfürst von einem schwedischen Edelmann so etwas begehrte, und daß der schwedische Edelmann dem deutschen Reichsfürsten auf deutscher Erde so etwas zutheilte.«

Nach so wohl getroffenen Anstalten konnte man mit Ehren im Feld erscheinen und den Krieg mit frischer Lebhaftigkeit erneuern. Bald nach dem Siege bei Lützen vereinigen sich die sächsischen und lüneburgischen Truppen mit der schwedischen Hauptmacht, und die Kaiserlichen werden in kurzer Zeit aus ganz Sachsen herausgetrieben. Nunmehr trennt sich diese vereinigte Armee. Die Sachsen rücken nach der Lausitz und Schlesien, um dort in Gemeinschaft mit dem Grafen von Thurn gegen die Österreicher zu agiren; einen Theil der schwedischen Armee führt Herzog Bernhard nach Franken, den andern Herzog Georg von Braunschweig nach Westphalen und Niedersachsen.

Die Eroberungen am Lechstrom und an der Donau wurden, während daß Gustav Adolph den Zug nach Sachsen unternahm, von dem Pfalzgrafen von Birkenfeld und dem schwedischen General Banner gegen die Bayern vertheidigt. Aber zu schwach, den siegreichen Fortschritten der letztern, die von der Kriegserfahrung und Tapferkeit des kaiserlichen Generals von Altringer unterstützt wurden, hinlänglichen Widerstand zu thun, mußten sie den schwedischen General von Horn aus dem Elsaß zu Hilfe rufen. Nachdem dieser kriegserfahrene Feldherr die Städte Benfeld, Schlettstadt, Colmar und Hagenau der schwedischen Herrschaft unterworfen, übergab er dem Rheingrafen Otto Ludwig die Verteidigung derselben und eilte über den Rhein, um das Bannerische Heer zu verstärken. Aber ungeachtet dieses nunmehr sechzehntausend Mann stark war, konnte es doch nicht verhindern, daß der Feind nicht an der schwäbischen Grenze festen Fuß gewann, Kempten eroberte und sieben Regimenter aus Böhmen an sich zog. Um die wichtigen Ufer des Lech und der Donau zu behaupten, entblößte man das Elsaß, wo Rheingraf Otto Ludwig nach Horns Abzug Mühe gehabt hatte, sich gegen das aufgebrachte Landvolk zu vertheidigen. Auch er mußte mit seinen Truppen das Heer an der Donau verstärken; und da auch dieser Succurs nicht hinreichte, so forderte man den Herzog Bernhard von Weimar dringend auf, seine Waffen nach dieser Gegend zu kehren.

Bernhard hatte sich bald nach Eröffnung des Feldzugs im Jahr 1633 der Stadt und des ganzen Hochstifts Bamberg bemächtigt und Würzburg ein ähnliches Schicksal zugedacht. Auf die Einladung Gustav Horns setzte er sich ungesäumt in Marsch gegen die Donau, schlug unterwegs ein bayerisches Heer unter Johann von Werth aus dem Felde und vereinigte sich bei Donauwörth mit den Schweden. Diese zahlreiche, von den trefflichsten Generalen befehligte Armee bedroht Bayern mit einem furchtbaren Einfall. Das ganze Bisthum Eichstädt wird überschwemmt, und Ingolstadt selbst verspricht ein Verräther den Schweden in die Hände zu spielen. Altringers Tätigkeit wird durch die ausdrückliche Vorschrift des Herzogs von Friedland gefesselt, und von Böhmen aus ohne Hilfe gelassen, kann er sich dem Andrang des feindlichen Heers nicht entgegen setzen. Die günstigsten Umstände vereinigen sich, die Waffen der Schweden in diesen

Gegenden siegreich zu machen, als die Thätigkeit der Armee durch eine Empörung der Officiere auf einmal gehemmt wird.

Den Waffen dankte man alles, was man in Deutschland erworben hatte; selbst Gustav Adolphs Größe war das Werk der Armee, die Frucht ihrer Disciplin, ihrer Tapferkeit, ihres ausdauernden Muths in unendlichen Gefahren und Mühseligkeiten. Wie künstlich man auch im Kabinet seine Plane anlegte, so war doch zuletzt die Armee allein die Vollzieherin, und die erweiterten Entwürfe der Anführer vermehrten immer nur die Lasten derselben. Alle großen Entscheidungen in diesem Kriege waren durch eine wirklich barbarische Hinopferung der Soldaten in Winterfeldzügen, Märschen, Stürmen und offenen Schlachten gewaltsam erzwungen worden, und es war Gustav Adolphs Maxime, nie an einem Siege zu verzagen, so bald er ihm mehr nicht als Menschen kostete. Dem Soldaten konnte seine Wichtigkeit nicht lange verborgen bleiben, und mit Recht verlangte er seinen Antheil an einem Gewinn. der mit seinem Blute errungen war. Aber mehrentheils konnte man ihm kaum den gebührenden Sold bezahlen, und die Gierigkeit der einzelnen Häupter, oder das Bedürfniß des Staats verschlang gewöhnlich den besten Theil der erpreßten Summen und der erworbenen Besitzungen. Für alle Mühseligkeiten, die er übernahm, blieb ihm nichts, als die zweifelhafte Aussicht auf Raub oder auf Beförderung, und in beiden mußte er sich nur zu oft hintergangen sehen. Furcht und Hoffnung unterdrückten zwar jeden gewaltsamen Ausbruch der Unzufriedenheit, so lange Gustav Adolph lebte; aber nach seinem Hintritt wurde der allgemeine Unwille laut, und der Soldat ergriff gerade den gefährlichsten Augenblick, sich seiner Wichtigkeit zu erinnern. Zwei Officiere, Pfuhl und Mitschefal, schon bei Lebzeiten des Königs als unruhstiftende Köpfe berüchtigt, geben im Lager an der Donau das Beispiel, das in wenigen Tagen unter den Officieren der Armee eine fast allgemeine Nachahmung findet. Man verbindet sich unter einander durch Wort und Handschlag, keinem Commando zu gehorchen, bis der seit Monaten und Jahren noch rückständige Sold entrichtet und noch außerdem jedem Einzelnen eine verhältnismäßige Belohnung an Geld oder liegenden Gründen bewilligt sei. »Ungeheure Summen«, hörte man sie sagen, »würden täglich durch Brandschatzungen erpreßt, und all dieses Geld zerrinne in wenigen Händen. In Schnee und Eis treibe man sie hinaus, und nirgends kein Dank für diese unendliche Arbeit. Zu Heilbronn schreie man über den Muthwillen der Soldaten, aber Niemand denke an ihr Verdienst. Die Gelehrten schreiben in die Welt hinein von Eroberungen und Siegen, und alle diese

Victorien habe man doch nur durch ihre Fäuste erfochten.« Das Heer der Mißvergnügten mehrt sich mit jedem Tage, und durch Briefe, die zum Glück aufgefangen werden, suchten sie nun auch die Armeen am Rhein und in Sachsen zu empören. Weder die Vorstellungen Bernhards von Weimar, noch die harten Verweise seines strengern Gehilfen waren vermögend, diese Gährung zu unterdrücken, und die Heftigkeit des letztern vermehrte vielmehr den Trotz der Empörer. Sie bestanden darauf, daß jedem Regiment gewisse Städte zu Erhebung des rückständigen Soldes angewiesen würden. Eine Frist von vier Wochen wurde dem schwedischen Kanzler vergönnt, zu Erfüllung dieser Forderungen Rath zu schaffen; im Weigerungsfall, erklärten sie, würden sie sich selbst bezahlt machen und nie einen Degen mehr für Schweden entblößen.

Die ungestüme Mahnung, zu einer Zeit gethan, wo die Kriegskasse erschöpft und der Kredit gefallen war, mußte den Kanzler in das höchste Bedrängniß stürzen; und schnell mußte die Hilfe sein, ehe derselbe Schwindel auch die übrigen Truppen ansteckte und man sich von allen Armeen auf einmal mitten unter Feinden verlassen sah. Unter allen schwedischen Heerführern war nur Einer, der bei den Soldaten Ansehen und Achtung genug besaß, diesen Streit beizulegen. Herzog Bernhard war der Liebling der Armee, und seine kluge Mäßigung hatte ihm das Vertrauen der Soldaten, wie seine Kriegserfahrung ihre höchste Bewunderung erworben. Er übernahm es jetzt, die schwierige Armee zu besänftigen; aber seiner Wichtigkeit sich bewußt, ergriff er den günstigen Augenblick, zuvor für sich selbst zu sorgen und der Verlegenheit des schwedischen Kanzlers die Erfüllung seiner eigenen Wünsche abzuängstigen.

Schon Gustav Adolph hatte ihm mit einem Herzogthum Franken geschmeichelt, das aus den beiden Hochstiftern Bamberg und Würzburg erwachsen sollte; jetzt drang Herzog Bernhard auf Haltung dieses Versprechens. Zugleich forderte er das Obercommando im Kriege als schwedischer Generalissimus. Dieser Mißbrauch, den der Herzog von seiner Unentbehrlichkeit machte, entrüstete Oxenstierna so sehr, daß er ihm im ersten Unwillen den schwedischen Dienst aufkündigte. Bald aber besann er sich eines Bessern, und ehe er einen so wichtigen Feldherrn aufopferte, entschloß er sich lieber, ihn, um welchen Preis es auch sei, an das schwedische Interesse zu fesseln. Er übergab ihm also die fränkischen Bisthümer als Lehen der schwedischen Krone, doch mit Vorbehalt der beiden Festungen Würzburg und Königshofen, welche von den Schweden besetzt bleiben sollten; zugleich verband er sich im Namen seiner Krone, den Herzog im

Besitz dieser Länder zu schützen. Das gesuchte Obercommando über die ganze schwedische Macht wurde unter einem anständigen Vorwand verweigert. Nicht lange säumte Herzog Bernhard, sich für dieses wichtige Opfer dankbar zu erzeigen; durch sein Ansehen und seine Thätigkeit stillte er in Kurzem den Aufruhr der Armee. Große Summen baaren Geldes wurden unter die Officiere verteilt, und noch weit größere an Ländereien, deren Werth gegen fünf Millionen Thaler betrug, und an die man kein anderes Recht hatte, als das der Eroberung. Indessen war der Moment zu einer großen Unternehmung verstrichen, und die vereinigten Anführer trennten sich, um dem Feind in andere Gegenden zu widerstehen.

Nachdem Gustav Horn einen kurzen Einfall in die obere Pfalz unternommen und Neumarkt erobert hatte, richtete er seinen Marsch nach der schwäbischen Grenze, wo sich die Kaiserlichen unterdessen beträchtlich verstärkt hatten und Wirtenberg mit einem verwüstenden Einfall bedrohten. Durch seine Annäherung verscheucht, ziehen sie sich an den Bodensee – aber nur, um auch den Schweden den Weg in diese noch nie besuchte Gegend zu zeigen. Eine Besitzung am Eingange der Schweiz war von äußerster Wichtigkeit für die Schweden, und die Stadt Kostnitz schien besonders geschickt zu sein, sie mit den Eidgenossen in Verbindung zu setzen. Gustav Horn unternahm daher sogleich die Belagerung derselben; aber entblößt von Geschütz, das er erst von Wirtenberg mußte bringen lassen, konnte er diese Unternehmung nicht schnell genug fördern, um den Feinden nicht eine hinlängliche Frist zum Entsatze dieser Stadt zu vergönnen, die ohnehin von dem See aus so leicht zu versorgen war. Er verließ also nach einem vergeblichen Versuche die Stadt und ihr Gebiet, um an den Ufern der Donau einer dringenden Gefahr zu begegnen.

Aufgefordert von dem Kaiser, hatte der Cardinal-Infant, Bruder Philipps des Vierten von Spanien und Statthalter in Mailand, eine Armee von vierzehntausend Mann ausgerüstet, welche bestimmt war, unabhängig von Wallensteins Befehlen an dem Rhein zu agieren und das Elsaß zu vertheidigen. Diese Armee erschien jetzt unter dem Commando des Herzogs von Feria, eines Spaniers, in Bayern; und um sie sogleich gegen die Schweden zu benutzen, wurde Altringer beordert, sogleich mit seinen Truppen zu ihr zu stoßen. Gleich auf die erste Nachricht von ihrer Erscheinung hatte Gustav Horn den Pfalzgrafen von Birkenfeld von dem Rheinstrom zu seiner Verstärkung herbeigerufen, und nachdem er sich zu Stockach mit demselben vereinigt hatte, rückte er kühn dem dreißigtausend Mann starken Feind entgegen. Dieser hatte seinen Weg über die Donau nach Schwaben genommen, wo Gustav Horn ihm einmal so nahe kam, daß beide Armeen nur durch eine halbe Meile von einander geschieden waren. Aber anstatt das Anerbieten zur Schlacht anzunehmen, zogen sich die Kaiserlichen über die Waldstädte nach dem Breisgau und Elsaß, wo sie noch zeitig genug anlangten, um Breisach zu entsetzen und den siegreichen Fortschritten des Rheingrafen Otto Ludwig eine Grenze zu setzen. Dieser hatte kurz vorher die Waldstädte erobert und, unterstützt von dem Pfalzgrafen von Birkenfeld, der die Unterpfalz befreite und den Herzog von Lothringen aus dem Felde schlug, den schwedischen Waffen in diesen Gegenden aufs neue das Übergewicht errungen. Jetzt zwar mußte er der Überlegenheit des Feindes weichen; aber bald rücken Horn und Birkenfeld zu seinem Beistand herbei, und die Kaiserlichen sehen sich nach einem kurzen Triumphe wieder aus dem Elsaß vertrieben. Die rauhe Herbstzeit, welche sie auf diesem unglücklichen Rückzuge überfällt, richtet den größten Theil der Italiener zu Grunde, und ihren Anführer selbst, den Herzog von Feria, tödtet der Gram über die mißlungene Unternehmung.

Unterdessen hatte Herzog Bernhard von Weimar mit achtzehn Regimentern Fußvolk und hundert und vierzig Cornetten Reitern seine Stellung an der Donau genommen, um sowohl Franken zu decken, als die Bewegungen der kaiserlich-bayerischen Armee an diesem Strome zu beobachten. Nicht sobald hatte Altringer diese Grenzen entblößt, um zu den italienischen Truppen des Herzogs von Feria zu stoßen, als Bernhard seine Entfernung benutzte, über die Donau eilte und mit Blitzesschnelligkeit vor Regensburg stand. Der Besitz dieser Stadt war für die Unternehmungen der Schweden aus Bayern und Österreich entscheidend; er verschaffte ihnen festen Fuß an dem Donaustrom und eine sichere Zuflucht bei jedem Unglücksfall, so wie er sie allein in den Stand setzte, eine dauerhafte Eroberung in diesen Ländern zu machen. Regensburg zu bewahren, war der letzte dringende Rath, den der sterbende Tilly dem Kurfürsten von Bayern ertheilte, und Gustav Adolph beklagte als einen nicht zu ersetzenden Verlust, daß ihm die Bayern in Besetzung dieses Platzes zuvorgekommen waren. Unbeschreiblich groß war daher Maximilians Schrecken, als Herzog Bernhard diese Stadt überraschte und sich ernstlich anschickte, sie zu belagern.

Nicht mehr als fünfzehn Compagnien größtenteils neugeworbener Truppen machten die Besatzung derselben aus; eine mehr als hinreichende Anzahl, um auch den überlegensten Feind zu ermüden, sobald sie von einer gutgesinnten und kriegerischen Bürgerschaft unterstützt wurden.

Aber gerade diese war der gefährlichste Feind, den die bayerische Garnison zu bekämpfen hatte. Die protestantischen Einwohner Regensburgs, gleich eifersüchtig auf ihren Glauben und ihre Reichsfreiheit, hatten ihren Nacken mit Widerwillen unter das bayerische Joch gebeugt und blickten längst schon mit Ungeduld der Erscheinung eines Retters entgegen. Bernhards Ankunft vor ihren Mauern erfüllte sie mit lebhafter Freude, und es war sehr zu fürchten, daß sie die Unternehmungen der Belagerer durch einen innern Tumult unterstützen würden. In dieser großen Verlegenheit läßt der Kurfürst die beweglichsten Schreiben an den Kaiser, an den Herzog von Friedland ergehen, ihm nur mit fünftausend Mann auszuhelfen. Sieben Eilboten nach einander sendet Ferdinand mit diesem Auftrag an Wallenstein, der die schleunigste Hilfe zusagt und auch wirklich schon dem Kurfürsten die nahe Ankunft von zwölftausend Mann durch Gallas berichten läßt, aber diesem Feldherrn bei Lebensstrafe verbietet, sich auf den Weg zu machen. Unterdessen hatte der bayerische Commandant von Regensburg, in Erwartung eines nahen Entsatzes, die besten Anstalten zur Verteidigung getroffen, die katholischen Bauern wehrhaft gemacht, die protestantischen Bürger hingegen entwaffnet und aufs sorgfältigste bewacht, daß sie nichts Gefährliches gegen die Garnison unternehmen konnten. Da aber kein Entsatz erschien und das feindliche Geschütz mit ununterbrochener Heftigkeit die Werke bestürmte, sorgte er durch eine anständige Capitulation für sich selbst und die Besatzung und überließ die bayerischen Beamten und Geistlichen der Gnade des Siegers.

Mit dem Besitze von Regensburg erweitern sich Herzog Bernhards Entwürfe, und seinem kühnen Muth ist Bayern selbst eine zu enge Schranke geworden. Bis an die Grenzen von Österreich will er dringen, das protestantische Landvolk gegen den Kaiser bewaffnen und ihm seine Religionsfreiheit wieder geben. Schon hat er Straubing erobert, während daß ein anderer schwedischer Feldherr die nördlichen Ufer der Donau sich unterwürfig macht. An der Spitze seiner Schweden dem Grimm der Witterung trotz bietend, erreicht er die Mündung des Isarstroms und setzt im Angesicht des bayerischen Generals von Werth, der hier gelagert steht, seine Truppen über. Jetzt zittern Passau und Linz, und der bestürzte Kaiser verdoppelt an Wallenstein seine Mahnungen und Befehle, dem bedrängten Bayern aufs schleunigste zu Hilfe zu eilen. Aber hier setzt der siegende Bernhard seinen Eroberungen ein freiwilliges Ziel. Vor sich den Inn, der durch viele feste Schlösser beschützt wird, hinter sich zwei feindliche Heere, ein übelgesinntes Land und die Isar, wo kein haltbarer Ort ihm den Rücken deckt und der gefrorne Boden keine Verschanzung gestattet, von der ganzen Macht Wallensteins bedroht, der sich endlich entschlossen hat, an die Donau zu rücken, entzieht er sich durch einen zeitigen Rückzug der Gefahr, von Regensburg abgeschnitten und von Feinden umzingelt zu werden. Er eilt über die Isar und Donau, um die in der Oberpfalz gemachten Eroberungen gegen Wallenstein zu vertheidigen und selbst eine Schlacht mit diesem Feldherrn nicht auszuschlagen. Aber Wallenstein, dem es nie in den Sinn gekommen war, große Thaten an der Donau zu verrichten, wartet seine Annäherung nicht ab, und ehe die Bayern recht anfangen, seiner froh zu werden, ist er schon nach Böhmen verschwunden. Bernhard endigt also jetzt seinen glorreichen Feldzug und vergönnt seinen Truppen die wohlverdiente Rast in den Winterquartieren auf feindlicher Erde.

Indem Gustav Horn in Schwaben, der Pfalzgraf von Birkenfeld, General Baudissin und Rheingraf Otto Ludwig am Ober- und Niederrhein und Herzog Bernhard an der Donau den Krieg mit solcher Überlegenheit führten, wurde der Ruhm der schwedischen Waffen in Niedersachen und Westphalen von dem Herzog von Lüneburg und dem Landgrafen von Hessen-Kassel nicht weniger glorreich behauptet. Die Festung Hameln eroberte Herzog Georg nach der tapfersten Gegenwehr, und über den kaiserlichen General von Gronsfeld, der an dem Weserstrom commandierte, wurde von der vereinigten Armee der Schweden und Hessen bei Oldendorf ein glänzender Sieg erfochten. Der Graf von Wasaburg, ein natürlicher Sohn Gustav Adolphs, zeigte sich in dieser Schlacht seines Ursprungs werth. Sechszehn Kanonen, das ganze Gepäck der Kaiserlichen und vierundsiebzig Fahnen fielen in schwedische Hände, gegen dreitausend von den Feinden blieben auf dem Platze, und fast eben so viele wurden zu Gefangenen gemacht. Die Stadt Osnabrück zwang der schwedische Oberst Kniphausen, und Paderborn der Landgraf von Hessen-Kassel zur Übergabe; dafür aber ging Bückeburg, ein sehr wichtiger Ort für die Schweden, an die Kaiserlichen verloren. Beinahe an allen Enden Deutschlands sah man die schwedischen Waffen siegreich, und das nächste Jahr nach Gustav Adolphs Tode zeigte noch keine Spur des Verlustes, den man an diesem großen Führer erlitten hatte.

Bei Erwähnung der wichtigen Vorfälle, welche den Feldzug des 1633sten Jahres auszeichneten, muß die Unthätigkeit eines Mannes, der bei weitem die höchsten Erwartungen rege machte, ein gerechtes Erstaunen erwecken. Unter allen Generalen, deren Thaten uns in diesem Feldzuge beschäftigt haben, war keiner, der sich an Erfahrung, Talent und Kriegsruhm mit Wallenstein messen durfte, und gerade dieser verliert sich seit dem Treffen bei Lützen aus unsern Augen. Der Fall seines großen Gegners läßt ihm allein jetzt den ganzen Schauplatz des Ruhmes frei; die ganze Aufmerksamkeit Europas ist auf die Thaten gespannt, die das Andenken seiner Niederlage auslöschen und seine Überlegenheit in der Kriegskunst der Welt verkündigen sollen. Und doch liegt er still in Böhmen, indeß die Verluste des Kaisers in Bayern, in Niedersachsen, am Rhein seine Gegenwart dringend fordern; ein gleich undurchdringliches Geheimniß für Freund und Feind, der Schrecken und doch zugleich die letzte Hoffnung des Kaisers. Mit unerklärbarer Eilfertigkeit hatte er sich nach dem verlorenen Treffen bei Lützen in das Königreich Böhmen gezogen, wo er über das Verhalten seiner Officiere in dieser Schlacht die strengsten Untersuchungen anstellte. Die das Kriegsgericht für schuldig erkannte, wurden mit unerbittlicher Strenge zum Tode verurtheilt; die sich brav gehalten hatten, mit königlicher Großmuth belohnt und das Andenken der Gebliebenen durch herrliche Monumente verewigt. Den Winter über drückte er die kaiserlichen Provinzen durch übermäßige Contributionen und durch die Winterquartiere, die er absichtlich nicht in feindlichen Ländern nahm, um das Mark der österreichischen Länder auszusaugen. Anstatt aber mit seiner wohlgepflegten und auserlesenen Armee beim Anbruch des Frühlings 1633 den Feldzug vor allen andern zu eröffnen und sich in seiner ganzen Feldherrnkraft zu erheben, war er der Letzte, der im Felde erschien, und auch jetzt war es ein kaiserliches Erbland, das er zum Schauplatz des Krieges machte.

Unter allen Provinzen Österreichs war Schlesien der größten Gefahr ausgesetzt. Drei verschiedene Armeen, eine schwedische unter dem Grafen von Thurn, eine sächsische unter Arnheim und dem Herzog von Lauenburg und eine brandenburgische unter Borgsdorf, hatten diese Provinz zu gleicher Zeit mit Krieg überzogen. Schon hatten sie die wichtigsten Plätze im Besitz, und selbst Breslau hatte die Partei der Alliierten ergriffen. Aber gerade diese Menge von Generalen und Armeen rettete dem Kaiser dieses Land; denn die Eifersucht der Generale und der gegenseitige Haß der Schweden und Sachsen ließ sie nie mit Einstimmigkeit verfahren. Arnheim und Thurn zankten sich um die Oberstelle; die Brandenburger und Sachsen hielten eifrig gegen die Schweden zusammen, die sie als überlästige Fremdlinge ansahen und, wo es nur immer thunlich war, zu verkürzen suchten. Hingegen lebten die Sachsen mit den Kaiserlichen auf einem viel vertraulichern Fuß, und oft geschah es, daß die Officiere beider feindlichen Armeen einander Besuche abstatteten und Gastmähler gaben. Man ließ die Kaiserlichen ungehindert ihre Güter fortschaffen, und viele verhehlten es gar nicht, daß sie von Wien große Summen gezogen. Unter so zweideutig gesinnten Alliierten sahen sich die Schweden verkauft und verrathen, und an große Unternehmungen war bei einem so schlechten Verständniß nicht zu denken. Auch war der General von Arnheim den größten Theil der Zeit abwesend, und als er endlich wieder bei der Armee anlangte, näherte sich Wallenstein schon mit einer furchtbaren Kriegsmacht den Grenzen.

Vierzigtausend Mann stark rückte er ein, und nicht mehr als vierundzwanzigtausend hatten ihm die Alliierten entgegen zu setzen. Nichtsdestoweniger wollten sie eine Schlacht versuchen und erschienen bei Münsterberg, wo er ein verschanztes Lager bezogen hatte. Aber Wallenstein ließ sie acht Tage lang hier stehen, ohne nur die geringste Bewegung zu machen; dann verließ er seine Verschanzungen und zog mit ruhigem stolzen Schritt an ihrem Lager vorüber. Auch nachdem er aufgebrochen war und die muthiger gewordenen Feinde ihm beständig zur Seite blieben, ließ er die Gelegenheit unbenutzt. Die Sorgfalt, mit der er die Schlacht vermied, wurde als Furcht ausgelegt; aber einen solchen Verdacht durfte Wallenstein auf seinen verjährten Feldherrnruhm wagen. Die Eitelkeit der Alliierten ließ sie nicht bemerken, daß er sein Spiel mit ihnen trieb, und daß er ihnen die Niederlage großmüthig schenkte, weil ihm – mit einem Sieg über sie für jetzt nicht gedient war. Um ihnen jedoch zu zeigen, daß er der Herr sei, und daß nicht die Furcht vor ihrer Macht ihn in Unthätigkeit erhalte, ließ er den Commandanten eines Schlosses, das in seine Hände fiel, niederstoßen, weil er einen unhaltbaren Platz nicht gleich übergeben hatte.

Neun Tage lang standen beide Armeen einander einen Musketenschuß weit im Gesichte, als der Graf Terzky aus dem Wallensteinischen Heere mit einem Trompeter vor dem Lager der Alliierten erschien, den General von Arnheim zu einer Conferenz einzuladen. Der Inhalt derselben war, daß Wallenstein, der doch an Macht der überlegene Theil war, einen Waffenstillstand von sechs Wochen in Vorschlag brachte. »Er sei gekommen«, sagte er, »mit Schweden und mit den Reichsfürsten einen ewigen Frieden zu schließen, die Soldaten zu bezahlen und jedem Genugtuung zu verschaffen. Alles dies stehe in seiner Hand, und wenn man in Wien Anstand nehmen sollte, es zu bestätigen, so wolle er sich mit den Alliierten vereinigen und (was er Arnheimen zwar nur ins Ohr flüsterte) den Kaiser zum Teufel jagen.« Bei einer zweiten Zusammenkunft ließ er sich gegen den Grafen von Thurn noch deutlicher heraus. »Alle Privilegien«, erklärte er, »sollten aufs neue bestätigt, alle böhmischen Exulanten zurückberufen und in ihre Güter wieder eingesetzt werden, und er selbst wolle der Erste sein, seinen Antheil an denselben herauszugeben. Die Jesuiten, als die Urheber aller bisherigen Unterdrückungen, sollten verjagt, die Krone Schweden durch Zahlungen auf bestimmte Termine abgefunden, alles überflüssige Kriegsvolk von beiden Theilen gegen die Türken geführt werden.« Der letzte Punkt enthielt den Aufschluß des ganzen Räthsels. »Wenn er die böhmische Krone davon trüge, so sollten alle Vertriebenen sich seiner Großmuth zu rühmen haben, eine vollkommene Freiheit der Religionen sollte dann in dem Königreich herrschen, das pfälzische Haus in alle seine vorigen Rechte zurücktreten und die Markgrafschaft Mähren ihm für Mecklenburg zur Entschädigung dienen. Die alliierten Armeen zögen dann unter seiner Anführung nach Wien, dem Kaiser die Genehmigung dieses Traktats mit gewaffneter Hand abzunöthigen.«

Jetzt also war die Decke von dem Plan weggezogen, worüber er schon Jahre lang in geheimnißvoller Stille gebrütet hatte. Auch lehrten alle Umstände, daß zu Vollstreckung desselben keine Zeit zu verlieren sei. Nur das blinde Vertrauen zu dem Kriegsglück und dem überlegenen Genie des Herzogs von Friedland hatte dem Kaiser die Festigkeit eingeflößt, allen Vorstellungen Bayerns und Spaniens entgegen und auf Kosten seines eigenen Ansehens diesem gebieterischen Mann ein so uneingeschränktes Commando zu übergeben. Allein dieser Glaube an die Unüberwindlichkeit Wallensteins war durch seine lange Unthätigkeit längst erschüttert worden und nach dem verunglückten Treffen bei Lützen beinahe gänzlich gefallen. Aufs neue erwachten jetzt seine Gegner an Ferdinands Hofe, und die Unzufriedenheit des Kaisers über den Fehlschlag seiner Hoffnungen verschaffte ihren Vorstellungen den gewünschten Eingang bei diesem Monarchen. Das ganze Betragen des Herzogs wurde mit beißender Kritik von ihnen gemustert, sein hochfahrender Trotz und seine Widersetzlichkeit gegen des Kaisers Befehle diesem eifersüchtigen Fürsten in Erinnerung gebracht, die Klagen der österreichischen Unterthanen über seine grenzenlosen Bedrückungen zu Hilfe gerufen, seine Treue verdächtig gemacht und über seine geheimen Absichten ein schreckhafter Wink hingeworfen. Diese Anklagen, durch das ganze übrige Betragen des Herzogs nur zu sehr gerechtfertigt, unterließen nicht, in Ferdinands Gemüth tiefe Wurzeln zu schlagen; aber der Schritt war einmal geschehn, und die große Gewalt, womit man den Herzog bekleidet hatte, konnte ihm ohne große Gefahr nicht entrissen werden. Sie unmerklich zu vermindern, war alles, was dem Kaiser übrig blieb, und um dies mit einigem Erfolg zu können, mußte man sie zu theilen, vor allen Dingen aber sich außer Abhängigkeit von seinem guten Willen zu setzen suchen. Aber selbst dieses Rechtes hatte man sich in dem Vertrage begeben, den man mit ihm errichtete, und gegen jeden Versuch, ihm einen andern General an die Seite zu setzen oder einen unmittelbaren Einfluß auf seine Truppen zu haben, schützte ihn die eigenhändige Unterschrift des Kaisers. Da man diesen nachtheiligen Vertrag weder halten noch vernichten konnte, so mußte man sich durch einen Kunstgriff heraushelfen. Wallenstein war kaiserlicher Generalissimus in Deutschland; aber weiter erstreckte sich sein Gebiet nicht, und über eine auswärtige Armee konnte er sich keine Herrschaft anmaßen. Man läßt also in Mailand eine spanische Armee errichten und unter einem spanischen General in Deutschland fechten. Wallenstein ist also der Unentbehrliche nicht mehr, weil er aufgehört hat, der Einzige zu sein, und im Nothfall hat man gegen ihn selbst eine Stütze.

Der Herzog fühlte es schnell und tief, woher dieser Streich kam und wohin er zielte. Umsonst protestierte er bei dem Cardinal-Infanten gegen diese vertragswidrige Neuerung; die italienische Armee rückte ein, und man zwang ihn, ihr den General Altringer mit Verstärkung zuzusenden. Zwar wußte er diesem durch strenge Verhaltungsbefehle die Hände so sehr zu binden, daß die italienische Armee in dem Elsaß und in Schwaben wenig Ehre einlegte; aber dieser eigenmächtige Schritt des Hofes hatte ihn aus seiner Sicherheit aufgeschreckt und ihm über die näherkommende Gefahr einen warnenden Wink gegeben. Um nicht zum zweitenmal sein Commando und mit demselben die Frucht aller seiner Bemühungen zu verlieren, mußte er mit der Ausführung seines Anschlags eilen. Durch Entfernung der verdächtigen Officiere und durch seine Freigebigkeit gegen die andern hielt er sich der Treue seiner Truppen versichert. Alle andern Stände des Staats, alle Pflichten der Gerechtigkeit und Menschlichkeit hatte er dem Wohl der Armee aufgeopfert, also rechnete er auf die Erkenntlichkeit derselben. Im Begriff, ein nie erlebtes Beispiel des Undanks gegen den Schöpfer seines Glücks aufzustellen, baute er seine ganze Wohlfahrt auf die Dankbarkeit, die man an ihm beweisen sollte.

Die Anführer der schlesischen Armeen hatten von ihren Principalen keine Vollmacht, so etwas Großes, als Wallenstein in Vorschlag brachte, für sich allein abzuschließen, und selbst den verlangten Waffenstillstand getrauten sie sich nicht länger als auf vierzehn Tage zu bewilligen. Ehe sich der Herzog gegen die Schweden und Sachsen herausließ, hatte er noch für rathsam gefunden, sich bei seiner kühnen Unternehmung des französischen Schutzes zu versichern. Zu dem Ende wurden durch den Grafen von Kinsky bei dem französischen Bevollmächtigten Feuquieres zu Dresden geheime Unterhandlungen, wiewohl mit sehr mißtrauischer Vorsicht, angeknüpft, welche ganz seinem Wunsche gemäß ausfielen. Feuquieres erhielt Befehl von seinem Hofe, allen Vorschub von Seiten Frankreichs zu versprechen und dem Herzog, wenn er deren benöthigt wäre, eine beträchtliche Geldhilfe anzubieten.

Aber gerade diese überkluge Sorgfalt, sich von allen Seiten zu decken, gereichte ihm zum Verderben. Der französische Bevollmächtigte entdeckte mit großem Erstaunen, daß ein Anschlag, der mehr als jeder andre des Geheimnisses bedurfte, den Schweden und den Sachsen mitgetheilt worden sei. Das sächsische Ministerium war, wie man allgemein wußte, im Interesse des Kaisers, und die den Schweden angebotenen Bedingungen blieben allzu weit hinter den Erwartungen derselben zurück, um je ihren Beifall erhalten zu können. Feuquieres fand es daher unbegreiflich, wie der Herzog in vollem Ernste auf die Unterstützung der erstern und auf die Verschwiegenheit der letztern hätte Rechnung machen sollen. Er entdeckte seine Zweifel und Besorgnisse dem schwedischen Kanzler, der in die Absichten Wallensteins ein gleich großes Mißtrauen setzte und noch weit weniger Geschmack an seinen Vorschlägen fand. Wiewohl es ihm kein Geheimniß war, daß der Herzog schon ehedem mit Gustav Adolph in ähnlichen Traktaten gestanden, so begriff er doch die Möglichkeit nicht, wie er die ganze Armee zum Abfall bewegen und seine übermäßigen Versprechungen würde wahr machen können. Ein so ausschweifender Plan und ein so unbesonnenes Verfahren schien sich mit der verschlossenen und mißtrauischen Gemüthsart des Herzogs nicht wohl zu vertragen, und lieber erklärte man alles für Maske und Betrug, weil es eher erlaubt war an seiner Redlichkeit als an seiner Klugheit zu zweifeln. Oxenstiernas Bedenklichkeiten steckten endlich selbst Arnheimen an, der in vollem Vertrauen auf Wallensteins Aufrichtigkeit zu dem Kanzler nach Gelnhausen gereist war, ihn dahin zu vermögen, daß er dem Herzog seine besten Regimenter zum Gebrauch überlassen möchte. Man fing an, zu argwohnen, daß der ganze Antrag nur eine künstlich gelegte Schlinge sei, die Alliierten zu entwaffnen und den Kern ihrer Kriegsmacht dem Kaiser in die Hände zu spielen. Wallensteins bekannter Charakter widerlegte diesen schlimmen Verdacht nicht, und die Widersprüche, in die er sich nachher verwickelte, machten, daß man endlich ganz und gar an ihm irre ward. Indem er die Schweden in sein Bündniß zu ziehen suchte und ihnen sogar ihre besten Truppen abforderte, äußerte er sich gegen Arnheim, daß man damit anfangen müsse, die Schweden aus dem Reiche zu verjagen; und während daß sich die sächsischen Officiere, im Vertrauen auf die Sicherheit des Waffenstillstandes, in großer Menge bei ihm einfanden, machte er einen verunglückten Versuch, sich ihrer Personen zu bemächtigen. Er brach zuerst den Stillstand, den er doch einige Monate darauf nicht ohne große Mühe erneuerte. Aller Glaube an seine Wahrhaftigkeit verschwand, und endlich glaubte man in seinem ganzen Benehmen nichts als ein Gewebe von Betrug und niedrigen Kniffen zu sehen, um die Alliierten zu schwächen und sich selbst in Verfassung zu setzen. Dieses erreichte er zwar wirklich, indem seine Macht sich mit jedem Tage vermehrte, die Alliierten aber durch Desertion und schlechten Unterhalt über die Hälfte ihrer Truppen einbüßten. Aber er machte von seiner Überlegenheit den Gebrauch nicht, den man in Wien erwartete. Wenn man einem entscheidenden Vorfall entgegensah, erneuerte er plötzlich die Unterhandlungen; und wenn der Waffenstillstand die Alliierten in Sicherheit stürzte, so erhob er sich plötzlich, um die Feindseligkeiten zu erneuern. Alle diese Widersprüche flossen aus dem doppelten und ganz unvereinbaren Entwurf, den Kaiser und die Schweden zugleich zu verderben und mit Sachsen einen besondern Frieden zu schließen.

Über den schlechten Fortgang seiner Unterhandlungen ungeduldig, beschloß er endlich, seine Macht zu zeigen, da ohnehin die dringende Noth in dem Reiche und die steigende Unzufriedenheit am kaiserlichen Hofe keinen längern Aufschub gestatteten. Schon vor dem letzten Stillstand war der General von Holk von Böhmen aus in das Meißnische eingefallen, hatte alles, was auf seinem Wege lag, mit Feuer und Schwert verwüstet, den Kurfürsten in seine Festungen gejagt und selbst die Stadt Leipzig erobert. Aber der Stillstand in Schlesien setzte seinen Verwüstungen ein Ziel, und die Folgen seiner Abschweifungen streckten ihn zu Adorf auf die Bahre. Nach aufgehobenem Stillstand machte Wallenstein aufs neue eine Bewegung, als ob er durch die Lausitz in Sachsen fallen wollte, und ließ aussprengen, daß Piccolomini schon dahin aufgebrochen sei. Sogleich verläßt Arnheim sein Lager in Schlesien, um ihm nachzufolgen und dem Kurfürstenthum zu Hilfe zu eilen. Dadurch aber wurden die Schweden entblößt, die unter dem Commando des Grafen von Thurn in sehr kleiner

Anzahl bei Steinau an der Oder gelagert standen; und gerade dies war es, was der Herzog gewollt hatte. Er ließ den sächsischen General sechzehn Meilen voraus in das Meißnische eilen und wendete sich dann auf einmal rückwärts gegen die Oder, wo er die schwedische Armee in der tiefsten Sicherheit überraschte. Ihre Reiterei wurde durch den vorangeschickten General Schafgotsch geschlagen und das Fußvolk von der nachfolgenden Armee des Herzogs bei Steinau völlig eingeschlossen. Wallenstein gab dem Grafen von Thurn eine halbe Stunde Bedenkzeit, sich mit dritthalbtausend Mann gegen mehr als zwanzigtausend zu wehren oder sich auf Gnade und Ungnade zu ergeben. Bei solchen Umständen konnte keine Wahl stattfinden. Die ganze Armee gibt sich gefangen, und ohne einen Tropfen Blut ist der vollkommenste Sieg erfochten. Fahnen, Bagage und Geschütz fallen in des Siegers Hand, die Officiere werden in Verhaft genommen, die Gemeinen untergesteckt. Und jetzt endlich war nach einer vierzehnjährigen Irre, nach unzähligen Glückswechseln, der Anstifter des böhmischen Aufruhrs, der entfernte Urheber dieses ganzen verderblichen Krieges, der berüchtigte Graf von Thurn, in der Gewalt seiner Feinde. Mit blutdürstiger Ungeduld erwartet man in Wien die Ankunft dieses großen Verbrechers und genießt schon im Voraus den schrecklichen Triumph, der Gerechtigkeit ihr vornehmstes Opfer zu schlachten. Aber den Jesuiten diese Lust zu verderben, war ein viel süßerer Triumph, und Thurn erhielt seine Freiheit. Ein Glück für ihn, daß er mehr wußte, als man in Wien erfahren durfte, und daß Wallensteins Feinde auch die seinigen waren. Eine Niederlage hätte man dem Herzog in Wien verziehen; diese getäuschte Hoffnung vergab man ihm nie. »Was aber hätt' ich denn sonst mit diesem Rasenden machen sollen?« schreibt er mit boshaftem Spotte an die Minister, die ihn über diese unzeitige Großmuth zur Rede stellen. »Wollte der Himmel, die Feinde hätten lauter Generale, wie dieser ist! An der Spitze der schwedischen Heere wird er uns weit bessere Dienste thun, als im Gefängniß.«

Auf den Sieg bei Steinau folgte in kurzer Zeit die Einnahme von Liegnitz, Groß-Glogau und selbst von Frankfurt an der Oder. Schafgotsch, der in Schlesien zurückblieb, um die Unterwerfung dieser Provinz zu vollenden, blockierte Brieg und bedrängte Breslau vergebens, weil diese freie Stadt über ihre Privilegien wachte und den Schweden ergeben blieb. Die Obersten Illo und Götz schickte Wallenstein nach der Warthe, um bis in Pommern und an die Küste der Ostsee zu dringen, und Landsberg, der Schlüssel zu Pommern, wurde wirklich auch von ihnen erobert. Indem der Kurfürst von Brandenburg und der Herzog von Pommern für ihre Länder zitterten, brach Wallenstein selbst mit dem Rest der Armee in die Lausitz, wo er Görlitz mit Sturm eroberte und Bautzen zur Übergabe zwang. Aber es war ihm nur darum zu thun, den Kurfürsten von Sachsen zu schrecken, nicht die erhaltenen Vortheile zu verfolgen; auch mit dem Schwert in der Hand setzte er bei Brandenburg und Sachsen seine Friedensanträge fort, wiewohl mit keinem bessern Erfolg, da er durch eine Kette von Widersprüchen alles Vertrauen verscherzt hatte. Jetzt würde er seine ganze Macht gegen das unglückliche Sachsen gewendet und seinen Zweck durch die Gewalt der Waffen doch endlich noch durchgesetzt haben, wenn nicht der Zwang der Umstände ihn genöthigt hätte, diese Gegenden zu verlassen. Die Siege Herzog Bernhards am Donaustrom, welche Österreich selbst mit naher Gefahr bedrohten, forderten ihn dringend nach Bayern, und die Vertreibung der Sachsen und Schweden aus Schlesien raubte ihm jeden Vorwand, sich den kaiserlichen Befehlen noch länger zu widersetzen und den Kurfürsten von Bayern hilflos zu lassen. Er zog sich also mit der Hauptmacht gegen die Oberpfalz, und sein Rückzug befreite Obersachsen auf immer von diesem furchtbaren Feinde.

So lange es nur möglich war, hatte er Bayerns Rettung verschoben und durch die gesuchtesten Ausflüchte die Ordonnanzen des Kaisers verhöhnt. Auf wiederholtes Bitten schickte er endlich zwar dem Grafen von Altringer, der den Lech und die Donau gegen Horn und Bernhard zu behaupten suchte, einige Regimenter aus Böhmen zu Hilfe, jedoch mit der ausdrücklichen Bedingung, sich bloß vertheidigungsweise zu verhalten. Den Kaiser und den Kurfürsten wies er, so oft sie ihn um Hilfe anflehten, an Altringer, der, wie er öffentlich vorgab, eine uneingeschränkte Vollmacht von ihm erhalten habe, in geheim aber band er demselben durch die strengsten Instruktionen die Hände und bedrohte ihn mit dem Tode, wenn er seine Befehle überschreiten würde. Nachdem Herzog Bernhard vor Regensburg gerückt war und der Kaiser sowohl als der Kurfürst ihre Aufforderungen um Hilfe dringender erneuerten, stellte er sich an, als ob er den General Gallas mit einem ansehnlichen Heere an die Donau schicken würde; aber auch dies unterblieb, und so gingen, wie vorher das Bisthum Eichstädt, jetzt auch Regensburg, Straubing, Cham an die Schweden verloren. Als er endlich schlechterdings nicht mehr vermeiden konnte, den ernstlichen Befehlen des Hofs zu gehorsamen, rückte er so langsam, als er konnte, an die bayerische Grenze, wo er das von den Schweden eroberte Cham berennte. Er vernahm aber nicht so bald, daß man von schwedischer Seite daran arbeitete, ihm durch die Sachsen eine Diversion in Böhmen zu machen, so benutzte er dieses Gerücht, um aufs schleunigste, und ohne das Geringste verrichtet zu haben, nach Böhmen zurückzukehren. Alles Andre, gab er vor, müsse der Verteidigung und Erhaltung der kaiserlichen Erblande nachstehen; und so blieb er in Böhmen wie angefesselt stehen und hütete dieses Königreich, als ob es jetzt schon sein Eigenthum wäre. Der Kaiser wiederholte in noch dringenderem Tone seine Mahnung, daß er sich gegen den Donaustrom ziehen solle, die gefährliche Niederlassung des Herzogs von Weimar an Österreichs Grenzen zu hindern – er aber endigte den Feldzug für dieses Jahr und ließ seine Truppen aufs neue ihre Winterquartiere in dem erschöpften Königreich nehmen.

Ein so fortgeführter Trotz, eine so beispiellose Geringschätzung aller kaiserlichen Befehle, eine so vorsätzliche Vernachlässigung des allgemeinen Besten, verbunden mit einem so äußerst zweideutigen Benehmen gegen den Feind, mußte endlich den nachtheiligen Gerüchten, wovon längst schon ganz Deutschland erfüllt war, Glauben bei dem Kaiser verschaffen. Lange Zeit war es ihm gelungen, seinen strafbaren Unterhandlungen mit dem Feinde den Schein der Rechtmäßigkeit zu geben und dennoch immer für ihn gewonnenen Monarchen zu überreden, daß der Zweck jener geheimen Zusammenkünfte kein anderer sei, als Deutschland den Frieden zu schenken. Aber wie undurchdringlich er sich auch glaubte, so rechtfertigte doch der ganze Zusammenhang seines Betragens die Beschuldigungen, womit seine Gegner unaufhörlich das Ohr des Kaisers bestürmten. Um sich an Ort und Stelle von dem Grund oder Ungrund derselben zu belehren, hatte Ferdinand schon zu verschiedenen Zeiten Kundschafter in das Wallensteinische Lager geschickt, die aber, da der Herzog sich hütete, etwas Schriftliches von sich zu geben, bloße Muthmaßungen zurückbrachten. Da aber endlich die Minister selbst, seine bisherigen Verfechter am Hofe, deren Güter Wallenstein mit gleichen Lasten gedrückt hatte, sich zur Partei seiner Feinde schlugen; da der Kurfürst von Bayern die Drohung fallen ließ, sich, bei längerer Beibehaltung dieses Generals, mit den Schweden zu vergleichen; da endlich auch der spanische Abgesandte auf seiner Absetzung bestand und im Weigerungsfall die Subsidiengelder seiner Krone zurückzuhalten drohte, so sah sich der Kaiser zum zweitenmal in die Notwendigkeit gesetzt, ihn vom Commando zu entfernen.

Die eigenmächtigen und unmittelbaren Verfügungen des Kaisers bei der Armee belehrten den Herzog bald, daß der Vertrag mit ihm bereits als zerrissen betrachtet und seine Abdankung unvermeidlich sei. Einer seiner Unterfeldherrn in Österreich, dem Wallenstein bei Strafe des Beils untersagt hatte, dem Hofe zu gehorsamen, empfing von dem Kaiser unmittelbaren Befehl, zu dem Kurfürsten von Bayern zu stoßen; und an Wallenstein selbst erging die gebieterische Weisung, dem Cardinal-Infanten, der mit einer Armee aus Italien unterwegs war, einige Regimenter zur Verstärkung entgegen zu senden. Alle diese Anstalten sagten ihm, daß der Plan unwiderruflich gemacht sei, ihn nach und nach zu entwaffnen, um ihn alsdann schwach und wehrlos auf Einmal zu Grund zu richten.

Zu seiner Selbstvertheidigung mußte er jetzt eilen, einen Plan auszuführen, der Anfangs nur zu seiner Vergrößerung bestimmt war. Länger, als die Klugheit rieth, hatte er mit der Ausführung desselben gezögert, weil ihm noch immer die günstigen Constellationen fehlten, oder, wie er gewöhnlich die Ungeduld seiner Freunde abfertigte, weil die Zeit noch nicht gekommen war. Die Zeit war auch jetzt noch nicht gekommen, aber die dringende Noth verstattete nicht mehr, die Gunst der Sterne zu erwarten. Das Erste war, sich der Gesinnungen der vornehmsten Anführer zu versichern und alsdann die Treue der Armee zu erproben, die er so freigebig vorausgesetzt hatte. Drei derselben, die Obersten Kinsky, Terzky und Illo, waren schon längst in das Geheimniß gezogen und die beiden ersten durch das Band der Verwandtschaft an sein Interesse geknüpft. Eine gleiche Ehrsucht, ein gleicher Haß gegen die Regierung und die Hoffnung überschwänglicher Belohnungen verband sie aufs engste mit Wallenstein, der auch die niedrigsten Mittel nicht verschmäht hatte, die Zahl seiner Anhänger zu vermehren. Den Obersten Illo hatte er einsmals überredet, in Wien den Grafentitel zu suchen, und ihm dabei seine kräftigste Fürsprache zugesagt. Heimlich aber schrieb er an die Minister, ihm sein Gesuch abzuschlagen, weil sich sonst Mehrere melden dürften, die gleiche Verdienste hätten und auf gleiche Belohnungen Anspruch machten. Als Illo hernach zur Armee zurückkam, war sein Erstes, ihn nach dem Erfolg seiner Bewerbungen zu fragen; und da ihm dieser von dem schlechten Ausgange derselben Nachricht gab, so fing er an, die bittersten Klagen gegen den Hof auszustoßen. »Das also hätten wir mit unsern treuen Diensten verdient«, rief er, »daß meine Verwendung so gering geachtet und Euren Verdiensten eine so unbedeutende Belohnung verweigert wird! Wer wollte noch länger einem so undankbaren Herrn seine Dienste widmen? Nein, was mich angeht, ich bin von nun an der abgesagte Feind des Hauses Österreich.« Illo stimmte bei, und so wurde zwischen Beiden ein enges Bündniß gestiftet.

Aber was diese drei Vertrauten des Herzogs wußten, war lange Zeit ein undurchdringliches Geheimniß für die Übrigen, und die Zuversicht, mit der Wallenstein von der Ergebenheit seiner Officiere sprach, gründete sich einzig nur auf die Wohlthaten, die er ihnen erzeigt hatte, und auf ihre Unzufriedenheit mit dem Hofe. Aber diese schwankende Vermuthung mußte sich in Gewißheit verwandeln, ehe er seine Maske abwarf und sich einen öffentlichen Schritt gegen den Kaiser erlaubte. Graf Piccolomini, derselbe, der sich in dem Treffen bei Lützen durch einen beispiellosen Muth ausgezeichnet hatte, war der Erste, dessen Treue er auf die Probe stellte. Er hatte sich diesen General durch große Geschenke verpflichtet, und er gab ihm den Vorzug vor allen andern, weil Piccolomini unter einerlei Constellation mit ihm geboren war. Diesem erklärte er, daß er, durch den Undank des Kaisers und seine nahe Gefahr gezwungen, unwiderruflich entschlossen sei, die österreichische Partei zu verlassen, sich mit dem besten Theile der Armee auf feindliche Seite zu schlagen und das Haus Österreich in allen Grenzen seiner Herrschaft zu bekriegen, bis es von der Wurzel vertilgt sei. Auf Piccolomini habe er bei dieser Unternehmung vorzüglich gerechnet und ihm schon in voraus die glänzendsten Belohnungen zugedacht. – Als dieser, um seine Bestürzung über diesen überraschenden Antrag zu verbergen, von den Hindernissen und Gefahren sprach, die sich einem so gewagten Unternehmen entgegensetzen würden, spottete Wallenstein seiner Furcht. »Bei solchen Wagestücken«, rief er aus, »sei nur der Anfang schwer; die Sterne seien ihm gewogen, die Gelegenheit, wie man sie nur immer verlangen könne, auch dem Glücke müsse man etwas vertrauen. Sein Entschluß stehe fest, und er würde, wenn es nicht anders geschehen könnte, an der Spitze von tausend Pferden sein Heil versuchen.« Piccolomini hütete sich sehr, durch einen längern Widerspruch das Mißtrauen des Herzogs zu reizen, und ergab sich mit anscheinender Überzeugung dem Gewicht seiner Gründe. So weit ging die Verblendung des Herzogs, daß es ihm, aller Warnungen des Grafen Terzky ungeachtet, gar nicht einfiel, an der Aufrichtigkeit dieses Mannes zu zweifeln, der keinen Augenblick verlor, die jetzt gemachte merkwürdige Entdeckung nach Wien zu berichten.

Um endlich den entscheidenden Schritt zum Ziele zu thun, berief er im Jänner 1634 alle Commandeurs der Armee nach Pilsen zusammen, wohin er sich gleich nach seinem Rückzug aus Bayern gewendet hatte. Die neuesten Forderungen des Kaisers, die Erblande mit Winterquartieren zu verschonen, Regensburg noch in der rauhen Jahreszeit wieder zu erobern und die Armee zur Verstärkung des Cardinal-Infanten um sechstausend Mann Reiterei zu vermindern, waren erheblich genug, um vor dem ganzen versammelten Kriegsrath in Erwägung gezogen zu werden, und dieser scheinbare Vorwand verbarg den Neugierigen den wahren Zweck der Zusammenberufung. Auch Schweden und Sachsen wurden heimlich dahin geladen, um mit dem Herzog von Friedland über den Frieden zu traktiren; mit den Befehlshabern entlegenerer Heere sollte schriftliche Abrede genommen werden. Zwanzig von den berufenen Commandeurs erschienen; aber gerade die wichtigsten, Gallas, Colloredo und Altringer, blieben aus. Der Herzog ließ seine Einladungen an sie dringend wiederholen, einstweilen aber, in Erwartung ihrer nahen Ankunft, zu der Hauptsache schreiten.

Es war nichts Geringes, was er jetzt auf dem Wege war zu unternehmen. Einen stolzen, tapfern, auf seine Ehre wachsam haltenden Adel der schändlichsten Untreue fähig zu erklären und in den Augen Derjenigen, die bis jetzt nur gewohnt waren, in ihm den Abglanz der Majestät, den Richter ihrer Handlungen, den Bewahrer der Gesetze zu verehren, auf Einmal als ein Niederträchtiger, als Verführer, als Rebell zu erscheinen. Nichts Geringes war es, eine rechtmäßige, durch lange Verjährung befestigte, durch Religion und Gesetze geheiligte Gewalt in ihren Wurzeln zu erschüttern; alle jene Bezauberungen der Einbildungskraft und der Sinne, die furchtbaren Wachen eines rechtmäßigen Throns, zu zerstören; alle jene unvertilgbaren Gefühle der Pflicht, die in der Brust des Unterthans für den geborenen Beherrscher so laut und so mächtig sprechen, mit gewaltsamer Hand zu vertilgen. Aber geblendet von dem Glanz einer Krone, bemerkte Wallenstein den Abgrund nicht, der zu seinen Füßen sich öffnete, und im vollen lebendigen Gefühl seiner Kraft versäumte er – das gewöhnliche Loos starker und kühner Seelen – die Hindernisse gehörig zu würdigen und in Berechnung zu bringen. Wallenstein sah nichts, als eine gegen den Hof theils gleichgültige, theils erbitterte Armee – eine Armee, die gewohnt war, seinem Ansehen mit blinder Unterwerfung zu huldigen, vor ihm, als ihrem Gesetzgeber und Richter, zu beben, seine Befehle, gleich den Aussprüchen des Schicksals, mit zitternder Ehrfurcht zu befolgen. In den übertriebenen Schmeicheleien, womit man seiner Allgewalt huldigte, in den frechen Schmähungen gegen Hof und Regierung, die eine zügellose Soldateska sich erlaubte und die wilde Licenz des Lagers entschuldigte, glaubte er die wahren Gesinnungen der Armee zu vernehmen, und die Kühnheit, mit der man selbst die Handlungen des Monarchen zu tadeln wagte, bürgte ihm für die Bereitwilligkeit der Truppen, einem so sehr verachteten Oberherrn die Pflicht aufzukündigen. Aber, was er sich als etwas so Leichtes gedacht hatte, stand als der furchtbarste Gegner wider ihn auf; an dem Pflichtgefühl seiner Truppen scheiterten alle seine Berechnungen. Berauscht von dem Ansehen, das er über so meisterlose Schaaren behauptete, schrieb er alles auf Rechnung seiner persönlichen Größe, ohne zu unterscheiden, wie viel er sich selbst, und wie viel er der Würde dankte, die er bekleidete. Alles zitterte vor ihm, weil er eine rechtmäßige Gewalt ausübte, weil der Gehorsam gegen ihn Pflicht, weil sein Ansehen an die Majestät des Thrones befestigt war. Größe für sich allein kann wohl Bewunderung und Schrecken, aber nur die legale Größe Ehrfurcht und Unterwerfung erzwingen. Und dieses entscheidenden Vortheils beraubte er sich selbst in dem Augenblicke, da er sich als einen Verbrecher entlarvte.

Der Feldmarschall von Illo übernahm es, die Gesinnungen der Commandeurs zu erforschen und sie auf den Schritt, den man von ihnen erwartete, vorzubereiten. Er machte den Anfang damit, ihnen die neuesten Forderungen des Hofs an den General und die Armee vorzutragen; und durch die gehässige Wendung, die er denselben zu geben wußte, war es ihm leicht, den Zorn der ganzen Versammlung zu entflammen. Nach diesem wohlgewählten Eingang verbreitete er sich mit vieler Beredsamkeit über die Verdienste der Armee und des Feldherrn und über den Undank, womit der Kaiser sie zu belohnen pflege. »Spanischer Einfluß«, behauptete er, »leite alle Schritte des Hofes; das Ministerium stehe in spanischem Solde, nur der Herzog von Friedland habe bis jetzt dieser Tyrannei widerstanden und deßwegen den tödtlichsten Haß der Spanier auf sich geladen. Ihn vom Commando zu entfernen oder ganz und gar wegzuräumen«, fuhr er fort, »war längst schon das eifrigste Ziel ihrer Bestrebungen, und bis es ihnen mit einem von beiden gelingt, sucht man seine Macht im Felde zu untergraben. Aus keinem andern Grunde ist man bemüht, dem König von Ungarn das Commando in die Hände zu spielen, bloß damit man diesen Prinzen, als ein williges Organ fremder Eingebungen, nach Gefallen im Felde herumführen, die spanische Macht aber desto besser in Deutschland befestigen könne. Bloß um die Armee zu vermindern, begehrt man sechstausend Mann für den Cardinal-Infanten; bloß um sie durch einen Winterfeldzug aufzureiben, dringt man auf die Wiedereroberung Regensburgs in der feindlichen Jahreszeit. Alle Mittel zum Unterhalt erschwert man der Armee, während daß sich die Jesuiten und Minister mit dem Schweiß der Provinzen bereichern und die für die Truppen bestimmten Gelder verschwenden. Der General bekennt sein Unvermögen, der Armee Wort zu halten, weil der Hof ihn im Stiche läßt. Für alle Dienste, die er innerhalb zweiundzwanzig Jahren dem Hause Österreich geleistet, für alle Mühseligkeiten, die er übernommen, für alle Reichtümer, die er in kaiserlichem Dienste von dem Seinigen zugesetzt, erwartet ihn eine zweite schimpfliche Entlassung – aber er erklärt, daß er es dazu nicht kommen lassen will. Von freien Stücken entsagt er dem Commando, ehe man es ihm mit Gewalt aus den Händen windet. Dies ist es«, fuhr der Redner fort, »was er den Obersten durch mich entbietet. Jeder frage sich nun selbst, ob es rathsam ist, einen solchen General zu verlieren. Jeder sehe nun zu, wer ihm die Summen ersetze, die er im Dienste des Kaisers aufgewendet, und wo er den verdienten Lohn seiner Tapferkeit ernte – wenn Der dahin ist, unter dessen Augen er sie bewiesen hat.«

Ein allgemeines Geschrei, daß man den General nicht ziehen lassen dürfe, unterbrach den Redner. Vier der Vornehmsten werden abgeordnet, ihm den Wunsch der Versammlung vorzutragen und ihn flehentlich zu bitten, daß er die Armee nicht verlassen möchte. Der Herzog weigerte sich zum Schein und ergab sich erst nach einer zweiten Gesandtschaft. Diese Nachgiebigkeit von seiner Seite schien einer Gegengefälligkeit von der ihrigen werth. Da er sich anheischig machte, ohne Wissen und Willen der Commandeurs nicht aus dem Dienste zu treten, so forderte er von ihnen ein schriftliches Gegenversprechen, treu und fest an ihm zu halten, sich nimmer von ihm zu trennen oder trennen zu lassen und für ihn den letzten Blutstropfen aufzusetzen Wer sich von dem Bunde absondern würde, sollte für einen treuvergessenen Verräther gelten und von den Übrigen als ein gemeinschaftlicher Feind behandelt werden. Die ausdrücklich angehängte Bedingung: »So lange Wallenstein die Armee zum Dienste des Kaisers gebrauchen würde«, entfernte jede Mißdeutung, und keiner der versammelten Commandeurs trug Bedenken, einem so unschuldig scheinenden und so billigen Begehren seinen vollen Beifall zu schenken.

Die Vorlesung dieser Schrift geschah unmittelbar vor einem Gastmahl, welches der Feldmarschall Illo ausdrücklich in dieser Absicht veranstaltet hatte; nach aufgehobener Tafel sollte die Unterzeichnung vor sich gehen. Der Wirth that das Seinige, die Besinnungskraft seiner Gäste durch starke Getränke abzustumpfen, und nicht eher, als bis er sie von Weindünsten taumeln sah, gab er ihnen die Schrift zur Unterzeichnung. Die meisten malten leichtsinnig ihren Namen hin, ohne zu wissen, was sie unterschrieben; nur einige wenige, welche neugieriger oder mißtrauischer waren, durchliefen das Blatt noch einmal und entdeckten mit Erstaunen, daß die Klausel: »So lange Wallenstein die Armee zum Besten des Kaisers gebrauchen würde«, hinweggelassen sei. Illo nämlich hatte mit einem geschickten Taschenspielerkniff das erste Exemplar mit einem andern ausgetauscht, in dem jene Klausel fehlte. Der Betrug wurde laut, und Viele weigerten sich nun, ihre Unterschrift zu geben. Piccolomini, der den ganzen Betrug durchschaute und bloß in der Absicht, dem Hofe davon Nachricht zu geben, an diesem Auftritte Theil nahm, vergaß sich in der Trunkenheit so, daß er die Gesundheit des Kaisers ausbrachte. Aber jetzt stand Graf Terzky auf und erklärte Alle für meineidige Schelmen, die zurücktreten würden. Seine Drohungen, die Vorstellung der unvermeidlichen Gefahr, der man bei längerer Weigerung ausgesetzt war, das Beispiel der Menge und Illos Beredsamkeit überwanden endlich ihre Bedenklichkeiten, und das Blatt wurde von Jedem ohne Ausnahme unterzeichnet.

Wallenstein hatte nun zwar seinen Zweck erreicht; aber die ganz unerwartete Widersetzung der Commandeurs riß ihn auf einmal aus dem lieblichen Wahne, in dem er bisher geschwebt hatte. Zudem waren die mehresten Namen so unleserlich gekritzelt, daß man eine unredliche Absicht dahinter vermuthen mußte. Anstatt aber durch diesen warnenden Wink des Schicksals zum Nachdenken gebracht zu werden, ließ er seine gereizte Empfindlichkeit in unwürdigen Klagen und Verwünschungen überströmen. Er berief die Commandeurs am folgenden Morgen zu sich und übernahm es in eigener Person den ganzen Inhalt des Vortrags zu wiederholen, welchen Illo den Tag vorher an sie gehalten hatte. Nachdem er seinen Unwillen gegen den Hof in die bittersten Vorwürfe und Schmähungen ausgegossen, erinnerte er sie an ihre gestrige Widersetzlichkeit und erklärte, daß er durch diese Entdeckung bewogen worden sei, sein Versprechen zurückzunehmen. Stumm und betreten entfernten sich die Obersten, erschienen aber, nach einer kurzen Beratschlagung im Vorzimmer, aufs neue, den Vorfall von gestern zu entschuldigen und sich zu einer neuen Unterschrift anzubieten.

Jetzt fehlte nichts mehr, als auch von den ausgebliebenen Generalen entweder eine gleiche Versicherung zu erhalten oder sich im Weigerungsfall ihrer Personen zu bemächtigen. Wallenstein erneuerte daher seine Einladung und trieb sie dringend an, ihre Ankunft zu beschleunigen. Aber noch ehe sie eintrafen, hatte sie der Ruf bereits von dem Vorgange zu Pilsen unterrichtet und ihre Eilfertigkeit plötzlich gehemmt. Altringer blieb unter dem Vorwand einer Krankheit in dem festen Schloß Frauenberg liegen. Gallas fand sich zwar ein, aber bloß um als Augenzeuge den Kaiser von der drohenden Gefahr desto besser unterrichten zu können. Die Aufschlüsse, welche er und Piccolomini gaben, verwandelten die Besorgnisse des Hofs auf einmal in die schrecklichste Gewißheit. Ähnliche Entdeckungen, welche man zugleich an andern Orten machte, ließen keinem Zweifel mehr Raum, und die schnelle Veränderung der Commandantenstellen in Schlesien und Österreich schien auf eine höchst bedenkliche Unternehmung zu deuten. Die Gefahr war dringend, und die Hilfe mußte schnell sein. Dennoch wollte man nicht mit Vollziehung des Urtheils beginnen, sondern streng nach Gerechtigkeit verfahren. Man erließ also an die vornehmsten Befehlshaber, deren Treue man sich versichert hielt, geheime Befehle, den Herzog von Friedland nebst seinen beiden Anhängern, Illo und Terzky, auf was Art es auch sein möchte, zu verhaften und in sichre Verwahrung zu bringen, damit sie gehört werden und sich verantworten könnten. Sollte dies aber auf so ruhigem Wege nicht zu bewirken sein, so fordere die öffentliche Gefahr, sie todt oder lebendig zu greifen. Zugleich erhielt General Gallas ein offenes Patent, worin allen Obersten und Officieren diese kaiserliche Verfügung bekannt gemacht, die ganze Armee ihrer Pflichten gegen den Verräther entlassen und, bis ein neuer Generalissimus aufgestellt sein würde, an den Generallieutenant von Gallas verwiesen wurde. Um den Verführten und Abtrünnigen die Rückkehr zu ihrer Pflicht zu erleichtern und die Schuldigen nicht in Verzweiflung zu stürzen, bewilligte man eine gänzliche Amnestie über alles, was zu Pilsen gegen die Majestät des Kaisers begangen worden war.

Dem General von Gallas war nicht wohl zu Muthe bei der Ehre, die ihm widerfuhr. Er befand sich zu Pilsen, unter den Augen Desjenigen, dessen Schicksal er bei sich trug, in der Gewalt seines Feindes, der hundert Augen hatte, ihn zu beobachten. Entdeckte aber Wallenstein das Geheimniß seines Auftrags, so konnte ihn nichts vor den Wirkungen seiner Rache und Verzweiflung schützen. War es schon bedenklich, einen solchen Auftrag auch nur zu verheimlichen, so war es noch weit mißlicher, ihn zur Vollziehung zu bringen. Die Gesinnungen der Commandeurs waren ungewiß, und es ließ sich wenigstens zweifeln, ob sie sich bereitwillig würden finden lassen, nach dem einmal gethanen Schritt den kaiserlichen Versicherungen zu trauen und allen glänzenden Hoffnungen, die sie auf Wallenstein gebaut hatten, auf einmal zu entsagen. Und dann, welch ein gefährliches Wagestück, Hand an die geheiligte Person eines Mannes zu legen, der bis jetzt für unverletzlich geachtet, durch lange Ausübung der höchsten Gewalt, durch einen zur Gewohnheit gewordenen Gehorsam zum Gegenstand der tiefsten Ehrfurcht geworden und mit allem, was äußere Majestät und innere Größe verleihen kann, bewaffnet war – dessen Anblick schon ein knechtisches Zittern einjagte, der mit einem Winke über Leben und Tod entschied! Einen solchen Mann, mitten unter den Wachen, die ihn umgaben, in einer Stadt, die ihm gänzlich ergeben schien, wie einen gemeinen Verbrecher zu greifen und den Gegenstand einer so lang gewohnten tiefen Verehrung auf einmal in einen Gegenstand des Mitleidens oder des Spottes zu verwandeln, war ein Auftrag, der auch den Muthigsten zagen machte. So tief hatten sich Furcht und Achtung vor ihm in die Brust seiner Soldaten gegraben, daß selbst das ungeheure Verbrechen des Hochverrats diese Empfindungen nicht ganz entwurzeln konnte.

Gallas begriff die Unmöglichkeit, unter den Augen des Herzogs seinen Auftrag zu vollziehen, und sein sehnlichster Wunsch war, sich, eh' er einen Schritt zur Ausführung wagte, vorher mit Altringern zu besprechen. Da das lange Außenbleiben des Letztern schon anfing Verdacht bei dem Herzog zu erregen, so erbot sich Gallas, sich in eigner Person nach Frauenberg zu verfügen und Altringern, als seinen Verwandten, zur Herreise zu bewegen. Wallenstein nahm diesen Beweis seines Eifers mit so großem Wohlgefallen auf, daß er ihm seine eigene Equipage zur Reise hergab. Froh über die gelungene List, verließ Gallas ungesäumt Pilsen und überließ es dem Grafen Piccolomini, Wallensteins Schritte zu bewachen; er selbst aber zögerte nicht, von dem kaiserlichen Patente, wo es nur irgend anging, Gebrauch zu machen, und die Erklärung der Truppen fiel günstiger aus, als er je hatte erwarten können. Anstatt seinen Freund nach Pilsen mit zurückzubringen, schickte er ihn vielmehr nach Wien, um den Kaiser gegen einen gedrohten Angriff zu schützen, und er selbst ging nach Ober-Österreich, wo man von der Nähe des Herzogs Bernhard von Weimar die größte Gefahr besorgte. In Böhmen wurden die Städte Budweiß und Tabor aufs neue für den Kaiser besetzt und alle Anstalten getroffen, den Unternehmungen des Verräthers schnell und mit Nachdruck zu begegnen.

Da auch Gallas an keine Rückkehr zu denken schien, so wagte es Piccolomini, die Leichtgläubigkeit des Herzogs noch einmal auf die Probe zu stellen. Er bat sich von ihm die Erlaubniß aus, den Gallas zurückzuholen. und Wallenstein ließ sich zum zweitenmal überlisten. Diese unbegreifliche Blindheit wird uns nur als eine Tochter seines Stolzes erklärbar, der sein Urtheil über eine Person nie zurücknahm und die Möglichkeit, zu irren, auch sich selbst nicht gestehen wollte. Auch den Grafen Piccolomini ließ er in seinem eigenen Wagen nach Linz bringen, wo dieser sogleich dem Beispiel des Gallas folgte und noch einen Schritt weiter ging. Er hatte Wallenstein versprochen, zurückzukehren; dieses that er, aber an der Spitze einer Armee, um den Herzog in Pilsen zu überfallen. Ein anderes Heer eilte unter dem General von Suys nach Prag, um diese Hauptstadt in kaiserliche Pflichten zu nehmen und gegen einen Angriff der Rebellen zu vertheidigen. Zugleich kündigt sich Gallas allen zerstreuten Armeen Österreichs als den einzigen Chef an, von dem man nunmehr Befehle anzunehmen habe. In allen kaiserlichen Lagern werden Plakate ausgestreut, die den Herzog nebst vier seiner Vertrauten für vogelfrei erklären und die Armeen ihrer Pflichten gegen den Verräther entbinden.

Das zu Linz gegebene Beispiel findet allgemeine Nachahmung; man verflucht das Andenken des Verräthers, alle Armeen fallen von ihm ab. Endlich, nachdem auch Piccolomini sich nicht wieder sehen läßt, fällt die Decke von Wallensteins Augen, und schrecklich erwacht er aus seinem Traume. Doch auch jetzt glaubt er noch an die Wahrhaftigkeit der Sterne und an die Treue der Armee. Gleich auf die Nachricht von Piccolominis Abfall läßt er den Befehl bekannt machen, daß man ins künftige keiner Ordre zu gehorchen habe, die nicht unmittelbar von ihm selbst oder von Terzky und Illo herrühre. Er rüstet sich in aller Eile, um nach Prag aufzubrechen, wo er Willens ist, endlich seine Maske abzuwerfen und sich öffentlich gegen den Kaiser zu erklären. Vor Prag sollten alle Truppen sich versammeln und von da aus mit Blitzesschnelligkeit über Österreich herstürzen. Herzog Bernhard, der in die Verschwörung gezogen worden, sollte die Operationen des Herzogs mit schwedischen Truppen unterstützen und eine Diversion an der Donau machen. Schon eilte Terzky nach Prag voraus, und nur Mangel an Pferden hinderte den Herzog. mit dem Rest der treugebliebenen Regimenter nachzufolgen. Aber indem er mit der gespanntesten Erwartung den Nachrichten von Prag entgegensieht, erfährt er den Verlust dieser Stadt, erfährt er den Abfall seiner Generale, die Desertion seiner Truppen, die Enthüllung seines ganzen Complots, den eilfertigen Anmarsch des Piccolomini, der ihm den Untergang geschworen. Schnell und schrecklich stürzen alle seine Entwürfe zusammen, täuschen ihn alle seine Hoffnungen. Einsam steht er da, verlassen von Allen, denen er Gutes that, verrathen von Allen, auf die er baute. Aber solche Lagen sind es, die den großen Charakter erproben. In allen seinen Erwartungen hintergangen, entsagt er keinem einzigen seiner Entwürfe; nichts gibt er verloren, weil er sich selbst noch übrig bleibt. Jetzt war die Zeit gekommen, wo er des so oft verlangten Beistands der Schweden und der Sachsen bedurfte, und wo aller Zweifel in die Aufrichtigkeit seiner Gesinnungen verschwand. Und jetzt, nachdem Oxenstierna und Arnheim seinen ernstlichen Vorsatz und seine Noth erkannten, bedachten sie sich auch nicht länger, die günstige Gelegenheit zu benutzen und ihm ihren Schutz zuzusagen. Von sächsischer Seite sollte ihm Herzog Franz Albert von Sachsen-Lauenburg viertausend, von schwedischer Herzog Bernhard und Pfalzgraf Christian von Birkenfeld sechstausend Mann geprüfter Truppen zuführen. Wallenstein verließ Pilsen mit dem Terzky'schen Regiment und den Wenigen, die ihm treu geblieben waren oder sich doch stellten, es zu sein, und eilte nach Eger an die Grenze des Königreichs, um der Oberpfalz näher zu sein und die Vereinigung mit Herzog Bernhard zu erleichtern. Noch war ihm das Urtheil nicht bekannt, das ihn als einen öffentlichen Feind und Verräther erklärte; erst zu Eger sollte ihn dieser Donnerstrahl treffen. Noch rechnete er auf eine Armee, die General Schafgotsch in Schlesien für ihn bereit hielt, und schmeichelte sich noch immer mit der Hoffnung, daß Viele, selbst von Denen, die längst von ihm abgefallen waren, beim ersten Schimmer seines wieder anhebenden Glückes zu ihm umkehren würden. Selbst auf der Flucht nach Eger – so wenig hatte die niederschlagende Erfahrung seinen verwegenen Muth gebändigt – beschäftigte ihn noch der ungeheuere Entwurf, den Kaiser zu entthronen. Unter diesen Umständen geschah es, daß Einer aus seinem Gefolge sich die Erlaubniß ausbat, ihm einen Rath zu ertheilen. »Beim Kaiser«, fing er an, »sind Eure fürstliche Gnaden ein gewisser, ein großer und hoch ästimirter Herr; beim Feinde sind Sie noch ein ungewisser König. Es ist aber nicht weise gehandelt, das Gewisse zu wagen für das Ungewisse. Der Feind wird sich Eurer Gnaden Person bedienen, weil die Gelegenheit günstig ist; Ihre Person aber wird ihm immer verdächtig sein, und stets wird er fürchten, daß Sie auch ihm einmal thun möchten, wie jetzt dem Kaiser. Deßwegen kehren Sie um, dieweil es noch Zeit ist.« – »Und wie ist da noch zu helfen?« fiel der Herzog ihm ins Wort. – »Sie haben«, erwiederte jener, »vierzigtausend Armierte (Dukaten mit geharnischten Männern) in der Truhen. Die nehmen Sie in die Hand und reisen geraden Wegs damit an den kaiserlichen Hof. Dort erklären Sie, daß Sie alle bisherigen Schritte bloß gethan, die Treue der kaiserlichen Diener auf die Probe zu stellen und die Redlichgesinnten von den Verdächtigen zu unterscheiden. Und da nun die meisten sich zum Abfall geneigt bewiesen, so seien Sie jetzt gekommen. Seine kaiserliche Majestät vor diesen gefährlichen Menschen zu warnen. So werden Sie Jeden zum Verräther machen, der Sie jetzt zum Schelm machen will. Am kaiserlichen Hof wird man Sie mit den vierzigtausend Armierten gewißlich willkommen heißen, und Sie werden wieder der erste Friedländer werden.« – »Der Vorschlag ist gut«, antwortete Wallenstein nach einigem Nachdenken, »aber der Teufel traue!«

Indem der Herzog von Eger aus die Unterhandlungen mit dem Feinde lebhaft betrieb, die Sterne befragte und frischen Hoffnungen Raum gab, wurde beinahe unter seinen Augen der Dolch geschliffen, der seinem Leben ein Ende machte. Der kaiserliche Urtheilsspruch, der ihn für vogelfrei erklärte, hatte seine Wirkung nicht verfehlt, und die rächende Nemesis wollte, daß der Undankbare unter den Streichen des Undanks erliegen sollte. Unter seinen Officieren hatte Wallenstein einen Irländer, Namens Leßlie, mit vorzüglicher Gunst beehrt und das ganze Glück dieses Mannes gegründet. Eben dieser war es, der sich bestimmt und berufen fühlte, das Todesurtheil an ihm zu vollstrecken und den blutigen Lohn zu verdienen. Nicht sobald war dieser Leßlie im Gefolge des Herzogs zu Eger angelangt, als er dem Commandanten dieser Stadt, Obersten Buttler, und dem Oberstlieuenant Gordon, zweien protestantischen Schottländern, alle schlimmen Anschläge des Herzogs entdeckte, welche ihm dieser Unbesonnene auf der Herreise vertraut hatte. Leßlie fand hier zwei Männer, die eines Entschlusses fähig waren. Man hatte die Wahl zwischen Verrätherei und Pflicht, zwischen dem rechtmäßigen Herrn und einem flüchtigen, allgemein verlassenen Rebellen; wiewohl der letztere der gemeinschaftliche Wohlthäter war, so konnte die Wahl doch keinen Augenblick zweifelhaft bleiben. Man verbindet sich fest und feierlich zur Treue gegen den Kaiser, und diese fordert die schnellsten Maßregeln gegen den öffentlichen Feind. Die Gelegenheit ist günstig, und sein böser Genius hat ihn von selbst in die Hände der Rache geliefert. Um jedoch der Gerechtigkeit nicht in ihr Amt zu greifen, beschließt man, ihr das Opfer lebendig zuzuführen, und man scheidet von einander mit dem gewagten Entschluß, den Feldherrn gefangen zu nehmen. Tiefes Geheimniß umhüllt dieses schwarze Complot, und Wallenstein, ohne Ahnung des ihm so nahe schwebenden Verderbens, schmeichelt sich vielmehr, in der Besatzung von Eger seine tapfersten und treuesten Verfechter zu finden.

Um eben diese Zeit werden ihm die kaiserlichen Patente überbracht, die sein Urtheil enthalten und in allen Lagern gegen ihn bekannt gemacht sind. Er erkennt jetzt die ganze Größe der Gefahr, die ihn umlagert, die gänzliche Unmöglichkeit der Rückkehr, seine fürchterliche verlassene Lage, die Nothwendigkeit, sich aus Treu und Glauben dem Feinde zu überliefern. Gegen Leßlie ergießt sich der ganze Unmuth seiner verwundeten Seele, und die Heftigkeit des Affekts entreißt ihm das letzte noch übrige Geheimniß. Er entdeckt diesem Officier seinen Entschluß, Eger und Elnbogen, als die Pässe des Königreichs, dem Pfalzgrafen von Birkenfeld einzuräumen, und unterrichtet ihn zugleich von der nahen Ankunft des Herzogs Bernhard in Eger, wovon er noch in eben dieser Nacht durch einen Eilboten benachrichtigt worden. Diese Entdeckung, welche Leßlie seinen Mitverschwornen aufs schleunigste mittheilt, ändert ihren ersten Entschluß. Die dringende Gefahr erlaubt keine Schonung mehr. Eger konnte jeden Augenblick in feindliche Hände fallen und eine schnelle Revolution ihren Gefangenen in Freiheit setzen. Diesem Unglück zuvorzukommen, beschließen sie, ihn sammt seinen Vertrauten in der folgenden Nacht zu ermorden.

Damit dies mit um so weniger Geräusch geschehen möchte, sollte die That bei einem Gastmahle vollzogen werden, welches der Oberst Buttler auf dem Schlosse zu Eger veranstaltete. Die Andern alle erschienen; nur Wallenstein, der viel zu bewegt war, um in fröhliche Gesellschaft zu taugen, ließ sich entschuldigen. Man mußte also, in Ansehung seiner, den Plan abändern; gegen die Andern aber beschloß man der Abrede gemäß zu verfahren. In sorgloser Sicherheit erschienen die drei Obersten Illo, Terzky und Wilhelm Kinsky und mit ihnen Rittmeister Neumann, ein Officier voll Fähigkeit, dessen sich Terzky bei jedem verwickelten Geschäfte, welches Kopf erforderte, zu bedienen pflegte. Man hatte vor ihrer Ankunft die zuverlässigsten Soldaten aus der Besatzung, welche mit in das Complot gezogen war, in das Schloß eingenommen, alle Ausgänge aus demselben wohl besetzt und in einer Kammer neben dem Speisesaal sechs Buttlerische Dragoner verborgen, die auf ein verabredetes Signal hervorbrechen und die Verräther niederstoßen sollten. Ohne Ahnung der Gefahr, die über ihrem Haupte schwebte, überließen sich die sorglosen Gäste den Vergnügungen der Mahlzeit, und Wallensteins, nicht mehr des kaiserlichen Dieners, sondern des souveränen Fürsten, Gesundheit wurde aus vollen Bechern getrunken. Der Wein öffnete ihnen die Herzen, und Illo entdeckte mit vielem Übermuth, daß in drei Tagen eine Armee dastehen werde, dergleichen Wallenstein niemals angeführt habe. – »Ja«, fiel Neumann ein, »und dann hoffe er, seine Hände in der Österreicher Blut zu waschen.« Unter diesen Reden wird das Dessert aufgetragen, und nun gibt Leßlie das verabredete Zeichen, die Auszugbrücke zu sperren, und nimmt selbst alle Thorschlüssel zu sich. Auf einmal füllt sich der Speisesaal mit Bewaffneten an, die sich mit dem unerwarteten Gruße: Vivat Ferdinandus! hinter die Stühle der bezeichneten Gäste pflanzen. Bestürzt und mit einer üblen Ahnung springen alle vier zugleich von der Tafel auf. Kinsky und Terzky werden sogleich erstochen, ehe sie sich zur Wehr setzen können; Neumann allein findet Gelegenheit, während der Verwirrung in den Hof zu entwischen, wo er aber von den Wachen erkannt und sogleich niedergemacht wird. Nur Illo hatte Gegenwart des Geistes genug, sich zu vertheidigen. Er stellte sich an ein Fenster, von wo er dem Gordon seine Verrätherei unter den bittersten Schmähungen vorwarf und ihn aufforderte, sich ehrlich und ritterlich mit ihm zu schlagen. Erst nach der tapfersten Gegenwehr, nachdem er zwei seiner Feinde todt dahin gestreckt, sank er, überwältigt von der Zahl und von zehn Stichen durchbohrt, zu Boden. Gleich nach vollbrachter That eilte Leßlie nach der Stadt, um einem Auflauf zuvorzukommen. Als die Schildwachen am Schloßthor ihn außer Athem daher rennen sahen. feuerten sie, in dem Wahne, daß er mit zu den Rebellen gehöre, ihre Flinten auf ihn ab, doch ohne ihn zu treffen. Aber diese Schüsse brachten die Wachen in der Stadt in Bewegung, und Leßlies schnelle Gegenwart war nöthig, sie zu beruhigen. Er entdeckte ihnen nunmehr umständlich den ganzen Zusammenhang der Friedländischen Verschwörung und die Maßregeln, die dagegen bereits getroffen worden, das Schicksal der vier Rebellen, so wie dasjenige, welches den Anführer selbst erwartete. Als er sie bereitwillig fand, seinem Vorhaben beizutreten, nahm er ihnen aufs neue einen Eid ab, dem Kaiser getreu zu sein und für die gute Sache zu leben und zu sterben. Nun wurden hundert Buttlerische Dragoner von der Burg aus in die Stadt eingelassen, die alle Straßen durchreiten mußten, um die Anhänger des Herzogs im Zaum zu halten und jedem Tumult vorzubeugen. Zugleich besetzte man alle Thore der Stadt Eger und jeden Zugang zum Friedländischen Schlosse, das an den Markt stieß, mit einer zahlreichen und zuverlässigen Mannschaft, daß der Herzog weder entkommen, noch Hilfe von außen erhalten konnte.

Bevor man aber zur Ausführung schritt, wurde von den Verschwornen auf der Burg noch eine lange Beratschlagung gehalten, ob man ihn wirklich ermorden oder sich nicht lieber begnügen sollte, ihn gefangen zu nehmen. Bespritzt mit Blut und gleichsam auf den Leichen seiner erschlagenen Genossen, schauderten diese wilden Seelen zurück vor der Gräuelthat, ein so merkwürdiges Leben zu enden. Sie sahen ihn, den Führer in der Schlacht, in seinen glücklichen Tagen, umgeben von seiner siegenden

Armee, im vollen Glanz seiner Herrschergröße; und noch einmal ergriff die langgewohnte Furcht ihre zagenden Herzen. Doch bald erstickt die Vorstellung der dringenden Gefahr diese flüchtige Regung. Man erinnert sich der Drohungen, welche Neumann und Illo bei der Tafel ausgestoßen, man sieht die Sachsen und Schweden schon in der Nähe von Eger mit einer furchtbaren Armee und keine Rettung als in dem schleunigen Untergange des Verräthers. Es bleibt also bei dem ersten Entschluß, und der schon bereit gehaltene Mörder, Hauptmann Deveroux, ein Irländer, erhält den blutigen Befehl.

Wahrend daß jene Drei auf der Burg von Eger sein Schicksal bestimmten, beschäftigte sich Wallenstein in einer Unterredung mit Seni, es in den Sternen zu lesen. »Die Gefahr ist noch nicht vorüber«, sagte der Astrolog mit prophetischem Geiste. »Sie ist es«, sagte der Herzog, der an dem Himmel selbst seinen Willen wollte durchgesetzt haben. »Aber daß du mit nächstem wirst in den Kerker geworfen werden«, fuhr er mit gleich prophetischem Geist fort, »das, Freund Seni, steht in den Sternen geschrieben.« Der Astrolog hatte sich beurlaubt, und Wallenstein war zu Bette, als Hauptmann Deveroux mit sechs Hellebardierern vor seiner Wohnung erschien und von der Wache, der es nichts Außerordentliches war, ihn zu einer ungewöhnlichen Zeit bei dem General aus- und eingehen zu sehen, ohne Schwierigkeit eingelassen wurde. Ein Page, der ihm auf der Treppe begegnet und Lärm machen will, wird mit einer Pike durchstochen. In dem Vorzimmer stoßen die Mörder auf einen Kammerdiener, der aus dem Schlafgemach seines Herrn tritt und den Schlüssel zu demselben so eben abgezogen hat. Den Finger auf den Mund legend, bedeutet sie der erschrockne Sklav, keinen Lärm zu machen, weil der Herzog eben eingeschlafen sei. »Freund«, ruft Deveroux ihn an, »jetzt ist es Zeit, zu lärmen!« Unter diesen Worten rennt er gegen die verschlossene Thüre, die auch von innen verriegelt ist, und sprengt sie mit einem Fußtritte.

Wallenstein war durch den Knall, den eine losgehende Flinte erregte, aus dem ersten Schlaf aufgepocht worden und ans Fenster gesprungen, um der Wache zu rufen. In diesem Augenblick hörte er aus den Fenstern des anstoßenden Gebäudes das Heulen und Wehklagen der Gräfinnen Terzky und Kinsky, die so eben von dem gewaltsamen Tod ihrer Männer benachrichtigt worden. Ehe er Zeit hatte, diesem schrecklichen Vorfalle nachzudenken, stand Deveroux mit seinen Mordgehilfen im Zimmer. Er war noch im bloßen Hemde, wie er aus dem Bette gesprungen war, zunächst an dem Fenster an einen Tisch gelehnt. »Bist du der Schelm«, schreit Deveroux ihn an, »der des Kaisers Volk zu dem Feind überführen und Seiner Majestät die Krone vom Haupte herunter reißen will? Jetzt mußt du sterben.« Er hält einige Augenblicke inne, als ob er eine Antwort erwartete; aber Überraschung und Trotz verschließen Wallensteins Mund. Die Arme weit auseinander breitend, empfängt er vorn in der Brust den tödtlichen Stoß der Partisane und fällt dahin in seinem Blut, ohne einen Laut auszustoßen.

Den Tag darauf langt ein Expresser von dem Herzog von Lauenburg an, der die nahe Ankunft dieses Prinzen berichtet. Man versichert sich seiner Person, und ein anderer Lakai wird in Friedländischer Livree an den Herzog abgeschickt, ihn nach Eger zu locken. Die List gelingt, und Franz Albert überliefert sich selbst den Händen der Feinde. Wenig fehlte, daß Herzog Bernhard von Weimar, der schon auf der Reise nach Eger begriffen war, nicht ein ähnliches Schicksal erfahren hätte. Zum Glück erhielt er von Wallensteins Untergang noch früh genug Nachricht, um sich durch einen zeitigen Rückzug der Gefahr zu entreißen. Ferdinand weihte dem Schicksale seines Generals eine Thräne und ließ für die Ermordeten zu Wien dreitausend Seelmessen lesen; zugleich aber vergaß er nicht, die Mörder mit goldenen Gnadenketten, Kammerherrnschlüsseln, Dignitäten und Rittergütern zu belohnen.

So endigte Wallenstein in einem Alter von fünfzig Jahren sein thatenreiches und außerordentliches Leben; durch Ehrgeiz emporgehoben, durch Ehrsucht gestürzt, bei allen seinen Mängeln noch groß und bewundernswerth, unübertrefflich, wenn er Maß gehalten hätte. Die Tugenden des Herrschers und Helden, Klugheit, Gerechtigkeit, Festigkeit und Muth, ragen in seinem Charakter kolossalisch hervor; aber ihm fehlten die sanftern Tugenden des Menschen, die den Helden zieren und dem Herrscher Liebe erwerben. Furcht war der Talisman, durch den er wirkte; ausschweifend im Strafen wie im Belohnen, wußte er den Eifer seiner Untergebenen in immerwährender Spannung zu erhalten, und gehorcht zu sein wie er, konnte kein Feldherr in mittlern und neuern Zeiten sich rühmen. Mehr als Tapferkeit galt ihm die Unterwürfigkeit gegen seine Befehle, weil durch jene nur der Soldat, durch diese der Feldherr handelt. Er übte die Folgsamkeit der Truppen durch eigensinnige Verordnungen und belohnte die Willigkeit, ihm zu gehorchen, auch in Kleinigkeiten mit Verschwendung, weil erden Gehorsam höher als den Gegenstand schätzte. Einsmals ließ er bei Lebensstrafe verbieten, daß in der ganzen Armee keine andere als rothe Feldbinden getragen werden sollten. Ein Rittmeister hatte diesen

Befehl kaum vernommen, als er seine mit Gold durchwirkte Feldbinde abnahm und mit Füßen trat. Wallenstein, dem man es hinterbrachte, machte ihn auf der Stelle zum Obersten. Stets war sein Blick auf das Ganze gerichtet, und bei allem Scheine der Willkür verlor er doch nie den Grundsatz der Zweckmäßigkeit aus den Augen. Die Räubereien der Soldaten in Freundes Land hatten geschärfte Verordnungen gegen die Marodeurs veranlaßt, und der Strang war jedem gedroht, den man auf einem Diebstahl betreten würde. Da geschah es, daß Wallenstein selbst einem Soldaten auf dem Felde begegnete, den er ununtersucht als einen Übertreter des Gesetzes ergreifen ließ und mit dem gewöhnlichen Donnerwort, gegen welches keine Einwendung stattfand: »Laßt die Bestie hängen!« zum Galgen verdammte. Der Soldat betheuert und beweist seine Unschuld – aber die unwiderrufliche Sentenz ist heraus. »So hänge man dich unschuldig«, sagte der Unmenschliche; »desto gewisser wird der Schuldige zittern.« Schon macht man die Anstalten, diesen Befehl zu vollziehen, als der Soldat, der sich ohne Rettung verloren sieht, den verzweifelten Entschluß faßt, nicht ohne Rache zu sterben. Wüthend fällt er seinen Richter an, wird aber, ehe er seinen Vorsatz ausführen kann, von der überlegenen Anzahl entwaffnet. »Jetzt laßt ihn laufen«, sagte der Herzog, »es wird Schrecken genug erregen.« – Seine Freigebigkeit wurde durch unermeßliche Einkünfte unterstützt, welche jährlich auf drei Millionen geschätzt wurden, die ungeheuern Summen nicht gerechnet, die er unter dem Namen von Brandschatzungen zu erpressen wußte. Sein freier Sinn und heller Verstand erhob ihn über die Religionsvorurtheile seines Jahrhunderts, und die Jesuiten vergaben es ihm nie, daß er ihr System durchschaute und in dem Papste nichts als einen römischen Bischof sah.

Aber wie schon seit Samuels des Propheten Tagen Keiner, der sich mit der Kirche entzweite, ein glückliches Ende nahm, so vermehrte auch Wallenstein die Zahl ihrer Opfer. Durch Mönchsintriguen verlor er zu Regensburg den Commandostab und zu Eger das Leben; durch mönchische Künste verlor er vielleicht, was mehr war als beides, seinen ehrlichen Namen und seinen guten Ruf vor der Nachwelt. Denn endlich muß man zur Steuer der Gerechtigkeit gestehen, daß es nicht ganz treue Federn sind, die uns die Geschichte dieses außerordentlichen Mannes überliefert haben; daß die Verrätherei des Herzogs und sein Entwurf auf die böhmische Krone sich auf keine streng bewiesene Thatsache, bloß auf wahrscheinliche Vermuthungen gründen. Noch hat sich das Dokument nicht gefunden, das uns die geheimen Triebfedern seines Handelns mit historischer

Zuverlässigkeit aufdeckte, und unter seinen öffentlichen, allgemein beglaubigten Thaten ist keine, die nicht endlich aus einer unschuldigen Quelle könnte gegossen sein. Viele seiner getadeltsten Schritte beweisen bloß seine ernstliche Neigung zum Frieden; die meisten andern erklärt und entschuldigt das gerechte Mißtrauen gegen den Kaiser und das verzeihliche Bestreben, seine Wichtigkeit zu behaupten. Zwar zeugt sein Betragen gegen den Kurfürsten von Bayern von einer unedeln Rachsucht und einem unversöhnlichen Geiste; aber keine seiner Thaten berechtigt uns, ihn der Verrätherei für überwiesen zu halten. Wenn endlich Noth und Verzweiflung ihn antreiben, das Urtheil wirklich zu verdienen, das gegen den Unschuldigen gefällt war, so kann dieses dem Urtheil selbst nicht zur Rechtfertigung gereichen. So fiel Wallenstein, nicht weil er Rebell war, sondern er rebellierte, weil er fiel. Ein Unglück für den Lebenden, daß er eine siegende Partei sich zum Feinde gemacht hatte – ein Unglück für den Todten, daß ihn dieser Feind überlebte und seine Geschichte schrieb.

Fünftes Buch

Wallensteins Tod machte einen neuen Generalissimus nothwendig, und der Kaiser gab nun endlich dem Zureden der Spanier nach, seinen Sohn Ferdinand, König von Ungarn, zu dieser Würde zu erheben. Unter ihm führte der Graf von Gallas das Commando, der die Funktionen des Feldherrn ausübt, während daß der Prinz diesen Posten eigentlich nur mit seinem Namen und Ansehen schmückt. Bald sammelt sich eine beträchtliche Macht unter Ferdinands Fahnen, der Herzog von Lothringen führt ihm in Person Hilfsvölker zu, und aus Italien erscheint der Cardinal-Infant mit zehntausend Mann, seine Armee zu verstärken. Um den Feind von der Donau zu vertreiben, unternimmt der neue Feldherr, was man von seinem Vorgänger nicht hatte erhalten können, die Belagerung der Stadt Regensburg. Umsonst dringt Herzog Bernhard von Weimar in das Innerste von Bayern, um den Feind von dieser Stadt wegzulocken; Ferdinand betreibt die Belagerung mit standhaftem Ernst, und die Reichsstadt öffnet ihm, nach der hartnäckigsten Gegenwehr, die Thore. Donauwörth betrifft bald darauf ein ähnliches Schicksal, und nun wird Nördlingen in Schwaben belagert. Der Verlust so vieler Reichsstädte mußte der schwedischen Partei um so empfindlicher fallen, da die Freundschaft dieser Städte für das Glück ihrer Waffen bis jetzt so entscheidend war, also Gleichgültigkeit gegen das Schicksal derselben um so weniger verantwortet werden konnte. Es gereichte ihnen zur unauslöschlichen Schande, ihre Bundesgenossen in der Noth zu verlassen und der Rachsucht eines unversöhnlichen Siegers preiszugeben. Durch diese Gründe bewogen, setzt sich die schwedische Armee unter der Anführung Horns und Bernhards von Weimar nach Nördlingen in Bewegung, entschlossen, auch wenn es eine Schlacht kosten sollte, diese Stadt zu entsetzen.

Das Unternehmen war mißlich, da die Macht des Feindes der schwedischen merklich überlegen war, und die Klugheit rieth um so mehr an, unter diesen Umständen nicht zu schlagen, da die feindliche Macht sich in kurzer Zeit trennen mußte und die Bestimmung der italienischen Truppen sie nach den Niederlanden rief. Man konnte indessen eine solche Stellung erwählen, daß Nördlingen gedeckt und dem Feinde die Zufuhr genommen wurde. Alle diese Gründe machte Gustav Horn in dem schwedischen Kriegsrathe geltend; aber seine Vorstellungen fanden keinen Eingang bei Gemüthern, die, von einem langen Kriegsglücke trunken, in den Rathschlägen der Klugheit nur die Stimme der Furcht zu vernehmen glaubten. Von dem höhern Ansehen Herzog Bernhards überstimmt, mußte sich Gustav Horn wider Willen zu einer Schlacht entschließen, deren unglücklichen Ausgang ihm eine schwarze Ahnung vorher schon verkündigte.

Das ganze Schicksal des Treffens schien von Besetzung einer Anhöhe abzuhängen, die das kaiserliche Lager beherrschte. Der Versuch, dieselbe noch in der Nacht zu ersteigen, war mißlungen, weil der mühsame Transport des Geschützes durch Hohlwege und Gehölze den Marsch der Truppen verzögerte. Als man gegen die Mitternachtsstunde davor erschien, hatte der Feind die Anhöhe schon besetzt und durch starke Schanzen vertheidigt. Man erwartete also den Anbruch des Tags, um sie im Sturme zu ersteigen. Die ungestüme Tapferkeit der Schweden machte sich durch alle Hindernisse Bahn, die mondförmigen Schanzen werden von jeder der dazu commandierten Brigaden glücklich erstiegen; aber da beide zu gleicher Zeit von entgegengesetzten Seiten in die Verschanzungen dringen, so treffen sie gegen einander und verwirren sich. In diesem unglücklichen Augenblick geschieht es, daß ein Pulverfaß in die Luft fliegt und unter den schwedischen Völkern die größte Unordnung anrichtet. Die kaiserliche Reiterei bricht in die zerrissenen Glieder, und die Flucht wird allgemein. Kein Zureden ihres Generals kann die Fliehenden bewegen, den Angriff zu erneuern.

Er entschließt sich also, um diesen wichtigen Posten zu behaupten, frische Völker dagegen anzuführen; aber indessen haben einige spanische Regimenter ihn besetzt, und jeder Versuch, ihn zu erobern, wird durch die heldenmüthige Tapferkeit dieser Truppen vereitelt. Ein von Bernhard herbeigeschicktes Regiment setzt siebenmal an, und siebenmal wird es zurückgetrieben. Bald empfindet man den Nachtheil, sich dieses Postens nicht bemächtigt zu haben. Das Feuer des feindlichen Geschützes von der Anhöhe richtet auf dem angrenzenden Flügel der Schweden eine fürchterliche Niederlage an, daß Gustav Horn, der ihn anführt, sich zum Rückzug entschließen muß. Anstatt diesen Rückzug seines Gehilfen decken und den nachsetzenden Feind aufhalten zu können, wird Herzog Bernhard selbst von der überlegenen Macht des Feindes in die Ebene herabgetrieben, wo seine flüchtige Reiterei die Hornischen Völker mit in Verwirrung bringt und Niederlage und Flucht allgemein macht. Beinahe die ganze Infanterie wird gefangen oder niedergehauen; mehr als zwölftausend Mann bleiben todt auf dem Wahlplatze; achtzig Kanonen, gegen viertausend

Wagen und dreihundert Standarten und Fahnen fallen in kaiserliche Hände. Gustav Horn selbst geräth nebst drei andern Generalen in die Gefangenschaft. Herzog Bernhard rettet mit Mühe einige schwache Trümmer der Armee, die sich erst zu Frankfurt wieder unter seine Fahnen versammeln.

Die Nördlinger Niederlage kostete dem Reichskanzler die zweite schlaflose Nacht in Deutschland. Unübersehbar groß war der Verlust, den sie nach sich zog. Die Überlegenheit im Felde war nun auf einmal für die Schweden verloren und mit ihr das Vertrauen aller Bundesgenossen, die man ohnehin nur dem bisherigen Kriegsglücke verdankte. Eine gefährliche Trennung drohte dem ganzen protestantischen Bunde den Untergang. Furcht und Schrecken ergriffen die ganze Partei, und die katholische erhob sich mit übermüthigem Triumph aus ihrem tiefen Verfalle. Schwaben und die nächsten Kreise empfanden die ersten Folgen der Nördlinger Niederlage, und Wirtenberg besonders wurde von der siegenden Armee überschwemmt. Alle Mitglieder des Heilbronnischen Bundes zitterten vor der Rache des Kaisers; was fliehen konnte, rettete sich nach Straßburg, und die hilflosen Reichsstädte erwarteten mit Bangigkeit ihr Schicksal. Etwas mehr Mäßigung gegen die Besiegten würde alle diese schwächern Stände unter die Herrschaft des Kaisers zurückgeführt haben. Aber die Härte, die man auch gegen diejenigen bewies, welche sich freiwillig unterwarfen, brachte die übrigen zur Verzweiflung und ermunterte sie zu dem thätigsten Widerstande.

Alles suchte in dieser Verlegenheit Rath und Hilfe bei Oxenstierna. Oxenstierna suchte sie bei den deutschen Ständen. Es fehlte an Armeen; es fehlte an Geld, neue aufzurichten und den alten die ungestüm geforderten Rückstände zu bezahlen. Oxenstierna wendet sich an den Kurfürsten von Sachsen, der die schwedische Sache verläßt, um mit dem Kaiser zu Pirna über den Frieden zu traktiren. Er spricht die niedersächsischen Stände um Beistand an; diese, schon längst der schwedischen Geldforderungen und Ansprüche müde, sorgen jetzt bloß für sich selbst, und Herzog Georg von Lüneburg, anstatt dem obern Deutschland zu Hilfe zu eilen, belagert Minden, um es für sich selbst zu behalten. Von seinen deutschen Alliierten hilflos gelassen, bemüht sich der Kanzler um den Beistand auswärtiger Mächte. England, Holland, Venedig werden um Geld, um Truppen angesprochen, und von der äußersten Noth getrieben, entschließt er sich endlich zu dem lange vermiedenen sauern Schritt, sich Frankreich in die Arme zu werfen.

Endlich war der Zeitpunkt erschienen, welchem Richelieu längst mit ungeduldiger Sehnsucht entgegenblickte. Nur die völlige Unmöglichkeit, sich auf einem andern Wege zu retten, konnte die protestantischen Stände Deutschlands vermögen, die Ansprüche Frankreichs auf das Elsaß zu unterstützen. Dieser äußerste Nothfall war jetzt vorhanden; Frankreich war unentbehrlich, und es ließ sich den lebhaften Antheil, den es von jetzt an an dem deutschen Kriege nahm, mit einem theuern Preise bezahlen. Voll Glanz und Ehre betrat es jetzt den politischen Schauplatz. Schon hatte Oxenstierna, dem es wenig kostete, Deutschlands Rechte und Besitzungen zu verschenken, die Reichsfestung Philippsburg und die noch übrigen verlangten Plätze an Richelieu abgetreten; jetzt schickten die oberdeutschen Protestanten auch in ihrem Namen eine eigene Gesandtschaft ab, das Elsaß, die Festung Breisach (die erst erobert werden sollte) und alle Plätze am Oberrhein, die der Schlüssel zu Deutschland waren, unter französischen Schutz zu geben. Was der französische Schutz bedeute, hatte man an den Bisthümern Metz, Toul und Verdun gesehen, welche Frankreich schon seit Jahrhunderten, selbst gegen ihre rechtmäßigen Eigenthümer beschützte. Das Trierische Gebiet hatte schon französische Besitzungen; Lothringen war so gut als erobert, da es jeden Augenblick mit einer Armee überschwemmt werden und seinem furchtbaren Nachbar durch eigene Kraft nicht widerstehen konnte. Jetzt war die wahrscheinlichste Hoffnung für Frankreich vorhanden, auch das Elsaß zu seinen weitläufigen Besitzungen zu schlagen und, da man sich bald darauf mit den Holländern in die spanischen Niederlande theilte, den Rhein zu seiner natürlichen Grenze gegen Deutschland zu machen. So schimpflich wurden Deutschlands Rechte von deutschen Ständen an diese treulose, habsüchtige Macht verkauft, die unter der Larve einer uneigennützigen Freundschaft nur nach Vergrößerung strebte und, indem sie mit frecher Stirne die ehrenvolle Benennung einer Beschützerin annahm, bloß darauf bedacht war, ihr Netz auszuspannen und in der allgemeinen Verwirrung sich selbst zu versorgen.

Für diese wichtigen Cessionen machte Frankreich sich anheischig, den schwedischen Waffen durch Bekriegung der Spanier eine Diversion zu machen und, wenn es mit dem Kaiser selbst zu einem öffentlichen Bruch kommen sollte, diesseits des Rheins eine Armee von zwölftausend Mann zu unterhalten, die dann in Vereinigung mit den Schweden und Deutschen gegen Österreich agieren würde. Zu dem Kriege mit den Spaniern wurde von diesen selbst die erwünschte Veranlassung gegeben. Sie überfielen von den Niederlanden aus die Stadt Trier, hieben die französische Besatzung, die in derselben befindlich war, nieder, bemächtigten sich, gegen alle Rechte der Völker, der Person des Kurfürsten, der sich unter französischen Schutz begeben hatte, und führten ihn gefangen nach Flandern. Als der Cardinal-Infant, als Statthalter der spanischen Niederlande, dem König von Frankreich die geforderte Genugthuung abschlug und sich weigerte, den gefangenen Fürsten in Freiheit zu setzen, kündigte ihm Richelieu, nach altem Brauche durch einen Wappenherold, zu Brüssel förmlich den Krieg an, der auch wirklich von drei verschiedenen Armeen, in Mailand, in dem Veltlin und in Flandern eröffnet wurde. Weniger Ernst schien es dem französischen Minister mit dem Kriege gegen den Kaiser zu sein, wobei weniger Vortheile zu ernten und größere Schwierigkeiten zu besiegen waren. Dennoch wurde unter der Anführung des Cardinals von la Valette eine vierte Armee über den Rhein nach Deutschland gesendet, die in Vereinigung mit Herzog Bernhard, ohne vorhergegangene Kriegserklärung, gegen den Kaiser zu Felde zog.

Ein weit empfindlicherer Schlag, als selbst die Nördlinger Niederlage, war für die Schweden die Aussöhnung des Kurfürsten von Sachsen mit dem Kaiser, welche, nach wiederholten wechselseitigen Versuchen, sie zu hindern und zu befördern, endlich im Jahr 1634 zu Pirna erfolgte und im Mai des darauf folgenden Jahres zu Prag in einem förmlichen Frieden befestigt wurde. Nie hatte der Kurfürst von Sachsen die Anmaßungen der Schweden in Deutschland verschmerzen können, und seine Abneigung gegen diese ausländische Macht, die in dem deutschen Reiche Gesetze gab, war mit jeder neuen Forderung, welche Oxenstierna an die deutschen Reichsstände machte, gestiegen. Diese üble Stimmung gegen Schweden unterstützte aufs kräftigste die Bemühungen des spanischen Hofs, einen Frieden zwischen Sachsen und dem Kaiser zu stiften. Ermüdet von den Unfällen eines so langen und verwüstenden Krieges, der die sächsischen Länder vor allen andern zu seinem traurigen Schauplatze machte, gerührt von dem allgemeinen und schrecklichen Elende, das Freund und Feind ohne Unterschied über seine Unterthanen häuften, und durch die verführerischen Anträge des Hauses Österreich gewonnen, ließ endlich der Kurfürst die gemeine Sache im Stich, und weniger besorgt um das Loos seiner Mitstände und um deutsche Freiheit, dachte er nur darauf, seine eigenen Vortheile, wär's auch auf Unkosten des Ganzen, zu befördern.

Und wirklich war das Elend in Deutschland zu einem so ausschweifenden Grade gestiegen, daß das Gebet um Frieden von tausendmaltausend Zungen ertönte und auch der nachtheiligste noch immer für eine Wohlthat des Himmels galt. Wüsten lagen da, wo sonst tausend frohe und fleißige Menschen wimmelten, wo die Natur ihren herrlichsten Segen ergossen und Wohlleben und Überfluß geherrscht hatte. Die Felder, von der fleißigen Hand des Pflügers verlassen, lagen ungebaut und verwildert, und wo eine junge Saat aufschoß oder eine lachende Ernte winkte, da zerstörte ein einziger Durchmarsch den Fleiß eines ganzen Jahres, die letzte Hoffnung des verschmachtenden Volks. Verbrannte Schlösser, verwüstete Felder, eingeäscherte Dörfer lagen meilenweit herum in grauenvoller Zerstörung, während daß ihre verarmten Bewohner hingingen, die Zahl jener Mordbrennerheere zu vermehren und, was sie selbst erlitten hatten, ihren verschonten Mitbürgern schrecklich zu erstatten. Kein Schutz gegen Unterdrückung, als selbst unterdrücken zu helfen. Die Städte seufzten unter der Geißel zügelloser und räuberischer Besatzungen, die das Eigenthum des Bürgers verschlangen und die Freiheiten des Krieges, die Licenz ihres Standes und die Vorrechte der Noth mit dem grausamsten Muthwillen geltend machten. Wenn schon unter dem kurzen Durchzug einer Armee ganze Landstrecken zur Einöde wurden, wenn andere durch Winterquartiere verarmten, oder durch Brandschatzungen ausgesogen wurden, so litten sie doch nur vorübergehende Plagen, und der Fleiß eines Jahres konnte die Drangsale einiger Monate vergessen machen. Aber keine Erholung wurde Denjenigen zu Theil, die eine Besatzung in ihren Mauern oder in ihrer Nachbarschaft hatten, und ihr unglückliches Schicksal konnte selbst der Wechsel des Glücks nicht verbessern, da der Sieger an den Platz und in die Fußstapfen des Besiegten trat und Freund und Feind gleich wenig Schonung bewiesen. Die Vernachlässigung der Felder, die Zerstörung der Saaten und die Vervielfältigung der Armeen, die über die ausgesogenen Länder daherstürmten, hatten Hunger und Theurung zur unausbleiblichen Folge, und in den letzten Jahren vollendete noch Mißwachs das Elend. Die Anhäufung der Menschen in Lagern und Quartieren, Mangel auf der einen Seite und Völlerei auf der andern brachten pestartige Seuchen hervor, die mehr als Schwert und Feuer die Länder veröderten. Alle Bande der Ordnung lösten in dieser langen Zerrüttung sich auf, die Achtung für Menschenrechte, die Furcht vor Gesetzen, die Reinheit der Sitten verlor sich, Treu und Glaube verfiel, indem die Stärke allein mit eisernem Scepter herrschte; üppig schossen unter dem Schirme der Anarchie und der Straflosigkeit alle Laster auf, und die Menschen verwilderten mit den Ländern. Kein Stand war dem Muthwillen zu ehrwürdig, kein fremdes Eigenthum der Noth und der Raubsucht heilig. Der Soldat (um das Elend jener Zeit in ein einziges Wort zu pressen), der Soldat herrschte, und dieser brutalste der Despoten ließ seine eignen Führer nicht selten seine Obermacht fühlen. Der Befehlshaber einer Armee war eine wichtigere Person in dem Lande, worin er sich sehen ließ, als der rechtmäßige Regent, der oft dahin gebracht war, sich vor ihm in seinen Schlössern zu verkriechen. Ganz Deutschland wimmelte von solchen kleinen Tyrannen, und die Länder litten gleich hart von dem Feinde und von ihren Verteidigern. Alle diese Wunden schmerzten um so mehr, wenn man sich erinnerte, daß es fremde Mächte waren, welche Deutschland ihrer Habsucht aufopferten und die Drangsale des Krieges vorsätzlich verlängerten, um ihre eigennützigen Zwecke zu erreichen. Damit Schweden sich bereichern und Eroberungen machen konnte, mußte Deutschland unter der Geißel des Krieges bluten; damit Richelieu in Frankreich nothwendig blieb, durfte die Fackel der Zwietracht im deutschen Reiche nicht erlöschen.

Aber es waren nicht lauter eigennützige Stimmen, die sich gegen den Frieden erklärten, und wenn sowohl Schweden als deutsche Reichsstände die Fortdauer des Kriegs aus unreiner Absicht wünschten, so sprach eine gesunde Staatskunst für sie. Konnte man nach der Nördlinger Niederlage einen billigen Frieden von dem Kaiser erwarten? Und wenn man dies nicht konnte, sollte man siebzehn Jahre lang alles Ungemach des Krieges erduldet, alle Kräfte verschwendet haben, um am Ende nichts gewonnen oder gar noch verloren zu haben? Wofür so viel Blut vergossen, wenn alles blieb, wie es gewesen, wenn man in seinen Rechten und Ansprüchen um gar nichts gebessert war? wenn man alles, was so sauer errungen worden, in einem Frieden wieder herausgeben mußte? War es nicht wünschenswerter, die lange getragene Last noch zwei oder drei Jahre länger zu tragen, um für zwanzigjährige Leiden endlich doch einen Ersatz einzuernten? Und an einem vorteilhaften Frieden war nicht zu zweifeln, sobald nur Schweden und deutsche Protestanten, im Felde wie im Kabinet, standhaft zusammen hielten und ihr gemeinschaftliches Interesse mit wechselseitigem Antheil, mit vereinigtem Eifer besorgten. Ihre Trennung allein machte den Feind mächtig und entfernte die Hoffnung eines dauerhaften und allgemein beglückenden Friedens. Und dieses größte aller Übel fügte der Kurfürst von Sachsen der protestantischen Sache zu, indem er sich durch einen Separatvergleich mit Österreich versöhnte.

Schon vor der Nördlinger Schlacht hatte er die Unterhandlungen mit dem Kaiser eröffnet, aber der unglückliche Ausgang der erstern beschleunigte die Abschließung des Vergleichs. Das Vertrauen auf den Beistand der Schweden war gefallen, und man zweifelte, ob sie sich von diesem harten Schlage je wieder aufrichten würden. Die Trennung unter ihren eigenen Anführern, die schlechte Subordination der Armee und die Entkräftung des schwedischen Reichs ließ keine großen Thaten mehr von ihnen erwarten. Um so mehr glaubte man eilen zu müssen, sich die Großmuth des Kaisers zu Nutze zu machen, der seine Anerbietungen auch nach dem Nördlinger Siege nicht zurücknahm. Oxenstierna, der die Stände in Frankfurt versammelte, forderte; der Kaiser hingegen gab. und so bedurfte es keiner langen Überlegung, welchem von beiden man Gehör geben sollte.

Indessen wollte man doch den Schein vermeiden, als ob man die gemeine Sache hintansetzte und bloß auf seinen eignen Nutzen bedacht wäre. Alle deutschen Reichsstände, selbst die Schweden, waren eingeladen worden, zu diesem Frieden mitzuwirken und Theil daran zu nehmen, obgleich Kursachsen und der Kaiser die einzigen Mächte waren, die ihn schlossen und sich eigenmächtig zu Gesetzgebern über Deutschland aufwarfen. Die Beschwerden der protestantischen Stände kamen in demselben zur Sprache, ihre Verhältnisse und Rechte wurden vor diesem willkürlichen Tribunale entschieden und selbst das Schicksal der Religionen ohne Zuziehung der dabei so sehr interessierten Glieder bestimmt. Es sollte ein allgemeiner Friede, ein Reichsgesetz sein; als ein solches bekannt gemacht und durch ein Reichsexecutionsheer, wie ein förmlicher Reichsschluß, vollzogen werden. Wer sich dagegen auflehnte, war ein Feind des Reiches, und so mußte er, allen ständischen Rechten zuwider, ein Gesetz anerkennen, das er nicht selbst mit gegeben hatte. Der Pragische Friede war also, schon seiner Form nach, ein Werk der Willkür; und er war es nicht weniger durch seinen Inhalt.

Das Restitutionsedikt hatte den Bruch zwischen Kursachsen und dem Kaiser vorzüglich veranlaßt; also mußte man auch bei der Wiederaussöhnung zuerst darauf Rücksicht nehmen. Ohne es ausdrücklich und förmlich aufzuheben, setzte man in dem Pragischen Frieden fest, daß alle unmittelbaren Stifter und unter den mittelbaren diejenigen, welche nach dem Passauischen Vertrage von den Protestanten eingezogen und besessen worden, noch vierzig Jahre, jedoch ohne Reichstagsstimme, in demjenigen Stande bleiben sollten, in welchem das Restitutionsedikt sie gefunden habe. Vor Ablauf dieser vierzig Jahre sollte dann eine Commission von beiderlei Religionsverwandten gleicher Anzahl friedlich und gesetzmäßig darüber verfügen und, wenn es auch dann zu keinem Endurtheil käme, jeder Theil in den Besitz aller Rechte zurücktreten. die er vor Erscheinung des Restitutionsedikts ausgeübt habe. Diese Auskunft also, weit entfernt, den Samen der Zwietracht zu ersticken, suspendierte nur auf eine Zeit lang seine verderblichen Wirkungen, und der Zunder eines neuen Krieges lag schon in diesem Artikel des Pragischen Friedens.

Das Erzstift Magdeburg bleibt dem Prinzen August von Sachsen und Halberstadt dem Erzherzog Leopold Wilhelm. Von dem Magdeburgischen Gebiet werden vier Ämter abgerissen und an Kursachsen verschenkt; der Administrator von Magdeburg, Christian Wilhelm von Brandenburg, wird auf andere Art abgefunden. Die Herzoge von Mecklenburg empfangen, wenn sie diesem Frieden beitreten, ihr Land zurück, das sie glücklicherweise längst schon durch Gustav Adolphs Großmuth besitzen; Donauwörth erlangt seine Reichsfreiheit wieder. Die wichtige Forderung der pfälzischen Erben bleibt, wie wichtig es auch dem protestantischen Reichstheile war, diese Kurstimme nicht zu verlieren, gänzlich unberührt, weil ein lutherischer Fürst einem reformierten keine Gerechtigkeit schuldig ist. Alles, was die protestantischen Stände, die Ligue und der Kaiser in dem Kriege von einander erobert haben, wird zurückgegeben; alles, was die auswärtigen Mächte Schweden und Frankreich sich zugeeignet, wird ihnen mit gesammter Hand wieder abgenommen. Die Kriegsvölker aller contrahierenden Theile werden in eine einzige Reichsmacht vereinigt, welche, vom Reiche unterhalten und bezahlt, diesen Frieden mit gewaffneter Hand zu vollstrecken hat.

Da der Pragische Friede als ein allgemeines Reichsgesetz gelten sollte, so wurden diejenigen Punkte, welche mit dem Reiche nichts zu thun hatten, in einem Nebenvertrage beigefügt. In diesem wurde dem Kurfürsten von Sachsen die Lausitz als ein böhmisches Lehen zuerkannt und über die Religionsfreiheit dieses Landes und Schlesiens noch besonders gehandelt.

Alle evangelischen Stände waren zu Annahme des Pragischen Friedens eingeladen und unter dieser Bedingung der Amnestie theilhaftig gemacht; bloß die Fürsten von Wirtenberg und Baden – deren Länder man inne hatte und nicht geneigt war so ganz unbedingt wieder herzugeben – die eigenen Unterthanen Österreichs, welche die Waffen gegen ihren Landesherrn geführt, und diejenigen Stände, die unter Oxenstiernas Direktion den Rath der oberdeutschen Kreise ausmachten, schloß man aus; nicht sowohl um den Krieg gegen sie fortzusetzen, als vielmehr, um ihnen den nothwendig gewordenen Frieden desto theurer zu verkaufen. Man behielt ihre Lande als ein Unterpfand, bis die völlige Annahme des Friedens erfolgt, bis alles herausgegeben und alles in seinen vorigen Stand zurückgestellt sein würde. Eine gleiche Gerechtigkeit gegen alle hätte vielleicht das wechselseitige Zutrauen zwischen Haupt und Gliedern, zwischen Protestanten und Papisten, zwischen Reformirten und Lutheranern zurückgeführt, und verlassen von allen ihren Bundesgenossen, hätten die Schweden einen schimpflichen Abschied aus dem Reiche nehmen müssen. Jetzt bestärkte diese ungleiche Behandlung die härter gehaltenen Stände in ihrem Mißtrauen und Widersetzungsgeist und erleichterte es den Schweden, das Feuer des Kriegs zu nähren und einen Anhang in Deutschland zu behalten.

Der Prager Friede fand, wie vorher zu erwarten gewesen war, eine sehr ungleiche Aufnahme in Deutschland. Über dem Bestreben, beide Parteien einander zu nähern, hatte man sich von beiden Vorwürfe zugezogen. Die Protestanten klagten über die Einschränkungen, die sie in diesem Frieden erleiden sollten; die Katholiken fanden diese verwerfliche Sekte, auf Kosten der wahren Kirche, viel zu günstig behandelt. Nach diesen hatte man der Kirche von ihren unveräußerlichen Rechten vergeben, indem man den Evangelischen den vierzigjährigen Genuß der geistlichen Güter bewilligte; nach jenen hatte man eine Verrätherei an der protestantischen Kirche begangen, weil man seinen Glaubensbrüdern in den österreichischen Ländern die Religionsfreiheit nicht errungen hatte. Aber Niemand wurde bitterer getadelt als der Kurfürst von Sachsen, den man als einen treulosen Überläufer, als einen Verräther der Religion und Reichsfreiheit und als einen Mitverschwornen des Kaisers in öffentlichen Schriften darzustellen suchte.

Indessen tröstete er sich mit dem Triumph, daß ein großer Theil der evangelischen Stände seinen Frieden nothgezwungen annahm. Der Kurfürst von Brandenburg, Herzog Wilhelm von Weimar, die Fürsten von Anhalt, die Herzoge von Mecklenburg, die Herzoge von Braunschweig-Lüneburg, die Hansestädte und die meisten Reichsstädte traten demselben bei. Landgraf Wilhelm von Hessen schien eine Zeit lang unschlüssig oder stellte sich vielleicht nur es zu sein, um Zeit zu gewinnen und seine Maßregeln nach dem Erfolg einzurichten. Er hatte mit dem Schwert in der Hand schöne Länder in Westphalen errungen, aus denen er seine besten Kräfte zu Führung des Kriegs zog und welche alle er nun, dem Frieden gemäß, zurückgeben sollte. Herzog Bernhard von Weimar, dessen Staaten noch bloß auf dem Papier existirten, kam nicht als kriegführende Macht, desto mehr aber als kriegführender General in Betrachtung, und in beiderlei Rücksicht konnte er den Prager Frieden nicht anders als mit Abscheu verwerfen. Sein ganzer Reichthum war seine Tapferkeit, und in seinem Degen lagen alle seine Länder. Nur der Krieg machte ihn groß und bedeutend; nur der Krieg konnte die Entwürfe seines Ehrgeizes zur Zeitigung bringen.

Aber unter Allen, welche ihre Stimme gegen den Pragischen Frieden erhoben, erklärten sich die Schweden am heftigsten dagegen, und Niemand hatte auch mehr Ursache dazu. Von den Deutschen selbst in Deutschland hereingerufen, Retter der protestantischen Kirche und der ständischen Freiheit, die sie mit so vielem Blute, mit dem heiligen Leben ihres Königs erkauften, sahen sie sich jetzt auf einmal schimpflich im Stiche gelassen, auf einmal in allen ihren Planen getäuscht, ohne Lohn, ohne Dankbarkeit ans dem Reiche gewiesen, für welches sie bluteten, und von den nämlichen Fürsten, die ihnen alles verdankten, dem Hohngelächter des Feindes preisgegeben. An eine Genugthuung für sie, an einen Ersatz ihrer aufgewandten Kosten, an ein Äquivalent für die Eroberungen, welche sie im Stiche lassen sollten, war in dem Prager Frieden mit keiner Sylbe gedacht worden. Nackter, als sie gekommen waren, sollten sie nun entlassen und, wenn sie sich dagegen sträubten, durch dieselben Hände, welche sie hereingerufen, aus Deutschland hinausgejagt werden. Endlich ließ zwar der Kurfürst von Sachsen ein Wort von einer Genugthuung fallen, die in Geld bestehen und die kleine Summe von dritthalb Millionen Gulden betragen sollte. Aber die Schweden hatten weit mehr von ihrem Eigenen zugesetzt; eine so schimpfliche Abfindung mit Geld mußte ihren Eigennutz kränken und ihren Stolz empören. »Die Kurfürsten von Bayern und Sachsen«, antwortete Oxenstierna, »ließen sich den Beistand, den sie dem Kaiser leisteten und als Vasallen ihm schuldig waren, mit wichtigen Provinzen bezahlen, und uns Schweden, uns, die wir unsern König für Deutschland dahingegeben, will man mit der armseligen Summe von dritthalb Millionen Gulden nach Hause weisen?« Die getäuschte Hoffnung schmerzte um so mehr, je gewisser man darauf gerechnet hatte, sich mit dem Herzogthum Pommern, dessen gegenwärtiger Besitzer alt und ohne Succession war, bezahlt zu machen. Aber die Anwartschaft auf dieses Land wurde in dem Prager Frieden dem Kurfürsten von Brandenburg zugesichert, und gegen die Festsetzung der Schweden in diesen Grenzen des Reichs empörten sich alle benachbarten Mächte.

Nie in dem ganzen Kriege hatte es schlimmer um die Schweden gestanden, als in diesem 1635sten Jahre, unmittelbar nach Bekanntmachung des

Pragischen Friedens. Viele ihrer Alliierten, unter den Reichsstädten besonders, verließen ihre Partei, um der Wohlthat des Friedens theilhaftig zu werden; andere wurden durch die siegreichen Waffen des Kaisers dazu gezwungen. Augsburg, durch Hunger besiegt, unterwarf sich unter harten Bedingungen; Würzburg und Koburg gingen an die Österreicher verloren. Der Heilbronnische Bund wurde förmlich getrennt. Beinahe ganz Oberdeutschland, der Hauptsitz der schwedischen Macht, erkannte die Herrschaft des Kaisers. Sachsen, auf den Pragischen Frieden sich stützend, verlangte die Räumung Thüringens, Halberstadts, Magdeburgs. Philippsburg, der Waffenplatz der Franzosen, war mit allen Vorräthen, die darin niedergelegt waren, von den Österreichern überrumpelt worden, und dieser große Verlust hatte die Thätigkeit Frankreichs geschwächt. Um die Bedrängnisse der Schweden vollkommen zu machen, mußte gerade jetzt der Stillstand mit Polen sich seinem Ende nähern. Mit Polen und mit dem deutschen Reiche zugleich Krieg zu führen, überstieg bei weitem die Kräfte des schwedischen Staats, und man hatte die Wahl, welches von diesen beiden Feinden man sich entledigen sollte. Stolz und Ehrgeiz entschieden für die Fortsetzung des deutschen Kriegs, welch ein hartes Opfer es auch gegen Polen kosten möchte; doch eine Armee kostete es immer, um sich bei den Polen in Achtung zu setzen und bei den Unterhandlungen um einen Stillstand oder Frieden seine Freiheit nicht ganz und gar zu verlieren.

Allen diesen Unfällen, welche zu gleicher Zeit über Schweden hereinstürmten, setzte sich der standhafte, an Hilfsmitteln unerschöpfliche Geist Oxenstiernas entgegen, und sein durchdringender Verstand lehrte ihn selbst die Widerwärtigkeiten, die ihn trafen, zu seinem Vortheile kehren. Der Abfall so vieler deutschen Reichsstände von der schwedischen Partei beraubte ihn zwar eines großen Theils seiner bisherigen Bundesgenossen, aber er überhob ihn auch zugleich aller Schonung gegen sie; und je größer die Zahl seiner Feinde wurde, über desto mehr Länder konnten sich seine Armeen verbreiten, desto mehr Magazine öffneten sich ihm. Die schreiende Undankbarkeit der Stände und die stolze Verachtung, mit der ihm von dem Kaiser begegnet wurde (der ihn nicht einmal würdigte, unmittelbar mit ihm über den Frieden zu traktieren), entzündete in ihm den Muth der Verzweiflung und einen edlen Trotz, es bis aufs Äußerste zu treiben. Ein noch so unglücklich geführter Krieg konnte die Sache der Schweden nicht schlimmer machen, als sie war; und wenn man das deutsche Reich räumen sollte, so war es wenigstens anständiger und rühmlicher, es mit dem Schwert in der Hand zu thun und der Macht, nicht der Furcht zu unterliegen.

In der großen Extremität, worin die Schweden sich durch die Desertion ihrer Alliierten befanden, warfen sie ihre Blicke zuerst auf Frankreich, welches ihnen mit den ermunterndsten Anträgen entgegen eilte. Das Interesse beider Kronen war aufs engste aneinander gekettet, und Frankreich handelte gegen sich selbst, wenn es die Macht der Schweden in Deutschland gänzlich verfallen ließ. Die durchaus hilflose Lage der letztern war vielmehr eine Aufforderung für dasselbe, sich fester mit ihnen zu verbinden und einen thätigern Antheil an dem Kriege in Deutschland zu nehmen. Schon seit Abschließung des Allianztraktats mit den Schweden zu Bärwalde im Jahr 1631 hatte Frankreich den Kaiser durch die Waffen Gustav Adolphs befehdet, ohne einen öffentlichen und förmlichen Bruch, bloß durch die Geldhilfe, die es den Gegnern desselben leistete, und durch seine Geschäftigkeit, die Zahl der letztern zu vermehren. Aber, beunruhigt von dem unerwartet schnellen und außerordentlichen Glück der schwedischen Waffen, schien es seinen ersten Zweck eine Zeit lang aus den Augen zu verlieren, um das Gleichgewicht der Macht wieder herzustellen, das durch die Überlegenheit der Schweden gelitten hatte. Es suchte die katholischen Reichsfürsten durch Neutralitätsverträge gegen den schwedischen Eroberer zu schützen und war schon im Begriff, da diese Versuche mißlangen, sich gegen ihn selbst zu bewaffnen. Nicht sobald aber hatte Gustav Adolphs Tod und die Hilflosigkeit der Schweden diese Furcht zerstreut, als es mit frischem Eifer zu seinem ersten Entwurf zurückkehrte und den Unglücklichen in vollem Maße den Schutz angedeihen ließ, den es den Glücklichen entzogen hatte. Befreit von dem Widerstande, den Gustav Adolphs Ehrgeiz und Wachsamkeit seinen Vergrößerungsentwürfen entgegen setzten, ergreift es den günstigen Augenblick, den das Nördlinger Unglück ihm darbietet, sich die Herrschaft des Kriegs zuzueignen und Denen, die seines mächtigen Schutzes bedürftig sind, Gesetze vorzuschreiben. Der Zeitpunkt begünstigt seine kühnsten Entwürfe, und was vorher nur eine schöne Chimäre war, läßt sich von jetzt an als ein überlegter, durch die Umstände gerechtfertigter Zweck verfolgen. Jetzt also widmet es dem deutschen Kriege seine ganze Aufmerksamkeit, und sobald es durch seinen Traktat mit den Deutschen seine Privatzwecke sicher gestellt sieht, erscheint es als handelnde und herrschende Macht auf der politischen Bühne. Während daß sich die kriegführenden Mächte in einem langwierigen Kampf erschöpften, hatte es seine Kräfte geschont und zehen Jahre lang den Krieg bloß mit seinem Gelde geführt; jetzt, da die Zeitumstände es zur Thätigkeit rufen, greift es zum Schwert und strengt sich zu Unternehmungen an, die ganz Europa in Verwunderung setzen. Es läßt zu gleicher Zeit zwei Flotten im Meere kreuzen und schickt sechs verschiedene Heere aus, während daß es mit seinem Gelde noch eine Krone und mehrere deutsche Fürsten besoldet. Belebt durch die Hoffnung seines mächtigen Schutzes, raffen sich die Schweden und Deutschen aus ihrem tiefen Verfall empor und getrauen sich, mit dem Schwert in der Hand einen rühmlichern Frieden als den Pragischen zu erfechten. Von ihren Mitständen verlassen, die sich mit dem Kaiser versöhnen. schließen sie sich nur desto enger an Frankreich an, das mit der wachsenden Noth seinen Beistand verdoppelt, an dem deutschen Krieg immer größern, wiewohl noch immer versteckten Antheil nimmt, bis es zuletzt ganz seine Maske abwirft und den Kaiser unmittelbar unter seinem eignen Namen befehdet.

Um den Schweden vollkommen freie Hand gegen Österreich zu geben, machte Frankreich den Anfang damit, es von dem polnischen Kriege zu befreien. Durch den Grafen von Avaux, seinen Gesandten, brachte es beide Theile dahin, daß zu Stuhmsdorf in Preußen der Waffenstillstand auf sechsundzwanzig Jahre verlängert wurde, wiewohl nicht ohne großen Verlust für die Schweden, welche beinahe das ganze polnische Preußen, Gustav Adolphs theuer erkämpfte Eroberung, durch einen einzigen Federzug einbüßten. Der Bärwalder Traktat wurde mit einigen Veränderungen, welche die Umstände nöthig machten, anfangs zu Compiegne, dann zu Wismar und Hamburg auf entferntere Zeiten erneuert. Mit Spanien hatte man schon im Mai des Jahrs 1635 gebrochen und durch den lebhaften Angriff dieser Macht dem Kaiser seinen wichtigsten Beistand aus den Niederlanden entzogen; jetzt verschaffte man, durch Unterstützung des Landgrafen Wilhelm von Kassel und Herzogs Bernhard von Weimar, den schwedischen Waffen an der Elbe und Donau eine größere Freiheit und nöthigte den Kaiser, durch eine starke Diversion am Rhein, seine Macht zu theilen.

Heftiger entzündete sich also der Krieg, und der Kaiser hatte durch den Pragischen Frieden zwar seine Gegner im deutschen Reiche vermindert, aber zugleich auch den Eifer und die Thätigkeit seiner auswärtigen Feinde vermehrt. Er hatte sich in Deutschland einen unumschränkten Einfluß erworben und sich, mit Ausnahme weniger Stände, zum Herrn des ganzen Reichskörpers und der Kräfte desselben gemacht, daß er von jetzt an wieder als Kaiser und Herr handeln konnte. Die erste Wirkung davon war die Erhebung seines Sohnes Ferdinand des Dritten zur römischen Königswürde, die, ungeachtet des Widerspruchs von Seiten Triers und der pfälzischen Erben, durch eine entscheidende Stimmenmehrheit zu Stande kam. Aber die Schweden hatte er zu einer verzweifelten Gegenwehr gereizt, die ganze Macht Frankreichs gegen sich bewaffnet und in die innersten Angelegenheiten Deutschlands gezogen. Beide Kronen bilden von jetzt an mit ihren deutschen Alliierten eine eigene fest geschlossene Macht, der Kaiser mit den ihm anhängenden deutschen Staaten die andere. Die Schweden beweisen von jetzt an keine Schonung mehr, weil sie nicht mehr für Deutschland, sondern für ihr eigenes Dasein fechten. Sie handeln rascher, unumschränkter und kühner, weil sie es überhoben sind, bei ihren deutschen Alliierten herum zu fragen und Rechenschaft von ihren Entwürfen zu geben. Die Schlachten werden hartnäckiger und blutiger, aber weniger entscheidend. Größere Thaten der Tapferkeit und der Kriegskunst geschehen; aber es sind einzelne Handlungen, die, von keinem übereinstimmenden Plane geleitet, von keinem alles lenkenden Geiste benutzt, für die ganze Partei schwache Folgen haben und an dem Laufe des Kriegs nur wenig verändern.

Sachsen hatte sich in dem Pragischen Frieden verbindlich gemacht, die Schweden aus Deutschland zu verjagen; von jetzt an also vereinigen sich die sächsischen Fahnen mit den kaiserlichen, und zwei Bundesgenossen haben sich in zwei unversöhnliche Feinde verwandelt. Das Erzstift Magdeburg, welches der Pragische Friede dem sächsischen Prinzen zusprach, war noch in schwedischen Händen, und alle Versuche, sie auf einem friedlichen Wege zu Abtretung desselben zu bewegen, waren ohne Wirkung geblieben. Die Feindseligkeiten fangen also an, und der Kurfürst von Sachsen eröffnet sie damit, durch sogenannte Avocatorien alle sächsischen Unterthanen von der Bannerischen Armee abzurufen, die an der Elbe gelagert steht. Die Officiere, längst schon wegen des rückständigen Soldes schwierig, geben dieser Aufforderung Gehör und räumen ein Quartier nach dem andern. Da die Sachsen zugleich eine Bewegung gegen Mecklenburg machten, um Dömitz wegzunehmen und den Feind von Pommern und von der Ostsee abzuschneiden, so zog sich Banner eilfertig dahin, entsetzte Dömitz und schlug den sächsischen General Baudissin mit siebentausend Mann aufs Haupt, daß gegen tausend blieben und eben so viel gefangen wurden. Verstärkt durch die Truppen und Artillerie, welche bisher in Polnisch-Preußen gestanden, nunmehr aber durch den Vertrag zu Stuhmsdorf in diesem Lande entbehrlich wurden, brach dieser tapfere und ungestüme Krieger im folgenden 1636sten Jahr in das Kurfürstenthum Sachsen ein, wo er seinem alten Hasse gegen die Sachsen die blutigsten Opfer brachte. Durch vieljährige Beleidigungen aufgebracht, welche er und seine Schweden während ihrer gemeinschaftlichen Feldzüge von dem Übermuth der Sachsen hatten erleiden müssen, und jetzt durch den Abfall des Kurfürsten aufs äußerste gereizt, ließen sie die unglücklichen Unterthanen desselben ihre Rachsucht und Erbitterung fühlen. Gegen Österreicher und Bayern hatte der schwedische Soldat mehr aus Pflicht gefochten; gegen die Sachsen kämpfte er aus Privathaß und mit persönlicher Wuth, weil er sie als Abtrünnige und Verräther verabscheute, weil der Haß zwischen zerfallenen Freunden gewöhnlich der grimmigste und unversöhnlichste ist. Die nachdrückliche Diversion, welche dem Kaiser unterdessen von dem Herzog von Weimar und dem Landgrafen von Hessen am Rhein und in Westphalen gemacht wurde, hinderte ihn, den Sachsen eine hinlängliche Unterstützung zu leisten, und so mußte das ganze Kurfürstenthum von Banners streifenden Horden die schrecklichste Behandlung erleiden. Endlich zog der Kurfürst den kaiserlichen General von Hatzfeld an sich und rückte vor Magdeburg, welches der herbeieilende Banner umsonst zu entsetzen strebte. Nun verbreitete sich die vereinigte Armee der Kaiserlichen und Sachsen durch die Mark Brandenburg, entriß den Schweden viele Städte und war im Begriff, sie bis an die Ostsee zu treiben. Aber gegen alle Erwartungen griff der schon verloren gegebene Banner die alliierte Armee am 24sten September 1636 bei Wittstock an, und eine große Schlacht wurde geliefert. Der Angriff war fürchterlich, und die ganze Macht des Feindes fiel auf den rechten Flügel der Schweden, den Banner selbst anführte. Lange Zeit kämpfte man auf beiden Seiten mit gleicher Hartnäckigkeit und Erbitterung, und unter den Schweden war keine Schwadron, die nicht zehnmal angerückt und zehnmal geschlagen worden wäre. Als endlich Banner der Übermacht der Feinde zu weichen genöthigt war, setzte sein linker Flügel das Treffen bis zum Einbruch der Nacht fort und das schwedische Hintertreffen, welches noch gar nicht gefochten hatte, war bereit, am folgenden Morgen die Schlacht zu erneuern. Aber diesen zweiten Angriff wollte der Kurfürst von Sachsen nicht abwarten. Seine Armee war durch das Treffen des vorhergehenden Tages erschöpft, und die Knechte hatten sich mit allen Pferden davon gemacht, daß die Artillerie nicht gebraucht werden konnte. Er ergriff also mit dem Grafen von Hatzfeld noch in derselben Nacht die Flucht und überließ das Schlachtfeld den Schweden. Gegen fünftausend von den Alliierten waren auf der Wahlstatt geblieben, diejenigen nicht gerechnet, welche von den nachsetzenden Schweden erschlagen wurden oder dem ergrimmten Landmann in die Hände fielen. Hundertundfünfzig Standarten und Fahnen, dreiundzwanzig Kanonen, die ganze Bagage, das Silbergeschirr des Kurfürsten mitgerechnet, wurden erbeutet und noch außerdem gegen zweitausend Gefangene gemacht. Dieser glänzende Sieg, über einen weit überlegenen und vorteilhaft postierten Feind erfochten, setzte die Schweden auf einmal wieder in Achtung; ihre Feinde zagten, ihre Freunde fingen an, frischen Muth zu schöpfen. Banner benutzte das Glück, das sich so entscheidend für ihn erklärt hatte, eilte über die Elbe und trieb die Kaiserlichen durch Thüringen und Hessen bis nach Westphalen. Dann kehrte er zurück und bezog die Winterquartiere auf sächsischem Boden.

Aber ohne die Erleichterung, welche ihm durch die Thätigkeit Herzog Bernhards und der Franzosen am Rhein verschafft wurde, würde es ihm schwer geworden sein, diese herrlichen Victorien zu erfechten. Herzog Bernhard hatte nach der Nördlinger Schlacht die Trümmer der geschlagenen Armee in der Wetterau versammelt; aber verlassen von dem Heilbronnischen Bunde, dem der Prager Friede bald darauf ein völliges Ende machte, und von den Schweden zu wenig unterstützt, sah er sich außer Stand gesetzt, die Armee zu unterhalten und große Thaten an ihrer Spitze zu thun. Die Nördlinger Niederlage hatte sein Herzogthum Franken verschlungen, und die Ohnmacht der Schweden raubte ihm alle Hoffnung, sein Glück durch diese Krone zu machen. Zugleich auch des Zwanges müde, den ihm das gebieterische Betragen des schwedischen Reichskanzlers auferlegte, richtete er seine Augen auf Frankreich, welches ihm mit Geld, dem Einzigen, was er brauchte, aushelfen konnte und sich bereitwillig dazu finden ließ. Richelieu wünschte nichts so sehr, als den Einfluß der Schweden auf den deutschen Krieg zu vermindern und sich selbst unter fremdem Namen die Führung desselben in die Hände zu spielen. Zu Erreichung dieses Zweckes konnte er kein besseres Mittel erwählen, als daß er den Schweden ihren tapfersten Feldherrn abtrünnig machte, ihn aufs genaueste in Frankreichs Interesse zog und sich, zu Ausführung seiner Entwürfe, seines Armes versicherte. Von einem Fürsten wie Bernhard, der sich ohne den Beistand einer fremden Macht nicht behaupten konnte, hatte Frankreich nichts zu besorgen, da auch der glücklichste Erfolg nicht hinreichte, ihn außer Abhängigkeit von dieser Krone zu setzen. Bernhard kam selbst nach Frankreich und schloß im October 1635 zu St. Germain en Laye, nicht mehr als schwedischer General, sondern in eigenem Namen, einen Vergleich mit dieser Krone, worin ihm eine jährliche Pension von anderthalb Millionen Livres für ihn selbst und vier Millionen zu Unterhaltung einer Armee, die er unter königlichen Befehlen commandieren sollte, bewilligt wurden. Um seinen Eifer desto lebhafter anzufeuern und die Eroberung von Elsaß durch ihn zu beschleunigen, trug man kein Bedenken, ihm in einem geheimen Artikel diese Provinz zur Belohnung anzubieten; eine Großmuth, von der man sehr weit entfernt war und welche der Herzog selbst nach Würden zu schätzen wußte. Aber Bernhard vertraute seinem Glück und seinem Arme und setzte der Arglist Verstellung entgegen. War er einmal mächtig genug. das Elsaß dem Feinde zu entreißen, so verzweifelte er nicht daran, es im Nothfall auch gegen einen Freund behaupten zu können. Jetzt also schuf er sich mit französischem Gelde eine eigene Armee, die er zwar unter französischer Hoheit, aber doch so gut als unumschränkt commandierte, ohne jedoch seine Verbindung mit den Schweden ganz und gar aufzuheben. Er eröffnete seine Operationen am Rheinstrom, wo eine andere französische Armee unter dem Cardinal La Valette die Feindseligkeiten gegen den Kaiser schon im Jahr 1635 eröffnet hatte.

Gegen diese hatte sich das österreichische Hauptheer, welches den großen Sieg bei Nördlingen erfochten hatte, nach Unterwerfung Schwabens und Frankens unter der Anführung des Gallas gewendet und sie auch glücklich bis Metz zurückgescheucht, den Rheinstrom befreit und die von den Schweden besetzten Städte Mainz und Frankenthal erobert. Aber die Hauptabsicht dieses Generals, die Winterquartiere in Frankreich zu beziehen, wurde durch den thätigen Widerstand der Franzosen vereitelt, und er sah sich genöthigt, seine Truppen in das erschöpfte Elsaß und Schwaben zurückzuführen. Bei Eröffnung des Feldzugs im folgenden Jahre passierte er zwar bei Breisach den Rhein und rüstete sich, den Krieg in das innre Frankreich zu spielen. Er fiel wirklich in die Grafschaft Burgund ein, während daß die Spanier von den Niederlanden aus in der Picardie glückliche Fortschritte machten und Johann von Werth, ein gefürchteter General der Ligue und berühmter Parteigänger, tief in Champagne streifte und Paris selbst mit seiner drohenden Ankunft erschreckte. Aber die Tapferkeit der Kaiserlichen scheiterte vor einer einzigen unbeträchtlichen Festung in Franche Comté, und zum zweiten Mal mußten sie ihre Entwürfe aufgeben.

Dem thätigen Geiste Herzog Bernhards hatte die Abhängigkeit von einem französischen General, der seinem Priesterrock mehr als seinem

Commandostab Ehre machte, bisher zu enge Fesseln angelegt, und ob er gleich in Verbindung mit demselben Elsaß-Zabern eroberte, so hatte er sich doch in den Jahren 1636 und 37 am Rhein nicht behaupten können. Der schlechte Fortgang der französischen Waffen in den Niederlanden hatte die Thätigkeit der Operationen im Elsaß und Breisgau gehemmt; aber im Jahr 1638 nahm der Krieg in diesen Gegenden eine desto glänzendere Wendung. Seiner bisherigen Fesseln entledigt und jetzt vollkommener Herr seiner Truppen, verließ Herzog Bernhard schon am Anfang des Februars die Ruhe der Winterquartiere, die er im Bisthum Basel genommen hatte, und erschien gegen alle Erwartung am Rhein, wo man in dieser rauhen Jahreszeit nichts weniger als einen Angriff vermuthete. Die Waldstädte Laufenburg, Waldshut und Seckingen werden durch Überfall weggenommen und Rheinfelden belagert. Der dort commandierende kaiserliche General, Herzog von Savelli, eilt mit beschleunigten Märschen diesem wichtigen Ort zu Hilfe, entsetzt ihn auch wirklich und treibt den Herzog von Weimar nicht ohne großen Verlust zurück. Aber gegen aller Menschen Vermuthen erscheint dieser am dritten Tage (den 21sten Februar 1638) wieder im Gesicht der Kaiserlichen, die in voller Sicherheit über den erhaltenen Sieg bei Rheinfelden ausruhen, und schlägt sie in einer großen Schlacht, worin die vier kaiserlichen Generale Savelli, Johann von Werth, Enkeford und Speereuter nebst zweitausend Mann zu Gefangenen gemacht werden. Zwei derselben, von Werth und von Enkeford, ließ Richelieu in der Folge nach Frankreich abführen, um der Eitelkeit des französischen Volks durch den Anblick so berühmter Gefangenen zu schmeicheln und das öffentliche Elend durch das Schaugepränge der erfochtenen Siege zu hintergehen. Auch die eroberten Standarten und Fahnen wurden in dieser Absicht unter einer feierlichen Procession in die Kirche de notre Dame gebracht, dreimal vor dem Altar geschwungen und dem Heiligthum in Verwaltung gegeben.

Die Einnahme von Rheinfelden, Röteln und Freiburg war die nächste Folge des durch Bernhard erfochtenen Sieges. Sein Heer wuchs beträchtlich, und so wie das Glück sich für ihn erklärte, erweiterten sich seine Entwürfe. Die Festung Breisach am Oberrhein wurde als die Beherrscherin dieses Stromes und als der Schlüssel zum Elsaß betrachtet. Kein Ort war dem Kaiser in diesen Gegenden wichtiger, auf keinen hatte man so große Sorgfalt verwendet. Breisach zu behaupten, war die vornehmste Bestimmung der italienischen Armee unter Feria gewesen; die Festigkeit seiner Werke und der Vortheil seiner Lage boten jedem gewaltsamen Angriffe

Trotz, und die kaiserlichen Generale, welche in diesen Gegenden commandierten, hatten Befehl, alles für die Rettung dieses Platzes zu wagen. Aber Bernhard vertraute seinem Glück und beschloß den Angriff auf diese Festung. Unbezwingbar durch Gewalt, konnte sie nur durch Hunger besiegt werden; und die Sorglosigkeit ihres Commandanten, der, keines Angriffs gewärtig, seinen aufgehäuften Getreidevorrath zu Gelde gemacht hatte, beschleunigte dieses Schicksal. Da sie unter diesen Umständen nicht vermögend war, eine lange Belagerung auszuhalten, so mußte man eilen, sie zu entsetzen oder mit Proviant zu versorgen. Der kaiserliche General von Götz näherte sich daher aufs eilfertigste an der Spitze von zwölftausend Mann, von dreitausend Proviantwagen begleitet, die er in die Stadt werfen wollte. Aber von Herzog Bernhard bei Wittenweier angegriffen, verlor er sein ganzes Corps, bis auf dreitausend Mann, und die ganze Fracht, die er mit sich führte. Ein ähnliches Schicksal widerfuhr auf dem Ochsenfeld bei Thann dem Herzog von Lothringen, der mit fünf- bis sechstausend Mann zum Entsatz der Festung heranrückte. Nachdem auch ein dritter Versuch des Generals von Götz zu Breisachs Rettung mißlungen war, ergab sich diese Festung, von der schrecklichsten Hungersnoth geängstigt, nach einer viermonatlichen Belagerung, am 7ten December 1638 ihrem eben so menschlichen als beharrlichen Sieger.

Breisachs Eroberung eröffnete dem Ehrgeiz des Herzogs von Weimar ein grenzenloses Feld, und jetzt fängt der Roman seiner Hoffnungen an, sich der Wahrheit zu nähern. Weit entfernt, sich der Früchte seines Schwerts zu Frankreichs Vortheil zu begeben, bestimmt er Breisach für sich selbst und kündigt diesen Entschluß schon in der Huldigung an, die er, ohne einer andern Macht zu erwähnen, in seinem eigenen Namen von den Überwundenen fordert. Durch die bisherigen glänzenden Erfolge berauscht und zu den stolzesten Hoffnungen hingerissen, glaubt er von jetzt an sich selbst genug zu sein und die gemachten Eroberungen, selbst gegen Frankreichs Willen, behaupten zu können. Zu einer Zeit, wo alles um Tapferkeit feil war, wo persönliche Kraft noch etwas galt und Heere und Heerführer höher als Länder geachtet wurden, war es einem Helden, wie Bernhard, erlaubt, sich selbst etwas zuzutrauen und an der Spitze einer trefflichen Armee, die sich unter seiner Anführung unüberwindlich fühlte, an keiner Unternehmung zu verzagen. Um sich unter der Menge von Feinden, denen er jetzt entgegen ging, an einen Freund anzuschließen, warf er seine Augen auf die Landgräfin Amalie von Hessen, die Wittwe des kürzlich verstorbenen Landgrafen Wilhelms, eine Dame von eben so

viel Geist als Entschlossenheit, die eine streitbare Armee, schöne Eroberungen und ein beträchtliches Fürstentum mit ihrer Hand zu verschenken
hatte. Die Eroberungen der Hessen mit seinen eigenen am Rhein in einen
einzigen Staat und ihre beiderseitigen Armeen in eine militärische Macht
verbunden, konnten eine bedeutende Macht und vielleicht gar eine dritte
Partei in Deutschland bilden, die den Ausschlag des Krieges in ihren
Händen hielt. Aber diesem vielversprechenden Entwurf machte der Tod
ein frühzeitiges Ende.

»Herz gefaßt, Pater Joseph! Breisach ist unser!« schrie Richelieu dem
Capuciner in die Ohren, der sich schon zur Reise in jene Welt anschickte,
so sehr hatte ihn diese Freudenpost berauscht. Schon verschlang er in
Gedanken das Elsaß, das Breisgau und alle österreichischen Vorlande,
ohne sich der Zusage zu erinnern, die er dem Herzog Bernhard gethan
hatte. Der ernstliche Entschluß des Letztern, Breisach für sich zu behalten,
den er auf eine sehr unzweideutige Art zu erkennen gab, stürzte den
Cardinal in nicht geringe Verlegenheit, und alles wurde hervorgesucht,
den siegreichen Bernhard im französischen Interesse zu erhalten. Man
lud ihn nach Hof, um Zeuge der Ehre zu sein, womit man dort das Andenken seiner Triumphe beginge; Bernhard erkannte und floh die
Schlinge der Verführung. Man that ihm die Ehre an, ihm eine Nichte des
Cardinals zur Gemahlin anzubieten; der edle Reichsfürst schlug sie aus,
um das sächsische Blut durch keine Mißheirath zu entehren. Jetzt fing
man an, ihn als einen gefährlichen Feind zu betrachten und auch als solchen zu behandeln. Man entzog ihm die Subsidiengelder; man bestach
den Gouverneur von Breisach und seine vornehmsten Officiere, um wenigstens nach dem Tode des Herzogs sich in den Besitz seiner Eroberungen
und seiner Truppen zu setzen. Dem Letztern blieben diese Ränke kein
Geheimniß, und die Vorkehrungen, die er in den eroberten Plätzen traf,
bewiesen sein Mißtrauen gegen Frankreich. Aber diese Irrungen mit dem
französischen Hofe hatten den nachtheiligsten Einfluß auf seine folgenden
Unternehmungen. Die Anstalten, welche er machen mußte, um seine Eroberungen gegen einen Angriff von französischer Seite zu behaupten,
nöthigten ihn, seine Kriegsmacht zu theilen, und das Ausbleiben der
Subsidiengelder verzögerte seine Erscheinung im Felde. Seine Absicht war
gewesen, über den Rhein zu gehen, den Schweden Luft zu machen und
an den Ufern der Donau gegen den Kaiser und Bayern zu agieren. Schon
hatte er Bannern, der im Begriff war, den Krieg in die österreichischen
Lande zu wälzen, seinen Operationsplan entdeckt und versprochen, ihn

abzulösen – als der Tod ihn zu Neuburg am Rhein (im Julius 1639) im sechsunddreißigsten Jahre seines Alters, mitten in seinem Heldenlauf überraschte.

Er starb an einer pestartigen Krankheit, welche binnen zwei Tagen gegen vierhundert Menschen im Lager dahin gerafft hatte. Die schwarzen Flecken, die an seinem Leichnam hervorbrachen, die eignen Äußerungen des Sterbenden und die Vortheile, welche Frankreich von seinem plötzlichen Hintritt erntete, erweckten den Verdacht, daß er durch französisches Gift sei hingerafft worden, der aber durch die Art seiner Krankheit hinlänglich widerlegt wird. In ihm verloren die Alliierten den größten Feldherrn, den sie nach Gustav Adolph besaßen, Frankreich einen gefürchteten Nebenbuhler um das Elsaß, der Kaiser seinen gefährlichsten Feind. In der Schule Gustav Adolphs zum Helden und Feldherrn gebildet, ahmte er diesem erhabenen Muster nach, und nur ein längeres Leben fehlte ihm, um es zu erreichen, wo nicht gar zu übertreffen. Mit der Tapferkeit des Soldaten verband er den kalten und ruhigen Blick des Feldherrn, mit dem ausdauernden Muth des Mannes die rasche Entschlossenheit des Jünglings, mit dem wilden Feuer des Kriegers die Würde des Fürsten, die Mäßigung des Weisen und die Gewissenhaftigkeit des Mannes von Ehre. Von keinem Unfall gebeugt, erhob er sich schnell und kraftvoll nach dem härtesten Schlage, kein Hinderniß konnte seine Kühnheit beschränken, kein Fehlschlag seinen unbezwinglichen Muth besiegen. Sein Geist strebte nach einem großen, vielleicht nie erreichbaren Ziele; aber Männer seiner Art stehen unter andern Klugheitsgesetzen, als diejenigen sind, wornach wir den großen Haufen zu messen pflegen; fähig, mehr als andere zu vollbringen, durfte er auch verwegenere Plane entwerfen. Bernhard steht in der neuern Geschichte als ein schönes Bild jener kraftvollen Zeiten da, wo persönliche Größe noch etwas ausrichtete, Tapferkeit Länder errang und Heldentugend einen deutschen Ritter selbst auf den Kaiserthron führte.

Das beste Stück aus der Hinterlassenschaft des Herzogs war seine Armee, die er, nebst dem Elsaß, seinem Bruder Wilhelm vermachte. Aber an eben diese Armee glaubten Schweden und Frankreich gegründete Rechte zu haben; jenes, weil sie im Namen dieser Krone geworben war und ihr gehuldigt hatte; dieses, weil sie von seinem Geld unterhalten worden. Auch der Kurprinz von der Pfalz trachtete nach dem Besitz derselben, um sich ihrer zu Wiedereroberung seiner Staaten zu bedienen, und versuchte anfangs durch seine Agenten und endlich in eigner Person, sie in sein Interesse zu ziehen. Selbst von kaiserlicher Seite geschah ein Versuch, diese

Armee zu gewinnen; und dies darf uns zu einer Zeit nicht wundern, wo nicht die Gerechtigkeit der Sache, nur der Preis der geleisteten Dienste in Betrachtung kam und die Tapferkeit, wie jede andere Waare, dem Meistbietenden feil war. Aber Frankreich, vermögender und entschlossener, überbot alle Mitbewerber. Es erkaufte den General von Erlach, den Befehlshaber Breisachs, und die übrigen Oberhäupter, die ihm Breisach und die ganze Armee in die Hände spielten. Der junge Pfalzgraf Karl Ludwig, der schon in den vorhergehenden Jahren einen unglücklichen Feldzug gegen den Kaiser gethan hatte, sah auch hier seinen Anschlag scheitern. Im Begriff, Frankreich einen so schlimmen Dienst zu erzeigen, nahm er unbesonnener Weise seinen Weg durch dieses Reich und hatte den unglücklichen Einfall, seinen Namen zu verschweigen. Dem Cardinal, der die gerechte Sache des Pfalzgrafen fürchtete, war jeder Vorwand willkommen, seinen Anschlag zu vereiteln. Er ließ ihn also zu Moulins gegen alles Völkerrecht anhalten und gab ihm seine Freiheit nicht eher wieder, als bis der Ankauf der Weimarischen Truppen berichtigt war. So sah sich Frankreich nun im Besitz einer beträchtlichen und wohlgeübten Kriegsmacht in Deutschland, und jetzt fing es eigentlich erst an, den Kaiser unter seinem eigenen Namen zu bekriegen.

Aber es war nicht mehr Ferdinand der Zweite, gegen den es jetzt als ein offenbarer Feind aufstand; diesen hatte schon im Februar 1637, im neunundfünfzigsten Jahre seines Alters, der Tod von dem Schauplatz abgerufen. Der Krieg, den seine Herrschsucht entzündet hatte, überlebte ihn; nie hatte er während seiner achtzehnjährigen Regierung das Schwert aus der Hand gelegt, nie, so lang er das Reichsscepter führte, die Wohlthat des Friedens geschmeckt. Mit den Talenten des guten Herrschers geboren, mit vielen Tugenden geschmückt, die das Glück der Völker begründen, sanft und menschlich von Natur, sehen wir ihn, aus einem übel verstandenen Begriff von Monarchenpflicht, das Werkzeug zugleich und das Opfer fremder Leidenschaften, seine wohlthätige Bestimmung verfehlen und den Freund der Gerechtigkeit in einen Unterdrücker der Menschheit, in einen Feind des Friedens, in eine Geißel seiner Völker ausarten. In seinem Privatleben liebenswürdig, in seinem Regentenamt achtungswerth, nur in seiner Politik schlimm berichtet, vereinigte er auf seinem Haupte den Segen seiner katholischen Unterthanen und die Flüche der protestantischen Welt. Die Geschichte stellt mehr und schlimmere Despoten auf, als Ferdinand der Zweite gewesen, und doch hat nur Einer einen dreißigjährigen Krieg entzündet; aber der Ehrgeiz dieses Einzigen mußte unglücklicherweise gerade mit einem solchen Jahrhundert, mit solchen Vorbereitungen, mit solchen Keimen der Zwietracht zusammentreten, wenn er von so verderblichen Folgen begleitet sein sollte. In einer friedlichen Zeitepoche hätte dieser Funke keine Nahrung gefunden, und die Ruhe des Jahrhunderts hätte den Ehrgeiz des Einzelnen erstickt; jetzt fiel der unglückliche Strahl in ein hoch aufgethürmtes, lange gesammeltes Brenngeräthe, und Europa entzündete sich.

Sein Sohn, Ferdinand der Dritte, wenige Monate vor seines Vaters Hintritt zur Würde eines römischen Königs erhoben, erbte seine Throne, seine Grundsätze und seinen Krieg. Aber Ferdinand der Dritte hatte den Jammer der Völker und die Verwüstung der Länder in der Nähe gesehen und das Bedürfniß des Friedens näher und feuriger gefühlt. Weniger abhängig von den Jesuiten und Spaniern und billiger gegen fremde Religionen, konnte er leichter als sein Vater die Stimme der Mäßigung hören. Er hörte sie und schenkte Europa den Frieden; aber erst nach einem einjährigen Kampfe mit dem Schwert und der Feder, und nicht eher, als bis aller Widerstand fruchtlos war und die zwingende Noth ihm ihr hartes Gesetz diktierte.

Das Glück begünstigte den Antritt seiner Regierung, und seine Waffen waren siegreich gegen die Schweden. Diese hatten unter Banners kraftvoller Anführung nach dem Siege bei Wittstock Sachsen mit Winterquartieren belastet und den Feldzug des 1637sten Jahrs mit der Belagerung Leipzigs eröffnet. Der tapfere Widerstand der Besatzung und die Annäherung der kurfürstlich-kaiserlichen Völker retteten diese Stadt, und Banner, um nicht von der Elbe abgeschnitten zu werden, mußte sich nach Torgau zurückziehen. Aber die Überlegenheit der Kaiserlichen verscheuchte ihn auch von hier, und umringt von feindlichen Schwärmen, aufgehalten von Strömen und vom Hunger verfolgt, mußte er einen höchst gefährlichen Rückzug nach Pommern nehmen, dessen Kühnheit und glücklicher Erfolg ans Romanhafte grenzt. Die ganze Armee durchwatete an einer seichten Stelle die Oder bei Fürstenberg, und der Soldat, dem das Wasser bis an den Hals trat, schleppte selbst die Kanonen fort, weil die Pferde nicht mehr ziehen wollten. Banner hatte darauf gerechnet, jenseits der Oder seinen in Pommern stehenden Untergeneral Wrangel zu finden und, durch diesen Zuwachs verstärkt, dem Feind alsdann die Spitze zu bieten. Wrangel erschien nicht, und an seiner Statt hatte sich ein kaiserliches Heer bei Landsberg postiert, den fliehenden Schweden den Weg zu verlegen. Banner entdeckte nun, daß er in eine verderbliche Schlinge gefallen, woraus kein Entkommen war. Hinter sich ein ausgehungertes Land, die Kaiserlichen und die Oder; die Oder zur Linken, die, von einem kaiserlichen General Bucheim bewacht, keinen Übergang gestattete, vor sich Landsberg, Küstrin, die Warthe und ein feindliches Heer, zur Rechten Polen, dem man, des Stillstandes ungeachtet, nicht wohl vertrauen konnte, sah er sich ohne ein Wunder verloren, und schon triumphierten die Kaiserlichen über seinen unvermeidlichen Fall. Banners gerechte Empfindlichkeit klagte die Franzosen als die Urheber dieses Unglücks an. Sie hatten die versprochene Diversion am Rhein unterlassen, und ihre Unthätigkeit erlaubte dem Kaiser, seine ganze Macht gegen die Schweden zu gebrauchen. »Sollten wir einst«, brach der aufgebrachte General gegen den französischen Residenten aus, der dem schwedischen Lager folgte, »sollten wir und die Deutschen einmal in Gesellschaft gegen Frankreich fechten, so werden wir nicht so viel Umstände machen, ehe wir den Rheinstrom passieren.« Aber Vorwürfe waren jetzt vergeblich verschwendet. Entschluß und That forderte die dringende Noth. Um den Feind vielleicht durch eine falsche Spur von der Oder hinweg zu locken, stellte sich Banner, als ob er durch Polen entkommen wollte, schickte auch wirklich den größten Theil der Bagage auf diesem Wege voran und ließ seine Gemahlin sammt den übrigen Officiersfrauen dieser Marschroute folgen. Sogleich brechen die Kaiserlichen gegen die polnische Grenze auf, ihm diesen Paß zu versperren, auch Bucheim verläßt seinen Standort, und die Oder wird entblößt. Rasch wendet sich Banner in der Dunkelheit der Nacht gegen diesen Strom zurück und setzt seine Truppen, sammt Bagage und Geschütz, eine Meile oberhalb Küstrin, ohne Brücken, ohne Schiffe, wie vorher bei Fürstenberg, über. Ohne Verlust erreichte er Pommern, in dessen Vertheidigung er und Hermann Wrangel sich theilen.

Aber die Kaiserlichen, von Gallas angeführt, dringen bei Tribsees in dieses Herzogthum und überschwemmen es mit ihrer überlegenen Macht. Usedom und Wolgast werden mit Sturm, Demmin mit Accord erobert und die Schweden bis tief in Hinterpommern zurückgedrückt. Und jetzt gerade kam es mehr als jemals darauf an, sich in diesem Lande zu behaupten, da Herzog Bogisla der Vierzehnte in eben diesem Jahre stirbt und das schwedische Reich seine Ansprüche auf Pommern geltend machen soll. Um den Kurfürsten von Brandenburg zu verhindern, seine auf eine Erbverbrüderung und auf den Pragischen Frieden gegründeten Rechte an dieses Herzogthum geltend zu machen, strengt es jetzt alle seine Kräfte an und unterstützt seine Generale aufs nachdrücklichste mit Geld und

Soldaten. Auch in andern Gegenden des Reichs gewinnen die Angelegenheiten Schwedens ein günstigeres Ansehen, und sie fangen an, sich von dem tiefen Verfalle zu erheben, worein sie durch die Unthätigkeit Frankreichs und durch den Abfall ihrer Alliierten versunken waren. Denn nach ihrem eilfertigen Rückzuge nach Pommern hatten sie einen Platz nach dem andern in Obersachsen verloren; die mecklenburgischen Fürsten, von den kaiserlichen Waffen bedrängt, fingen an, sich auf die österreichische Seite zu neigen, und selbst Herzog Georg von Lüneburg erklärte sich feindlich gegen sie. Ehrenbreitstein, durch Hunger besiegt, öffnete dem bayerischen General von Werth seine Thore, und die Österreicher bemächtigten sich aller am Rheinstrom aufgeworfenen Schanzen. Frankreich hatte gegen die Spanier eingebüßt, und der Erfolg entsprach den prahlerischen Anstalten nicht, womit man den Krieg gegen diese Krone eröffnet hatte. Verloren war alles, was die Schweden im innern Deutschland besaßen, und nur die Hauptplätze in Pommern behaupteten sich noch. Ein einziger Feldzug reißt sie aus dieser tiefen Erniedrigung, und durch die mächtige Diversion, welche der siegende Bernhard den kaiserlichen Waffen an den Ufern des Rheins macht, wird der ganzen Lage des Kriegs ein schneller Umschwung gegeben.

Die Irrungen zwischen Frankreich und Schweden waren endlich beigelegt und der alte Traktat zwischen beiden Kronen zu Hamburg mit neuen Vortheilen für die Schweden bestätigt worden. In Hessen übernahm die staatskluge Landgräfin Amalia mit Bewilligung der Stände, nach dem Absterben Wilhelms, ihres Gemahls, die Regierung und behauptete mit vieler Entschlossenheit gegen den Widerspruch des Kaisers und der Darmstädtischen Linie ihre Rechte. Der schwedisch-protestantischen Partei schon allein aus Religionsgrundsätzen eifrig ergeben, erwartete sie bloß die Gunst der Gelegenheit, um sich laut und thätig dafür zu erklären. Unterdessen gelang es ihr, durch eine kluge Zurückhaltung und listig angesponnene Traktate den Kaiser in Unthätigkeit zu erhalten, bis ihr geheimes Bündniß mit Frankreich geschlossen war und Bernhards Siege den Angelegenheiten der Protestanten eine günstige Wendung gaben. Da warf sie auf einmal die Maske ab und erneuerte die alte Freundschaft mit der schwedischen Krone. Auch den Kurprinzen von der Pfalz ermunterten Herzog Bernhards Triumphe, sein Glück gegen den gemeinschaftlichen Feind zu versuchen. Mit englischem Gelde warb er Völker in Holland, errichtete zu Meppen ein Magazin und vereinigte sich in Westphalen mit schwedischen Truppen. Sein Magazin ging zwar verloren, seine Armee wurde von dem Grafen Hatzfeld bei Vlotho geschlagen; aber seine Unternehmung hatte doch den Feind eine Zeitlang beschäftigt und den Schweden in andern Gegenden ihre Operationen erleichtert. Noch manche ihrer andern Freunde lebten auf, wie das Glück sich zu ihrem Vortheile erklärte, und es war schon Gewinn genug für sie, daß die niedersächsischen Stände die Neutralität ergriffen.

Von diesen wichtigen Vortheilen begünstigt und durch vierzehntausend Mann frischer Truppen aus Schweden und Livland verstärkt, eröffnete Banner voll guter Hoffnungen im Jahr 1638 den Feldzug. Die Kaiserlichen, welche Vorpommern und Mecklenburg inne hatten, verließen größtenteils ihren Posten oder liefen schaarenweise den schwedischen Fahnen zu, um dem Hunger, ihrem grimmigsten Feind in diesen ausgeplünderten und verarmten Gegenden, zu entfliehen. So schrecklich hatten die bisherigen Durchzüge und Quartiere das ganze Land zwischen der Elbe und Oder verödet, daß Banner, um in Sachsen und Böhmen einbrechen zu können und auf dem Wege dahin nicht mit seiner ganzen Armee zu verhungern, von Hinterpommern aus einen Umweg nach Niedersachsen nahm und dann erst durch das Halberstädtische Gebiet in Kursachsen einrückte. Die Ungeduld der niedersächsischen Staaten, einen so hungrigen Gast wieder los zu werden, versorgte ihn mit dem nöthigen Proviant, daß er für seine Armee in Magdeburg Brod hatte, – in einem Lande, wo der Hunger schon den Abscheu an Menschenfleisch überwunden hatte. Er erschreckte Sachsen mit seiner verwüstenden Ankunft; aber nicht auf dieses erschöpfte Land, auf die kaiserlichen Erbländer war seine Absicht gerichtet. Bernhards Siege erhoben seinen Muth, und die wohlhabenden Provinzen des Hauses Österreich lockten seine Raubsucht. Nachdem er den kaiserlichen General von Salis bei Elsterberg geschlagen, die sächsische Armee bei Chemnitz zu Grunde gerichtet und Pirna erobert hatte, drang er in Böhmen mit unwiderstehlicher Macht ein, setzte über die Elbe, bedrohte Prag, eroberte Brandeis und Leitmeritz, schlug den General von Hofkirchen mit zehn Regimentern und verbreitete Schrecken und Verwüstung durch das ganze unvertheidigte Königreich. Beute ward alles, was sich fortschaffen ließ, und zerstört wurde, was nicht genossen und geraubt werden konnte. Um desto mehr Korn fortzuschleppen, schnitt man die Ähren von den Halmen und verderbte den Überrest. Über tausend Schlösser, Flecken und Dörfer wurden in die Asche gelegt, und oft sah man ihrer hundert in einer einzigen Nacht auflodern. Von Böhmen aus that er Streifzüge nach Schlesien, und selbst Mähren und Österreich sollten seine Raubsucht empfinden.

Dies zu verhindern, mußte Graf Hatzfeld aus Westphalen und Piccolomini aus den Niederlanden herbeieilen. Erzherzog Leopold, ein Bruder des Kaisers, erhält den Commandostab, um die Ungeschicklichkeit seines Vorgängers Gallas wieder gut zu machen und die Armee aus ihrem tiefen Verfalle zu erheben.

Der Ausgang rechtfertigte die getroffene Veränderung, und der Feldzug des 1640sten Jahres schien für die Schweden eine sehr nachtheilige Wendung zu nehmen. Sie werden aus einem Quartier nach dem andern in Böhmen vertrieben, und nur bemüht, ihren Raub in Sicherheit zu bringen, ziehen sie sich eilfertig über das meißnische Gebirge. Aber auch durch Sachsen von dem nacheilenden Feinde verfolgt und bei Plauen geschlagen, müssen sie nach Thüringen ihre Zuflucht nehmen. Durch einen einzigen Sommer zu Meistern des Feldes gemacht, stürzen sie eben so schnell wieder zu der tiefsten Schwäche herab, um sich aufs neue zu erheben und so mit beständigem raschem Wechsel von einem Äußersten zum andern zu eilen. Banners geschwächte Macht, im Lager bei Erfurt ihrem gänzlichen Untergang nahe, erhebt sich auf einmal wieder. Die Herzoge von Lüneburg verlassen den Pragischen Frieden und führen ihm jetzt die nämlichen Truppen zu, die sie wenige Jahre vorher gegen ihn fechten ließen. Hessen schickt Hilfe. und der Herzog von Longueville stößt mit der nachgelassenen Armee Herzog Bernhards zu seinen Fahnen. Den Kaiserlichen aufs neue an Macht überlegen, bietet ihnen Banner bei Saalfeld ein Treffen an; aber ihr Anführer Piccolomini vermeidet es klüglich und hat eine zu gute Stellung gewählt, um dazu gezwungen zu werden. Als endlich die Bayern sich von den Kaiserlichen trennen und ihren Marsch gegen Franken richten, versucht Banner auf dieses getrennte Corps einen Angriff, den aber die Klugheit des bayerischen Anführers von Mercy und die schnelle Annäherung der kaiserlichen Hauptmacht vereitelt. Beide Armeen ziehen sich nunmehr in das ausgehungerte Hessen, wo sie sich, nicht weit von einander, in ein festes Lager einschließen, bis endlich Mangel und rauhe Jahreszeit sie aus diesem verarmten Landstrich verscheuchen. Piccolomini erwählt sich die fetten Ufer der Weser zu Winterquartieren; aber überflügelt von Bannern, muß er sie den Schweden einräumen und die fränkischen Bisthümer mit seinem Besuche belästigen.

Um eben diese Zeit wurde zu Regensburg ein Reichstag gehalten, wo die Klagen der Stände gehört, an der Beruhigung des Reiches gearbeitet und über Krieg und Frieden ein Schluß gefaßt werden sollte. Die Gegenwart des Kaisers, der im Fürstencollegium präsidierte, die Mehrheit der katholischen Stimmen im Kurfürstenrathe, die überlegene Anzahl der Bischöfe und der Abgang von mehrern evangelischen Stimmen leitete die Verhandlungen zum Vortheil des Kaisers, und es fehlte viel, daß auf diesem Reichstage das Reich repräsentiert worden wäre. Nicht ganz mit Unrecht betrachteten ihn die Protestanten als eine Zusammenverschwörung Österreichs und seiner Kreaturen gegen den protestantischen Theil, und in ihren Augen konnte es Verdienst scheinen, diesen Reichstag zu stören oder auseinander zu scheuchen.

Banner entwarf diesen verwegenen Anschlag. Der Ruhm seiner Waffen hatte bei dem letzten Rückzug aus Böhmen gelitten, und es bedurfte einer unternehmenden That, um seinen vorigen Glanz wieder herzustellen. Ohne Jemand zum Vertrauten seines Anschlags zu machen, verließ er in der strengsten Kälte des Winters im Jahr 1641 seine Quartiere in Lüneburg, sobald die Wege und Ströme gefroren waren. Begleitet von dem Marschall von Guebriant, der die französische und weimarische Armee commandierte, richtete er durch Thüringen und das Vogtland seinen Marsch nach der Donau und stand Regensburg gegenüber, ehe der Reichstag vor seiner Ankunft gewarnt werden konnte. Unbeschreiblich groß war die Bestürzung der versammelten Stände, und in der ersten Angst schickten sich alle Gesandten zur Flucht an. Nur der Kaiser erklärte, daß er die Stadt nicht verlassen würde, und stärkte durch sein Beispiel die Andern. Zum Unglück der Schweden fiel Thauwetter ein, daß die Donau aufgieng und weder trocknen Fußes, noch wegen des starken Eisgangs zu Schiffe passiert werden konnte. Um doch etwas gethan zu haben und den Stolz des deutschen Kaisers zu kränken, beging Banner die Unhöflichkeit, die Stadt mit fünfhundert Kanonenschüssen zu begrüßen, die aber wenig Schaden anrichteten. In dieser Unternehmung getäuscht, beschloß er nunmehr, tiefer in Bayern und in das unvertheidigte Mähren zu dringen, wo eine reiche Beute und bequemere Quartiere seine bedürftigen Truppen erwarteten. Aber nichts konnte den französischen General bewegen, ihm bis dahin zu folgen. Guebriant fürchtete, daß die Absicht der Schweden sei, die weimarische Armee immer weiter vom Rhein zu entfernen und von aller Gemeinschaft mit Frankreich abzuschneiden, bis man sie entweder gänzlich auf seine Seite gebracht oder doch außer Stand gesetzt habe, etwas Eigenes zu unternehmen. Er trennte sich also von Bannern, um nach dem Mainstrom zurückzukehren, und dieser sah sich auf einmal der ganzen kaiserlichen Macht bloßgestellt, die, zwischen Regensburg und Ingolstadt in aller Stille versammelt, gegen ihn anrückte. Jetzt galt es, auf einen schnellen Rückzug zu denken, der im Angesicht eines an Reiterei überlegenen Heeres, zwischen Strömen und Wäldern, in einem weit und breit feindlichen Lande, kaum anders als durch ein Wunder möglich schien. Eilfertig zog er sich nach dem Wald, um durch Böhmen nach Sachsen zu entkommen; aber drei Regimenter mußte er bei Neuburg im Stiche lassen. Diese hielten durch eine spartanische Gegenwehr hinter einer schlechten Mauer die feindliche Macht vier ganze Tage auf, daß Banner den Vorsprung gewinnen konnte. Er entkam über Eger nach Annaberg; Piccolomini setzte ihm auf einem nähern Weg über Schlackenwald nach, und es kam bloß auf den Vortheil einer kleinen halben Stunde an, daß ihm der kaiserliche General nicht bei dem Passe zu Priesnitz zuvor kam und die ganze schwedische Macht vertilgte. Zu Zwickau vereinigte sich Guebriant wieder mit dem Bannerischen Heer, und beide richteten ihren Marsch nach Halberstadt, nachdem sie umsonst versucht hatten, die Saale zu vertheidigen und den Österreichern den Übergang zu verwehren.

Zu Halberstadt fand endlich Banner (im Mai 1641) das Ziel seiner Thaten, durch kein andres als das Gift der Unmäßigkeit und des Verdrusses getödtet. Mit großem Ruhme, obgleich mit abwechselndem Glück, behauptete er das Ansehen der schwedischen Waffen in Deutschland und zeigte sich durch eine Kette von Siegesthaten seines großen Lehrers in der Kriegskunst werth. Er war reich an Anschlägen, die er geheimnisvoll bewahrte und rasch vollstreckte, besonnen in Gefahren, in der Widerwärtigkeit größer als im Glück und nie mehr furchtbar, als wenn man ihn am Rande des Verderbens glaubte. Aber die Tugenden des Kriegshelden waren in ihm mit allen Unarten und Lastern gepaart, die das Waffenhandwerk erzeugt oder doch in Schutz nimmt. Eben so gebieterisch im Umgang als vor der Fronte seines Heers, rauh wie sein Gewerbe und stolz wie ein Eroberer, drückte er die deutschen Fürsten nicht weniger durch seinen Übermuth als durch seine Erpressungen ihre Länder. Für die Beschwerden des Kriegs entschädigte er sich durch die Freuden der Tafel und in den Armen der Wollust, die er bis zum Übermaße trieb und endlich mit einem frühen Tod büßen mußte. Aber üppig, wie ein Alexander und Mahomed der Zweite, stürzte er sich mit gleicher Leichtigkeit aus den Armen der Wollust in die härteste Arbeit des Kriegs, und in seiner ganzen Feldherrngröße stand er da, als die Armee über den Weichling murrte. Gegen achtzigtausend Mann fielen in den zahlreichen Schlachten, die er lieferte, und gegen sechshundert feindliche Standarten und Fahnen, die er nach Stockholm sandte, beurkundeten seine Siege. Der Verlust dieses großen

Führers wurde von den Schweden bald aufs empfindlichste gefühlt, und man fürchtete, daß er nicht zu ersetzen sein würde. Der Geist der Empörung und Zügellosigkeit, durch das überwiegende Ansehen dieses gefürchteten Generals in Schranken gehalten, erwachte, sobald er dahin war. Die Officiere fordern mit furchtbarer Einstimmigkeit ihre Rückstände, und keiner der vier Generale, die sich nach Bannern in das Commando theilen, besitzt Ansehen genug, diesen ungestümen Mahnern Genüge zu leisten oder Stillschweigen zu gebieten. Die Kriegszucht erschlafft, der zunehmende Mangel und die kaiserlichen Abrufungsschreiben vermindern mit jedem Tage die Armee; die französisch-weimarischen Völker beweisen wenig Eifer; die Lüneburger verlassen die schwedischen Fahnen, da die Fürsten des Hauses Braunschweig nach dem Tode Herzogs Georg sich mit dem Kaiser vergleichen; und endlich sondern sich auch die Hessen von ihnen ab, um in Westphalen bessere Quartiere zu suchen. Der Feind benutzt dieses verderbliche Zwischenreich, und obgleich in zwei Aktionen aufs Haupt geschlagen, gelingt es ihm, beträchtliche Fortschritte in Niedersachsen zu machen.

Endlich erschien der neu ernannte schwedische Generalissimus mit frischem Geld und Soldaten. Bernhard Torstenson war es, ein Zögling Gustav Adolphs und der glücklichste Nachfolger dieses Helden, dem er schon in dem polnischen Kriege als Page zur Seite stand. Von dem Podagra gelähmt und an die Sänfte geschmiedet, besiegte er alle seine Gegner durch Schnelligkeit, und seine Unternehmungen hatten Flügel, während daß sein Körper die schrecklichste aller Fesseln trug. Unter ihm verändert sich der Schauplatz des Krieges, und neue Maximen herrschen, die die Noth gebietet und der Erfolg rechtfertigt. Erschöpft sind alle Länder, um die man bisher gestritten hatte, und in seinen hintersten Landen unangefochten, fühlt das Haus Österreich den Jammer des Krieges nicht, unter welchem ganz Deutschland blutet. Torstenson verschafft ihm zuerst diese bittere Erfahrung, sättigt seine Schweden an dem fetten Tisch Österreichs und wirft den Feuerbrand bis an den Thron des Kaisers.

In Schlesien hatte der Feind beträchtliche Vortheile über den schwedischen Anführer Stalhantsch erfochten und ihn nach der Neumark gejagt. Torstenson, der sich im Lüneburgischen mit der schwedischen Hauptmacht vereinigt hatte, zog ihn an sich und brach im Jahr 1642 durch Brandenburg, das unter dem großen Kurfürsten angefangen hatte, eine gewaffnete Neutralität zu beobachten, plötzlich in Schlesien ein. Glogau wird ohne Approche, ohne Bresche, mit dem Degen in der Faust erstiegen, der

Herzog Franz Albrecht von Lauenburg bei Schweidnitz geschlagen und selbst erschossen, Schweidnitz, wie fast das ganze diesseits der Oder gelegene Schlesien, erobert. Nun drang er mit unaufhaltsamer Gewalt bis in das Innerste von Mähren, wohin noch kein Feind des Hauses Österreich gekommen war, bemeisterte sich der Stadt Olmütz und machte selbst die Kaiserstadt beben. Unterdessen hatten Piccolomini und Erzherzog Leopold eine überlegene Macht versammelt, die den schwedischen Eroberer aus Mähren und bald auch, nach einem vergeblichen Versuch auf Brieg, aus Schlesien verscheuchte. Durch Wrangeln verstärkt, wagte er sich zwar aufs neue dem überlegnen Feind entgegen und entsetzte Großglogau; aber er konnte weder den Feind zum Schlagen bringen, noch seine Absicht auf Böhmen ausführen. Er überschwemmte nun die Lausitz, wo er im Angesichte des Feindes Zittau wegnahm und nach einem kurzen Aufenthalt seinen Marsch durch Meißen an die Elbe richtete, die er bei Torgau passierte. Jetzt bedrohte er Leipzig mit einer Belagerung und machte sich Hoffnung, in dieser wohlhabenden, seit zehn Jahren verschont gebliebenen Stadt einen reichlichen Vorrath an Lebensmitteln und starke Brandschatzungen zu erheben.

Sogleich eilen die Kaiserlichen unter Leopold und Piccolomini über Dresden zum Entsatz herbei, und Torstenson, um nicht zwischen der Armee und der Stadt eingeschlossen zu werden, rückt ihnen beherzt und in voller Schlachtordnung entgegen. Durch einen wunderbaren Kreislauf der Dinge traf man jetzt wieder auf dem nämlichen Boden zusammen, den Gustav Adolph eilf Jahre vorher durch einen entscheidenden Sieg merkwürdig gemacht hatte, und der Vorfahren Heldentugend erhitzte ihre Nachfolger zu einem edeln Wettstreit auf dieser heiligen Erde. Die schwedischen Generale Stalhantsch und Willenberg werfen sich auf den noch nicht ganz in Ordnung gestellten linken Flügel der Österreicher mit solchem Ungestüm, daß die ganze ihn bedeckende Reiterei über den Haufen gerannt und zum Treffen unbrauchbar gemacht wird. Aber auch dem linken der Schweden drohte schon ein ähnliches Schicksal, als ihm der siegende rechte zu Hilfe kam, dem Feind in den Rücken und in die Flanken fiel und seine Linien trennte. Die Infanterie beider Theile stand einer Mauer gleich und wehrte sich, nachdem alles Pulver verschossen war, mit umgekehrten Muskete, bis endlich die Kaiserlichen, von allen Seiten umringt, nach einem dreistündigen Gefechte das Feld räumen mußten. Die Anführer beider Armeen hatten ihr Äußerstes gethan, ihre fliehenden Völker aufzuhalten, und Erzherzog Leopold war mit seinem

Regimente der erste beim Angriff und der Letzte auf der Flucht. Über dreitausend Mann und zwei ihrer besten Generale, Schlangen und Lilienhoek, kostete den Schweden dieser blutige Sieg. Von den Kaiserlichen blieben fünftausend auf dem Platze, und beinahe eben so viele wurden zu Gefangenen gemacht. Ihre ganze Artillerie von sechsundvierzig Kanonen, das Silbergeschirr und die Kanzlei des Erzherzogs, die ganze Bagage der Armee fiel in der Sieger Hände. Torstenson, zu sehr geschwächt durch seinen Sieg, um den Feind verfolgen zu können, rückte vor Leipzig, die geschlagene Armee nach Böhmen, wo die flüchtigen Regimenter sich wieder sammelten. Erzherzog Leopold konnte diese verlorne Schlacht nicht verschmerzen, und das Cavallerieregiment, das durch seine frühe Flucht dazu Anlaß gegeben, erfuhr die Wirkungen seines Grimms. Zu Rakonitz in Böhmen erklärte er es im Angesicht der übrigen Truppen für ehrlos, beraubte es aller seiner Pferde, Waffen und Insignien, ließ seine Standarten zerreißen, mehrere seiner Officiere und von den Gemeinen den zehenten Mann zum Tode verurtheilen.

Leipzig selbst, welches drei Wochen nach dem Treffen bezwungen wurde, war die schönste Beute des Siegers. Die Stadt mußte das ganze schwedische Heer neu bekleiden und sich mit drei Tonnen Goldes, wozu auch die fremden Handlungshäuser, die ihre Warenlager darin hatten, mit Taxen beschwert wurden, von der Plünderung loskaufen. Torstenson rückte noch im Winter vor Freiberg, trotzte vor dieser Stadt mehrere Wochen lang dem Grimm der Witterung und hoffte durch seine Beharrlichkeit den Muth der Belagerten zu ermüden. Aber er opferte nur seine Truppen auf, und die Annäherung des kaiserlichen Generals Piccolomini nöthigte ihn endlich, mit seiner geschwächten Armee sich zurückzuziehen. Doch achtete er es schon für Gewinn, daß auch der Feind die Ruhe der Winterquartiere, deren er sich freiwillig beraubte, zu entbehren genöthigt ward und in diesem ungünstigen Winterfeldzug über dreitausend Pferde einbüßte. Er machte nun eine Bewegung gegen die Oder, um sich durch die Garnisonen aus Pommern und Schlesien zu verstärken; aber mit Blitzesschnelligkeit stand er wieder an der böhmischen Grenze, durchzog dieses Königreich und – entsetzte Olmütz in Mähren, das von den Kaiserlichen hart geängstigt wurde. Aus seinem Lager bei Tobitschau, zwei Meilen von Olmütz, beherrschte er ganz Mähren, drückte es mit schweren Erpressungen und ließ bis an die Brücken von Wien seine Schaaren streifen. Umsonst bemühte sich der Kaiser, zu Vertheidigung dieser Provinz den ungarischen Adel zu bewaffnen; dieser berief sich auf seine Privilegien und wollte außerhalb seinem Vaterlande nicht dienen. Über dieser fruchtlosen Unterhandlung verlor man die Zeit für einen thätigen Widerstand und ließ die ganze Provinz Mähren den Schweden zum Raube werden.

Während daß Bernhard Torstenson durch seine Märsche und Siege Freund und Feind in Erstaunen setzte, hatten sich die Armeen der Alliierten in andern Theilen des Reichs nicht unthätig verhalten. Die Hessen und Weimarischen unter dem Grafen von Eberstein und dem Marschall von Guebriant waren in das Erzstift Köln eingefallen, um dort ihre Winterquartiere zu beziehen. Um sich dieser räuberischen Gäste zu erwehren, rief der Kurfürst den kaiserlichen General von Hatzfeld herbei und versammelte seine eignen Truppen unter dem General Lamboy. Diesen griffen die Alliierten (im Jänner 1642) bei Kempen an und schlugen ihn in einer großen Schlacht, daß zweitausend blieben und noch einmal so viel zu Gefangenen gemacht wurden. Dieser wichtige Sieg öffnete ihnen das ganze Kurfürstenthum und die angrenzenden Lande, daß sie nicht nur ihre Quartiere darin behaupteten, sondern auch große Verstärkungen an Soldaten und Pferden daraus zogen.

Guebriant überließ den hessischen Völkern, ihre Eroberungen am Niederrhein gegen den Grafen von Hatzfeld zu vertheidigen. und näherte sich Thüringen, um Torstensons Unternehmungen in Sachsen zu unterstützen. Aber anstatt seine Macht mit der schwedischen zu vereinigen, eilte er zurück nach dem Main- und Rheinstrom, von dem er sich schon weiter, als er sollte, entfernt hatte. Da ihm die Bayern unter Mercy und Johann von Werth in der Markgrafschaft Baden zuvorgekommen waren, so irrte er viele Wochen lang, dem Grimm der Witterung preisgegeben, ohne Obdach umher und mußte gewöhnlich auf dem Schnee kampieren, bis er im Breisgau endlich ein kümmerliches Unterkommen fand. Zwar zeigte er sich im folgenden Sommer wieder im Felde und beschäftigte in Schwaben das bayerische Heer, daß es die Stadt Thionville in den Niederlanden, welche Condé belagerte, nicht entsetzen sollte. Aber bald ward er von dem überlegenen Feind in das Elsaß zurückgedrückt, wo er eine Verstärkung erwartete.

Der Tod des Cardinals Richelieu, der im November des Jahrs 1642 erfolgt war, und der Thron- und Ministerwechsel, den das Absterben Ludwigs des Dreizehnten im Mai 1643 nach sich zog, hatte die Aufmerksamkeit Frankreichs eine Zeit lang von dem deutschen Krieg abgezogen und diese Unthätigkeit im Felde bewirkt. Aber Mazarin, der Erbe von Richelieus

Macht, Grundsätzen und Entwürfen, verfolgte den Plan seines Vorgängers mit erneuertem Eifer, wie theuer auch der französische Unterthan diese politische Größe Frankreichs bezahlte. Wenn Richelieu die Hauptstärke der Armeen gegen Spanien gebrauchte, so kehrte sie Mazarin gegen den Kaiser und machte durch die Sorgfalt, die er dem Kriege in Deutschland widmete, seinen Ausspruch wahr, daß die deutsche Armee der rechte Arm seines Königs und der Wall der französischen Staaten sei. Er schickte dem Feldmarschall von Guebriant, gleich nach der Einnahme von Thionville, eine beträchtliche Verstärkung ins Elsaß; und damit die Truppen sich den Mühseligkeiten des deutschen Kriegs desto williger unterziehen möchten, mußte der berühmte Sieger bei Rocroy, Herzog von Enghien, nachherige Prinz von Condé, sie in eigner Person dahin führen. Jetzt fühlte sich Guebriant stark genug, um in Deutschland wieder mit Ehren auftreten zu können. Er eilte über den Rhein zurück, um sich in Schwaben bessere Winterquartiere zu suchen, und machte sich auch wirklich Meister von Rottweil, wo ihm ein bayerisches Magazin in die Hände fiel. Aber dieser Platz wurde theurer bezahlt, als er werth war, und schneller, als er gewonnen worden, wieder verloren. Guebriant erhielt eine Wunde im Arm, welche die ungeschickte Hand seines Wundarztes tödtlich machte, und die Größe seines Verlustes wurde noch selbst an dem Tage seines Todes kund.

Die französische Armee, durch die Expedition in einer so rauhen Jahreszeit merklich vermindert, hatte sich nach der Einnahme von Rottweil in die Gegend von Tuttlingen gezogen, wo sie, ohne alle Ahnung eines feindlichen Besuchs, in tiefer Sicherheit rastet. Unterdessen versammelt der Feind eine große Macht, die bedenkliche Festsetzung der Franzosen jenseits des Rheins und in einer so großen Nähe von Bayern zu hindern und diese Gegend von ihren Erpressungen zu befreien. Die Kaiserlichen, von Hatzfeld angeführt, verbinden sich mit der bayerischen Macht, welche Mercy befehligt, und auch der Herzog von Lothringen, den man in diesem ganzen Krieg überall, nur nicht in seinem Herzogthum findet, stößt mit seinen Truppen zu ihren vereinigten Fahnen. Der Anschlag wird gefaßt, die Quartiere der Franzosen in Tuttlingen und den angrenzenden Dörfern aufzuschlagen, d. i. sie unvermuthet zu überfallen; eine in diesem Kriege sehr beliebte Art von Expeditionen, die, weil sie immer und nothwendig mit Verwirrung verknüpft war, gewöhnlich mehr Blut kostete, als geordnete Schlachten. Hier war sie um so mehr an ihrem Platze, da der französische Soldat, in dergleichen Unternehmungen unerfahren, von einem deutschen Winter ganz andere Begriffe hegte und durch die Strenge der Jahrszeit sich gegen jede Überraschung für hinlänglich gesichert hielt. Johann von Werth, ein Meister in dieser Art, Krieg zu führen, der seit einiger Zeit gegen Gustav Horn war ausgewechselt worden, führte die Unternehmung an und brachte sie auch über alle Erwartung glücklich zu Stande.

Man that den Angriff von einer Seite, wo er der vielen engen Pässe und Waldungen wegen am wenigsten erwartet werden konnte, und ein starker Schnee, der an eben diesem Tage (den 24sten des Novembers 1643) fiel, verbarg die Annäherung des Vortrabs, bis er im Angesichte von Tuttlingen Halt machte. Die ganze außerhalb des Orts verlassen stehende Artillerie wird, so wie das nahe liegende Schloß Honburg, ohne Widerstand erobert, ganz Tuttlingen von der nach und nach eintreffenden Armee umzingelt und aller Zusammenhang der in den Dörfern umher zerstreuten feindlichen Quartiere still und plötzlich gehemmt. Die Franzosen waren also schon besiegt, ehe man eine Kanone abbrannte. Die Reiterei dankte ihre Rettung der Schnelligkeit ihrer Pferde und den wenigen Minuten, welche sie vor dem nachsetzenden Feinde voraus hatte. Das Fußvolk ward zusammengehauen oder streckte freiwillig das Gewehr. Gegen zweitausend bleiben, siebentausend geben sich mit fünfundzwanzig Stabsofficieren und neunzig Capitäns gefangen. Dies war wohl in diesem ganzen Kriege die einzige Schlacht, welche auf die verlierende und die gewinnende Partei ohngefähr den nämlichen Eindruck machte; beide waren Deutsche, und die Franzosen hatten sich beschimpft. Das Andenken dieses unholden Tages, der hundert Jahre später bei Roßbach erneuert ward, wurde in der Folge zwar durch die Heldenthaten eines Turenne und Condé wieder ausgelöscht, aber es war den Deutschen zu gönnen, wenn sie sich für das Elend, das die französische Politik über sie häufte, mit einem Gassenhauer auf die französische Tapferkeit bezahlt machten.

Diese Niederlage der Franzosen hätte indessen den Schweden sehr verderblich werden können, da nunmehr die ganze ungetheilte Macht des Kaisers gegen sie losgelassen wurde und die Zahl ihrer Feinde in dieser Zeit noch um einen vermehrt worden war. Torstenson hatte Mähren im September 1643 plötzlich verlassen und sich nach Schlesien gezogen. Niemand wußte die Ursache seines Aufbruchs, und die oft veränderte Richtung seines Marsches trug dazu bei, die Ungewißheit zu vermehren. Von Schlesien aus näherte er sich unter mancherlei Krümmungen der Elbe, und die Kaiserlichen folgten ihm bis in die Lausitz nach. Er ließ bei Torgau eine Brücke über die Elbe schlagen und sprengte aus, daß er durch

Meißen in die obere Pfalz und in Bayern dringen würde. Auch bei Barby stellte er sich an, als wollte er diesen Strom passieren, zog sich aber immer weiter die Elbe hinab, bis Havelberg, wo er seiner erstaunten Armee bekannt machte, daß er sie nach Holstein gegen die Dänen führe.

Längst schon hatte die Parteilichkeit, welche König Christian der Vierte bei dem von ihm übernommenen Mittleramte gegen die Schweden blicken ließ, die Eifersucht, womit er dem Fortgang ihrer Waffen entgegenarbeitete, die Hindernisse, die er der schwedischen Schifffahrt im Sund entgegensetzte, und die Lasten, mit denen er ihren aufblühenden Handel beschwerte, den Unwillen dieser Krone gereizt und endlich, da der Kränkungen immer mehrere wurden, ihre Rache aufgefordert. Wie gewagt es auch schien, sich in einen neuen Krieg zu verwickeln, während daß man unter der Last des alten, mitten unter gewonnenen Siegen, beinahe zu Boden sank, so erhob doch die Rachbegierde und ein verjährter Nationalhaß den Muth der Schweden über alle diese Bedenklichkeiten, und die Verlegenheiten selbst, in welche man sich durch den Krieg in Deutschland verwickelt sah, waren ein Beweggrund mehr, sein Glück gegen Dänemark zu versuchen. Es war endlich so weit gekommen, daß man den Krieg nur fortsetzte, um den Truppen Arbeit und Brod zu verschaffen, daß man fast bloß um den Vortheil der Winterquartiere stritt und, die Armee gut untergebracht zu haben, höher als eine gewonnene Hauptschlacht schätzte. Aber fast alle Provinzen des deutschen Reichs waren verödet und ausgezehrt; es fehlte an Proviant, an Pferden und Menschen, und an allem diesem hatte Holstein Überfluß. Gewann man auch weiter nichts, als daß man die Armee in dieser Provinz rekrutierte, Pferde und Soldaten sättigte und die Reiterei besser beritten machte – so war der Erfolg schon der Mühe und Gefahr des Versuches werth. Auch kam jetzt bei Eröffnung des Friedensgeschäftes alles darauf an, den nachtheiligen dänischen Einfluß auf die Friedensunterhandlungen zu hemmen, den Frieden selbst, der die schwedische Krone nicht sehr zu begünstigen schien, durch Verwirrung der Interessen möglichst zu verzögern und, da es auf Bestimmung einer Genugtuung ankam, die Zahl seiner Eroberungen zu vermehren, um die einzige, welche man zu behalten wünschte, desto gewisser zu erlangen. Die schlechte Verfassung des dänischen Reichs berechtigte zu noch größeren Hoffnungen, wenn man nur den Anschlag schnell und verschwiegen ausführte. Wirklich beobachtete man in Stockholm das Geheimniß so gut, daß die dänischen Minister nicht das Geringste davon argwohnten, und weder Frankreich noch Holland wurde in das Geheimniß gezogen. Der Krieg selbst war die

Kriegserklärung, und Torstenson stand in Holstein, ehe man eine Feind-seligkeit ahnete. Durch keinen Widerstand aufgehalten, ergießen sich die schwedischen Truppen wie eine Überschwemmung durch dieses Herzog-thum und bemächtigen sich aller festen Plätze desselben, Rendsburg und Glückstadt ausgenommen. Eine andere Armee bricht in Schonen ein, welches gleich wenig Widerstand leistet, und nur die stürmische Jahrszeit verhindert die Anführer, den kleinen Belt zu passieren und den Krieg selbst nach Fühnen und Seeland zu wälzen. Die dänische Flotte verunglückt bei Femern, und Christian selbst, der sich auf derselben befindet, verliert durch einen Splitter sein rechtes Auge. Abgeschnitten von der weit entle-genen Macht des Kaisers, seines Bundesgenossen, steht dieser König auf dem Punkte, sein ganzes Reich von der schwedischen Macht über-schwemmt zu sehen, und es ließ sich in allem Ernst zu Erfüllung der Wahrsagung an, die man sich von dem berühmten Tycho Brahe erzählte, daß Christian der Vierte im Jahre 1644 mit einem bloßen Stecken aus seinem Reiche würde wandern müssen.

Aber der Kaiser durfte nicht gleichgültig zusehen, daß Dänemark den Schweden zum Opfer wurde und der Raub dieses Königsreichs ihre Macht vermehrte. Wie groß auch die Schwierigkeiten waren, die sich einem so weiten Marsch durch lauter ausgehungerte Länder entgegensetzten, so säumte er doch nicht, den Grafen von Gallas, dem nach dem Austritt des Piccolomini das Obercommando über die Truppen aufs neue war anver-traut worden, mit einer Armee nach Holstein zu senden. Gallas erschien auch wirklich in diesem Herzogthum, eroberte Kiel und hoffte, nach der Vereinigung mit den Dänen, die schwedische Armee in Jütland einzuschlie-ßen. Zugleich wurden die Hessen und der schwedische General von Kö-nigsmark durch Hatzfeld und durch den Erzbischof von Bremen, den Sohn Christians des Vierten, beschäftigt und der Letztere durch einen Angriff auf Meißen nach Sachsen gezogen. Aber Torstenson drang durch den unbesetzten Paß zwischen Schleswig und Stapelholm, ging mit seiner neugestärkten Armee dem Gallas entgegen und drückte ihn den ganzen Elbstrom hinauf bis Bernburg, wo die Kaiserlichen ein festes Lager bezogen. Torstenson passierte die Saale und nahm eine solche Stellung, daß er den Feinden in den Rücken kam und sie von Sachsen und Böhmen abschnitt. Da riß der Hunger in ihrem Lager ein und richtete den größten Theil der Armee zu Grunde; der Rückzug nach Magdeburg verbesserte nichts an dieser verzweifelten Lage. Die Cavallerie, welche nach Schlesien zu entkom-men suchte, wird von Torstenson bei Jüterbock eingeholt und zerstreut, die übrige Armee, nach einem vergeblichen Versuch, sich mit dem Schwert in der Hand durchzuschlagen, bei Magdeburg fast ganz aufgerieben. Von seiner großen Macht brachte Gallas bloß einige tausend Mann und den Ruhm zurück, daß kein größerer Meister zu finden sei, eine Armee zu ruinieren. Nach diesem verunglückten Versuch zu seiner Befreiung suchte der König von Dänemark den Frieden und erhielt ihn zu Brömsebro im Jahre 1645 unter harten Bedingungen.

Torstenson verfolgte seinen Sieg. Während daß einer seiner Untergenerale, Axel Lilienstern, Kursachsen ängstigte und Königsmark ganz Bremen sich unterwürfig machte, brach er selbst an der Spitze von sechzehntausend Mann und mit achtzig Kanonen in Böhmen ein und suchte nun den Krieg aufs neue in die Erbstaaten Österreichs zu verpflanzen. Ferdinand eilte auf diese Nachricht selbst nach Prag, um durch seine Gegenwart den Muth seiner Völker zu entflammen und, da es so sehr an einem tüchtigen General und den vielen Befehlshabern an Übereinstimmung fehlte, in der Nähe der Kriegsscenen desto schneller und nachdrücklicher wirken zu können. Auf seinen Befehl versammelte Hatzfeld die ganze österreichische und bayerische Macht und stellte sie – das letzte Heer des Kaisers und der letzte Wall seiner Staaten – wider seinen Rath und Willen, dem eindringenden Feinde bei Jankau oder Jankowitz am 24sten Februar 1645 entgegen. Ferdinand verließ sich auf seine Reiterei, welche dreitausend Pferde mehr als die feindliche zählte, und auf die Zusage der Jungfrau Maria, die ihm im Traum erschienen und einen gewissen Sieg versprochen hatte.

Die Überlegenheit der Kaiserlichen schreckte Torstenson nicht ab, der nie gewohnt war, seine Feinde zu zählen. Gleich beim ersten Angriff wurde der linke Flügel, den der liguistische General von Götz in eine sehr unvorteilhafte Gegend zwischen Teichen und Wäldern verwickelt hatte, völlig in Unordnung gebracht, der Anführer selbst mit dem größten Theil seiner Völker erschlagen und beinahe die ganze Kriegsmunition der Armee erbeutet. Dieser unglückliche Anfang entschied das Schicksal des ganzen Treffens. Die Schweden bemächtigten sich, immer vorwärts dringend, der wichtigsten Anhöhen, und nach einem achtstündigen blutigen Gefechte, nach einem wüthenden Anlauf der kaiserlichen Reiterei und dem tapfersten Widerstand des Fußvolks waren sie Meister vom Schlachtfelde. Zweitausend Österreicher blieben auf dem Platze, und Hatzfeld selbst mußte sich mit dreitausend gefangen geben. Und so war denn an einem Tage der beste General und das letzte Heer des Kaisers verloren.

Dieser entscheidende Sieg bei Jankowitz öffnete auf einmal dem Feind alle österreichischen Lande. Ferdinand entfloh eilig nach Wien, um für die Vertheidigung dieser Stadt zu sorgen und sich selbst, seine Schätze und seine Familie in Sicherheit zu bringen. Auch währte es nicht lange, so brachen die siegenden Schweden in Mähren und Österreich wie eine Wasserfluth herein. Nachdem sie beinahe das ganze Mähren erobert, Brünn eingeschlossen, von allen festen Schlössern und Städten bis an die Donau Besitz genommen und endlich selbst die Schanze an der Wolfsbrücke, unfern von Wien, erstiegen, stehen sie endlich im Gesicht dieser Kaiserstadt, und die Sorgfalt, mit der sie die eroberten Plätze befestigen, scheint keinen kurzen Besuch anzudeuten. Nach einem langen verderblichen Umweg durch alle Provinzen des deutschen Reiches krümmt sich endlich der Kriegsstrom rückwärts zu seinem Anfang, und der Knall des schwedischen Geschützes erinnert die Einwohner Wiens an jene Kugeln, welche die böhmischen Rebellen vor siebenundzwanzig Jahren in die Kaiserburg warfen. Dieselbe Kriegsbühne führt auch dieselben Werkzeuge des Angriffs zurück. Wie Bethlen Gabor von den rebellischen Böhmen, so wird jetzt sein Nachfolger Ragotzy von Torstenson zum Beistand herbei gerufen; schon ist Ober-Ungarn von seinen Truppen überschwemmt, und täglich fürchtet man seine Vereinigung mit den Schweden. Johann Georg von Sachsen, durch die schwedischen Einquartierungen in seinem Lande aufs Äußerste gebracht, hilflos gelassen von dem Kaiser, der sich nach dem Jankauischen Treffen selbst nicht beschützen kann, ergreift endlich das letzte und einzige Rettungsmittel, einen Stillstand mit den Schweden zu schließen, der von Jahr zu Jahr bis zum allgemeinen Frieden verlängert wird. Der Kaiser verliert einen Freund, indem an den Thoren seines Reichs ein neuer Feind gegen ihn aufsteht, indem seine Kriegsheere schmelzen und seine Bundesgenossen an andern Enden Deutschlands geschlagen werden. Denn auch die französische Armee hatte den Schimpf der Tuttlinger Niederlage durch einen glänzenden Feldzug wieder ausgelöscht und die ganze Macht Bayerns am Rhein und in Schwaben beschäftigt. Mit neuen Truppen aus Frankreich verstärkt, die der große und jetzt schon durch seine Siege in Italien verherrlichte Turenne dem Herzog von Enghien zuführte, erschienen sie am 3ten August 1644 vor Freiburg, welches Mercy kurz vorher erobert hatte und mit seiner ganzen, aufs beste verschanzten Armee bedeckte. Das Ungestüm der französischen Tapferkeit scheiterte zwar an der Standhaftigkeit der Bayern, und der Herzog von Enghien mußte sich zum Rückzug entschließen, nachdem er bei sechstausend seiner Leute umsonst hingeschlachtet hatte. Mazarin vergoß Thränen über diesen großen Verlust, den aber der herzlose, für den Ruhm allein empfindliche Condé nicht achtete. »Eine einzige Nacht in Paris«, hörte man ihn sagen, »gibt mehr Menschen das Leben, als diese Aktion getödtet hat.« Indessen hatte doch diese mörderische Schlacht die Bayern so sehr entkräftet, daß sie, weit entfernt, das bedrängte Österreich zu entsetzen, nicht einmal die Rheinufer vertheidigen konnten. Speyer, Worms, Mannheim ergeben sich, das feste Philippsburg wird durch Mangel bezwungen, und Mainz selbst eilt, durch eine zeitige Unterwerfung den Sieger zu entwaffnen.

Was Österreich und Mähren am Anfang des Krieges gegen die Böhmen gerettet hatte, rettete es auch jetzt gegen Torstenson. Ragotzy war zwar mit seinen Völkern, fünfundzwanzigtausend an der Zahl, bis an die Donau in die Nähe des schwedischen Lagers gedrungen; aber diese undisciplinirten und rohen Schaaren verwüsteten nur das Land und vermehrten den Mangel im Lager der Schweden, anstatt daß sie die Unternehmungen Torstensons durch eine zweckmäßige Wirksamkeit hätten befördern sollen. Dem Kaiser Tribut, dem Unterthan Geld und Gut abzuängstigen, war der Zweck, der den Ragotzy wie Bethlen Gaborn ins Feld rief, und beide gingen heim, sobald sie diese Absicht erreicht hatten. Ferdinand, um seiner los zu werden, bewilligte dem Barbaren, was er nur immer forderte, und befreite durch ein geringes Opfer seine Staaten von diesem furchtbaren Feinde.

Unterdessen hatte sich die Hauptmacht der Schweden in einem langwierigen Lager vor Brünn aufs äußerste geschwächt. Torstenson, der selbst dabei kommandierte, erschöpfte vier Monate lang umsonst seine ganze Belagerungskunst; der Widerstand war dem Angriff gleich, und Verzweiflung erhöhte den Muth des Commandanten de Souches, eines schwedischen Überläufers, der keinen Pardon zu hoffen hatte. Die Wuth der Seuchen. welche Mangel, Unreinlichkeit und der Genuß unreifer Früchte in seinem langwierigen verpesteten Lager erzeugte, und der schnelle Abzug des Siebenbürgers nöthigte endlich den schwedischen Befehlshaber, die Belagerung aufzuheben. Da alle Pässe an der Donau besetzt, seine Armee aber durch Krankheit und Hunger schon sehr geschmolzen war, so entsagte er seiner Unternehmung auf Österreich und Mähren, begnügte sich, durch Zurücklassung schwedischer Besatzungen in den eroberten Schlössern einen Schlüssel zu beiden Provinzen zu behalten, und nahm seinen Weg nach Böhmen, wohin ihm die Kaiserlichen unter dem Erzherzog

Leopold folgten. Welche der verlorenen Plätze von dem Letztern noch nicht wieder erobert waren, wurden nach seinem Abzuge von dem kaiserlichen General Bucheim bezwungen, daß die österreichische Grenze in dem folgenden Jahr wieder völlig von Feinden gereinigt war und das zitternde Wien mit dem bloßen Schrecken davon kam. Auch in Böhmen und Schlesien behaupteten sich die Schweden nur mit sehr abwechselndem Glück und durchirrten beide Länder, ohne sich darin behaupten zu können. Aber wenn auch der Erfolg der Torstensonischen Unternehmung ihrem vielversprechenden Anfang nicht ganz gemäß war, so hatte sie doch für die schwedische Partei die entscheidensten Folgen. Dänemark wurde dadurch zum Frieden, Sachsen zum Stillstand genöthigt, der Kaiser bei dem Friedenscongresse nachgiebiger, Frankreich gefälliger und Schweden selbst in seinem Betragen gegen die Kronen zuversichtlicher und kühner gemacht. Seiner großen Pflicht so glänzend entledigt, trat der Urheber dieser Vortheile, mit Lorbeern geschmückt, in die Stille des Privatstandes zurück, um gegen die Qualen seiner Krankheit Linderung zu suchen.

Von der böhmischen Seite zwar sah sich der Kaiser nach Torstensons Abzug vor einem feindlichen Einbruch gesichert; aber bald näherte sich von Schwaben und Bayern her eine neue Gefahr den österreichischen Grenzen. Turenne, der sich von Condé getrennt und nach Schwaben gewendet hatte, war im Jahr 1645 unweit Mergentheim von Mercy aufs Haupt geschlagen worden, und die siegenden Bayern drangen unter ihrem tapfern Anführer in Hessen ein. Aber der Herzog von Enghien eilte sogleich mit einem beträchtlichen Succurs aus dem Elsaß, Königsmark aus Mähren, die Hessen von dem Rheinstrom herbei, das geschlagene Heer zu verstärken, und die Bayern wurden bis an das äußerste Schwaben zurück gedrückt. Bei dem Dorf Allersheim unweit Nördlingen hielten sie endlich Stand, die Grenze von Bayern zu vertheidigen. Aber der ungestüme Muth des Herzogs von Enghien ließ sich durch kein Hinderniß schrecken. Er führte seine Völker gegen die feindlichen Schanzen, und eine große Schlacht geschah, die der heldenmüthige Widerstand der Bayern zu einer der hartnäckigsten und blutigsten machte und endlich der Tod des vortrefflichen Mercy, Turenne's Besonnenheit und die felsenfeste Standhaftigkeit der Hessen zum Vortheil der Alliierten entschied. Aber auch diese zweite barbarische Hinopferung von Menschen hatte auf den Gang des Kriegs und der Friedensunterhandlungen wenig Einfluß. Das französische Heer, durch diesen blutigen Sieg entkräftet, verminderte sich noch mehr durch den Abzug der Hessen, und den Bayern führte Leopold kaiserliche

Hilfsvölker zu, daß Turenne aufs eilfertigste nach dem Rhein zurückfliehen mußte.

Der Rückzug der Franzosen erlaubte dem Feind, seine ganze Macht jetzt nach Böhmen gegen die Schweden zu kehren. Gustav Wrangel, kein unwürdiger Nachfolger Banners und Torstensons, hatte im Jahre 1646 das Oberkommando über die schwedische Macht erhalten, die außer Königsmarks fliegendem Corps und den vielen im Reiche zerstreuten Besatzungen ungefähr noch achttausend Pferde und fünfzehntausend Mann Fußvolk zählte. Nachdem der Erzherzog Leopold seine vierundzwanzigtausend Mann starke Macht durch zwölf bayerische Cavallerie- und achtzehn Infanterie-Regimenter verstärkt hatte, ging er auf Wrangeln los und hoffte ihn, ehe Königsmark zu ihm stieße oder die Franzosen eine Diversion machten, mit seiner überlegenen Macht zu erdrücken. Aber dieser erwartete ihn nicht, sondern eilte durch Obersachsen an die Weser, wo er Höxter und Paderborn wegnahm. Von da wendete er sich nach Hessen, um sich mit Turenne zu vereinigen, und zog in seinem Lager zu Wetzlar die fliegende Armee des Königsmark an sich. Aber Turenne, gefesselt durch Mazarins Befehle, der dem Kriegsglück und dem immer wachsenden Übermuth Schwedens gern eine Grenze gesetzt sah, entschuldigte sich mit dem dringendern Bedürfniß, die niederländischen Grenzen des französischen Reichs zu vertheidigen, weil die Holländer ihre versprochene Diversion in diesem Jahr unterlassen hätten. Da aber Wrangel fortfuhr, auf seiner gerechten Forderung mit Nachdruck zu bestehen, da eine längere Widersetzlichkeit bei den Schweden Verdacht erwecken, ja sie vielleicht gar zu einem Privatfrieden mit Österreich geneigt machen konnte, so erhielt endlich Turenne die gewünschte Erlaubniß, das schwedische Heer zu verstärken.

Die Vereinigung geschah bei Gießen, und jetzt fühlte man sich mächtig genug, dem Feinde die Stirn zu bieten. Er war den Schweden bis Hessen nachgeeilt, wo er ihnen die Lebensmittel abschneiden und die Vereinigung mit Turenne verhindern wollte. Beides mißlang, und die Kaiserlichen sahen sich nun selbst von dem Main abgeschnitten und nach dem Verlust ihrer Magazine dem größten Mangel ausgesetzt. Wrangel benutzte ihre Schwäche, um eine Unternehmung auszuführen, die dem Krieg eine ganz andere Wendung geben sollte. Auch er hatte die Maxime seines Vorgängers adoptiert, den Krieg in die österreichischen Staaten zu spielen; aber von dem schlechten Fortgange der Torstensonischen Unternehmung abgeschreckt, hoffte er denselben Zweck auf einem andern Wege sicherer und gründlicher zu erreichen. Er entschloß sich, dem Laufe der Donau zu folgen und mitten durch Bayern gegen die österreichischen Grenzen hereinzubrechen. Einen ähnlichen Plan hatte schon Gustav Adolph entworfen, aber nicht zur Ausführung bringen können, weil ihn die Wallensteinische Macht und Sachsens Gefahr von seiner Siegesbahn zu frühzeitig abriefen. In seine Fußstapfen war Herzog Bernhard getreten, und glücklicher als Gustav Adolph hatte er schon zwischen der Isar und dem Inn seine siegreichen Fahnen ausgebreitet; aber auch ihn zwang die Menge und die Nähe der feindlichen Armeen, in seinem Heldenlaufe still zu stehen und seine Völker zurückzuführen. Was diesen Beiden mißlungen war, hoffte Wrangel jetzt um so mehr zu einem glücklichen Ende zu führen, da die kaiserlich-bayerischen Völker weit hinter ihm an der Lahn standen und erst nach einem sehr weiten Marsch durch Franken und die Oberpfalz in Bayern eintreffen konnten. Eilfertig zog er sich an die Donau, schlug ein Corps Bayern bei Donauwörth und passierte diesen Strom, so wie den Lech, ohne Widerstand. Aber durch die fruchtlose Belagerung von Augsburg verschaffte er den Kaiserlichen Zeit, sowohl diese Stadt zu entsetzen, als ihn selbst bis Lauingen zurückzutreiben. Nachdem sie sich aber aufs neue, um den Krieg von den bayerischen Grenzen zu entfernen, gegen Schwaben gewendet hatten, ersah er die Gelegenheit, den unbesetzt gelassenen Lech zu passieren, den er nunmehr den Kaiserlichen selbst versperrte. Und jetzt lag Bayern offen und unvertheidigt vor ihm da; Franzosen und Schweden überschwemmten es wie eine reißende Fluth, und der Soldat belohnte sich durch die schrecklichsten Gewalttaten, Räubereien und Erpressungen für die überstandnen Gefahren. Die Ankunft der kaiserlich-bayerischen Völker, welche endlich bei Thierhaupten den Übergang über den Lechstrom vollbrachten, vermehrte bloß das Elend des Landes, welches Freund und Feind ohne Unterschied plünderten.

Jetzt endlich – jetzt, in diesem ganzen Kriege zum ersten Mal, wankte der standhafte Muth Maximilians, der achtundzwanzig Jahre lang bei den härtesten Proben unerschüttert geblieben. Ferdinand der Zweite, sein Gespiele zu Ingolstadt und der Freund seiner Jugend, war nicht mehr; mit dem Tode dieses Freundes und Wohlthäters war eins der stärksten Bande zerrissen, die den Kurfürsten an Österreichs Interesse gefesselt hatten. An den Vater hatte ihn Gewohnheit, Neigung und Dankbarkeit gekettet; der Sohn war seinem Herzen fremd, und nur das Staatsinteresse konnte ihn in der Treue gegen diesen Fürsten erhalten.

Und eben dieses Letztere war es, was die französische Arglist jetzt wirken ließ, um ihn von der österreichischen Allianz abzulocken und zu Niederlegung der Waffen zu bewegen. Nicht ohne eine große Absicht hatte Mazarin seiner Eifersucht gegen die wachsende Macht Schwedens Stillschweigen auferlegt und den französischen Völkern gestattet, die Schweden nach Bayern zu begleiten. Bayern sollte alle Schrecknisse des Krieges erleiden, damit endlich Noth und Verzweiflung die Standhaftigkeit Maximilians besiegten und der Kaiser den ersten und letzten seiner Alliierten verlöre. Brandenburg hatte unter seinem großen Regenten die Neutralität erwählt, Sachsen aus Noth ergreifen müssen, den Spaniern untersagte der französische Krieg jeden Antheil an dem deutschen; Dänemark hatte der Friede mit Schweden von der Kriegsbühne abgerufen, Polen ein langer Stillstand entwaffnet. Gelang es auch noch, den Kurfürsten von Bayern von dem österreichischen Bündniß loszureißen, so hatte der Kaiser im ganzen Deutschland keinen Verfechter mehr, und schutzlos stand er da, der Willkür der Kronen preisgegeben.

Ferdinand der Dritte erkannte die Gefahr, worin er schwebte, und ließ kein Mittel unversucht, sie abzuwenden. Aber man hatte dem Kurfürsten von Bayern die nachtheilige Meinung beigebracht, daß nur die Spanier dem Frieden entgegen ständen, und daß bloß spanischer Einfluß den Kaiser vermöge, sich gegen den Stillstand der Waffen zu erklären; Maximilian aber haßte die Spanier und hatte es ihnen nie vergeben, daß sie ihm bei seiner Bewerbung um die pfälzische Kur entgegen gewesen waren. Und dieser feindseligen Macht zu Gefallen sollte er jetzt sein Volk aufgeopfert, seine Lande verwüstet, sich selbst zu Grunde gerichtet sehen, da er sich durch einen Stillstand aus allen Bedrängnissen reißen, seinem Volke die so nöthige Erholung verschaffen und durch dieses Mittel zugleich den allgemeinen Frieden vielleicht beschleunigen konnte? Jede Bedenklichkeit verschwand, und von der Notwendigkeit dieses Schrittes überzeugt, glaubte er seinen Pflichten gegen den Kaiser genug zu thun, wenn er auch ihn der Wohlthat des Waffenstillstandes theilhaftig machte.

Zu Ulm versammelten sich die Deputierten der drei Kronen und Bayerns, um die Bedingungen des Stillstandes in Richtigkeit zu bringen. Aus der Instruktion der österreichischen Abgesandten ergab sich aber bald, daß der Kaiser den Congreß nicht beschickt hatte, um die Abschließung desselben zu befördern, sondern vielmehr, um sie rückgängig zu machen. Es kam darauf an, die Schweden, die im Vortheile waren und von der Fortsetzung des Krieges mehr zu hoffen als zu fürchten hatten, für den

Stillstand zu gewinnen, nicht ihnen denselben durch harte Bedingungen zu erschweren. Sie waren ja die Sieger; und doch maßte der Kaiser sich an, ihnen Gesetze vorzuschreiben. Auch fehlte wenig, daß ihre Gesandten nicht im ersten Zorn den Congreß verließen, und um sie zurückzuhalten, mußten die Franzosen zu Drohungen ihre Zuflucht nehmen.

Nachdem es dem guten Willen des Kurfürsten von Bayern auf diese Weise mißlungen war, den Kaiser mit in den Stillstand einzuschließen, so hielt er sich nunmehr für berechtigt, für sich selbst zu sorgen. So theuer auch der Preis war, um welchen man ihn den Stillstand erkaufen ließ, so bedachte er sich doch nicht lange, denselben einzugehen. Er überließ den Schweden, ihre Quartiere in Schwaben und Franken auszubreiten, und war zufrieden, die seinigen auf Bayern und auf die pfälzischen Lande einzuschränken. Was er in Schwaben erobert hatte, mußte den Alliierten geräumt werden, die ihm ihrerseits, was sie von Bayern inne hatten, wieder auslieferten. In den Stillstand war auch Köln und Hessen-Kassel eingeschlossen. Nach Abschließung dieses Traktats, am 14. März 1647, verließen die Franzosen und Schweden Bayern und wählten sich, um sich selbst nicht im Wege zu stehen, verschiedene Quartiere, jene im Herzogtum Wirtenberg, diese in Oberschwaben, in der Nähe des Bodensees. An dem äußersten nördlichen Ende dieses Sees und Schwabens südlichster Spitze trotzte die österreichische Stadt Bregenz durch ihren engen und steilen Paß jedem feindlichen Anfall, und aus der ganzen umliegenden Gegend hatte man seine Güter und Personen in diese natürliche Festung geflüchtet. Die reiche Beute, die der aufgehäufte Vorrath darin erwarten ließ, und der Vortheil, einen Paß gegen Tirol, die Schweiz und Italien zu besitzen, reizte den schwedischen General, einen Angriff auf diese für unüberwindlich gehaltene Klause und die Stadt selbst zu versuchen. Beides gelang ihm, des Widerstands der Landleute ungeachtet, die, sechstausend an der Zahl, den Paß zu vertheidigen strebten. Unterdeß hatte sich Turenne, der getroffenen Übereinkunft gemäß, nach dem Wirtenbergischen gewendet, von wo aus er den Landgrafen von Darmstadt und den Kurfürsten von Mainz durch die Gewalt seiner Waffen zwang, nach dem Beispiel Bayerns die Neutralität zu ergreifen.

Und jetzt endlich schien das große Ziel der französischen Staatskunst erreicht zu sein, den Kaiser, alles Beistands der Ligue und seiner protestantischen Alliierten beraubt, den vereinigten Waffen der beiden Kronen ohne Vertheidigung bloß zu stellen und ihm mit dem Schwert in der Hand den Frieden zu diktieren. Eine Armee von höchstens zwölftausend

Mann war alles, was ihm von seiner Furchtbarkeit übrig war, und über diese mußte er, weil der Krieg alle seine fähigen Generale dahin gerafft hatte, einen Calvinisten, den hessischen Überläufer Melander, zum Befehlshaber setzen. Aber wie dieser Krieg mehrmals die überraschendsten Glückswechsel aufstellte und oft durch einen plötzlichen Zwischenfall alle Berechnungen der Staatskunst zu Schanden machte, so strafte auch hier der Erfolg die Erwartungen Lügen, und die tief gesunkene Macht Österreichs arbeitete sich nach einer kurzen Krise aufs neue zu einer drohenden Überlegenheit empor. Frankreichs Eifersucht gegen die Schweden erlaubte dieser Krone nicht, den Kaiser zu Grunde zu richten und die schwedische Macht in Deutschland dadurch zu einem Grade zu erheben, der für Frankreich selbst zuletzt verderblich werden konnte. Österreichs hilflose Lage wurde daher von dem französischen Minister nicht benutzt, die Armee des Turenne von Wrangeln getrennt und an die niederländischen Grenzen gezogen. Zwar versuchte Wrangel, nachdem er sich von Schwaben nach Franken gewendet, Schweinfurt erobert und die dortige kaiserliche Besatzung unter seine Armee gesteckt hatte, für sich selbst in Böhmen einzudringen, und belagerte Eger, den Schlüssel zu diesem Königreich. Um diese Festung zu entsetzen, ließ der Kaiser seine letzte Armee marschieren und fand sich in eigner Person bei derselben ein. Aber ein weiter Umweg, den sie nehmen mußte, um die Güter des Kriegsrathspräsidenten von Schlick nicht zu betreten, verzögerte ihren Marsch, und ehe sie anlangte, war Eger schon verloren. Beide Armeen näherten sich jetzt einander, und man erwartete mehr als einmal eine entscheidende Schlacht, da beide der Mangel drückte, die Kaiserlichen die größere Zahl für sich hatten und beide Lager und Schlachtordnungen oft nur durch die aufgeworfnen Werke von einander geschieden waren. Aber die Kaiserlichen begnügten sich, dem Feind zur Seite zu bleibe und ihn durch kleine Angriffe, Hunger und schlimme Märsche zu ermüden, bis die mit Bayern eröffneten Unterhandlungen das gewünschte Ziel erreicht haben würden.

Bayerns Neutralität war eine Wunde, die der kaiserliche Hof nicht verschmerzen konnte, und nachdem man umsonst versucht hatte, sie zu hindern, ward beschlossen, den einzig möglichen Vortheil davon zu ziehen. Mehrere Officiere der bayerischen Armee waren über diesen Schritt ihres Herrn entrüstet, der sie auf einmal in Unthätigkeit versetzte und ihrem Hange zur Ungebundenheit eine lästige Fessel anlegte. Selbst der tapfere Johann von Werth stand an der Spitze der Mißvergnügten, und aufgemuntert von dem Kaiser, entwarf er das Complot, die ganze Armee von dem

Kurfürsten abtrünnig zu machen und dem Kaiser zuzuführen. Ferdinand erröthete nicht, diese Verrätherei gegen den treuesten Alliierten seines Vaters heimlich in Schutz zu nehmen. Er ließ an die kurfürstlichen Völker förmliche Abrufungsbriefe ergehen, worin er sie erinnerte, daß sie Reichstruppen seien, die der Kurfürst bloß in kaiserlichem Namen befehligt habe. Zum Glück entdeckte Maximilian das angesponnene Complot noch zeitig genug. um durch schnelle und zweckmäßige Anstalten der Ausführung desselben zuvor zu kommen.

Der unwürdige Schritt des Kaisers hatte ihn zu Repressalien berechtigt; aber Maximilian war ein zu grauer Staatsmann, um, wo die Klugheit allein sprechen durfte, die Leidenschaft zu hören. Er hatte von dem Waffenstillstand die Vorteile nicht geerntet, die er sich davon versprochen hatte. Weit entfernt, zu der Beschleunigung des allgemeinen Friedens beizutragen, hatte dieser einseitige Stillstand vielmehr den Negociationen zu Münster und Osnabrück eine schädliche Wendung gegeben und die Alliierten in ihren Forderungen dreister gemacht. Die Franzosen und Schweden waren aus Bayern entfernt worden; aber durch den Verlust der Quartiere im schwäbischen Kreise sah er sich nun selbst dahin gebracht, mit seinen Truppen sein eigenes Land auszusaugen, wenn er sich nicht entschließen wollte, sie ganz und gar abzudanken und in dieser Zeit des Faustrechts unbesonnen Schwert und Schild wegzulegen. Ehe er eins dieser beiden gewissen Übel erwählte, entschloß er sich lieber zu einem dritten, das zum wenigsten noch ungewiß war, den Stillstand aufzukündigen und aufs neue zu den Waffen zu greifen.

Sein Entschluß und die schnelle Hilfe, die er dem Kaiser nach Böhmen schickte, drohte den Schweden höchst verderblich zu werden, und Wrangel mußte sich aufs eilfertigste aus Böhmen zurückziehen. Er ging durch Thüringen nach Westphalen und Lüneburg, um die französische Armee unter Turenne an sich zu ziehen, und unter Melander und Gronsfeld folgte ihm die kaiserlich-bayerische Armee bis an den Weserstrom. Sein Untergang war unvermeidlich, wenn der Feind ihn erreichte, ehe Turenne zu ihm stieß; aber was den Kaiser zuvor gerettet hatte, erhielt jetzt auch die Schweden. Mitten unter der Wuth des Kampfes leitete kalte Klugheit den Lauf des Krieges, und die Wachsamkeit der Höfe vermehrte sich, je näher der Friede herbeirückte. Der Kurfürst von Bayern durfte es nicht geschehen lassen, daß sich das Übergewicht der Macht so entscheidend auf die Seite des Kaisers neigte und durch diesem plötzlichen Umschwung der Dinge der Friede verzögert würde. So nahe an Abschließung der Traktate war jede einseitige Glücksveränderung äußerst wichtig, und die Aufhebung des Gleichgewichts unter den traktierenden Kronen konnte auf einmal das Werk vieler Jahre, die theure Frucht der schwierigsten Unterhandlungen zerstören und die Ruhe des ganzen Europa verzögern. Wenn Frankreich seine Alliierte, die Krone Schweden, in heilsamen Fesseln hielt und ihr, nach Maßgabe ihrer Vortheile und Verluste, seine Hilfe zuzählte, so übernahm der Kurfürst von Bayern stillschweigend dieses Geschäft bei seinem Alliierten, dem Kaiser, und suchte durch eine weise Abwägung seines Beistandes Meister von Österreichs Größe zu bleiben. Jetzt droht die Macht des Kaisers auf einmal zu einer gefährlichen Höhe zu steigen, und Maximilian hält plötzlich inne, die schwedische Armee zu verfolgen. Auch fürchtete er die Repressalien Frankreichs, welches schon gedroht hatte, die ganze Macht Turennes gegen ihn zu senden, wenn er seinen Truppen erlauben würde, über die Weser zu setzen.

Melander, durch die Bayern gehindert, Wrangeln weiter zu verfolgen, wendete sich über Jena und Erfurt gegen Hessen und erscheint jetzt als ein furchtbarer Feind in demselben Lande, das er ehemals vertheidigt hatte. Wenn es wirklich Rachbegierde gegen seine ehemalige Gebieterin war, was ihn antrieb, Hessen zum Schauplatz seiner Verwüstung zu erwählen, so befriedigte er diese Lust auf das schrecklichste. Hessen blutete unter seiner Geißel, und das Elend dieses so hart mitgenommenen Landes wurde durch ihn aufs Äußerste getrieben. Aber bald hatte er Ursache, zu bereuen, daß ihn bei der Wahl der Quartiere die Rachgier statt der Klugheit geleitet hatte. In dem verarmten Hessen drückte der äußerste Mangel die Armee, während daß Wrangel in Lüneburg frische Kräfte sammelte und seine Regimenter beritten machte. Viel zu schwach, seine schlechten Quartiere zu behaupten, als der schwedische General im Winter des 1648sten Jahres den Feldzug eröffnete und gegen Hessen anrückte, mußte er mit Schanden entweichen und an den Ufern der Donau seine Rettung suchen.

Frankreich hatte die Erwartungen der Schweden aufs neue getäuscht und die Armee des Turenne, aller Aufforderungen Wrangels ungeachtet, am Rheinstrom zurückgehalten. Der schwedische Heerführer hatte sich dadurch gerächt, daß er die weimarische Reiterei an sich zog, die dem französischen Dienst entsagte, durch eben diesen Schritt aber der Eifersucht Frankreichs neue Nahrung gegeben. Endlich erhielt Turenne die Erlaubniß, zu den Schweden zu stoßen, und nun wurde von beiden vereinigten Armeen der letzte Feldzug in diesem Kriege eröffnet. Sie trieben Melandern bis an die Donau vor sich her, warfen Lebensmittel in Eger, das von den Kaiserlichen belagert war, und schlugen jenseits der Donau das kaiserlich-bayerische Heer, das bei Zusmarshausen sich ihnen entgegen stellte. Melander erhielt in dieser Aktion eine tödtliche Wunde, und der bayerische General von Gronsfeld postierte sich mit der übrigen Armee jenseits des Lechstroms, um Bayern vor einem feindlichen Einbruche zu schützen.

Aber Gronsfeld war nicht glücklicher als Tilly, der an eben diesem Posten für Bayerns Rettung sein Leben hingeopfert hatte. Wrangel und Turenne wählten dieselbe Stelle zum Übergang, welche durch den Sieg Gustav Adolphs bezeichnet war, und vollendeten ihn mit Hilfe desselben Vortheils, welcher jenen begünstigt hatte. Jetzt wurde Bayern aufs Neue überschwemmt und der Bruch des Stillstandes durch die grausamste Behandlung des bayerischen Unterthans geahndet. Maximilian verkroch sich in Salzburg, indem die Schweden über die Isar setzten und bis an den Inn vordrangen. Ein anhaltender starker Regen, der diesen nicht sehr beträchtlichen Fluß in wenigen Tagen in einen reißenden Strom verwandelte, rettete Österreich noch einmal aus der drohenden Gefahr. Zehnmal versuchte der Feind, eine Schiffbrücke über den Inn zu schlagen, und zehnmal vernichtete sie der Strom. Nie im ganzen Kriege war das Schrecken der Katholischen so groß gewesen als jetzt, da die Feinde mitten in Bayern standen und kein General mehr vorhanden war, den man einem Turenne, Wrangel und Königsmark gegenüber stellen durfte. Endlich erschien der tapfere Held Piccolomini aus den Niederlanden, den schwachen Rest der kaiserlichen Heere anzuführen. Die Alliierten hatten durch ihre Verwüstungen in Bayern sich selbst den längeren Aufenthalt in diesem Lande erschwert, und der Mangel nöthigt sie, ihren Rückzug nach der Oberpfalz zu nehmen, wo die Friedenspost ihre Thätigkeit endigt.

Mit seinem fliegenden Corps hatte sich Königsmark nach Böhmen gewendet, wo Ernst Odowalsky, ein abgedankter Rittmeister, der im kaiserlichen Dienst zum Krüppel geschossen und dann ohne Genugthuung verabschiedet ward, ihm einen Plan angab, die kleine Seite von Prag zu überrumpeln. Königsmark vollführte ihn glücklich und erwarb sich dadurch den Ruhm, den dreißigjährigen Krieg durch die letzte glänzende Aktion beschlossen zu haben. Nicht mehr als Einen Todten kostete den Schweden dieser entscheidende Streich, der endlich die Unentschlossenheit des Kaisers besiegte. Die Altstadt aber, Prags größere Hälfte, die durch die Moldau davon getrennt war, ermüdete durch ihren lebhaften Widerstand auch den Pfalzgrafen Karl Gustav, den Thronfolger der Christina, der mit frischen Völkern aus Schweden angelangt war und die ganze schwedische Macht aus Böhmen und Schlesien vor ihren Mauern versammelte. Der eintretende Winter nöthigte endlich die Belagerer in die Winterquartiere, und in diesen erreichte sie die Botschaft des zu Osnabrück und Münster am vierundzwanzigsten October unterzeichneten Friedens.

Was für ein Riesenwerk es war, diesen unter dem Namen des Westphälischen berühmten, unverletzlichen und heiligen Frieden zu schließen, welche unendlich scheinende Hindernisse zu bekämpfen, welche streitende Interessen zu vereinigen waren, welche Reihe von Zufällen zusammen wirken mußte, dieses mühsame, theure und dauernde Werk der Staatskunst zu Stande zu bringen, was es kostete, die Unterhandlungen auch nur zu eröffnen, was es kostete, die schon eröffneten unter den wechselnden Spielen des immer fortgesetzten Krieges im Gange zu erhalten, was es kostete, dem wirklich vollendeten das Siegel aufzudrücken und den feierlich abgekündigten zur wirklichen Vollziehung zu bringen – was endlich der Inhalt dieses Friedens war, was durch dreißigjährige Anstrengungen und Leiden von jedem einzelnen Kämpfer gewonnen oder verloren worden ist, und welchen Vortheil oder Nachtheil die europäische Gesellschaft im Großen und im Ganzen dabei mag geerntet haben – muß einer andern Feder vorbehalten bleiben. So ein großes Ganze die Kriegsgeschichte war, so ein großes und eignes Ganze ist auch die Geschichte des Westfälischen Friedens. Ein Abriß davon würde das interessanteste und charaktervollste Werk der menschlichen Weisheit und Leidenschaft zum Skelet entstellen und ihr gerade Dasjenige rauben, wodurch sie die Aufmerksamkeit desjenigen Publikums fesseln könnte, für das ich schrieb und von dem ich hier Abschied nehme.